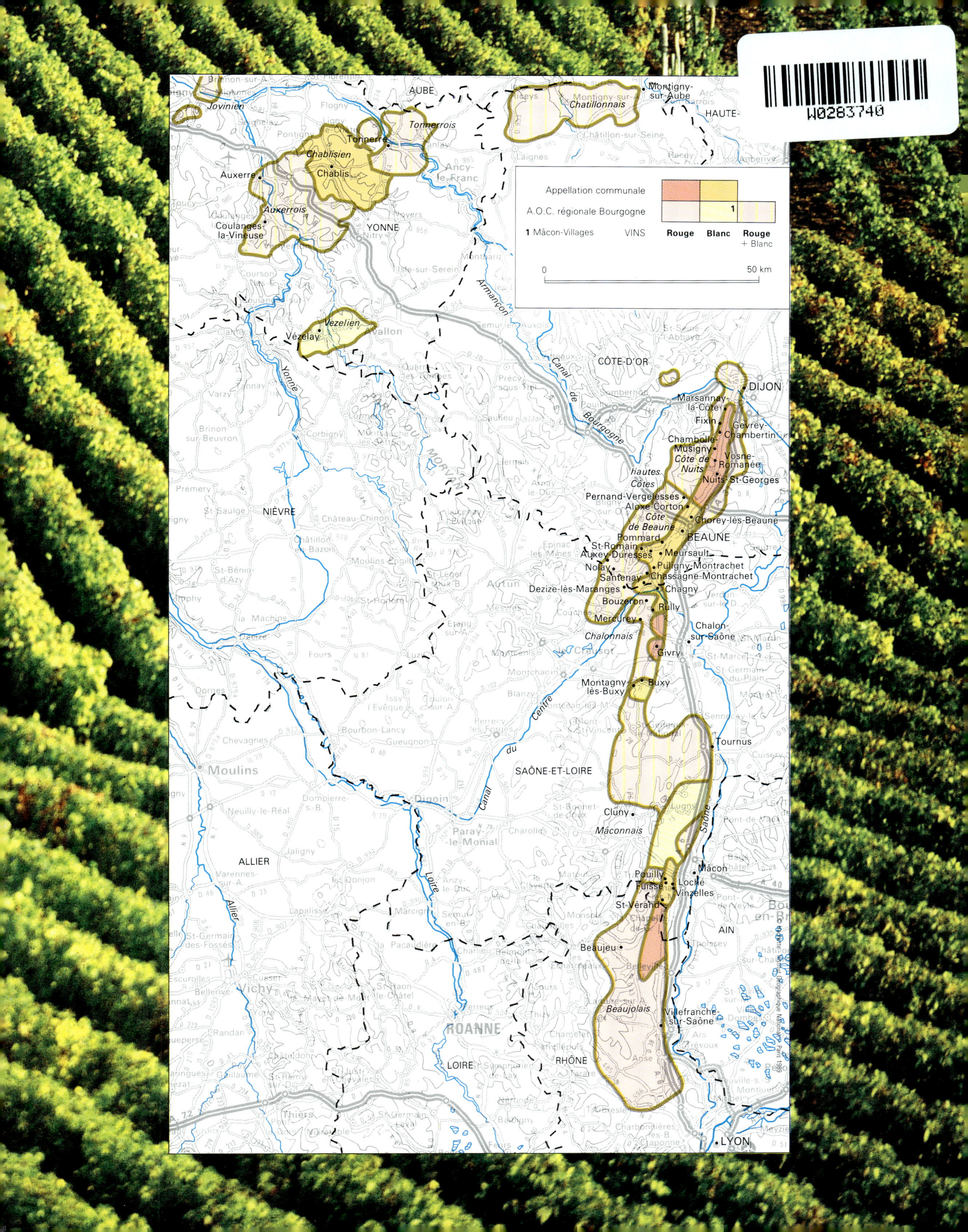
Appellation communale
A.O.C. régionale Bourgogne
1 Mâcon-Villages
VINS
Rouge
Blanc
Rouge + Blanc
0
50 km
AUBE
HAUTE-
YONNE
CÔTE-D'OR
NIÈVRE
SAÔNE-ET-LOIRE
ALLIER
LOIRE
RHÔNE
AIN
Jovinien
Tonnerrois
Châtillonnais
Montigny-sur-Aube
Châtillon-sur-Seine
Chablisien
Tonnerre
Chablis
Auxerre
Auxerrois
Coulanges-la-Vineuse
Vezelien
Vézelay
Avallon
Armançon
Canal de Bourgogne
Yonne
DIJON
Marsannay-la-Côte
Fixin
Gevrey-Chambertin
Chambolle-Musigny
Côte de Nuits
Vosne-Romanée
Nuits-St-Georges
hautes Côtes
Pernand-Vergelesses
Aloxe-Corton
Côte de Beaune
Chorey-lès-Beaune
Pommard
BEAUNE
St-Romain
Auxey-Duresses
Meursault
Nolay
Puligny-Montrachet
Santenay
Chassagne-Montrachet
Dezize-lès-Maranges
Chagny
Bouzeron
Rully
Mercurey
Chalonnais
Chalon-sur-Saône
Givry
Montagny-lès-Buxy
Buxy
Tournus
Cluny
Mâconnais
Saône
Pouilly
Fuissé
Mâcon
Loché
Vinzelles
St-Véran
Beaujeu
Beaujolais
Villefranche-sur-Saône
LYON
Autun
Le Creusot
Canal du Centre
Moulins
Digoin
Paray-le-Monial
Loire
Allier
Vichy
ROANNE
Thiers

Le vin
de Bourgogne

A Raymond Dumay,
qui m'a tout appris.

Avertissement de l'auteur

Il est courant d'offrir une majuscule aux noms de climats (La Romanée-Conti) et d'humilier leurs vins d'une minuscule (la romanée-conti 1978). Ce penchant, fondé sur la typographie d'usage, n'est pas le mien.
Pourquoi priver ces grands vins de leur nom propre et leur donner un nom commun ? Faut-il être une marque pour bénéficier d'une majuscule, alors qu'une appellation d'origine contrôlée se verrait refuser ce privilège ? Bref, les vins portent ici – comme il est naturel – des majuscules. Comprendre la Bourgogne et le Bourgogne, c'est être sensible à de telles nuances.

Remerciements

L'auteur exprime sa gratitude à toutes celles et à tous ceux qui l'ont aidé dans ce travail et en particulier à Jules Tourmeau, chef des services régionaux de l'INAO pour la région Nord-Est, aux ingénieurs et techniciens des centres INAO de Dijon et Mâcon, ainsi qu'à Agnès Livera. Il remercie également la Bibliothèque municipale de Dijon, le musée des Beaux-Arts de Dijon et le musée de la Vie bourguignonne à Dijon.

Conception graphique et réalisation : Rampazzo & Associés
Lecture - correction : Adriana Romosan et Micheline Martel

Jean-François Bazin

Le vin
de Bourgogne

HACHETTE

SOMMAIRE

I. Le vin de Bourgogne

II. Le vignoble bourguignon

III. L'art de vivre bourguignon

Chapitre I

LE VIN DE BOURGOGNE

Bourgogne… Le mot, le nom sont complexes et magiques. Ils évoquent le féminin et le masculin. Depuis la nuit des temps, la Bourgogne est une terre de rencontres et d'échanges, de culture, où l'esprit souffle avec vigueur. Depuis deux millénaires, le Bourgogne est un vin fait de caractère et de sensualité. Lui-même est double (Le Chambertin, La Romanée-Conti), sinon multiple (Les Echézeaux). Comme toute forme d'art et de civilisation – et la terre épouse ici son vin –, on se trouve face au mystère de la création. Une vie passée à tenter de le connaître, sinon de la comprendre, conduit à cette image incertaine et incomplète, mais pure et sincère. En cette fin XXe siècle et à un certain moment de son histoire.

LE VIN DE BOURGOGNE

Pour entrer dans ce cercle magique

Si l'on admet avec Paul Valéry que toutes les civilisations sont mortelles, celle du vin de Bourgogne semble avoir conclu un pacte secret avec l'éternité.

On entend déjà la critique : « Ah ! ces Bourguignons ne changeront jamais ! Chauvin rime décidément avec leur vin. Ils n'ont pas leur pareil pour pincer la corde sensible. Faute de nous convaincre, ils nous endorment. Leur cadastre viticole serait-il donc la carte du Tendre ? »

AUCUN AUTRE VIGNOBLE...

Raisonnons, s'il vous plaît ! La terre entière vous convient-elle comme référence ? Prenons un peu de recul, disons quinze siècles. Quelle civilisation attachée à un lieu déterminé et à un produit unique exprime-t-elle une continuité aussi persévérante dans l'excellence ? Sans doute existe-t-il des endroits façonnés par la nature où souffle l'esprit, évoquant des créations passées du génie de l'humanité, et qui suscitent l'émotion, la réflexion. Mais ces « œuvres » renaissent-elles chaque année ? Se goûtent-elles ? Peut-on citer un thé de tel ou tel canton d'Asie qui soit égal à lui-même, reconnu depuis deux millénaires et apprécié aujourd'hui sur les cinq continents ? Il existe des tissus, des faïences, des porcelaines présentant ce caractère, mais aucun produit de consommation ne bénéficie d'un éclat aussi durable.

N'y a-t-il pas cependant d'autres vins ? Raconté par Hérodote, le songe d'Astyage, qui vit du sexe de sa fille un cep s'étendre sur toute l'Asie, se produit plus de cinq cents ans avant notre ère. Comment ne pas penser à Cyrus le Grand, à Chiraz, en imaginant ce cep de vigne ? Toutes les civilisations du vin ont été mortelles, accompagnant des empires dans leur gloire et s'effaçant à leur déclin. Le monde est-il perse ? Chiraz règne sur le vin. Phénicien ? Ascalon et Carthage. Grec ? Thrace et Samos. Romain ? Falerne. Cluny, Cîteaux, puis le duché de Valois ? Le Bourgogne. La Renaissance ? Vin de Toscane. Charles Quint ? Vin d'Espagne... Or, quel vin assure-t-il un règne de mille cinq cents ans, tout en ayant réussi à substituer subtilement la pérennité du goût aux aléas de l'ambition politique ? Le Bourgogne, et lui seul. Aucun vignoble européen, d'Asie ou d'Afrique, et bien sûr d'Amérique ou d'autres Nouveaux Mondes, n'aligne autant de quartiers de noblesse.

Dès lors, le vin de Bourgogne occupe dans le monde une place à part. Elle ne lui inspire aucune arrogance, mais un amour-propre légitime, qu'on lui pardonne volontiers. La Bourgogne entend être respectée. Elle n'accepte pas d'être mise dans le même tonneau avec tant de productions incertaines, avec tant de breuvages alcooliques. Comme on le dit au Tastevin, « le vrai problème du marché commun du vin, c'est qu'il y a trop de vins communs sur le marché... »

UNE BOUTEILLE DE PROUE

Le bon vin est en effet presque tout sauf du vin. On ne le boit pas pour chercher l'évasion, pour tromper la peine ou l'ennui des jours, mais pour favoriser la convivialité ; pour découvrir, connaître, aimer, se souvenir ; pour pénétrer au cœur d'un cercle magique. De même, le bon vin n'est qu'accessoirement de l'alcool.

Français, Bourguignons, nés dans un berceau taillé dans un demi-tonneau, nous avons peut-être perdu de vue ce bonheur de l'initiation. Le vin nous est si familier qu'il parle pour nous. Voyez pourtant sur toute la planète ces nations qui vivent avec lui des fiançailles passionnées ! Sachons rendre communicatif et intelligible notre propre amour du vin, si intimement lié à notre culture que nous oublions – parfois – sa signification et son esprit.

Car la vigne n'est pas n'importe quelle culture. Pérenne, elle exige le temps, la patience, l'attente, le goût de la perfection. Le vin n'est pas n'importe quel produit agricole. Il résulte d'une multitude de facteurs obéissant à la règle classique des trois unités, en Bourgogne du moins : le terroir, le cépage, le millésime. Il s'y ajoute l'histoire, ainsi que la main du vinificateur – artisan et artiste –, son doigté plutôt. Le vin doit encore être élevé, et il ne prendra la route que s'il tient debout sur ses deux jambes.

Que l'on ne s'étonne donc pas si le vin – un des rares produits agricoles à recevoir tant de tampons sur son passeport – s'associe au voyage, à l'imagination, à la joie, à la fête, à la religion, aux mœurs, à la santé... Le faire naître, l'élever n'est rien, il faut le vendre. Le vin est l'un des seuls produits alimentaires à être offert et dégusté dans un cérémonial (la « descente de cave ») dont le langage et la préparation appartiennent aux rites d'initiation des sociétés les plus anciennes. Comme le montre bien la Confrérie des chevaliers du Tastevin, la commercialisation, les relations publiques – inventées en Bourgogne bien avant leur éclosion aux Etats-Unis – font apparaître ou réapparaître une nouvelle image de la civilisation bourguignonne où la jeunesse de l'idée prend appui sur une vraie tradition. Si discret, si pudique, si semblable à l'escargot encoquillé, le Bourguignon s'adapte aux circonstances. Il monte sur l'estrade et y pousse sa chanson. Rien de plus contraire à sa nature, rien de plus conforme à sa vocation. Il sait que, pour être vendu et aimé, le vin a besoin d'être l'expression même de la joie, même s'il se force un peu pour « inviter, comme le dit joliment Gaston Roupnel, le monde entier à trinquer à la santé de la France ». Le vin de Bourgogne reste une bouteille de proue sur l'océan des produits de la vigne. Parmi les plus grands vins du monde, qui contestera sa place et son rang à la Bourgogne ? Elle accepte pourtant de comparer ses mérites à ceux des autres sur un marché devenu mondial. Elle sait qu'elle doit désormais s'affirmer par sa qualité, au-delà de sa légende et de son image.

La Bourgogne possède cependant un avantage considérable sur tous ses rivaux : le recul du temps. Un vrai grand vin est une légende des siècles. Notre objectif est la pérennité de l'excellence. L'atout peut paraître négligeable. On en reparlera. La critique contemporaine anglo-saxonne s'exprime souvent ainsi : « Ce vin me plaît-il ? Si tel est le cas, mon goût éclairera le monde. Culture ? Connaissance ? Vieilles lunes ! » Le vin de Bourgogne n'est pas fait pour être bu en aveugle ou à la diable, noté à la va-vite. Une telle pratique révèle une méconnaissance de ses valeurs. Il est un goût tout autant qu'une culture.

« Le Marquis. – C'est du Bourgogne que vous avez là, chevalier ?
Le Chevalier. – Oui, c'est du Bourgogne !
Le Marquis. – Du vrai Bourgogne ?
Le Chevalier. – On me l'a vendu comme tel...
Le Marquis. – Attendez... Moi, je m'y connais. Faites-le-moi goûter et je pourrai vous dire si c'est ou non du vrai Bourgogne.
Le Chevalier. – Bien, on va vous donner un verre... Pas trop petit ! Le Bourgogne n'est pas une liqueur, ce n'est pas du vin de Chypre. Pour l'apprécier, il faut un grand verre et en boire suffisamment... »

Carlo Goldoni, *La Locandiera*.

La Bourgogne sait recevoir dignement ses hôtes.

LES TROIS NOUVEAUX DEFIS

Longtemps, cette civilisation fut immuable. Autour de la table, Bordeaux, Bourgogne, Champagne retrouvaient leurs couverts gravés et leurs habitudes, comme au Jockey-Club. On accueillait parfois un hôte de passage : Jerez, Porto ou Tokay... Sortie du ventre de la Méditerranée, liée à ses dieux et à ses amours, cette civilisation était devenue presque exclusivement française, l'autre grande puissance coloniale – le Royaume-Uni – se contentant d'importer et de baptiser à sa guise ses achats à la tasse. Depuis une trentaine d'années, cette civilisation a changé du tout au tout. Les trois défis des temps futurs placent le vin de France, et celui de Bourgogne en particulier, devant une situation inédite et passionnante.

Le premier défi : méditerranéen puis français, le vin est soudain devenu universel. Il parle toutes les langues et surtout l'anglais. La vigne s'étend sur de vastes territoires situés sur les cinq continents. Le vin conquiert constamment de nouveaux consommateurs issus d'autres cultures, suscitant une approche du sujet qui n'est plus la nôtre. Ainsi avons-nous longtemps vécu sur un patrimoine publicitaire assez simple : Louis XIV buvait du vin de Nuits pour soulager ses maux d'estomac, Napoléon préférait le Chambertin à tout autre élixir. Ces références ne peuvent pas émouvoir le consommateur de Hongkong ou de Sydney.

Durant des siècles, le vin de Bourgogne n'a guère eu d'autre horizon que français, belge, luxembourgeois, hollandais, anglais et suisse. Cet horizon est aujourd'hui mondial, sans limites ni frontières. Longtemps, il ne fut exporté que dans quelques ambassades. Il s'impose aujourd'hui partout sur la planète. D'où la recherche de moyens pour se faire comprendre, moyens analogues aux « langues de feu » qui offrirent aux apôtres le don de communiquer.

Le vin de Bourgogne doit apprendre à parler les langues étrangères, s'adapter à des cultures, à des civilisations, à des modes de pensée et à des formes de consommation différentes. Il doit aussi affronter le monde, en acceptant une concurrence fondée non seulement sur l'histoire, le rang, le prestige, mais aussi et surtout sur la qualité intrinsèque. Il doit encore se montrer moins « hexagonal » d'esprit. La critique internationale du vin, les grands écrivains du vin sont anglo-saxons. Ils connaissent toutes les productions de la terre et soutiennent avec ardeur les vignobles de Californie, d'Afrique du Sud, de Nouvelle-Zélande ou d'Australie, alors que les revues françaises du vin persistent à faire le pèlerinage des mêmes vignobles et n'ont qu'une faible audience internationale. Le vin de Bourgogne gardera son rayonnement s'il consent à s'exprimer en anglais en même temps qu'en français, car c'est sans aucun doute dans cette langue que se joue aujourd'hui sa position internationale.

LE FIL D'ARIANE

Deux cents ans après la Révolution française, malgré l'obligation de respecter le système des poids et mesures de la République, la Bourgogne continue de compter selon ses usages anciens. Même les notaires et l'Administration ont dû s'y faire ! Voici le fil d'Ariane qui vous guidera dans le labyrinthe bourguignon.

L'« ouvrée » vaut 4 ares 285 centiares. Il y a, en gros, 24 ouvrées dans un hectare. Le « journal » comprend 8 ouvrées et couvre 34 ares 284 centiares. Il y a environ 3 journaux dans un hectare. Le Mâconnais connaît la « coupée », qui équivaut à 3,96 ares. Ces unités variaient souvent, mais de façon modérée, d'un village à un autre jusqu'en 1789. Par ailleurs, les géomètres ont accompli quelques progrès depuis le bon vieux temps.

Le vin se vend à la « pièce » (228 litres en Côte-d'Or, soit le miracle d'un compte rond : 300 bouteilles, 215 litres en Mâconnais), à la « feuillette » (114 litres en Côte-d'Or, 136 litres dans l'Yonne, où cet usage est très fréquent, 108 litres en Mâconnais) ou au « quartaut » (57 litres en Côte-d'Or, 54 litres en Mâconnais). La Côte chalonnaise suit les pratiques de la Côte-d'Or. En Bourgogne, on ne parle jamais de barrique.

On dit la « cuverie », et non le chai ou le cuvier. « Cuvage » est employé en Beaujolais et en Mâconnais, de même que « tinailler » (cuverie, cellier). Si le raisin des vendanges est récolté aujourd'hui dans des caisses de bois ou de plastique, l'usage du « benaton » et du « panier porteur » (vendangerot) en osier n'a pas complètement disparu. Le premier était surtout utilisé de Dijon à Gevrey-Chambertin, le second dans le reste de la Côte de Nuits et la Côte de Beaune. Le raisin est recueilli dans une benne de bois, la « ballonge ».

Comme le chantent les Bourguignons, prenons paniers et benatons. Et bras-dessus, bras-dessous, partons en vendanges ! A droite, le panier traditionnel de la Côte de Nuits.

Le deuxième défi : depuis la grande révolution de la fin du XIXe siècle, après la crise phylloxérique, la génération nouvelle a dû tout reprendre à zéro dans les modes de culture (abandon du provignage, greffe, recours aux plants américains, palissage, entrée du cheval et de la charrue dans les vignes). Jamais on n'avait assisté à une mutation aussi rapide et complète des techniques culturales et de vinification. Depuis une trentaine d'années, tout a changé à nouveau, ou presque. L'expérience des anciens garde son importance, mais elle devient souvent inopérante face aux pratiques nouvelles, à l'entrée en force des sciences et des technologies de pointe dans un univers régi par la coutume et la tradition.

D'où la difficulté de fonder la vigne et le vin sur la recherche, l'innovation, de plus grandes certitudes, tout en préservant la meilleure part de l'héritage. Il s'agit de maintenir la qualité du vin de Bourgogne, sa personnalité, son identité, sans céder à la tentation des vins « technologiques ».

Le troisième défi : le vin est bien plus que du vin. Le vin de Bourgogne est perçu dans le monde entier comme une forme d'accès à la culture bourguignonne et française, comme une clé ouvrant sur le goût, sur l'art de vivre, sur l'élévation de l'esprit plus encore que sur le bonheur des sens. C'est une « Alliance française »... Or, on ne vend pas un symbole culturel, un objet de luxe comme n'importe

« La Bourgogne pratique l'ostentation par le toit », affirment les auteurs d'un savant ouvrage. Pour mieux détourner le regard de la cave ? Pour rappeler l'embrasement de la vigne en automne ? L'hôtel-Dieu de Beaune offre l'image même de cet éblouissement.

quel produit. Car on se trouve ici dans le monde du rêve, des aspirations, du prestige passionnément désiré.

D'où de multiples efforts, si nécessaires en Bourgogne, pour comprendre la signification culturelle du vin et répondre aux attentes qu'elle crée. Mais la route est encore longue pour remettre le vin entre les mains de la haute couture qui le vêtira ; pour créer des bouteilles de grande qualité esthétique ; pour les décorer d'étiquettes renouvelant l'image de la région ; pour se rappeler que l'on offre toujours avec le vin une parcelle de la Bourgogne : son histoire, ses paysages, ses traditions, ses vignerons. Ses terroirs sont la branche sur laquelle la Bourgogne est assise. Le public veut trouver ici un produit de luxe, fait à la main. Si l'on tient à mécaniser les vendanges, si l'on remplace les piquets de bois par des bouts de fer ou de plastique, si l'on construit n'importe quoi, chacun y trouvera peut-être son compte, mais tout le monde sera un jour perdant. En effet, le rêve de tout amateur de vin de Bourgogne est de se rendre ici au moins une fois dans sa vie, comme à Rome ou à Athènes, afin d'accomplir le pèlerinage aux sources. Grâces en soient rendues au Clos de Vougeot ! Le vignoble de Bordeaux se préoccupe d'architecture, investit dans l'art et la culture, édite une revue de prestige, cajole les écrivains. La Bourgogne, elle aussi, doit avoir la politique culturelle de son vin.

Civilisation restreinte devenue mondiale, civilisation ancestrale pénétrée par les sciences et les techniques, civilisation agricole s'appliquant désormais à créer un produit culturel et de luxe. En l'espace de quelques années, la Bourgogne peut et doit relever ces trois défis. Elle possède tous les atouts pour y parvenir : une notoriété internationale, une réputation éclatante, des grands crus qui entraînent le vignoble à leur suite, assez de jeunesse et d'enthousiasme pour gagner cette nouvelle bataille.

Un bel enjeu : incarner durablement la civilisation du vin dans le monde moderne. Le songe d'Astyage ne nous fait-il pas rêver aujourd'hui encore ? Plus prosaïquement, n'oublions pas les services rendus par le vin de Bourgogne au prestige et à la richesse de la France. Ni cette autre contribution : alors que partout les surfaces agricoles exploitées reculent, que les campagnes meurent, la vigne et le vin maintiennent les hommes à la terre et au village, faisant vivre à leurs côtés d'innombrables entreprises industrielles et de services… On ajoutera : sans subventions publiques, européennes ou françaises, et avec le goût d'un message universel.

LA BOURGOGNE VITICOLE

Quelques gouttes de bon vin dans l'océan des produits de la vigne

Délimitée par un jugement du tribunal civil de Dijon le 29 avril 1930, la Bourgogne viticole comprend quatre départements : (du nord au sud) l'Yonne, la Côte-d'Or, la Saône-et-Loire et le Rhône – l'arrondissement de Villefranche-sur-Saône. Cette entité se distingue de l'actuelle région de Bourgogne, qui ne comporte pas le Rhône mais s'étend sur la Nièvre. Celle-ci possède l'important vignoble de Pouilly-sur-Loire (le Pouilly-Fumé), rattaché logiquement à l'ensemble des vins de Loire, ainsi que les Coteaux du Giennois (VDQS), partagés avec le Loiret (105 ha de gamay et pinot noir en rouges, de sauvignon et de chenin blanc en blancs) et ceux du Charitois, pinot noir et chardonnay. A l'échelle du monde, il s'agit d'un vignoble minuscule. Sur 380 bouteilles de vin produites sur la planète, une seule est bourguignonne, offrant quelques gouttes de bon vin à l'océan des produits de la vigne.

LE BEAUJOLAIS EST-IL BOURGUIGNON ?

Le Beaujolais se situe en principe au sein de la Bourgogne viticole. Dans l'entre-deux-guerres, la notoriété du « vin du citoyen » était encore modeste, et la Bourgogne n'avait eu aucune peine à étendre son bras jusqu'aux abords de Lyon. La situation a beaucoup évolué depuis, le Beaujolais produisant autant de vin que le reste de la Bourgogne et bénéficiant d'un marché ainsi que d'une image capables d'assurer son autonomie. L'expression « Grande Bourgogne » parut apaiser un temps le sentiment d'indépendance du Beaujolais. Une fédération interprofessionnelle naquit en effet sous cette dénomination en 1985. Elle éclatait cependant dès 1990, chaque vignoble constituant dès lors sa propre organisation interprofessionnelle. Le problème est ici d'accorder l'histoire et la géographie. Dans le passé, le Beaujolais n'eut pas de liens avec la province de Bourgogne et se trouva toujours dans la zone d'influence du Lyonnais. En revanche, les monts du Beaujolais prolongent naturellement les pays bourguignons. Les vignobles du Mâconnais et du Beaujolais cousinent intimement. Le Beaujolais cultive le gamay noir à jus blanc, qui paraît être d'origine bourguignonne. Le canton de La Chapelle-de-Guinchay se situe en Saône-et-Loire, et donc en Bourgogne. Il produit de l'excellent beaujolais (Moulin à Vent sur Romanèche-Thorins, Saint-Amour, Juliénas sur Pruzilly, Chénas sur La Chapelle-de-Guinchay). Pape incontesté du beaujolais, Georges Dubœuf est d'ailleurs établi ici, à Romanèche-Thorins.

Le négoce-éleveur de Mâcon et de Beaune assure une large part de la commercialisation du beaujolais. A l'inverse, la Saône descend rejoindre le Rhône à Lyon, et l'on sait que le Beaujolais offre son troisième fleuve à la capitale des Gaules... Il est aujourd'hui raisonnable de laisser le Beaujolais suivre son destin, distinct de celui de la Bourgogne, tout en réalisant qu'à l'heure européenne et du marché mondial une production globale de 3,5 millions d'hectolitres et de réelles affinités nécessitent une position commune face à la concurrence.

A l'exception de Régnié, créé, il faut le rappeler, après les autres, les crus du Beaujolais peuvent d'ailleurs être vendus comme Bourgogne (repli), de même que les Beaujolais-Villages et les Beaujolais portant le nom de leur commune d'origine, ainsi que les Beaujolais et Beaujolais supérieurs produits en Saône-et-Loire. Cette faculté, qui découle en droite ligne de la délimitation de 1930, ne reste pas lettre morte.

« L'amour de la patrie, vertu dominante des grandes âmes, me saisit toujours à l'esprit d'une bouteille de vin de Bourgogne. »

Charles de Brosses

Mon oncle Benjamin et *Colas Breugnon*

Le département de la Nièvre est aujourd'hui rattaché au Val de Loire viticole, tout en faisant partie de la région de Bourgogne. A l'exception du Pouilly-Fumé, il n'offre pas de très grands vins à la couronne des crus bourguignons. En revanche, il a mis au monde deux personnages immortels, nés dans les Vaux d'Yonne, au pays de Clamecy.

Claude Tillier publie en 1843 *Mon oncle Benjamin*. Médecin des pauvres vers 1750, joyeux buveur et coureur de jupons, Benjamin Rathery traverse au galop de son cheval un roman illustrant à merveille le caractère bourguignon, rebelle à toute contrainte, amoureux de la vie et du bon vin. Jacques Brel lui offrira ses traits pour le film d'Edouard Molinaro (1969). La veille de sa mort, le bon Dr Minxit convie ses amis à un heureux dîner, souhaitant jouir à l'avance de son repas d'enterrement. Comment ne pas penser à Jacques Bénigne Bossuet, l'illustre prélat bourguignon qui, sentant venir son trépas, fit entrer six pièces de Volnay à l'évêché de Meaux, afin qu'il ne manquât rien à « sa pompe funèbre ». Même s'il s'agit d'une légende, quoi de plus bourguignon ?

Romain Rolland vient d'écrire *Jean-Christophe*, et il va recevoir le prix Nobel de littérature quand il conçoit *Colas Breugnon* en 1913. Menuisier à Clamecy à l'époque de Louis XIII, Colas est l'auteur imaginaire des stalles de l'église de Montréal près de Vézelay. « Travailler après boire, boire après travailler », telle est sa devise. Indépendant, frondeur, partageant ses aventures avec le curé Chamaille, qui ne dédaigne pas la « bonne rosée de cave », il est l'image du Bourguignon. Sur son lit de mort, il réclame une dernière bouteille, et il sort de chez lui pour étreindre une fois encore la terre de son pays. Il croit entendre les arbres lui répéter : « Prends racine… Prends racine… » Bourguignon ne meurt pas !

Colas Breugnon, si l'on en croit Romain Rolland, aurait sculpté les stalles de l'église de Montréal.

Ce paysage si sage ressemble au jardin d'Eden après que le Créateur y a passé son râteau.

Vingt-huit mille hectares de vignes

La Bourgogne viticole couvre actuellement quelque 28 000 ha en production : environ 5 700 dans l'Yonne, 9 500 en Côte-d'Or et 12 800 en Saône-et-Loire (dont les 1 525 ha de Beaujolais produits en Saône-et-Loire). Le Beaujolais, pour sa part, s'étend dans son ensemble sur 22 000 ha.

Ces 28 000 ha de vignes représentent 1 % à 2 % seulement de la superficie agricole totale de la Bourgogne, 6 % de la superficie du vignoble français d'AOC et 3 % de la superficie globale du vignoble français.

En rouges et rosés AOC, on peut compter 10 800 ha environ, dont 6 600 en Côte-d'Or et 3 900 en Saône-et-Loire. En blancs AOC, un peu plus de 12 000 ha, dont plus de 4 000 dans l'Yonne, 2 400 en Côte-d'Or et 5 500 en Saône-et-Loire. Les grands crus rouges : seulement 364 ha. Les grands crus blancs : 83 ha.

Des chiffres précis sont difficiles à donner, et les variations statistiques s'expliquent : certains sols sont déclarés viticoles alors qu'ils ne portent plus de vigne, et il reste de façon résiduelle des superficies hors AOC produisant des vins de table ou des vins à usage industriel (vinaigrerie par exemple). Enfin, les superficies réellement plantées et exploitées doivent être distinguées des aires délimitées ayant droit à une AOC. L'écart peut être parfois considérable. Ainsi, l'aire de l'AOC Petit Chablis couvre en réalité 360 ha au début des années 90, alors qu'elle s'étend sur une aire potentielle de quelque 4 000 ha.

LE PREMIER ETAT CIVIL

Le premier état civil du Bourgogne date de 1416, quand une décision royale entérina les faits établis, offrant la première reconnaissance du nom et du renom de ce vin. Le mot « bourgogne » ne pouvait dès lors s'appliquer qu'« à toutes manières de vins et crus faits au-dessus du pont de Sens, tant ceux du pays de l'Auxerrois comme ceux du pays de Beaunois ». Destiné à protéger l'acheteur par des réglementations garantissant l'authenticité du produit (son origine) et la quantité (les mesures), cet édit de Charles VI distingue quatre aires d'appellation parmi les vins vendus à Paris : français (en aval du pont de Sens et Oise), de la Loire, de Bar-sur-Aube (les futurs champagnes, tranquilles à l'époque et grands rivaux des vins de Bourgogne) et de Bourgogne (l'Yonne et la Côte-d'Or d'aujourd'hui). C'est à cette époque que, renforcé par la politique très active des ducs de Valois, un élan régional porte en avant le Bourgogne, tout en préservant ses particularismes. La création des départements en 1789-1790 n'a tenu aucun compte du vin et des vignobles. Ces délimitations auront néanmoins d'importantes conséquences. Pourvue des crus les plus éclatants, la Côte-d'Or porte un nom magique. Ce département s'arrête après Santenay, laissant alors place à la Saône-et-Loire. Les vins de la Côte chalonnaise vont se trouver longtemps isolés par cette coupure, d'autant que le Mâconnais – à l'autre bout du département – développe sa propre politique viti-vinicole. Au début du XIXe siècle, André Jullien place clairement la Côte chalonnaise dans le prolongement de la Côte de Beaune. Autre conséquence des frontières départementales, inverse cette fois : lié jadis au destin des barons de Chagny (Saône-et-Loire), le Montrachet se trouvera après la Révolution dans l'aire d'attraction de Beaune... et en tirera un bon profit marchand.

On a longtemps dit Basse Bourgogne pour le vignoble de l'Yonne et Haute Bourgogne (ou Bourgogne) pour le reste de la province. Ces dénominations ont aujourd'hui disparu de la langue courante. L'éloignement entre la Côte et les vignobles de l'Yonne s'est sensiblement atténué, mais il resta longtemps considérable. En 1728, l'abbé Claude Arnoux écrit : « J'ai ouï cent fois vanter des vins de plusieurs côtes qui sont plus d'Auxerre, à qui on donnait le nom de vin de Bourgogne. » Les reconnaissant comme d'origine bourguignonne, il les met de côté, comme d'ailleurs ceux de l'actuelle Saône-et-Loire : « Tous les autres climats de Bourgogne comme de Chablis et d'Auxerre n'ont aucune qualité des vrais vins de Bourgogne, quoiqu'ils y soient véritablement faits et produits. » On mesure à quel point une tête bourguignonne est compartimentée...

D'OÙ VIENT CE NOM ?

Le mot Bourgogne vient de l'occupation de cette région par un peuple qui erra beaucoup sur le territoire actuel de l'Allemagne et de la Suisse avant de créer, vers l'an 500, un royaume s'étendant jusqu'à la Provence. Les Burgondes venaient sans doute de l'île, aujourd'hui danoise, de Bornholm. Etablis en Pologne puis au bord du Rhin (acteurs de l'épopée germanique des Nibelungen dont s'est inspirée la tétralogie wagnérienne), ils en sont chassés par les Romains et les Huns, et ils trouvent refuge dans cette Bourgogne qu'ils baptisent de leur nom (Burgundia) et qui porte l'empreinte de leur civilisation.

Couleurs de terre et lumière des tuiles vernissées – les demeures bourguignonnes ne manquent pas d'attraits. Rares sont en pays de vigne les maisons comme celle-ci, à Gevrey-Chambertin, qui restent à l'abandon...

LE GENIE DU LIEU

La première clé : le terroir

Comme le théâtre classique, le cru respecte en Bourgogne la règle des trois unités. Unité de lieu tout d'abord : la Bourgogne pourrait porter le titre d'un roman d'André Maurois, *Climats*. Le mot « climat » possède ici un sens particulier. Il s'agit d'un quartier de terre identifié sous son propre nom depuis des siècles, souvent dès le Moyen Age, et dont l'emplacement précis, le sol, le sous-sol, l'exposition, le microclimat, l'histoire constituent les caractères d'une personnalité unique.

On peut, en effet, rappeler le propos d'Eugénie de Guérin parlant de Barbey d'Aurevilly : « C'est un beau palais, mais où il y a un labyrinthe. » Certains s'en étonnent, bien à tort. Si la nature a enfoui ici mille trésors différents dans le sol, c'est pour nous les faire découvrir un à un, apprécier et aimer. Si chaque cru a sa personnalité, c'est pour nous inciter à la connaître, à la reconnaître. De la Bourgogne, on ne fait ni ne fera jamais le tour, et il faut au moins trois clés pour descendre ici à la cave. La première est le génie du lieu.

LE SOL, LE SOUS-SOL...

Le terroir est fait du sol et du sous-sol. Le dire ne signifie d'ailleurs rien, car il faut encore évaluer la puissance d'absorption de la plante, ainsi que l'influence de la température, de l'hygrométrie, de l'intensité de la lumière. L'azote, le potassium et le calcium sont nécessaires, dans des proportions maîtrisées. Le phosphore, le fer, le manganèse et toute la gamme des oligo-éléments entrent dans cette équation complexe. En s'en tenant aux crus de la Côte-d'Or, le sous-sol est en général peu important, car on aborde vite la roche. La vigne plonge parfois ses racines jusqu'à plusieurs mètres de profondeur grâce à des fissures, et elle en retire un grand bénéfice. Le plus souvent, elle s'épanouit dans le sol, à un demi-mètre de profondeur. Rolande Gadille a étudié minutieusement ce sujet. Elle note que l'acide phosphorique et le calcaire actif jouent un rôle important dans la qualité du vin, sans pouvoir cependant établir l'équation qui expliquerait tout.

Les meilleurs vins proviennent du milieu du coteau, où les sols bruns calcaires sont peu profonds et caillouteux. Le taux d'argile ne doit pas tomber trop bas, mais, trop élevé, il nuit au vin. L'érosion fait descendre la terre depuis des millénaires. On la remontait jadis à pleines hottes durant l'hiver. On le fait moins aujourd'hui, ne serait-ce qu'en raison du morcellement de la propriété.

Le terroir comporte un microclimat favorable, mélange de chaleur, de sécheresse, de nuances pluviométriques, d'humidité relative, de masses d'air, de vents dominants, de sensibilité au gel ou, au contraire, de protections naturelles... Aucune loi n'apparaît absolue, mais l'observation permet de comprendre pourquoi tel climat, situé à quelques dizaines de mètres d'un autre, donnera un meilleur vin. L'exposition au levant constitue de toute façon un gage de qualité. C'est le bain de soleil en chaise longue. Les facteurs géo-pédologiques et climatiques se conjuguent pour donner naissance au grand vin, avec un cépage et un porte-greffe appropriés, une bonne culture, une vinification soignée, un élevage attentif.

La Bourgogne ne multiplie pas les terroirs, et donc les crus, pour le plaisir d'enfermer ses hôtes et de les égarer. Elle est ainsi faite, et il faut se soumettre à sa nature. Elle n'est pas compliquée, mais simplement complexe.

« Le vin le plus délicieux ne provient parfois que d'une toute petite parcelle, au milieu de vignobles ne donnant qu'une qualité ordinaire. [...] En même temps, dans le sol, l'aspect, les pratiques culturales et la nature du plant, il n'y aura aucune différence perceptible à l'œil du plus expérimenté des vignerons. »

Cyrus Redding,
A History and Description of Modern Wines (XIXe siècle).

L'ORDRE DE LA NATURE

Aucune vigne bourguignonne ne porte un nom de famille, très peu font référence à un propriétaire, ancien ou actuel. L'ascendant exercé par le climat, sa préséance sur l'enseigne commerciale ou sur l'acte de propriété est ici une valeur constante. L'ordre de la nature passe toujours avant les péripéties de la vie des hommes, et l'éternel précède ici l'éphémère. Ainsi le Clos de Cîteaux à Vougeot perd-il assez vite son nom («vite » à la mode de Bourgogne : deux à trois siècles) pour devenir le Clos de Vougeot, évoquant le lieu et non son propriétaire temporaire («temporaire » à la mode de Bourgogne : six à sept siècles). Seules quelques propriétés religieuses ont fait souche : Clos de Bèze, Clos de Tart rappellent ces abbayes.

Les exceptions à cette règle sont très rares : Corton-Grancey (unique exemple d'un grand cru ayant acquis par histoire et tradition le droit de porter un nom de famille, devenu une marque), Clos des Cortons Faiveley (reconnu par décision de justice des années 30, ne correspondant pas aux notions actuelles mais d'un usage loyal) et Romanée-Conti (dénomination née de la *vox populi* locale). Antérieurs à 1789, le Montrachet de Laguiche et le Musigny de Vogüé ne jouent pas au Mouton-Rothschild, ils restent discrets. La Romanée Saint-Vivant Marey-Monge désigne seulement un domaine au sein de ce grand cru. Le sol n'appartient qu'à Dieu. Quels que soient ses titres et ses qualités, sa fortune ou son rang, le détenteur d'une vigne ne dispose d'aucun privilège sur cette terre. Nul marquis de Montrachet, nul vicomte de La Tâche ! Et si, au XVIIIe siècle, Claude Jobert réussit de son vivant à se faire appeler Jobert de Chambertin, la sanction divine sera lourde : au-delà d'une génération, il n'aura pas de postérité mâle, et ce nom abusif s'éteindra aussitôt après lui.

Paradoxe bourguignon : si la propriété apparaît secondaire dans l'identité du vin — démarche contraire à celle de Bordeaux —, le sentiment de propriété figure parmi les plus vifs dans ce pays qui considère le droit de se clore comme un fâcheux oubli de la Déclaration universelle des droits de l'homme et du citoyen. L'Académie de Dijon, qui avait découvert et lancé Jean-Jacques Rousseau, n'apprécia guère, par la suite, ses divagations sur l'origine de l'inégalité sociale. De l'avis unanime des Bourguignons, le passage de la borne au mur constitue un fait de civilisation analogue à l'invention de la roue ou de l'imprimerie.

La précision cadastrale apparaît d'ailleurs comme une obsession dans l'histoire du vignoble. Quand on effectuait jadis un relevé d'arpentage, après avoir compulsé de pleins coffres d'archives, le géomètre dessinait son plan en prenant soin de pratiquer de minuscules piqûres d'aiguille à l'endroit des bornes. Si l'on peut déplacer une borne par une nuit sans lune, le trou dans le papier est en effet inaltérable et garantit la convivialité future.

L'éveil de la vigne au printemps.
La nature semble retenir son souffle.

LA COTE D'EMERAUDE

La visite de la Côte débute par les carrières de Comblanchien, à mi-chemin entre Nuits-Saint-Georges et Beaune. Posée sur la plaine de la Saône et adossée à la montagne bourguignonne, la Côte a les reins solides et un large panorama sous le regard : jusqu'au Jura et aux Alpes. Ce miracle est apparu il y a 200-250 millions d'années, quand s'étendait ici un lagon tahitien, émeraude, sous un climat tropical. Lis et étoiles de mer, huîtres, coquillages et coraux, algues s'accumulent dans cette mer aux eaux tièdes et peu profondes. Dans la boue et les sables, ces matériaux constituent peu à peu une barrière de corail. La sédimentation calcaire la change en rocher il y a 150 millions d'années, à la période jurassique de l'ère secondaire. Lorsque cette assise supporte le poids de dépôts plus récents sur plusieurs centaines de mètres de hauteur, la pression, colossale, obture à la base tous les vides, réduit d'un bon quart la barrière de corail, formant un socle de marbre d'une dureté extrême. Il y a 30 millions d'années, l'ère tertiaire crée une fracture alors que les Alpes dressent le dos. Préservé par le calcaire de Comblanchien, le relief actuel de la Côte offre à la vigne le plus doux des lits, le plus amoureux des oreillers. La Côte redeviendra cette côte d'émeraude, ou une toundra glacée. Le miracle ne durera donc pas. *Carpe diem* !

LES CLOS ET LES CRUS

Dès le Moyen Age, on parlait du vin d'Auxerre, du vin de Beaune, et ce furent les premières classifications. De siècle en siècle, mille nuances apparurent, fondées sur de petites régions (Auxerrois, Chablisien, Tonnerrois dans l'Yonne ; Côte dijonnaise, Côte de Nuits, Côte de Beaune, Arrière-Côtes — devenues Hautes-Côtes en Côte-d'Or ; Côte chalonnaise et Mâconnais en Saône-et-Loire, parmi beaucoup d'autres vignobles oubliés aujourd'hui dans ces trois départements) ou sur la couleur du vin, ou encore sur la notoriété des vins d'un village, parfois d'un cru.

Typiquement bourguignon, le phénomène des clos illustre un des modes d'élaboration de la notion de cru. Les plus anciens sont antérieurs au Xe siècle : le Clos de Bèze, à Gevrey-Chambertin, est cité dès l'an 640. Ils expriment un effort de remembrement dû à des seigneuries civiles ou religieuses. Mais il n'est pas rare de constater la présence de plusieurs lieux-dits ou climats au sein d'un même clos, dont le vin donne parfois des cuvées d'assemblage, parfois des cuvées distinctes. On pourrait parler ici d'une approche « bordelaise », en fonction d'une concentration foncière, tout en précisant — le cas du Clos de Vougeot mis à part — que celle-ci demeure généralement d'une superficie globale très modeste. Un clos bourguignon n'est pas nécessairement ceint de murs, et quelquefois il ne semble jamais l'avoir été. Il s'agit d'une conception patrimoniale (clos du roi, des ducs, de telle ou telle abbaye), disparue presque toujours lors de la Révolution et souvent longtemps auparavant.

La Bourgogne est faite d'une mosaïque de particularismes. Aucun esprit ne lui est plus éloigné que celui de système, et il existe donc de nombreuses formes d'élaboration de la notion de cru.

L'HOMME OU LA NATURE ?

Peut-on évaluer la part des virtualités physiques et celle des efforts humains dans la réussite de certains crus ? Troublante question, qui ne cesse de passionner les Bourguignons.

Roger Dion défend une thèse « historique » mettant l'accent sur la création humaine, alors que Rolande Gadille s'en tient davantage à une thèse « géographique » fondée sur le déterminisme originel. Les deux points de vue paraissent complémentaires. La nature ? Les conditions écologiques du climat : sous-sol, sol, microclimat. Les caractères climatiques favorisent en effet l'épanouissement durable de la vigne et la réussite du millésime, jusqu'à la maturité idéale. Il s'agit d'une multitude de facteurs. Citons le pourcentage de calcaire actif et d'argile, sinon de beaucoup d'autres composantes ; la plus ou moins grande soumission au gel, aux désordres atmosphériques... Citons encore la température de l'année, l'insolation, l'humidité, l'évolution du cycle végétatif...

L'homme ? La conduite de la vigne et le gouvernement du vin font appel à d'innombrables décisions, spontanées ou mûries, que le viticulteur prend généralement seul : le soin apporté au sol, le choix des plants, des clones et des porte-greffes, les différentes formes de lutte contre les parasites ou les maladies de la vigne, la taille, la vendange, le tri des raisins dans la vigne et à l'entrée dans la cuverie, les pratiques de vinification et d'élevage...

LA CLE DE VOUTE

Quand les appellations d'origine contrôlée ont été instituées il y a un demi-siècle, chaque vignoble français a choisi sa clé de voûte. La propriété pour Bordeaux, le cépage pour l'Alsace, la marque pour le Champagne, le terroir, le cru pour la Bourgogne. Admirable diversité, si rare en France, où l'uniformité parisienne a toujours été de règle. Chacun s'exprima alors, en toute liberté, selon sa nature, son caractère et sa personnalité.

D'autres préférences étaient concevables. En Bourgogne, le négoce voulut privilégier la marque. Imprudemment, Colette – d'ailleurs financée à cette fin par des maisons de négoce comme Chauvenet à Nuits-Saint-Georges – prit parti à cette époque pour la marque. Un autre écrivain bourguignon, tout aussi passionné mais indemne de toute pression, Gaston Roupnel, la remit heureusement à sa place en défendant avec raison le vin de cru et de terroir. Cette idée l'emporta, et elle sauva la Bourgogne.

L'importance attachée au terroir a aussi une autre conséquence : le morcellement des parcelles. Qu'il s'agisse de quelques mètres carrés, peu importe, chacun veut avoir pignon sur vigne et dans les meilleurs crus. Contrairement à ce que l'on croit, le phénomène n'est pas récent. Hormis quelques clos restés en monopole jusqu'à ces dernières décennies, l'éparpillement de la propriété au sein des climats était déjà considérable au XVIIIe siècle. Dès lors, un propriétaire ne produit pas, comme à Bordeaux, un seul vin, ou un premier vin et un second, mais souvent une dizaine d'appellations différentes.

On rencontre au milieu des vignes des « maisons de quatre heures » : pour ranger des outils, s'abriter en cas de pluie, faire les quatre heures avec fromage et saucisson.

PINOT NOIR ET CHARDONNAY

La deuxième clé : le cépage

Le vin naît du raisin, et le raisin de la vigne. Ce genre végétal comporte d'innombrables rameaux, mais seule la branche *Vitis vinifera* produit du vin. Domestiqué et civilisé en Asie puis en Europe depuis des millénaires, cet arbrisseau présente à ce jour plusieurs milliers de variétés. Quelques centaines constituent le patrimoine viti-vinicole de la planète. On les appelle des cépages.

La connaissance précise des cépages remonte à la fin du XIXe siècle. Cette science, auparavant empirique – non sans valeur ni intérêt –, était en général restreinte à un vignoble et dépourvue de toute vue d'ensemble. Depuis un siècle, et tandis que la viticulture accomplissait beaucoup de progrès, les cépages sont apparus peu à peu en pleine lumière. Leur étude est un travail de bénédictin, car il faut corriger des dénominations locales inexactes, dissiper des confusions, reconstituer des familles dont les membres vivent parfois aux deux extrémités du monde...

L'auxerrois par exemple ? Comme le remarque Jancis Robinson dans son *Livre des cépages*, l'auxerrois blanc, assez répandu en Alsace, ne viendrait pas de l'Yonne mais de la Lorraine, qui elle-même parle de ce cépage comme du chardonnay. A Cahors, le malbec n'est-il pas appelé auxerrois ? L'Afrique du Sud a planté également l'auxerrois, longtemps confondu avec le chardonnay. De même, le grosser burgunder autrichien est le schiava grossa d'Italie...

Le cépage et le terroir partagent en Bourgogne un roman d'amour si passionné qu'il exclut l'assemblage de raisins issus de plusieurs variétés ou de plusieurs climats, du moins dans les grandes appellations. Fréquent dans de nombreux vignobles, le mariage des cépages est inconnu ici. Ainsi la Bourgogne consacre-t-elle essentiellement ses ardeurs à deux religions monothéistes, le pinot noir et le chardonnay, l'une en rouge et l'autre en blanc. Voici les deux mamelles de la Bourgogne. Est-ce pour autant du « vin de cépage », selon la vogue contemporaine qui tend à faire figurer sur l'étiquette seulement le nom variétal ? Non, car le terroir affirme pleinement ses droits sur l'appellation d'origine contrôlée. On ne peut donc pas le séparer du cépage, qui offre sa deuxième clé au trousseau : l'unité d'action.

« La nature m'a donné le palais bourguignon, et, si j'adore ses chardonnays, je m'incline devant les grands pinots noirs de Bourgogne. Je m'incline ! »

André Tchelistcheff

L'ŒUVRE DES SIECLES

Tout cela ne s'est pas produit en un jour. Jusqu'à la fin du XIXe siècle, selon des formes de culture qui n'ont guère varié, le progrès du matériel végétal provenait souvent d'une mutation soudaine apparue sur un pied de vigne, remarquée par le vigneron et qu'il tentait de multiplier si elle lui paraissait intéressante. Ce phénomène n'est pas rare dans la vigne, surtout en pinot noir. A Meursault, on rencontre encore un chardonnay rare à baies roses, musqué et aromatique. Il s'agit d'une mutation spontanée, d'une singularité génétique, comme dans le cas du pinot noir découvert par le vigneron Camuzet à Vosne-Romanée en 1899 et qui produisait des grappes de trois couleurs : pinot noir, pinot gris et pinot blanc !

Le progrès provient aussi d'une sélection opérée par le vigneron à partir d'un pied particulièrement épanoui. C'est ainsi que des plants devinrent célèbres en pinot et en gamay. Ils portaient le nom de leur inventeur (Liébault, Magnien, Mongeard, Crépet, etc.) ou celui du village (Santenay, Pernand en pinot ; Arcenant, Bévy en gamay), et ils étaient diffusés alentour.

La première grande révolution eut lieu après

l'invasion phylloxérique, dans les années 1880. Face à la mort de la vigne, il fallut se résoudre à pratiquer la greffe. Comme le puceron venait d'Amérique, où la vigne sauvage lui résistait naturellement, on importa du « bois américain » servant de porte-greffes aux cépages traditionnels. En l'espace d'une génération, les vignerons durent changer complètement leur mode de culture, sans expérience ni leçon du passé. La vigne était plantée en foule, en désordre. Bientôt le palissage, le rang de vigne allaient apparaître, et le cheval puis la motorisation compléter ou remplacer la main de l'homme. La vigne était plantée dans des fosses (dites preux, provins) et renouvelée presque toujours sur la souche primitive. La reconstitution du vignoble par greffage nécessita un travail très différent, impliquant le choix des porte-greffes les mieux adaptés au cépage et au terroir, des replantations plus régulières. Quand on arracha La Romanée-Conti en 1945 – l'une des dernières « vignes françaises » non reconstituée après la crise phylloxérique –, le sous-sol abritait une véritable toile d'araignée de vestiges végétaux. En effet, le provignage faisait toujours renaître le même cep au même endroit. Cela explique aussi l'unicité des cépages bourguignons. Un tel mode de culture rendait très difficile un encépagement nouveau. Qu'allait-il naître de ces innovations ? Il ne manqua pas de bons apôtres pour prédire que l'on ne ferait plus jamais un grand Bourgogne. Et pourtant…

LA REVOLUTION CLONALE

La révolution clonale constitue le second choc vécu par le vignoble bourguignon, cette fois dès les années 60. Un clone est la descendance d'une souche de vigne obtenue par multiplication végétative. La sélection clonale vise deux objectifs : sanitaire (obtenir des filiations saines, débarrassées notamment des maladies virales comme le court-noué, qui décimait les blancs vers 1950) et variétal (sélectionner les meilleurs types de cépages). Ce travail fut accompli avec sérieux. Sur le plan sanitaire, il a permis d'excellents résultats. Mais les clones ont été bientôt mis en accusation par la critique. Cette sélection ne risquait-elle pas d'uniformiser le vignoble, sinon de le livrer à des clones médiocres et trop productifs ? Il a fallu sans doute procéder par tâtonnements, et quelques erreurs se sont produites au début. On sait aujourd'hui quels clones réussissent à merveille en pinot noir (113, 114, 115, 667, 777…) et en chardonnay (76, 95…). Il ne s'agit nullement d'une approche sacrilège. D'ailleurs, que faisait-on au XIXe siècle de façon empirique, sinon sélectionner des clones sans le savoir ?

Quant au fond du sujet, on oppose généralement les deux façons de reconstituer une vigne, la sélection clonale et la sélection massale (la reproduction des meilleurs pieds indigènes au sein d'un même climat). Les viticulteurs consciencieux pratiquent les deux par panachage et veillent sur leur patrimoine génétique comme sur le mariage de leurs enfants. Au reste, comment une vigne est-elle reconstituée ? Le plus souvent par repiquage d'un pied ici, l'autre là, sauf drame dû au gel ou nécessité absolue. Le père Trapet racontait : «Un jour que je repiquais en Chambertin, un vigneron de Morey qui roulait à vélo s'est arrêté et m'a lancé : Oh ! vous de Gevrey, vous êtes des malins ! Vous replantez par-ci par-là, et vos vignes ont toujours cinquante ans… Comme pour les pierres des cathédrales, changées une à une. N'est-ce pas cependant le comportement le plus sage ?»

La notion de « vieilles vignes » impressionne souvent l'amateur, mais aucune règle ne la régit. Il s'agit parfois de vignes de trente à cinquante ans d'âge, quoique souvent repiquées, quelquefois de vignes d'une dizaine d'années. Surtout en pinot noir, les vieux pieds donnent peu mais bon, mais quand ils atteignent l'âge de soixante à soixante-dix ans, ils ne produisent pratiquement plus rien.

NOS « TABLES DE LA LOI »

De même, des usages locaux et loyaux ont pu varier, et certains ont disparu. Celui, par exemple, de maintenir un quarantième de pieds blancs dans les vignes rouges de façon à les rendre suaves. Les décrets des années 30 ont souvent confirmé cet usage, qui n'est plus pratiqué de nos jours. Ou encore, et de façon plus étonnante pour des esprits actuels, ces cuvées de Chambertin blanc ou de Bâtard-Montrachet rouge qui ne choquaient personne au XIXe siècle.

La vigne est une culture pérenne. Elle donne du bon vin après dix ans. « Vieilles vignes » ? Pas moins de trente à trente-cinq ans.

Nos « tables de la Loi » semblent aujourd'hui intangibles, comme si Moïse les avait reçues de Dieu le Père sur la montagne de Beaune, gravées dans du comblanchien, puis transmises sans y changer une virgule à l'INAO. Elles sont, en réalité, l'aboutissement de longues et complexes évolutions. On nous renvoie sans cesse à un âge d'or mythique, mais sait-on, par exemple, que les pinots productifs de Santenay et de Pernand ont envahi la Côte de Nuits dans les années 20, offrant néanmoins à l'admiration perpétuelle ces vins que l'on boit aujourd'hui tête nue et à genoux ?

Cette adaptation constante du cépage à un monde changeant, sa permanence et sa renaissance expliquent pour une large part le miracle bourguignon. Car tout a toujours changé, et l'essentiel est cependant resté stable. Qu'est-ce qu'un grand vin ? Cela même.

Le choix de Jefferson

Au retour de son fameux voyage en Bourgogne (1787), Thomas Jefferson – qui, en quelques jours, a tout compris du vignoble – commande des plants de vigne à son correspondant beaunois, Etienne Parent. Il ne se trompe pas : Montrachet, Romanée, Clos de Vougeot et Chambertin. Etienne Parent lui en expédie trente-neuf à Paris, en 1788. Où seront-ils plantés ? A Monticello (Virginie), bien entendu. Or, ces tentatives d'implantation des grands crus français vont échouer, pour une raison qu'ignore Thomas Jefferson et que l'on découvrira un siècle plus tard, quand le phylloxéra, ce puceron américain, détruira la vigne française. Thomas Jefferson entre dans l'histoire de la vigne et du vin. Il est le premier étranger à avoir choisi des plants bourguignons pour les faire valoir dans son pays. Nul n'avait eu, semble-t-il, cette idée avant lui, sinon en Afrique du Sud, où des huguenots français plantèrent de la vigne bourguignonne. Gouverneur d'Astrakhan, le général russe Skarjinski fonda, au XVIIIe siècle, sur la Kuma, la colonie de Burgund-Madjar et y planta la vigne. Hommage lointain à la Bourgogne, même si les cépages utilisés provenaient du Don.

LE PINOT NOIR : UN SANG BLEU

Romanée-Conti, Chambertin, Musigny, Clos de Vougeot... Offrant à la vigne son sang bleu, le pinot noir appartient au gotha du vin. Le plus fin de tous les cépages à vins rouges, capable des vins les plus somptueux, graves et sereins, amples et délicats. Cité pour la première fois sous ce nom en 1375, sa date de naissance – mention d'un charroi entre Beaune et Bruges – est antique dans l'histoire des cépages.

S'agit-il, comme l'a suggéré Roger Dion, d'une sélection nouvelle due à l'intervention de Philippe le Hardi ? Rien ne le démontre. N'est-ce pas plutôt la dénomination nouvelle du vieux noirien bourguignon ? Rolande Gadille évoque l'éventualité d'une mutation spontanée découverte par un vigneron et multipliée ensuite. Le vigneron s'appelait-il Pinot ? Ou est-ce un dérivé de l'italien *pignolo*, venant de *pigna*, la « grappe » ?

L'apparition de ce nom coïncide avec l'œuvre active de promotion de ses vins par le duc de Bourgogne, sans doute sur l'assise ancienne du plant noirien et probablement au prix d'un effort accru de qualité, que l'ordonnance de 1395 va tenter d'imposer.

Identique à lui-même dans sa description ampélographique depuis plusieurs siècles, le pinot présente un feuillage vert terne et foncé sur la face supérieure, d'un vert plus clair sur la face inférieure, avec des feuilles épaisses, aussi longues que larges et se découpant bien sur trois ou cinq lobes. Ses sarments sont grêles, sa fertilité moyenne assez faible. Les grappes se développent sur les sarments qui poussent sur bois de l'année précédente. La grappe est menue, aux petits grains serrés, à la peau mince, d'un bleu-noir velouté. Ils donnent un jus abondant, sucré et incolore. Le pinot noir est vinifié en blanc dans la Champagne, alors qu'en Bourgogne on extrait la matière colorante de la pellicule pour produire un vin rouge.

Polymorphe, le pinot noir a suscité plus d'un millier de clones, les uns admirables et les autres détestables, en quantité comme en qualité. Au reste, la révolution clonale a simplement ordonné de façon scientifique l'approche empirique du passé : les pinots Liébault, Renevey, Magnien, Pansiot, Maltais (mis en valeur par les chevaliers de Malte à Morgeot), Giboulot, de Pernand, etc., dont chacun eut son heure de gloire depuis la fin du XVIIIe siècle jusqu'au début de l'époque contemporaine. Ce cépage couvre environ 5 000 ha en Côte-d'Or, 2 800 en Saône-et-Loire et quelques centaines d'hectares dans l'Yonne, soit 8 000 ha en tout en Bourgogne.

Le pinot noir s'expatrie mal. Après la Californie, qui a échoué sur ce point, l'Oregon tente actuellement sa chance avec un certain succès. Il est le spätburgunder et le blanburgunder allemand, le cortaillod suisse. Il existe aussi en Italie, en Autriche (blauer spätburgunder), en Hongrie (nagyburgundi), dans l'ex-Yougoslavie (burgundac crni), au Chili ou en Nouvelle-Zélande, en Afrique du Sud. Mais on le maîtrise difficilement hors de ses terres d'élection, car il est fragile et, selon l'expression de Jancis Robinson, « jalousement désiré ».

Le pinot teinturier fait la joie des photographes, car son feuillage rougit dès le mois d'août. Mais le désespoir des dégustateurs, car ce cépage est assez médiocre, sauf employé par petites touches associées au pinot noir.

Plusieurs domaines de Flagey-Echézeaux (Gouroux, Bissey, Loison-Coquard) ont développé le pinot droit à partir des années 50. Résistante à la pourriture, donnant de petites et belles grappes, cette variété de pinot noir a été longuement et passionnément discutée. Une partie de la critique y a vu un scandale, que rien ne justifie. Les cinq rangs de pinot droit plantés naguère dans le Clos des Lambrays n'ont décidément pas nui à l'excellence de ce vin.

Lorsque La Grande Rue devint un grand cru en 1992, on recopia par habitude les décrets anciens : «Les vins ayant droit à l'appellation La Grande Rue doivent provenir des cépages suivants, à l'exclusion de tous autres : pinot noirien, pinot Beurot, pinot Liébault. L'usage local d'incorporer en mélange dans les vignes un certain nombre de plants de pinot blanc ou gris, ou de chardonnay, dont le pourcentage peut s'élever au maximum à 15 %, reste autorisé. »
Si l'affaire traîna longtemps entre Paris et Bruxelles, c'est qu'elle levait de beaux lièvres... En effet, le Beurot n'est-il pas le pinot gris ? Dès lors, peut-on le citer à la fois parmi les rouges et parmi les blancs, l'admettant dans un cas à 100 % et dans un autre à 15 % ? Après discussion, on parvint à un compromis qui fera à l'avenir jurisprudence pour les autres grands crus rouges : l'encépagement général est réservé au seul pinot noir, tandis que demeurent autorisés (mais non pratiqués de nos jours) les 15 % de cépages blancs. Quant au pinot Liébault, ce fut pire encore. On lut et relut la liste des cépages reconnus par l'Union européenne, découvrant – mais un peu tard – que le Liébault n'y figurait pas. Du coup, il faudrait réécrire tous les décrets bourguignons...

LE CHARDONNAY : L'OR LIQUIDE

Montrachet, Chablis, Meursault, Pouilly-Fuissé — le chardonnay ne manque pas, lui non plus, d'une éclatante descendance. Mais à l'inverse du pinot noir, qui s'expatrie à contrecœur, lui a le goût des voyages. On le rencontre aux quatre coins du monde, et il réussit presque partout où il passe. Appelé beaunois à Chablis, aubaine en Côte-d'Or jadis, morillon ou plant de Tonnerre dans l'Yonne encore, pinot chardonnay en Mâconnais, mâconnais en Isère, épinette en Champagne, melon d'Arbois ou gamay blanc dans le Jura, weisser clevner en Allemagne, gelber weissburgunder en Haut-Adige, il a surtout imposé son nom de chardonnay au cours du XIXe siècle. Provient-il du village mâconnais qui, depuis mille ans au moins, s'appelle ainsi ? Ce n'est pas impossible.
Assez vigoureux et d'une bonne fertilité, ce cep craint cependant le froid, notamment le gel de printemps. Il réclame une taille comportant une forte charpente de vieux bois afin de freiner l'afflux de la sève dans les jeunes bourgeons. Deux fortes nervures bordant l'échancrure de la queue (le sinus pétiolaire) font remarquer sa feuille bien dentelée. Pas plus grosses que celles du pinot noir mais un peu moins serrées, plus allongées, ses jolies grappes dorées offrent des grains assez menus, gorgés d'un jus blanc très sucré.

Devenu universel, le chardonnay possède ici son berceau et sa gloire.

Comme on dit d'un vin rouge qu'il « pinote », ce cépage a donné naissance au verbe « chardonner ». Onctueux et ferme, sec et caressant, enveloppé et profond, il n'a aucun rival sur la terre dans son registre. Sous un caractère inflexible, il décline toutes les grâces dont un vin est capable. Main d'or sous gant de soie, est-il féminin ou masculin ? Il a plutôt le sexe des anges. Comme l'écrit Pierre Poupon, le chardonnay offre une unité blanche au vignoble bourguignon, sans pour autant céder à l'uniformité. Il joue ici du hautbois et là de la flûte. Ici, il grave sur cuivre ; là, il dessine à la plume. S'adaptant presque partout, remplissant tous les rôles, c'est Frégoli.
Porté en avant par la soif américaine et japonaise, par la vogue des blancs secs sur le marché international, le chardonnay progresse à grands pas. Il couvre quelque 1 300 ha en Côte-d'Or, avec une extension rapide ces dernières années, près de 5 000 ha en Saône-et-Loire et 3 500 en Chablisien, près de 9 000 ha sur l'ensemble du vignoble. Les Bourguignons savent exporter les vertus de ce cépage, comme en témoignent, entre autres, les résultats remarquables du Domaine Louis Latour en Ardèche.

LE PINOT BLANC

Existe-t-il ? Souvent confondu avec le chardonnay, le pinot blanc vrai est presque un souvenir, mais il demeure présent dans le vignoble. Sa feuille finement dentelée et sa grappe allongée le signalent à l'attention. Victime de la coulure, peu productif, il a été souvent abandonné dès l'expansion du chardonnay.

LE GAMAY NOIR A JUS BLANC

L'histoire politique du vignoble bourguignon ressemble à celle de l'encépagement. Les blancs à droite, les rouges à gauche, pour des raisons tenant au statut de la terre et à d'autres facteurs. De même, l'affrontement séculaire du pinot noir et du gamay qu'illustre l'ordonnance de Philippe le Hardi en 1395. Le pinot noir, ce sont les abbayes, les grandes familles, les petits rendements et la qualité. Plus généreux, plus facile à débiter sur comptoir et à boire, plus rentable, le gamay exprime l'ascension du peuple vigneron, le sentiment républicain, la démocratie vineuse. Sans doute, tout cela doit-il être nuancé de nos jours, mais les deux grandes tendances sociologiques ont toujours livré combat depuis l'apparition du gamay il y a plus de six siècles au moins.
Ce cépage est-il issu du hameau de Gamay dans la Côte de Beaune ? On l'ignore. Il faut d'ailleurs distinguer les gamays teinturiers au

jus coloré — assez médiocres et en voie de disparition — et le gamay noir à jus blanc — cépage noble, très largement répandu, dit aussi petit gamay, gamay rond ou bourguignon nain.

Le bon gamay (on dit gamay tout court) donne un vin léger, friand, fruité, que l'on préférait jadis au pinot noir pour la consommation quotidienne. Il est peu présent dans l'Yonne, alors que la Côte-d'Or le conserve notamment pour la production du Bourgogne Passetoutgrain (quelques centaines d'hectares). En revanche, il est très bien représenté en Saône-et-Loire, en Mâconnais rouge (2 500 ha environ), et surtout en Beaujolais, dont il est le prince. Ce cépage produit des grappes moyennes et compactes, cylindriques, et des grains ovales, d'un noir violine qui tire sur le bleu, et qui deviennent presque noirs en mûrissant. Ses feuilles, orbiculaires, sont légèrement trilobées. Ses sarments rose pâle présentent des nœuds brun foncé. Robuste et productif, il débourre précocement, craint les gelées et marque une préférence pour les sols acides, qu'il trouve en Beaujolais. C'est le cépage et le tempérament de la Bourgogne du Sud.

Le Bourguignon Paul Masson (1859-1940), l'un des fondateurs du vignoble de Californie, avait introduit dans le Nouveau Monde de nombreux plants de vigne, notamment un beau rouge à qui l'on donna là-bas le nom de gamay beaujolais. Controverses entre la France et les Etats-Unis sur cette dénomination à partir de 1946... Jusqu'au jour où le professeur Harold Olmo, de l'université de Davis, en Californie, découvre que le napa gamay (et non le gamay beaujolais) est le vrai gamay noir à jus blanc du Beaujolais. Le gamay beaujolais de Paul Masson est en réalité l'un des innombrables clones du pinot noir. Le grand spécialiste français Pierre Galet confirme que le gamay beaujolais est un pinot noir, mais il estime que le napa gamay est en fait le valdiguié, ou gros auxerrois, cépage du Tarn, et non le gamay noir à jus blanc de Bourgogne et du Beaujolais.

LES CEPAGES DISPARUS

Parmi les cépages disparus en Bourgogne, citons d'abord le muscat et le chasselas, assez répandus au XVIIIe siècle. Quant aux anciens cépages locaux, on a perdu le menu blanc ou peurion, le gouais blanc. Il ne reste plus trace du meslier, de l'enfariné. Un sauvignien (ou savagnin) est également mentionné dans les textes d'autrefois en lieu et place du chardonnay actuel. Que dire de l'amandelle, de tine-vache, du machuzé, du piget, dont on ignore tout ? Le franc noir a disparu. Il donnait un vin acide, très coloré, convenant aux coupages (Chichery, Saint-Julien-du-Sault, Joigny dans l'Yonne). La côte Saint-Jacques à Joigny pratiquait l'épicier et le plant du roi, deux cépages que Jancis Robinson ne cite pas dans son *Livre des cépages* (il s'agit respectivement du meslier, et du côt ou malbec). L'époque post-phylloxérique a vu une vague de producteurs directs importés d'Amérique. Certains, prohibés, ont été éliminés : le noah par exemple. Jusqu'aux années 50, il subsista des hybrides (oberlin, seibel, baco 1, gaillard), qui n'existent pratiquement plus.

L'ALIGOTE

Il est au chardonnay ce que le gamay est au pinot. Un vin blanc tout en vivacité, sec, aigu comme du silex mais frais comme la brise du printemps, bon enfant, un rien impertinent, fruité, charmeur à l'apéritif. On le conseillait naguère en guise de dentifrice, comme le premier verre du matin, celui du réveil, afin de se désengourdir les gencives. « Cale-toi bien, petit, tu vas voir passer la procession ! » lui disait amicalement un curé des Hautes Côtes.

Jean Merlet décrit ce cépage dès 1667 sous le nom de beaunié. On le connaît d'abord sous plusieurs identités : plant gris ou griset blanc à Beaune, alligotay dans les Hautes Côtes de Nuits, blanc de Troyes à Gevrey et jusqu'à Selongey, au nord de Dijon (en réalité, plant de trois : trois raisins par sarment ou trois amis pour vous soutenir quand vous le buvez !). Aux alentours de 1890, le mot aligoté s'impose, surtout en Côte-d'Or et dans l'Yonne. Le tribunal civil de Dijon, en date du 25 juin 1930, reconnaît le droit pour l'aligoté de recevoir l'appellation Corton à Aloxe-Corton. Mis à l'écart peu à peu par le chardonnay, l'aligoté trouve pourtant sa revanche : il offre à la crème de cassis de Dijon une tendre complicité pour accorder la douceur et le tempérament, sans la moindre mièvrerie, et donner naissance à l'authentique kir. Tout le reste est hérésie.

L'aligoté français demeure essentiellement bourguignon, sur 600 ha en Côte-d'Or. Les Hautes Côtes lui conviennent bien, et il a même réussi à décrocher la lune, une appellation à Bouzeron en Côte chalonnaise. Il couvre 515 ha en Saône-et-Loire et un peu plus de 200 dans l'Yonne. Le Crémant de Bourgogne lui doit souvent sa sève, son montant. Mais l'aligoté a aussi émigré en Europe centrale et orientale. En Bulgarie, il s'étend sur 2 500 ha dans la région de Chirpan, où son acidité lui permet de jouer sa partition dans des vins d'assemblage. On le trouve aussi en Roumanie, où il se livre aux joies de surmûrissement dans les vignobles septentrionaux (vins effervescents).

De tous les noms qu'on lui a donnés,
l'aligoté a choisi le plus vif.
Il lui va comme un gant.

A gauche, le sacy : son acidité le destine à la production de vins effervescents. Comme Chardonnay et Gamay, Sacy est le nom d'un village bourguignon.

A droite, le césar : son dernier carré dans l'Yonne rappelle que, près d'ici, Vercingétorix livra à Alésia la première bataille de l'histoire de France.

LES CEPAGES EN PERIL

• LE MELON DE BOURGOGNE

Originaire de Bourgogne, où il a pratiquement disparu sauf dans l'Yonne (à Vézelay par exemple), le melon de Bourgogne est devenu en Pays nantais le fameux muscadet. En Allemagne, le weisserburgunder. En Californie, souvent, le pinot blanc.

• LE SAUVIGNON DE SAINT-BRIS

L'Yonne consacre également le culte blanc du sauvignon (Saint-Bris-le-Vineux), un cépage importé de la Loire, très apprécié par les Anglais. Il couvre 90 ha environ, et il a été beaucoup replanté ces dernières années. Au début du XXe siècle, l'Yonne a fait l'essai de plusieurs cépages de Loire (grolleau, chenin). Seul le sauvignon a pris.

• LE SACY

Naguère rival du chardonnay en Chablisien, le sacy (le nom d'un village de l'Yonne) couvre une dizaine d'hectares, sur Chitry surtout, pour le Crémant de Bourgogne en Auxerrois. Il est de plus en plus exporté en Allemagne comme vin de base pour la production de vins effervescents. Au XIXe siècle, il approvisionnait souvent les producteurs de Champagne.

Ce cépage aurait été importé d'Italie au XIIIe siècle par les moines de l'abbaye de Reigny, près de Vermenton. Il est prolifique, acide et très vif, sans beaucoup de puissance alcoolique, et entre dans le vin de Saint-Pourçain-sur-Sioule (Allier) sous le nom de tressallier.

• LE CESAR

Egalement appelé jadis le romain, le gros monsieur, le gros noir ou encore le picorniot (du vieux verbe « picorner », trop boire), ce cépage intéressant s'est surtout développé dans l'Yonne et particulièrement à Coulanges-la-Vineuse. Une très ancienne tradition orale attribue son origine à la présence de l'occupant romain. Sa forte végétation, ses gros rameaux à bois ferme signalent un caractère méditerranéen. Il en existe deux variétés, à bois rouge et à bois blanc (cette dernière est la meilleure). Le feuillage vert foncé du césar entoure des fruits gros et juteux. Il craint la coulure. Très riche en tanin, coloré avec vigueur, ce rouge à la pourpre impériale et rarement vinifié seul (il est alors un peu âpre et dur) fait partie des monuments historiques en péril sur le terroir d'Irancy. Le dernier carré de cette légion romaine résiste actuellement sur 4 à 5 ha, malgré la pression des ceps gaulois. Juste revanche sur la bataille voisine d'Alésia ? Michel Esclavy en fait pour le plaisir une cuvée franche.

• LE PINOT GRIS

Le vin gris de la Côte Saint-Jacques à Joigny (Yonne) était traditionnellement produit par assemblage de raisins d'épicier (sauvignon), verrot (tressot), plant du roi... Aujourd'hui, pinot noir et pinot gris. Mutation du pinot noir, le pinot gris (4 à 5 hectares à Joigny) est sans doute originaire de Bourgogne. Il a essaimé depuis le Moyen Age en Suisse, Hongrie, Bohême et Moravie, Allemagne (burgunder), Italie, etc., ainsi qu'en Alsace (tokay d'Alsace). Il est synonyme du pinot Beurot en Bourgogne, dont le Domaine Thevenot-Le Brun à Marey-lès-Fussey, dans les Hautes-Côtes de Nuits, produit une cuvée franche.

• LE TRESSOT

Ce cépage rouge, que l'on appelle également tresseau, a presque disparu dans l'Yonne. On le nommait aussi le vérot ou petit-vérot.

LA MEMOIRE DU VIN ET LE MILLESIME

La troisième clé : le temps

La vigne est une culture pérenne. Elle a besoin de la durée pour naître, grandir et prospérer. Une civilisation fondée sur une culture pérenne est passionnément attachée à l'ordre, à la stabilité, tant sociale qu'économique, tant culturelle que politique. Et ceci d'autant plus que les fruits de la vigne s'épanouissent en un vin convenable au bout de quatre à cinq « feuilles » (années), en un vin rayonnant après dix à quinze ans. On comprend dès lors pourquoi la vigne inspire la paix et croit en l'éternité. Pourquoi aussi cette Bourgogne continentale, à l'écart des rigueurs de la montagne et des appels de la mer, dont la terre n'a pas vraiment tremblé depuis des siècles, se considère volontiers comme un jardin d'Eden. D'ailleurs, quand les sculpteurs romans imaginent Eve au paradis terrestre et succombant à la tentation, ils la font saisir une grappe de raisin, et non une banale pomme rouge. La vigne est bien ici l'arbuste de la sagesse.

Les Bourguignons disent souvent : « Il faut voir à voir. » Voir à voir... C'est-à-dire se laisser le temps d'y penser et d'y repenser, laisser passer une nuit sur une question sans réponse aisée. Il s'agit là de la troisième clé de la cave, celle de la mémoire. Elle ouvre sur l'unité de temps.

UNE BOUTEILLE A LA MER

Il en est de même pour le vin, qui a, tout autant que la vigne, besoin de la durée, de l'élevage. La Bourgogne ne produit pas des vins qui sautent gaiement de la cuve au tonneau et du tonneau à la bouteille en quelques semaines. Son vin doit calmer ses ardeurs de jeunesse et toujours faire ses pâques avant de pouvoir paraître comme l'enfant devant le cercle de famille. Le plus souvent, il fait deux fois ses pâques avant de pouvoir tenir sur ses deux jambes et sortir de cave avec suffisamment de force de caractère pour quitter à tout jamais la maison.

Car ce sera désormais une bouteille à la mer... Cette bouteille sera débouchée dans un an ou dans un demi-siècle, selon les hasards de son existence. Elle partira à l'autre bout de la terre ou restera ici. Elle vivra sa propre vie, son propre destin, sous la seule garantie de son étiquette, sous la seule protection de son bouchon (qu'il faudra changer à la longue). Et elle répondra seule de son nom, de ses qualités, des mérites de celui qui l'a signée, à une date qu'elle ignore elle-même. De quel produit de la nature et du travail des hommes exige-t-on autant d'aptitudes ? A la limite, il s'agit bien de l'éternité à champ visuel : trente, soixante ans, un siècle peut-être. Assumer une telle responsabilité mérite le respect.

« Le vin de Bourgogne est le meilleur du monde. Une question d'âge et de terroir. L'accent bourguignon est infiniment plus prononcé. Et c'est aussi une question de civilisation. »

M.F.K. Fisher

LE MILLESIME

La mémoire du vin présente plusieurs aspects. L'un, rural et vigneron, est assez étonnant quand on y prête attention. Chaque viticulteur garde ses points de repère personnels. Celui de son baptême, où son parrain lui a offert son tâte-vin. Celui du jour où, vers 13 ou 14 ans, le jugeant capable de cet honneur, son père lui a dit : « Tiens, voilà la clé de la cave. Va nous chercher une Ruchottes 82 ! » C'est le rite de passage en Bourgogne. Autre rite de passage : celui où le père confie au fils sa première vinification. Parfois à 23 ans, quelquefois à 35... Tous les vignerons vous diront que leur première vinification leur ouvrit l'âge adulte ! Mémoire du vin, en effet. Chaque viticulteur conserve le souvenir – sans besoin d'un carnet, qu'il tient néanmoins à jour scrupuleuse-

En Bourgogne, on ne confie pas à tout le monde les clés de sa cave. En être jugé digne, que d'honneur !

ment – de la grêle du 26 août 1967 ou de la gelée du 3 avril 1955. Il se rappelle tous ses millésimes depuis vingt ou soixante ans. Dans toutes leurs nuances, leurs bonheurs, ou leurs mouvements d'humeur en cuve et en cave. Peut-on citer beaucoup de civilisations possédant intimement un pareil patrimoine ?
Mémoire du vin, car le millésime est essentiel à la connaissance de la Bourgogne. Il existe des produits suivis, industriels ou artisanaux, garantissant d'année en année une qualité homogène et exprimant la sécurité d'une fabrication. Certains vins de négoce peuvent sans doute prétendre à cette continuité. Ils s'apparentent généralement à la notion de marque. Le vin de cru, lui, est soumis aux subtilités du millésime. Il les accepte et les assume. Ne nous en plaignons pas : reconnaître dans ses élans, ses faiblesses et sa gloire l'identité d'une date sur l'étiquette offre une grande satisfaction au consommateur. L'amateur avisé peut suivre, pas à pas et d'année en année, l'évolution des millésimes, préserver les plus grands, apprécier les changements des autres. Il goûte en trois dimensions : l'appellation, le cru, le terroir, le cépage constituent la première dimension ; le propriétaire, le viticulteur, le négociant-éleveur, la seconde ; le millésime, la troisième. Quant à la quatrième dimension de la dégustation, c'est le cadre, l'atmosphère, la convivialité et le décor affectif du moment de boire, de savourer. On comprend à quel point le vin est culturel puisqu'il offre au consommateur la chance de prendre sa responsabilité dans cet acte complexe et délicieux. Le millésime apporte beaucoup à ce charme.
Les usages locaux, loyaux et constants constituent une précieuse brassée de règles, écrites ou orales, enracinées, indispensables à la qualité du produit et, plus encore, à la morale du vin. Dans un monde sans foi ni loi, présenter une bouteille lors d'une dégustation pourrait donner lieu aux pires manœuvres. Le viticulteur ou le négociant-éleveur pourrait soumettre au jury la meilleure bouteille de sa cave, un cru différent, un autre millésime. Or, la règle de confiance est respectée.
Ces usages présentent une grande importance à une époque où l'Union européenne et le marché mondial tendent à traiter le vin comme un produit alcoolique banal et banalisé. Peut-on négliger la notion de cru, l'antériorité dans la qualité et la notoriété pour soumettre un vignoble historique à des lois sans fondement et qui lui sont étrangères ?
Certes, les usages locaux, loyaux et constants ne sont pas tous intangibles. On l'a constaté à propos des pieds blancs dans les vignes rouges et l'on pourrait en donner de nombreux autres exemples. Mais, quelques vignobles européens exceptés, peut-on vraiment inventorier les « usages locaux, loyaux et constants » de la plupart des nouveaux vignobles apparus sur la planète depuis un demi-siècle ?

LE VIN DE LA COMETE

On garde en mémoire le « vin de la comète », ce 1811 célébré comme un présent du ciel. Je lis pourtant sur les cahiers de vendanges de mon aïeul Antoine Gelquin : « Je n'ai fait que quatre pièces et demie en Chambertin. Les orages furent si violents qu'ils détruisirent la plupart des raisins. Le vin a un goût de grêle. » Cinquante ans plus tard, cet éclopé de la Berezina resplendissait dans toutes les mémoires comme le vin du siècle ! Par chance, la comète nous rend visite tous les 3 000 ans. Mais il faut considérer avec prudence les réputations... Plus tard – et de mémoire moins heureuse –, le Bismarck ou le Garibaldi. En 1881, ce fut le Réformateur, en hommage à la jeune République. On parlait aussi, cette année-là, dans la Côte, du vin de « cent-cinquante » (150 francs la pièce), du vin des « trois comètes » en Auxerrois et même des « quatre comètes » en Saône-et-Loire.
Années noires ? 1789, 1816, 1910, 1956 et 1968... Les grands millésimes, en revanche, apparaissent une à trois fois par décennie en moyenne : 1795 ; 1811 ; 1865 et 1868 ; 1870, 1874 et 1877 ; 1885 ; 1894 et 1898 ; 1904 et 1906 ; 1911, 1915 et 1919 ; 1923, 1926 et 1929 ; 1933 et 1934 ; 1945, 1947 et 1949 ; 1955 et 1959 ; 1961, 1966 et 1969 ; 1976 et 1978 ; 1985, 1988 et 1989 ; 1990... Seule relative constante : la qualité des années en 9. Par ailleurs, il existe souvent des écarts sensibles entre blancs et rouges, et beaucoup de différence de Chablis à Pouilly-Fuissé...

A gauche, l'ancien domaine Morot de Grésigny à Gevrey-Chambertin où figurent, année après année, les dates de chaque vendange.

A droite, le cahier du baron Thénard, tenu à jour en Montrachet de 1872 à 1884.

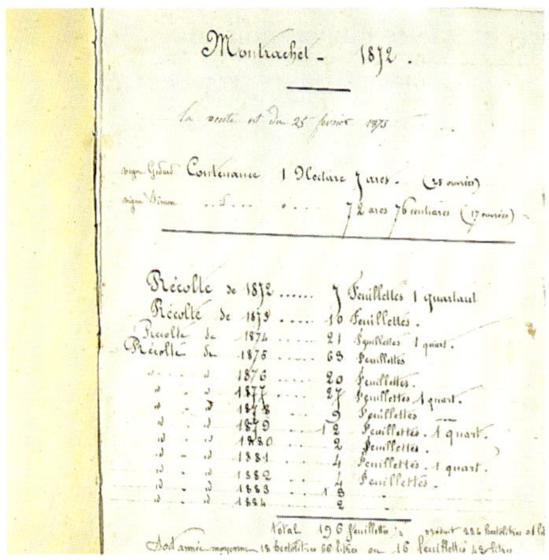

UNE HISTOIRE EN CINQ ACTES

L'irrésistible ascension du vin de Bourgogne

L'irrésistible ascension du vin de Bourgogne emprunte, elle aussi, son développement au théâtre classique. De même que l'intrigue obéit à la règle des trois unités, sa progression se déroule en cinq actes précédés d'un long prologue.

Le vignoble bourguignon est plus ancien que la Bourgogne elle-même. Son histoire couvre quelque vingt siècles, et elle accompagne toutes les étapes de la civilisation. Aucune date de naissance précise, sinon des indices au début de l'ère chrétienne.

LE VOYAGE EN ITALIE

Vers 400 av. J.-C., les Celtes se rendent en Italie. Si l'on en croit Plutarque, ils auraient été séduits par le vin au point d'envahir ce pays à la seule fin d'en partager les bienfaits. Tite-Live établit également une relation entre le voyage des Gaulois en Italie et la présence de la vigne. L'auteur latin Ammien Marcellin confirme : « Les Gaulois, écrit-il, étaient avides de vin et recherchaient toutes les boissons qui lui ressemblaient. »

Parmi ces Gaulois, les tribus celtes établies dans la Bourgogne actuelle, les Eduens notamment. Ces ancêtres émigrent alors au-delà des Alpes et s'implantent entre le lac de Côme et Milan, où ils deviennent agriculteurs et vignerons. Cette occupation va durer trois siècles. Il est donc probable qu'entre 400 et 100 av. J.-C. certains d'entre eux, ayant le mal du pays, sont rentrés en Gaule et y ont importé la culture de la vigne ainsi que l'art de faire le vin.

Au Ier siècle apr. J.-C., Columelle signale que la vigne est très répandue en Gaule et qu'elle y a déjà acquis des traditions locales. De son côté, Strabon note que cette culture s'adapte mieux aux contrées septentrionales que méditerranéennes lorsqu'on en vinifie les fruits. En 92, Domitien ordonne d'arracher la moitié des vignes des provinces romaines et interdit toute plantation nouvelle : il entend ainsi protéger l'Italie contre les vins gaulois, peut-être lutter contre le relâchement de la qualité. Cette politique n'aura d'ailleurs aucun effet. Quant à l'édit de Probus, en 281, il permet de restaurer l'agronomie tout en développant la vigne dans de nouvelles parties de l'Europe, en Hongrie notamment.

Le texte capital date de 312. Rédigé par Eumène, illustre citoyen d'Autun (à cette époque, une métropole culturelle et universitaire), il s'adresse à l'empereur pour solliciter des réductions d'impôts. On voit que la nature du vigneron n'a guère changé… Eumène décrit pour la première fois la Côte, et, si l'on fait abstraction des lamentations destinées à émouvoir le fisc, le tableau impressionne : « […] Ce fameux Pagus Arebrignus, dont une partie se distingue par la culture de la vigne, est bien loin de mériter l'envie qu'on lui porte. Adossé d'un côté à des rocs et à des forêts impraticables, où les bêtes sauvages trouvent de sûres retraites, il domine de l'autre une basse plaine qui s'étend jusqu'à la Saône. On dit, certes, que cette plaine fut autrefois prospère […] Les vignes enfin, ces vignes admirées seulement de ceux qui en ignorent le véritable état, sont tellement épuisées de vieillesse que c'est à peine si elles ressentent encore les soins que nous leur donnons. Leurs racines, dont nous ne savons plus l'âge, ont formé, en entrelaçant leurs mille replis, une masse qui empêche de faire les fosses à la profondeur voulue, en sorte que, faute d'une couverture suffisante, les provins sont exposés aux pluies qui les noient et aux rayons de soleil qui les brûlent. Et nous n'avons pas ici l'avantage, comme en Aquitaine et en d'autres provinces, de pouvoir trouver n'importe où l'espace nécessaire à la création de nouvelles vignes,

« Le vin de Bourgogne assure le plus long règne de l'histoire. »
Raymond Dumay

resserrés que nous sommes entre les rocailles ininterrompues des hauteurs et les bas-fonds où la gelée est à craindre. »

Autun est en ce temps-là Augustodunum, sœur et émule de Rome. Le Pagus Arebrignus, la Côte. C'est donc elle que décrit ce premier texte, entre les Hautes-Côtes et la plaine de la Saône. Les hypothèses anciennes sur l'origine du vignoble (Roger Dion : IIIe siècle après J. C.; Gaston Roupnel : VIe siècle av. J.-C.) ont perdu tout intérêt. Les premières implantations originaires d'Italie datent probablement des IIIe et IIe siècles avant J.-C., et l'activité viticole suivie remonterait au milieu du Ier siècle de notre ère. C'est en effet à cette époque que cesse l'importation des amphores vinaires pour laisser place à l'amphore indigène (fabriquée notamment par les céramistes de Gueugnon), puis au tonneau de bois gaulois. Le *Dieu aux oiseaux* (IIe siècle après J.-C.) de Corgoloin, en Côte de Nuits, tient entre ses mains un cep de vigne. Le *Dieu au maillet* de Premeaux est représenté à côté d'un tonneau cerclé. Bref, au IVe siècle, comme le dit Eumène, on se trouve déjà en présence d'un très vieux vignoble présentant néanmoins des signes de faiblesse. Pierre Forgeot imagine l'apparition de la vigne dans le « triangle sacré » de Monthélie, Auxey et Saint-Romain, dans la haute Côte de Beaune. Rien ne permet de l'affirmer, mais l'hypothèse est vraisemblable.

Nouveau texte historique, celui de Grégoire de Tours, au VIe siècle, qui célèbre la Côte depuis Dijon : « Du côté couchant sont de riches coteaux couverts de vignobles nombreux, qui produisent aux habitants des vins si délicieux qu'ils ont surpassé les vins d'Ascalon » (célèbre vignoble de l'Antiquité). Voilà pour le prologue.

Fondée en 1098, l'abbaye de Cîteaux ne possède plus de vignes aujourd'hui, mais elle demeure la mémoire vivante de l'esprit.

ACTE I : LE VIN DES MOINES

La vigne et le vin prennent vraiment leurs assises dans l'ordre et la stabilité. Les berceaux fondateurs du Bourgogne s'appellent Cluny et Cîteaux, parmi beaucoup d'autres fondations monastiques qui créent et entretiennent leurs domaines, vendent leurs vins et bénéficient d'une protection assez sûre. Cluny étend l'empire du vin bénédictin, Cîteaux celui du vin bernardin. Cet évangile met le Bourgogne sur le devant de la scène, lui confie le premier rôle, d'autant que la maison mère tient haut son verre. Le décor : un cellier roman. Ne s'est-il rien passé entre le prologue et le début du premier acte, entre le IVe et le Xe siècle ? Le vignoble vole de ses propres ailes. A la fin du Ve siècle arrivent ici les Burgondes. Cette occupation pacifique est bienfaisante pour l'économie. La fameuse loi gombette protège même le vignoble contre les méfaits occasionnés par la dent du bétail qui erre dans les vignes. Dès le milieu du VIe siècle, les Francs succèdent aux Burgondes. Les temps mérovingiens (jusqu'au VIIIe siècle) et carolingiens (au cours des IXe et Xe siècles) sont mal connus. Quelques pierres blanches seulement, çà et là sur le chemin des crus. En 587, le roi Gontran de Bourgogne donne des vignes aux moines de l'abbaye de Saint-Bénigne à Dijon. L'abbaye de Bèze reçoit en 640 une terre à Gevrey qui va devenir le Clos de Bèze.

La Bourgogne traverse mille maux : les guerres, les rivalités politiques, les épidémies, les invasions. Le duché de Bourgogne naît vraiment au Xe siècle. L'aristocratie nouvelle organise la protection du pays contre les dangers qui le menacent constamment. Les communautés religieuses apparaissent comme des havres de paix.

« Vous êtes le centre du monde », dit le pape Urbain II aux moines de Cluny, dont la grande abbatiale, en partie disparue, sera jusqu'à Saint-Pierre de Rome la plus grande église de la chrétienté. Fondé en 909, Cluny restaure la règle bénédictine et propage cet enthousiasme dans l'Europe entière. La vigne accompagne son message spirituel. C'est l'essor du vin bénédictin, marquant une emprise universelle, alors que l'essor de l'agronomie est alors, bien souvent, le fait des évêques dans les villes. Le vin est nécessaire au culte, à l'hospitalité et aux finances du diocèse. La chronique d'Hugues de Montaigu, évêque d'Auxerre en 1188, montre le prélat visitant ses celliers et indiquant la destination de chaque fût. Mais les moines sont plus proches de la terre. Ils veillent à la fois sur la culture et sur le produit fini. Ils ont tout le temps devant eux. Donations successives et remembrements sculptent, grâce à eux, un vignoble durable. Pour la première fois dans l'histoire, les vœux monastiques suscitent des lignées de spécialistes, d'œnologues, les « maîtres des celliers » qui se transmettent de génération en génération leurs expériences et connaissances, sans cesse enrichies.

Multinationales, les abbayes établissent un tissu de relations sociales et sont à l'origine d'un essor du goût dans l'Europe du haut Moyen Age. Elles développent la notion – déjà moderne – de fonction commerciale. Elles contrôlent la terre, le produit, sa distribution et sa notoriété, tout en propageant les connaissances aux quatre coins de l'Europe et en préservant certainement de précieux secrets. N'oublions pas que l'idée de « trêve de Dieu » est née à Cluny. Quel est ce vin bénédictin ? A peine cuvé, apprécié en général très jeune, de couleur claire pour les rouges, il est conservé dans les foudres et dans des tonneaux.

Au cœur de la Côte, Cîteaux prend le relais au XIIe siècle, au moment du déclin de Cluny. Pourquoi cet héritage apparaît-il si important ? Pendant six siècles et jusqu'à la Révolution, la communauté de Cîteaux maintiendra le Clos de Vougeot au sein d'un même patrimoine.

Le monastère peut se donner la satisfaction d'un produit de luxe. Il n'ignore pas que son vin est le meilleur cadeau qu'il puisse faire aux papes, aux rois, aux cardinaux, aux princes. Ainsi s'élabore un vignoble de qualité, peu préoccupé de rentabilité immédiate et dont la productivité ne constitue pas le premier souci. Enfin, la propriété de l'ensemble du clos permet non seulement la perfection des cuvées, mais encore l'apparition de cru, d'une « appellation » : un nom et une personnalité qui ont besoin de plusieurs siècles pour s'affirmer. Sans même parler des commodités d'un statut privilégié : Cîteaux a des alliés partout, ne connaît pas les frontières, est exempt de tout impôt, taxe et droit de circulation. Son service commercial est remarquablement assuré.

Le Clos de Vougeot n'est pourtant qu'une perle rare dans le collier des vins de Cîteaux. En 1789, l'abbaye possédera la plupart des meilleurs vignobles de la Côte. Cette « accumulation capitaliste » (un patrimoine enrichi de génération en génération et qui n'est jamais redistribué puisqu'il s'agit d'une personne morale) figure d'ailleurs parmi les causes de la Révolution, d'autant que la règle s'est beaucoup relâchée depuis saint Bernard. En multipliant les fondations aux XIIe et XIIIe siècles, Cîteaux propage le vin à travers la France et l'Europe. Car le message de saint Bernard porte à la fois sur la louange divine et le travail de la terre. « L'action de Cîteaux, écrit Raymond Dumay, se retrouve à l'origine de presque tous les grands crus de monde. » « Nous devons à l'Eglise, confirme Hugh Johnson, toute la longue tradition viticole, sans interruption depuis les Romains jusqu'au XXe siècle. » Saint Bernard appelle ainsi à quitter le monde pour la solitude : « Vous verrez par vous-mêmes que l'on peut tirer du miel des pierres et de l'huile des rochers les plus durs... » Message spirituel et également temporel, qui s'applique parfaitement au vin de Bourgogne.

ACTE II : LE VIN DES GRANDS DUCS

Seconde secousse décisive pour le vin de Bourgogne. Aux XIVe et XVe siècles, il partage le destin des princes les plus puissants d'Europe, les grands ducs Valois de Bourgogne, mécènes éclairés et fastueux. Le décor du second acte est une salle à manger flamande. Philippe le Hardi et ses successeurs règnent

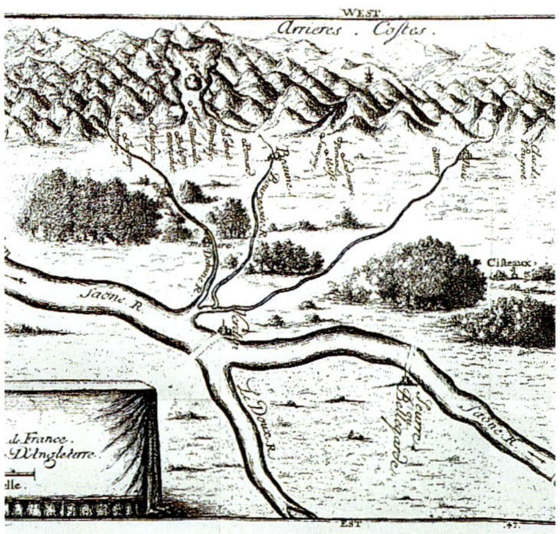

En 1728, publiée à Londres,
la première carte du vignoble de la Côte.

LE VASTATRIX

Le phylloxéra est introduit en Europe sur des ceps importés des Etats-Unis. Insaisissable, ce puceron ailé propage au loin l'espèce. Il avance de 15 km à 30 km par an. Comme une armée en marche, remontant vers le nord. Il vit tantôt dans les feuilles, tantôt dans les racines. Il pique, il tue. La vigne se dessèche et meurt. Les savants ne s'y trompent pas en l'appelant *Phylloxera vastatrix*. Vers 1875, on réussit à reconstituer le cycle des métamorphoses de l'insecte. Mais comment s'en débarrasser ? En le noyant, par submersion des vignes ? Ce n'est pas possible partout. Propriétaire en Montrachet, le baron bourguignon Paul Thénard propose l'emploi du sulfure de carbone. Des doses excessives font mourir la vigne. Enfin, grâce au PLM, qui finance ces recherches (les chemins de fer ont besoin de marchandises à transporter), on parvient à définir un traitement satisfaisant qui s'impose partout à la fin des années 1870.

« Le phylloxéra, il est dans les bras ! » disent volontiers les vieux, laissant entendre que la vigne dépérit faute de soins. Le mal frappe les régions qui s'abandonnent à la culture intensive, comme le Midi. Quant au pinot, il résistera ! « On ne connaît pas cette bête-là ! » répondent les vignerons aux agents de l'Administration qui prétendent traiter leurs vignes. Le préfet envoie des soldats pour garder les clos contaminés. C'est le « mal noir ». La solution vient des « Américanistes » : la reconstitution sur des plants américains résistant à l'insecte, par greffe et recours aux vieux cépages français, à partir de 1887. Un vignoble nouveau sort de cette crise. Dès 1894, un Meursault Goutte d'Or issu d'une vigne greffée remporte une médaille d'or au Concours de Paris. Le Ministre de l'Agriculture vient décorer ce vigneron ! Les derniers tenants de la tradition garderont leurs pals injecteurs (Romanée-Conti, une partie des Richebourgs) jusqu'au lendemain de la Deuxième Guerre mondiale. Ce combat fut écologique avant la lettre : une lutte biologique.

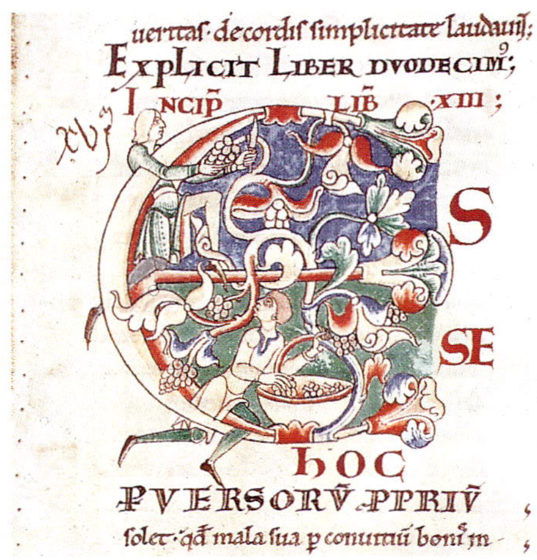

Les vendanges vers 1110
(manuscrit de Cîteaux, *Moralia in Job*).

sur la Flandre, où ils passent le plus clair de leur temps. Dijon et la Bourgogne actuelle sont un peu à leurs yeux la maison de famille où l'on met les enfants au monde, où l'on vient de temps à autre respirer l'odeur du grenier et les parfums du passé, où l'on se fait enterrer. Mais les ducs d'Occident réalisent bientôt qu'ils possèdent les plus belles vignes de la chrétienté, et ils en tirent grand profit. Ils sont les premiers à comprendre comment le vin peut servir une politique, amadouer un adversaire, créer une amitié, tisser des liens. L'idée du « cadeau d'affaires » est née. Même en guerre contre Louis XI, Charles le Téméraire ne manque jamais de lui offrir plusieurs pièces de son vin bourguignon.

Ce siècle bourguignon, celui de la Toison d'or, court de 1364 à 1477. Il chevauche de façon flamboyante la fin du Moyen Age et l'orée de la Renaissance. Riche comme la gloire et nerveux comme le vent, il participe de deux époques et en est la charnière. Quelle ouverture pour le vin de Bourgogne ! On le boit dans les pays brabançons, flamands, hennuyers, luxembourgeois... Des versants du Jura aux polders de Frise, des vignes mâconnaises aux dunes du Helder, des quais de Saône à ceux d'Anvers, des brumes du Rhône à celles de Zélande, cette multiple Bourgogne se trouve sous la même main, et celle-ci tient fermement son verre.

Propriétaire bourguignon visitant sa cuverie.
Peinture de Pierre Victor Olagnon, 1829 (musée du Vin, à Beaune).

Car, comme le mobilier, l'architecture ou la peinture, le vin imprime à chaque époque un style. « Les ducs de Bourgogne, estime Raymond Dumay, l'ont bien compris, qui ont consacré tant de temps et de réflexion à ce qui était pour eux beaucoup plus qu'un produit, source de revenus : une prestigieuse image de marque. » En imposant leur vin, ils imposent leur goût, leur sceau, leur nom. Ils favorisent d'actifs courants commerciaux et culturels entre les « pays de par-deçà » et les « pays de par-delà », en bas et en haut de la carte de l'Europe qu'ils dessinent à grands traits. La mode précédente privilégiait, par exemple, le vin blanc d'Auxerre, « blanc comme eau de roche ». On ne déteste pas les curiosités, comme le « vin galant » de Marguerite de Flandre, l'épouse du Hardi, qui crée en Chalonnais le domaine de Germolles : un vin blanc cuit et saturé d'épices. Mais les rouges s'affirment de mieux en mieux, demeurant l'apport historique des grands ducs : leur « pinot vermeil », un vin dégusté le plus souvent dans les douze à dix-huit mois suivant la vendange, est capiteux mais peu chargé en couleur, à peine cuvé et peu tannique, vieillissant difficilement. Il remplace le claret sur les tables princières, et les bourgeois de suivre cet exemple... Les bons offices du vin de Bourgogne, qui embrasse alors Arbois et Château-Chalon, prennent part à la diplomatie. Le chroniqueur Guillaume Paradin évoque leur rôle actif lors du sommet de Bruges (les envoyés du pape, du roi d'Angleterre, le duc de Bourgogne) en 1375. Les grands ducs d'Occident inventent autre chose : le banquet-spectacle. Ils ont le goût de la fête et le portent à un niveau inégalé. Durant ces gargantuailles qui durent plusieurs jours, on savoure des poules à la poudre d'or tandis que passent sous les yeux des convives des pâtés creux contenant des églises et leurs moines, un quatuor d'ânes chantant un motet, un dromadaire ou une baleine emplie de sirènes et de chevaliers... Les Folies-Bergère, le Moulin-Rouge n'ont rien inventé. Le vin est bien sûr à l'honneur, d'autant que le duc utilise le hanap de Jules César, ou présenté comme tel.

Pour le vin de Bourgogne, l'appel d'air est fantastique. Outre cette action de promotion efficace – et qui aura en Belgique et aux Pays-

Bas des effets durables (« Tu es un vrai Bourguignon ! » dit-on aujourd'hui encore aux Pays-Bas de quelqu'un qui sait vivre, qui aime la vie) –, les grands ducs, fort bien conseillés, établissent les premières règles d'or et de qualité. De la société religieuse à la société civile, du premier acte au second, le changement est considérable. Le vin de moines vivait en chapelle, alors que le vin des grands ducs rayonne sur la société. Grand produit bénédictin ou cistercien, le vin de Bourgogne restait austère et cloîtré, tonsuré. L'ère nouvelle en fait un produit brillant, ouvert, accessible, à la mode, haut de gamme et d'exportation sous la plus belle de toutes les signatures. Culturellement et économiquement, le vin de Bourgogne brille de tout son éclat à l'aube de la Renaissance.

LE CRATERE DE VIX

Le musée de Châtillon-sur-Seine (Côte-d'Or) conserve le plus grand vase grec de bronze qui nous soit parvenu : 1,64 m de hauteur, 1,27 m de diamètre, 208 kg, d'une contenance de 1 200 l. Découvert à Vix en 1953, il accompagnait le voyage éternel d'une femme d'une trentaine d'années, inhumée sur un char funéraire, au VIe siècle av. J.-C., à un point de passage obligé sur la route de l'étain entre l'Angleterre et l'Italie. Il s'agit en fait d'un cratère, c'est-à-dire un vase où l'on mélangeait de l'eau et du vin, qui ressemble à la description laissée par Hérodote du vase offert par les Lacédémoniens à Crésus, roi de Lydie en 550 av. J.-C. Réalisé sans doute par des bronziers grecs établis en Italie du Sud, c'est le plus beau et le plus grand de tous les vases à vin que l'Antiquité méditerranéenne nous ait transmis.

ACTE III : LE VIN DES LUMIERES

Entre le XVe et le XVIIe siècle, la Bourgogne continue de travailler, mais la mode évolue. Les grands ducs ne sont, selon l'image de Joseph Calmette, « qu'un éclair fulgurant à l'horizon de l'histoire ». L'héritage de Marie de Bourgogne passe à Charles Quint, à l'Autriche, à l'Espagne. On ne jure plus que par le vin d'Espagne.

La Bourgogne s'applique à faire du bon vin, courbe le dos et attend son heure. Royaume, puis duché, elle est devenue province du royaume de France. Aux XVIIe et XVIIIe siècles, ère des Lumières et du culte de la Raison, on croise dans les rues de Dijon le président de Brosses, Rameau, Bossuet, sainte Jeanne de Chantal, Buffon, bientôt Monge et Carnot. Les parlementaires bourguignons s'intéressent au vin comme à toute chose. Epouser le vin est asseoir une famille. Produire du vin est pratiquer un art. C'est aussi faire la nique aux moines et aux seigneurs. Cette société bourgeoise veut prendre pied dans les crus. Au besoin, la vigne vaut brevet de noblesse. Au-delà de cet aspect patrimonial, le vin des Lumières exprime le désir de soumettre enfin le vin aux lois de l'esprit. Rêvant de s'emparer de la propriété religieuse qui s'alanguit, de la propriété aristocratique qui s'assoupit, la bourgeoisie poursuit en effet un but plus élevé. Elle se préoccupe des sciences et des techniques, se disant pour la première fois depuis le premier matin du monde : « Oui, c'est vrai, nous faisons les meilleurs vins de la Terre. Mais pourquoi ? » Au doigt de Dieu, à l'apostolat des moines, à la volonté princière succède une interrogation de nature scientifique. Est-ce le climat ? La terre ? Le génie humain ? On cherche à comprendre cet étonnant miracle, sans l'attribuer à un quelconque déterminisme.

Les philosophes agronomes donnent alors au vin de Bourgogne une dimension nouvelle, éclairée et fondée sur la raison. Bouquet, franchise, moelleux, vivacité — le vocabulaire de la dégustation apparaît, tandis que le cru et le millésime retiennent de plus en plus l'attention. La bouteille arrive, et bientôt l'étiquette. Le décor du troisième acte ? Une bibliothèque confortable de la bourgeoisie parlementaire bourguignonne où l'*Encyclopédie* voisine avec les brûlots qui vont embraser la Révolution.

A gauche, Thomas Jefferson : en 1787, il visite la Côte, dont il restera bon client.

A droite, Gaspard Monge : le fondateur de l'Ecole polytechnique deviendra sur ses vieux jours propriétaire dans les Amoureuses.

ACTE IV : LE VIN DES NEGOCIANTS

Lorsque les héros de Jules Verne parviennent aux abords de la Lune, que font-ils ? Ils débouchent une bouteille de vin de Nuits pour fêter l'événement. Pour le vin de Bourgogne, le XIXe siècle est le temps du grand essor, du progrès. Un siècle qui commence en 1789 avec la Révolution et s'achève en 1914 à la veille de la Première Guerre mondiale.

La Révolution est bien accueillie dans le vignoble car elle provoque un important mouvement de redistribution des terres qui profite surtout à la bourgeoisie des villes et aux vignerons aisés, la nouvelle classe possédante et dirigeante. Voilà des siècles que l'on attendait cela ! La propriété religieuse disparaît et ne laisse aucun regret. En ce qui concerne la propriété seigneuriale, seule l'émigration l'entame. Les ventes des biens nationaux bénéficient surtout, en grands crus, à des affairistes parisiens et à la famille Marey à Nuits. Ces mutations dans la propriété s'accompagnent d'un vif élan populaire : la vigne, qui couvrait en Côte-d'Or 10 500 ha au début du XIXe siècle, s'étendra jusqu'à 23 000 ha vers 1880 en raison de l'expansion du gamay.

Esquissée au siècle précédent, l'image du vin de Bourgogne s'impose avec force auprès des consommateurs. Par-dessus tout, la couleur, rouge bien entendu, et le corps. Sous leur propre nom, les négociants-éleveurs assurent presque entièrement la commercialisation. Ils dominent de leur stature le XIXe siècle. La plupart des actuelles maisons de Beaune, de Nuits ou de Mâcon prennent alors leur ascension en développant des marchés de plus en plus lointains. L'apparition du chemin de fer facilite les transports, tandis que la politique de libre-échange du second Empire favorise les courants commerciaux.

La plupart des viticulteurs ont désormais fière enseigne à leur porte. Ici, à Chablis.

Cette euphorie n'est malheureusement que de courte durée. Un drame éclate, en effet, à la fin de ce siècle, et il va profondément marquer les esprits. Puceron microscopique arrivé d'Amérique, le phylloxéra apparaît en 1865 dans le Gard. Il s'étend peu à peu au Midi tout entier (région de culture intensive), puis au Bordelais en 1873. De place en place, la tache s'étend partout en France. En 1875, l'insecte dépasse le Beaujolais. Il est identifié à Mancey, près de Tournus. Cinquante hectares sont contaminés deux ans plus tard. Le fléau avance. En 1878, Meursault et Dijon sont atteints. L'année suivante, une quinzaine de communes bourguignonnes sont touchées. L'Yonne est à son tour frappée en 1886.

Triple crise. Ecologieque : la mort de la vigne. Economique : l'absence de revenu. Morale : la désespérance. Il faudra vingt ans pour surmonter le « mal noir ». Plus tard, on dira « avant » et « après » le phylloxéra, comme « avant » et « après » le Déluge. Entre-temps, tout aura changé.

ACTE V : LE VIN DES VIGNERONS

Le XXe siècle apporte en Bourgogne un démenti à la pensée marxiste. La vigne, en effet, finit toujours par appartenir à celui qui la cultive. Pour un temps, du moins.

Jusqu'aux années 20, le vigneron demeure un inconnu. Il travaille pour d'autres et, lorsqu'il possède des vignes, il vend son vin au négoce-éleveur. Au lendemain de la Première Guerre mondiale, beaucoup de grands domaines familiaux souffrent d'abandon, le vin ne trouve pas preneur, le prix de la terre s'effondre. De nombreux petits vignerons commencent alors à acheter des parcelles qui vont constituer peu à peu les superbes domaines vignerons d'aujourd'hui. Par ailleurs, les difficultés économiques conduisent ces vignerons à s'engager sur une voie tout à fait nouvelle : ils « font de la bouteille », recherchent une clientèle particulière, pratiquent la vente directe. A la fin des années 30, un jeune Américain, Frank M. Schoonmaker, lance avec Raymond Beaudoin, fondateur de la *Revue du vin de France*, une idée neuve. Le vin de domaine fait désormais connaître et apprécier des noms fort peu connus jusqu'alors : Leflaive, Ramonet, Rebourseau, Rousseau, d'Angerville, etc.

Comme le cuisinier quitte ses fourneaux au XXe siècle pour devenir un personnage public, le vigneron, après vingt siècles d'oubli, sort de sa cave et accède à la célébrité. Le négoce tout-puissant doit composer désormais avec ce nouvel acteur, la propriété. Celle-ci signe son vin et introduit des aspects inédits dans l'appréciation des crus. La vinification familiale présente mille nuances qui ajoutent une touche personnelle à l'expression du cru. Ainsi, un Chambertin de chez Trapet se distingue d'un Chambertin de chez Camus. Du coup, l'étendue et la diversité du paysage deviennent sans limites, inspirant un autre phénomène nouveau : l'apparition d'une abondante critique viti-vinicole. En grande partie anglo-saxonne, elle guide le consommateur sur des chemins innombrables et toujours changeants.

COMPRENDRE LES APPELLATIONS

La grande pyramide bourguignonne

Solution française et messianique, l'appellation d'origine contrôlée ressemble un peu à la Déclaration universelle des droits de l'homme et du citoyen. Les modernes eurocrates seraient aujourd'hui bien inspirés de comprendre que, pour redresser une situation, il faut porter l'idéal vers le haut, comme la France l'a fait avec courage dans les années 30 pour ses vins. En dépit de la crise qui sévit à cette époque, il ne s'agit pas d'une réglementation de circonstance. Depuis plus d'un demi-siècle, la Bourgogne s'efforce ainsi d'établir une hiérarchie précise de ses crus sur des fondements raisonnés, tout en préconisant de bonnes pratiques et en pratiquant la religion des usages locaux, loyaux et constants.

LE REVEIL DE LA BOURGOGNE

La Bourgogne souffre beaucoup au début du XXe siècle, et la misère est grande chez les vignerons. Après la guerre de 1914, nombreux sont les grands propriétaires qui baissent les bras et préfèrent gérer des fermes ou des bois. On parle de « désespérance ». La Bourgogne ne connaît cependant pas les grandes révoltes du Midi (1907) et de Champagne (1911), ni même le profond malaise girondin. Car elle se prend par la main et entreprend de trouver elle-même des remèdes à ses maux.

Phénomène curieux et remarquable, le réveil de la Bourgogne est à la fois culturel, politique et économique. Pour la première fois depuis la Révolution française, qui a rayé de la carte l'ancienne province de Bourgogne, on voit resurgir la vieille « idée bourguignonne ». Celle des Burgondes et de leur royaume. Celle de Cluny et de Cîteaux, le message roman. Celle, flamboyante, des grands ducs d'Occident et de la Toison d'or. Celle de Rameau, Bossuet, Buffon, Monge, Lamartine... Alors se produisent un formidable appel d'air, un tumulte d'idées neuves qui deviendront plus tard la meilleure des rentes de situation. Autour de Jacques Copeau, fondateur de la *NRF* et du Vieux-Colombier à Paris, rénovateur du théâtre, une joyeuse bande de jeunes comédiens établit ses quartiers à Pernand-Vergelesses. Les Copiaux font écho à l'écrivain belge Maurice des Ombiaux, qui consacre un livre au *Génie bourguignon*. Gaston Roupnel chante passionnément la Bourgogne. Colette garde son accent bourguignon. Gaston Gérard fonde la Foire gastronomique de Dijon et se fait, au gouvernement, le commis voyageur de la Bourgogne touristique. Curnonsky ne jure que par la Bourgogne. Maurice Perrin de Puycousin crée à Tournus et à Dijon les premiers musées d'arts et traditions populaires. Maurice Emmanuel recueille les chansons du folklore beaunois, tandis que l'on découvre que la première symphonie d'Edgard Varèse donnée à Berlin s'appelle *Bourgogne*.

Le comte Jules Lafon lance en 1932 la Paulée de Meursault et son prix littéraire. Le Mâconnais Georges Rozet imagine les Trois Glorieuses autour de la vente des vins des Hospices de Beaune, remise à l'honneur. A Nuits-Saint-Georges, dans un esprit typiquement nuiton, l'étincelle jaillit en 1933 et 1934, quand naît la Confrérie des chevaliers du Tastevin. Avant les autres, les Bourguignons inventent tout par eux-mêmes et sans le concours d'un cabinet de communication.

AUCUN PRODUIT NE DE LA TERRE...

Aucun produit né de la terre et du travail des hommes n'est soumis à autant de règles, d'exigences, de surveillance de la part des pouvoirs publics. Les AOC déterminent les aires de production (au mètre près), les cépages, les procédés de culture, les rendements, la vinification, les titres alcoométriques minimum et maximum. Les contrôles sont pointilleux et constants.

Les confréries, le tastevinage, la Saint-Vincent tournante, les ventes de vins aux enchères, les prix littéraires inspirés par le vin – tout sera ensuite imité et copié, jamais égalé. Convivialité rime avec qualité. L'élan culturel est réel, le goût du beau clairement affirmé.

LA GENESE DES APPELLATIONS

Victime de la fraude et des entrepôts de Bercy, où l'on baptise davantage qu'à Notre-Dame de Paris, le vin de Bourgogne sait qu'il doit se protéger contre l'anarchie des étiquettes. Le mouvement en faveur de règles appliquées par tous concerne non seulement la dénomination d'origine, mais encore un corpus d'usages. De la part d'une communauté vivant des jours difficiles, tentée par la facilité, on aurait pu craindre le pire. C'est, au contraire, le meilleur qui jaillit du terroir : une autodiscipline assez stricte, largement décentralisée et admise pour l'essentiel par tout le monde.

Un certain partage des tâches s'opère spontanément en Bourgogne. Les AOC ne sont pas l'œuvre des artisans de la promotion, des relations publiques, de la reconquête de la clientèle et des marchés. Elles résultent ici du travail ingrat d'une génération de responsables intègres qui, souvent par leur propre exemple, imposent la rigueur. Ils viennent d'horizons divers : des « grandes familles », comme Jacques d'Angerville à Volnay, ou du « peuple vigneron », comme Henri Gouges à Nuits-Saint-Georges. Mais l'un comme l'autre mettront un point d'honneur à ne pas revendiquer de grands crus dans leurs communes, ni bien sûr dans leurs propres vignes. Chapeau bas !

Du terroir, on passe peu à peu à l'appellation, et à l'appellation d'origine contrôlée. Cette dernière ne se limite d'ailleurs pas au terroir. Elle inclut l'encépagement et la mémoire du lieu, la somme des usages locaux, loyaux et constants. Cette évolution a nécessité par ailleurs l'établissement d'une hiérarchie : on mesure la complexité d'un tel ouvrage ! Si les vertus du terroir et les autres composantes de l'AOC ont pu être répertoriées avec une relative simplicité en raison du poids de l'histoire, l'idée même d'une hiérarchie s'est développée de façon beaucoup plus difficile.

D'innombrables facteurs interviennent en effet dans la hiérarchie, qui varie avec le temps, l'éclat du propriétaire, les soins apportés à la vigne et à la vinification, le sens commercial, l'évolution du goût, le talent des dégustateurs. La notion de « vins fins » se

LES REGLES DE LA PRODUCTION

Le déclassement « en cascade » n'existe plus. Ce système absurde favorisait d'innombrables combines et illusions. L'application en 1979 du décret du 19 octobre 1974 s'inspirant de la réglementation européenne et imposant la dégustation préalable à la libération des vins sous appellation a été précédée ici d'une farouche bataille de tranchées. Il n'est plus question de « cascade ». Il existe désormais un rendement de base, celui des textes anciens, éventuellement augmenté en fonction de la récolte après avis de la Commission des Cinq (les sages de chaque commune ou du grand cru). Il s'y ajoute le plafond limite de classement (PLC), généralement de 20 % en plus. Au-delà, la moindre goutte devrait en principe retirer le droit à la moindre appellation pour toute la cuvée. Est-il besoin de dire que le cas ne se présente jamais ?

Pour être commercialisés, les vins doivent avoir été agréés, reconnus conformes à des critères objectifs (susceptibles d'analyses) ou subjectifs (la vertu de l'appellation). Quand un vin déçoit le jury, on va trouver le producteur et on lui demande s'il ne faudrait pas nettoyer un peu son matériel vinaire... Mais il apparaît rigoureusement impossible de déguster des centaines de milliers d'échantillons quelques semaines après les vendanges.

Il reste le repli et le déclassement. Dans la plupart des cas, le viticulteur ou le négociant peut replier son vin en une appellation de classe inférieure sans condition réglementaire.

S'il se produit un mélange d'appellations de classes différentes, le repli se fait sur la classe la plus basse : l'assemblage tout à fait imaginaire du Clos de Vougeot et du Clos de la Roche ne pourrait produire qu'un simple Bourgogne.

« Blanc puis rouge, rien ne bouge.
Rouge puis blanc, tout fout l'camp. »
Ainsi dit-on ici.

distingue tout d'abord de celle de « vins communs ». Dès le XVIIIe siècle, elle paraît assez claire dans l'esprit de tous. Pour la Côte-d'Or, l'ouvrage du Dr Jules Lavalle établit le premier, en 1855, une classification complète des crus : tête de cuvée, première cuvée, deuxième cuvée, troisième cuvée. Puis, en 1861, le Comité d'agriculture de Beaune entreprend, selon les directives de l'Assemblée départementale, soucieuse de garantir l'origine des vins mis sur le marché, d'opérer une classification complète des climats en trois classes; selon la démarche du Dr Jules Lavalle, la première classe est divisée en tête de cuvée et première cuvée. Cependant, comme on effectue aussi des distinctions au sein d'un cru (Clos de Vougeot notamment), les protestations affluent, et le comité beaunois doit se limiter à une seule première catégorie. L'affaire divise d'ailleurs profondément la Côte de Beaune et la Côte de Nuits, car cette classification semble dictée par les intérêts beaunois, ceux du grand négoce. N'importe, ce plan figure à l'Exposition universelle de Paris en 1862. Ce n'est pas un hasard si la tendance au classement est identique au même moment à Bordeaux (1855). L'idée est partout dans l'air.

CREATION ET CHANGEMENT D'APPELLATION

Un premier cru peut devenir un grand cru au terme d'un véritable parcours du combattant, nécessitant l'accord du syndicat viti-vinicole local, enquêtes et dossiers, avis favorable du Comité régional puis du Comité national de l'INAO, décision du gouvernement. Les deux exemples les plus récents : le Clos des Lambrays à Morey-Saint-Denis (1981) et La Grande Rue à Vosne-Romanée (1992). De la même manière, une appellation régionale peut devenir, au terme de longues épreuves, une appellation communale : Bourgogne Marsannay devint Marsannay (1987). Une appellation communale peut devenir un premier cru : rare mais possible. Une appellation régionale peut recevoir une promotion : quand les vins des Hautes-Côtes reçoivent le droit de s'appeler Bourgogne Hautes-Côtes de Nuits ou de Beaune (1961); quand ceux de la Côte chalonnaise obtiennent le droit de revendiquer ce nom complet en sortant de l'appellation des Bourgogne (1991).

Les appellations d'origine contrôlée apparaisssent ensuite. La loi du 1er août 1905 n'a guère de conséquences en Bourgogne. Celle du 6 mai 1919, complétée par la loi du 12 juillet 1927, offre un champ nouveau à l'évolution des idées : intervention des tribunaux civils, notion d'usages locaux, loyaux et constants, etc. Le décret-loi du 30 juillet 1935 institue les appellations telles que nous les connaissons aujourd'hui et l'intervention de l'Institut national des appellations d'origine (INAO).

Les classifications retenues ont-elles changé ? Presque pas. Pour l'essentiel, la première classe du plan en Côte-d'Or de 1861 a donné naissance aux grands crus et aux premiers crus, répartis par les jugements des tribunaux civils sous leur nom et leur délimitation futurs. Les meilleurs climats de la deuxième classe deviendront également des premiers crus. La plupart des vignes de la deuxième et de la troisième classe forment les appellations communales. Le reste se trouve en appellation régionale dite Bourgogne. La hiérarchie comprenant les grands crus, les premiers crus, les villages et les appellations régionales procède en définitive d'une logique constante en Bourgogne.

L'appellation et la marque constituent des domaines distincts mais qu'il est difficile de ne pas associer.

De quoi s'agit-il, au demeurant ? De questions relatives à un centiare en plus ou en moins, ici ou là, à gauche ou à droite d'un chemin. Quel vignoble au monde se pose-t-il de tels problèmes existentiels depuis plus de mille ans ? La Bourgogne est seule sur la planète à discuter de ses appellations au mètre carré près.

De quoi s'agit-il encore ? De terroirs, c'est-à-dire de crus. Or, il existe un juge de paix : le dégustateur avisé. Si le terroir et le cru n'avaient aucune consistance, les goûterait-on ? Georges Lignier reconnaissait les Charmes, Mazoyères, Latricières, Mazis, Chapelle, Ruchottes et autres Griottes en Chambertins. Il savait même dire le nom du propriétaire, et l'année bien entendu. Si l'on distingue ces crus si voisins, c'est qu'ils sont différents et reconnaissables. Ils existent.

Sans doute y a-t-il d'autres raisons, multiples et variées, à l'établissement de ces crus. Les jugements des années 20 et 30, les pesanteurs économiques. Située davantage sous l'influence du négoce-éleveur que la Côte de Nuits, la Côte de Beaune joue la marque ou

L'étiquette est simple à la fin du XIXe siècle.

Elle ne signale ni propriétaire ni négociant.

l'appellation de village plutôt que le cru et le grand cru, tandis que la Côte de Nuits, plus vigneronne, engrange pour l'avenir les grands crus négligés par Beaune. Ainsi s'explique l'absence de tout grand cru à Volnay, Pommard, Meursault, Beaune. Le mérite essentiel des AOC est d'offrir des bases sûres à la propriété et au négoce, et surtout au consommateur.

PLUS DE CENT AOC

S'appuyant plus qu'ailleurs sur la notion d'origine, sur le terroir, et non sur la propriété, la marque ou le cépage, la Bourgogne possède un quart des AOC françaises, environ 110 sur 400. On ne s'étonnera pas de cette diversité. Les vins de Bourgogne portent leurs noms, ceux qu'ils portaient souvent il y a cinq siècles, et non des noms d'opérette ou de circonstance. Leur en fera-t-on le grief ? Et s'il y perd parfois son latin, l'amateur y trouve son bonheur.

● Les grands crus (1 % de la production) sont au nombre de trente-deux en Côte-d'Or et un à Chablis comportant sept climats. Le sommet de la grande pyramide bourguignonne.

Exemples : Chablis grand cru Grenouille, Chambertin, Corton-Charlemagne, Bâtard-Montrachet.

● Les premiers crus (11 % de la production) sont des AOC communales dont le climat est classé en premier cru. Environ 500 climats sont dans ce cas. Il est impossible d'en donner le nombre exact.

Exemples : Chablis Mont de Milieu, Nuits-Saint-Georges Les Saint-Georges, Beaune Grèves, Mercurey Clos du Roi.

● Les autres AOC communales (23 % de la production) constituent les villages (cinquante-trois en tout). Le nom de climat peut figurer sur étiquettes.

Exemples : Chablis, Gevrey-Chambertin, Pommard, Rully, Pouilly-Fuissé, Moulin à Vent – en tenant compte de la limite de l'actuelle région de Bourgogne. Petit Chablis est une AOC communale. On peut lire ainsi sur l'étiquette Gevrey-Chambertin Les Corbeaux.

● Enfin, à la base de la grande pyramide bourguignonne (65 % de la production), les AOC régionales, au nombre de vingt-deux à ce jour.

Exemples : Bourgogne, Bourgogne Aligoté, Bourgogne Passetoutgrain, Crémant de Bourgogne (dans l'ensemble de la région) ; Mâcon, Bourgogne Hautes-Côtes de Nuits, Bourgogne Côte Chalonnaise, Bourgogne Irancy, Beaujolais, etc. (dans des secteurs géographiques particuliers).

On a donc affaire à trois niveaux d'appellations : les grands crus ; les appellations communales (villages et premiers crus), suivies ou non de l'indication d'un climat ; les appellations régionales, improprement appelées parfois « génériques ».

APPELLATIONS DISPARUES

Le Bourgogne mousseux, créé en 1937, a pratiquement disparu, remplacé par le Crémant de Bourgogne. En faisant également appel à la méthode champenoise, celui-ci bénéficie de règles de qualité beaucoup plus strictes et d'une meilleure image. Autant le « mousseux » avait mauvaise presse (vin de fête foraine donnant mal à la tête), autant le Crémant de Bourgogne a su se faire un nom et une juste réputation.

Créés en 1937, le Bourgogne Ordinaire et le Bourgogne Grand Ordinaire voulaient à l'époque évoquer la bouteille du dimanche, le « grand ordinaire » : un bon et simple Bourgogne, honnête et familial. L'appellation a perdu peu à peu son intérêt en raison de cette dénomination mal comprise. Avec des variantes locales dans l'Yonne, il s'agissait surtout de gamay. L'effacement de ce cépage hors Mâconnais et Beaujolais contribue aussi à la disparition de ces appellations.

L'appellation Marsannay est désormais communale en trois couleurs. Disparaissent en 1987 le Bourgogne Marsannay (rouge) et le Bourgogne rosé de Marsannay.
Les amateurs noteront que, lors d'un changement d'appellation, les viticulteurs disposent souvent d'un à trois ans (et parfois de trente ans !) pour s'adapter à la situation nouvelle, compte tenu des stocks et des usages.

LES GRANDS CRUS

Il s'agit de climats, ou de climats fédérés (Echézeaux par exemple) qui, pour la plupart, bénéficient d'une très haute renommée depuis des siècles. Nul ne conteste vraiment leur situation historique, quand bien même notre jugement actuel serait sans doute plus généreux.

Il existe en effet une bonne quinzaine de climats qui pourraient de nos jours être appelés grands crus : La Perrière (Fixin), le Clos Saint-Jacques (Gevrey-Chambertin), Les Saint-Georges (Nuits-Saint-Georges), une partie des Grèves (Beaune), La Goutte-d'Or (Meursault)... Mais l'accès au rang de grand cru est devenu pratiquement impossible, sauf situation de monopole (La Grande Rue) ou de quasi-monopole (le Clos des Lambrays), associée à une opiniâtreté biblique. Dans ces deux cas, à Vosne-Romanée et à Morey-Saint-Denis, nul ne pouvait contester le rang historique des crus malgré les oublis commis jadis, souvent par la faute de leurs propriétaires, qui ne s'en souciaient pas ou qui parfois l'avaient expressément refusé.

Sauf circonstances exceptionnelles, on en restera longtemps à cette liste. L'étiquette doit porter clairement l'appellation grand cru. Le consommateur aura soin de ne pas confondre Musigny (grand cru) et Chambolle-Musigny (l'AOC communale), Corton et Aloxe-Corton (*idem*), etc. Cas particulier pour le Chablis grand cru : il existe une seule et même AOC Chablis grand cru, que précise ensuite le nom du climat. L'ensemble des grands crus représente une production moyenne de 1,6 million de bouteilles en rouge et de 1,15 million en blanc, soit un total de 2,75 millions de bouteilles par an au milieu des années 90.

UN SEUL VDQS

L'INAO a créé en 1945 la catégorie des Vins délimités de qualité supérieure (VDQS), en agissant à la fois sur la discipline des producteurs et sur les prix du marché. L'objectif : valoriser le haut de gamme des vins qui, sans bénéficier d'une AOC, se distinguent sensiblement des vins de table. Un seul VDQS est bourguignon : le Sauvignon de Saint-Bris (Yonne). Ayant fait ses preuves, il entend logiquement devenir AOC et doit y parvenir.

Sur ce mur peint, on peut lire la carte des grands crus de Gevrey-Chambertin.

LES VILLAGES : APPELLATIONS COMMUNALES ET PREMIERS CRUS

Pour les appellations communales, on dit aussi les villages. Elles s'étendent souvent sur une seule commune, mais d'autres cas se présentent : une commune qui a absorbé des villages voisins (Chablis) ou une commune qui a pris pied sur un village voisin (Gevrey-Chambertin sur Brochon, Nuits-Saint-Georges sur Premeaux-Prissey), ou encore le regroupement de plusieurs communes autour d'un seul drapeau (Montagny, Pouilly-Fuissé, Saint-Véran, etc.).

Si les noms des lieux-dits ont toujours été utilisés pour la désignation des vins, la réglementation de l'emploi de ces noms (climats, lieux-dits) a évolué. Peu connue et jamais écrite, cette histoire ne manque pas d'intérêt. Les décrets des années 30 prévoient simplement que, pour un certain nombre de climats, on pourra ajouter le nom du lieu-dit d'origine à l'AOC communale. Cette pratique se distingue de celle qui a cours pour les grands crus, où le nom de l'appellation et celui du climat ne font qu'un. Certains décrets indiquent la liste de ces climats, reprenant en général pour la Côte-d'Or le classement du plan établi en 1861 par le Comité d'agriculture de Beaune. Pour d'autres communes, une commission d'experts devra se prononcer. Un décret de 1942 réserve l'usage d'une mention comme « premier cru » aux seuls crus ayant donné lieu à un classement officiel par le Comité national des appellations d'origine. Une commission composée de personnalités locales (on y trouve les noms du comte de Moucheron, d'Henri Gouges, de Joseph Clair-Daü, de François Bouchard, de Louis Ferré, etc.) élabore cette liste, et c'est alors qu'apparaissent les « premiers crus ». Comme il faut faire vite (ces vins bénéficieront d'une fiscalité réduite et de moindres réquisitions de

« Il n'y a pas de grands vins.
Il n'y a que des grandes bouteilles. »
Albert Thibaudet

Au Domaine de la Romanée-Conti (à gauche), cette précieuse réserve permettra, un jour, de déguster un millésime ancien.

Au Château de Meursault (à droite), les bouteilles s'apprêtent à vivre leur navigation au long cours.

la part de l'occupant allemand), la liste s'inspire fortement des « premières cuvées » du plan de 1861, associées à quelques « deuxièmes cuvées », quelques « troisièmes » et même de rares climats non cités alors. En Saône-et-Loire, un village comme Montagny réussit à obtenir le classement de presque toutes ses vignes. La liste est homologuée par le Comité national en juillet 1943, publiée au *Bulletin officiel du Service des prix* en novembre de la même année, tandis que le décret du 14 octobre 1943 instaure une nouvelle catégorie d'appellation. Mais, issue de l'AOC communale, elle y demeure, sans constituer un échelon différent. Il s'agit désormais des AOC communales « premier cru ». L'utilisation du nom de climat lui est réservée. Quatre formulations de dénominations peuvent figurer sur l'étiquette. Par exemple : Beaune premier cru, Beaune Les Grèves, Beaune premier cru Les Grèves, Beaune Les Grèves premier cru.

Définie pour la seule récolte 1943, la liste des climats retenus doit faire l'objet de nouvelles homologations. Le provisoire va durer plus de trente ans ! En effet, une commission se met au travail en 1949-1950 en Côte-d'Or, par exemple, puis, sans avoir abouti, à nouveau en 1959. On procède en plusieurs étapes : d'abord des listes de climats (décret de 1963), puis celles des climats classés en premier cru. Accompli à partir de 1967 (Fixin), ce travail est maintenant achevé. Certains décrets d'AOC communales prévoient que la liste des premiers crus sera confirmée par arrêté ministériel. Il en est ainsi pour Saint-Aubin premier cru et Chassagne-Montrachet premier cru, mais ces arrêtés n'ont pas été publiés pour la plupart des communes… Ailleurs encore, le décret ne prévoit pas d'arrêté (les premiers crus d'Aloxe-Corton, Chambolle-Musigny, Gevrey-Chambertin, Vosne-Romanée et Vougeot).

Lorsque le terroir comporte un ou plusieurs grands crus, les premiers crus se situent juste en dessous. Encore doit-on admettre que Les Amoureuses à Chambolle-Musigny, par exemple, n'ont rien à envier à un grand cru et ne sont pourtant qu'un premier cru. Sans même parler des nuances innombrables apportées par l'auteur de la bouteille… Quand il n'y a pas de grand cru, les premiers crus voguent en tête de l'escadre et ont en conséquence plus de panache au sein de la commune.

Un premier cru peut porter le nom de son climat d'origine. Si ce nom sonne mal aux oreilles, est peu marchand ou peu connu (Maison Brûlée, La Vache, En Cercueil, Queue de Hareng), ou si le vin provient de l'assemblage de plusieurs premiers crus de la même appellation communale, le nom d'un climat ne figurera pas sur l'étiquette.

Il en est de même des appellations communales non classées en premier cru, qui peuvent revendiquer leur climat d'origine. La production moyenne des appellations communales, y compris les premiers crus, est de 47 millions de bouteilles en blanc et de 30 millions en rouge, soit de 77 millions de bouteilles par an au milieu des années 90.

QUELQUES RAPPELS

- **La richesse minimale saccharimétrique par lot, exprimée en grammes par litre – c'est le minimum que doit atteindre un lot de vendange entre la vigne et le chai.**

- **Le titre alcoométrique naturel moyen minimum, appelé communément « le degré minimum de l'appellation » – c'est le minimum obligatoire nécessaire pour pouvoir procéder à l'enrichisssement (chaptalisation), ainsi que le degré minimum du vin dans le commerce.**

- **Le titre alcoométrique volumique maximum – c'est le degré alcoolique que le vin ne doit pas dépasser après enrichissement. Si le vin n'a pas été enrichi, il peut dépasser ce degré ; le producteur doit le faire constater à la vendange.**

- **Le rendement de base, c'est le rendement fixé par décret.**

- **Il existe enfin le rendement butoir au-delà duquel toute production doit être distillée.**

Travail de la vigne à Joigny au Moyen Age. Ce vitrail du XVIe siècle montre bien qu'en pays de vigne tout se fait « à grand-peine ».

LES APPELLATIONS REGIONALES

Elles s'étendent sur le territoire de la Bourgogne viti-vinicole tout entière et sur des aires strictement délimitées commune par commune. Un décret de 1993 remplace de nos jours le décret de 1937. Les communes concernées sont au nombre de cinquante-quatre dans l'Yonne, de quatre-vingt-onze en Côte-d'Or, de cent cinquante-quatre en Saône-et-Loire et de quatre-vingt-cinq dans le Rhône (Beaujolais). A titre transitoire et jusqu'en 2005 inclus, quelques communes ont droit à l'appellation Bourgogne dès lors que leurs vignes étaient plantées en 1989 : Appoigny, Chichery et Montigny-la-Resle dans l'Yonne ; Perrigny-lès-Dijon, à l'est de Marsannay ; le secteur de Sainte-Marie-la-Blanche (Côte-d'Or) et de Demigny (Saône-et-Loire) sur la plaine au sud-est de Beaune, treize communes ici.

L'appellation Bourgogne peut recevoir un complément de définition : indication de cépage (Bourgogne Aligoté, Bourgogne Passetoutgrain — issu du pinot noir et du gamay) ; origine géographique précise, communale ou pluricommunale (Bourgogne Aligoté Bouzeron, Bourgogne Irancy, Chitry, Coulanges-la-Vineuse, Epineuil) ; origine plus vaste ou semi-régionale (Bourgogne Hautes-Côtes de Nuits ainsi que de Beaune, Bourgogne Côte chalonnaise, Bourgogne Côtes d'Auxerre) ; indication du nom d'un climat (Bourgogne Côte Saint-Jacques à Joigny, dans l'Yonne ; Bourgogne Montre-Cul à Dijon, Bourgogne Le Chapitre à Chenôve et Bourgogne La Chapelle Notre-Dame à Serrigny, hameau de Ladoix-Serrigny). Ou encore un mode d'élaboration (Crémant de Bourgogne). Quelques vignobles (Jovinien, Tonnerrois et Vézélien dans l'Yonne, Châtillonnais en Côte-d'Or, Couchois en Saône-et-Loire) souhaitent ajouter au mot Bourgogne leur propre nom. Il s'agit en général d'une situation d'attente probatoire. Enfin, le sud de la Saône-et-Loire possède des appellations semi-régionales incluant le nom Mâcon. Rares sont les producteurs du vignoble beaujolais à revendiquer l'appellation Bourgogne sur leurs bouteilles, mais le négoce utilise cette faculté. L'ensemble des appellations régionales de Bourgogne représente une production moyenne de 51,5 millions de bouteilles en blanc et de 43,6 millions en rouge, soit quelque 95 millions de bouteilles par an au milieu des années 90.

Autres vins ? La Bourgogne produit quelques vins de pays, notamment ceux des Coteaux du Brionnais, dans le sud-ouest de la Saône-et-Loire. Le secteur de Sainte-Marie-la-Branche près de Beaune vendait naguère son vin comme « vin de pays de Côte-d'Or », suscitant une certaine confusion. Cela explique le bénéfice temporaire de l'AOC Bourgogne, que ces vignerons entendent bien conserver au-delà de 2005. La Bourgogne produit un peu de vin de table, généralement de consommation courante. Dans l'Yonne, par exemple, on comptait en 1990 quelque 5 ha donnant du vin de pays blanc, 25 ha et 230 ha consacrés respectivement au vin de table blanc et rouge. Une partie de ces vins est à usage industriel (vinaigrerie, conserverie). Quant au vin de marque, d'appellation ou non, il s'intitule volontiers « vin de signature ». Il s'agit en général d'un négociant-éleveur qui, le plus souvent pour une appellation régionale, met en avant son nom, sa marque. On peut lire ainsi : Bourgogne Rodet – Appellation Bourgogne contrôlée. Il reste des cas singuliers : des cuvées étiquetées pour tel ou tel client et à son propre nom, ou bien cette idée de William Fèvre pour lutter contre les faux « chablis » californiens : un vin de pays de l'Yonne baptisé « Napa Vallée de France ».

LE PASSETOUTGRAIN ROSE EXISTE-T-IL ?

En rouge, le Bourgogne Passetoutgrain résulte du mélange de gamay et de pinot noir récoltés dans l'aire d'appellation Bourgogne Grand Ordinaire (un tiers au moins de pinot). Seul vin tranquille de Bourgogne à naître d'un assemblage de cépages très pratiqué jadis du côté de Chassagne et de Santenay, il ne peut en aucun cas provenir du mélange de deux vins, un gamay et un pinot.

Le Bourgogne Passetoutgrain rosé existe-t-il ? En tant que stricte dénomination d'AOC, non. Mais en réalité et légalement, oui. La vinification en rosé est autorisée, mais le mélange concerne alors obligatoirement des vendanges foulées (ou non) à la cuve avant fermentation. Il est rarissime, mais on peut en dénicher, au Domaine Gelin

Chapitre II

LE VIGNOBLE BOURGUIGNON

Comme les pièces d'un puzzle, les vignobles de l'Yonne, de la Côte-d'Or et de la Saône-et-Loire s'emboîtent et s'interpénètrent pour former le vignoble de Bourgogne. Les départements qui les distinguent ont été créés il y a deux cents ans. L'identité bourguignonne est beaucoup plus ancienne.

Plutôt qu'à l'éphémère toujours changeant, à la dégustation de tel vin, à la célébration de tel domaine, cet ouvrage porte sur l'essentiel. Il poursuit l'œuvre de classiques qui ont à la fois mûri et vieilli, qui parfois ne disent plus rien d'actuel, qu'il importe de renouveler. Une unité dans la diversité, des vins multiples qui ont le même accent.

LES VINS DE L'YONNE

Un redressement spectaculaire

L'introduction de la vigne et la découverte du vin se situent probablement à l'époque gallo-romaine dans l'actuel département de l'Yonne. On a retrouvé, en effet, à Escolives-Sainte-Camille près d'Auxerre un bas-relief du IIIe siècle apr. J.-C. montrant un amour vendangeant sa treille. Le cépage césar a-t-il vraiment été apporté ici par les légions romaines ? Ce n'est pas impossible, mais on n'en a aucune preuve.

Auxerre, important centre religieux, culturel et politique, s'accompagne tout naturellement d'un vignoble réputé dès le haut Moyen Age. L'Yonne (l'appellation Basse-Bourgogne, quelque peu péjorative bien que géographiquement exacte, n'est plus que littéraire) sera pendant des siècles le principal fournisseur de vin sur le marché parisien, qu'il s'agisse de vins de qualité ou de vins de consommation courante. Navigable en toute saison et rejoignant la Seine, la rivière qui donnera son nom au département offre un moyen de transport pratique et peu coûteux. Dès le Moyen Age, les vins d'Auxerre, mais aussi de Tonnerre et de Chablis approvisionnent la capitale, la Normandie, le nord du pays et les Flandres. Il s'agit principalement de blancs – les rouges se développant à partir du XIVe siècle.

LES CRUS HISTORIQUES

Absente dans le Morvan ainsi qu'en Puisaye et en forêt d'Othe qui produisent du cidre, la vigne s'étend partout ailleurs, notamment le long de la rivière. Assez tôt, on parle du vin d'Auxerre – il est cité dès le VIIe siècle. Ceux de Tonnerre et de Chablis sont presque aussi anciens, en tout cas fortement implantés dès l'an mille. Leur identité est générique, avec parfois la référence à un climat privilégié qui intéresse les amateurs de vins fins. Ainsi, les Clos de Migraine et de la Chaînette à Auxerre, La Côte Saint-Jacques à Joigny, Le Clos à Vézelay, Palotte à Irancy, La Poire à Saint-Bris, L'Olivote à Dannemoine. Des vins comme celui de Vermenton ont une certaine notoriété.

Les premiers classements, réalisés au début du XIXe siècle (J.-A. Cavoleau, A. Jullien), accordent la palme de la qualité aux grands crus actuels de Chablis (jusqu'aux Monts de Milieu), à la Côte de Vaumorillon à Junay et à celle des Grisées à Tonnerre, pour les blancs. En rouges, la Grande Côte d'Auxerre, puis, en dessous, la Côte de Palotte à Irancy et Cravant, la Côte des Olivotes à Dannemoine en Tonnerrois, les Côtes des Perrières et de Pitoy à Tonnerre, différents climats d'Epineuil (Le Buisson, Les Hautes Poches, Les Bridaines, etc.). Par comparaison avec la Côte-d'Or, on ne trouve alors aucun « cru privilégié » dans l'Yonne (comme le Chambertin par exemple). Les crus les plus estimables côtoient ici Volnay ou Chambolle dans la deuxième classe d'André Jullien.

Au milieu du siècle dernier, l'Yonne est l'un des départements les plus viticoles de France, avec près de 40 000 ha plantés et une production de l'ordre d'un million d'hectolitres. L'Auxerrois et le Chablisien en représentent la moitié. L'invasion phylloxérique, apparue ici (Pont-sur-Yonne, Migé, Chablis, etc.) en 1886, provoque une révolution dans le vignoble. Les cerisiers et les champs de céréales remplacent la vigne, quand ce n'est pas la friche. Les hybrides franco-américains producteurs directs fructifient vite et en abondance. Plantés un peu partout, ils y seront toujours cinquante ans plus tard ! Quelques vignobles (Chablisien, Irancy, Saint-Bris-le-Vineux, Coulanges-la-Vineuse, Joigny, Epineuil) reconstituent cependant leurs exploitations avec soin. En 1914, la superficie plantée a déjà diminué de moitié (17 600 ha). Cette superficie est encore considérable, puisqu'elle représente alors près de l'aire totale de production du vignoble bourguignon à la fin du XXe siècle.

Chapitre II

LE VIGNOBLE BOURGUIGNON

Comme les pièces d'un puzzle, les vignobles de l'Yonne, de la Côte-d'Or et de la Saône-et-Loire s'emboîtent et s'interpénètrent pour former le vignoble de Bourgogne. Les départements qui les distinguent ont été créés il y a deux cents ans. L'identité bourguignonne est beaucoup plus ancienne.

Plutôt qu'à l'éphémère toujours changeant, à la dégustation de tel vin, à la célébration de tel domaine, cet ouvrage porte sur l'essentiel. Il poursuit l'œuvre de classiques qui ont à la fois mûri et vieilli, qui parfois ne disent plus rien d'actuel, qu'il importe de renouveler. Une unité dans la diversité, des vins multiples qui ont le même accent.

LES VINS DE L'YONNE

Un redressement spectaculaire

L'introduction de la vigne et la découverte du vin se situent probablement à l'époque gallo-romaine dans l'actuel département de l'Yonne. On a retrouvé, en effet, à Escolives-Sainte-Camille près d'Auxerre un bas-relief du IIIe siècle apr. J.-C. montrant un amour vendangeant sa treille. Le cépage césar a-t-il vraiment été apporté ici par les légions romaines ? Ce n'est pas impossible, mais on n'en a aucune preuve.

Auxerre, important centre religieux, culturel et politique, s'accompagne tout naturellement d'un vignoble réputé dès le haut Moyen Age. L'Yonne (l'appellation Basse-Bourgogne, quelque peu péjorative bien que géographiquement exacte, n'est plus que littéraire) sera pendant des siècles le principal fournisseur de vin sur le marché parisien, qu'il s'agisse de vins de qualité ou de vins de consommation courante. Navigable en toute saison et rejoignant la Seine, la rivière qui donnera son nom au département offre un moyen de transport pratique et peu coûteux. Dès le Moyen Age, les vins d'Auxerre, mais aussi de Tonnerre et de Chablis approvisionnent la capitale, la Normandie, le nord du pays et les Flandres. Il s'agit principalement de blancs – les rouges se développant à partir du XIVe siècle.

LES CRUS HISTORIQUES

Absente dans le Morvan ainsi qu'en Puisaye et en forêt d'Othe qui produisent du cidre, la vigne s'étend partout ailleurs, notamment le long de la rivière. Assez tôt, on parle du vin d'Auxerre – il est cité dès le VIIe siècle. Ceux de Tonnerre et de Chablis sont presque aussi anciens, en tout cas fortement implantés dès l'an mille. Leur identité est générique, avec parfois la référence à un climat privilégié qui intéresse les amateurs de vins fins. Ainsi, les Clos de Migraine et de la Chaînette à Auxerre, La Côte Saint-Jacques à Joigny, Le Clos à Vézelay, Palotte à Irancy, La Poire à Saint-Bris, L'Olivote à Dannemoine. Des vins comme celui de Vermenton ont une certaine notoriété.

Les premiers classements, réalisés au début du XIXe siècle (J.-A. Cavoleau, A. Jullien), accordent la palme de la qualité aux grands crus actuels de Chablis (jusqu'aux Monts de Milieu), à la Côte de Vaumorillon à Junay et à celle des Grisées à Tonnerre, pour les blancs. En rouges, la Grande Côte d'Auxerre, puis, en dessous, la Côte de Palotte à Irancy et Cravant, la Côte des Olivotes à Dannemoine en Tonnerrois, les Côtes des Perrières et de Pitoy à Tonnerre, différents climats d'Epineuil (Le Buisson, Les Hautes Poches, Les Bridaines, etc.). Par comparaison avec la Côte-d'Or, on ne trouve alors aucun « cru privilégié » dans l'Yonne (comme le Chambertin par exemple). Les crus les plus estimables côtoient ici Volnay ou Chambolle dans la deuxième classe d'André Jullien.

Au milieu du siècle dernier, l'Yonne est l'un des départements les plus viticoles de France, avec près de 40 000 ha plantés et une production de l'ordre d'un million d'hectolitres. L'Auxerrois et le Chablisien en représentent la moitié. L'invasion phylloxérique, apparue ici (Pont-sur-Yonne, Migé, Chablis, etc.) en 1886, provoque une révolution dans le vignoble. Les cerisiers et les champs de céréales remplacent la vigne, quand ce n'est pas la friche. Les hybrides franco-américains producteurs directs fructifient vite et en abondance. Plantés un peu partout, ils y seront toujours cinquante ans plus tard ! Quelques vignobles (Chablisien, Irancy, Saint-Bris-le-Vineux, Coulanges-la-Vineuse, Joigny, Epineuil) reconstituent cependant leurs exploitations avec soin. En 1914, la superficie plantée a déjà diminué de moitié (17 600 ha). Cette superficie est encore considérable, puisqu'elle représente alors près de l'aire totale de production du vignoble bourguignon à la fin du XXe siècle.

LE CHOIX DE LA QUALITE

La qualité s'effondre peu à peu, et, en 1940, seul Irancy offre encore des rouges convenables. En revanche, Chablis parvient, grâce au chardonnay, préféré à tout autre cépage, à se maintenir. Mieux, à croître. Le marché a complètement changé. L'approvisionnement de Paris et la consommation familiale disparaissent au profit d'un vignoble qui recherche une clientèle plus exigeante et plus diversifiée. La superficie du vignoble diminue constamment : moins de 4 800 ha en 1957.

La polyculture incluant la vigne disparaît pour laisser place à des domaines spécialisés dans la viticulture. A cette époque, on compte 730 ha de chardonnay, 55 de pinot noir et 1 200 d'autres *Vinifera*, 2 100 d'hybrides prohibés (noah, othello)... On mesure à quel point l'Yonne souffre alors de « l'avilissement de l'encépagement » selon la formule de Jack Gilbank, l'un des meilleurs spécialistes de l'histoire du vignoble icaunais. Seules une trentaine de communes tiennent aujourd'hui en main le flambeau des vins de l'Yonne. Les 4 500 ha actuels sont inférieurs à la superficie recensée en 1957, mais ils représentent désormais une assise viable. Combien d'hectares au demeurant ? Ces 4 500, ou bien les 5 700 figurant sur une étude officielle de 1994 ? Il s'agit de la marge entre le vignoble réellement exploité et des surfaces déclarées en vignes mais non plantées ou non entretenues.

ENFANT DU JURASSIQUE

Le vignoble de l'Yonne repose sur les assises géologiques du jurassique supérieur : le kimméridgien inférieur J 7 (ancien séquanien moyen et supérieur), qui comporte le sous-étage du calcaire de Tonnerre, blanc et crayeux, tendre et d'une épaisseur de 50 m, et le sous-étage du calcaire à Astartes, très dur mais d'une vingtaine de mètres d'épaisseur seulement ; le kimméridgien moyen et supérieur J 8 (ancien kimméridgien au sens strict), où alternent, sur 50 m à 100 m d'épaisseur, les argiles calcaires, les marnes et les calcaires marneux (croupes arrondies du paysage qui ne forment jamais un vrai plateau ni une falaise rocheuse) ; le portlandien, ou calcaire du Barrois, dur et compact, souvent fissuré.

Chablis est au cœur du kimméridgien marneux. En amont, les hauteurs sont en kimméridgien marneux, le bas des pentes en kimméridgien calcaire dur. En aval et vers Maligny, on trouve du portlandien à calcaire dur. Le Tonnerrois est très proche du schéma chablisien. Dans la vallée de l'Yonne, notamment à Saint-Bris-le-Vineux, il s'agit des pentes marneuses du kimméridgien moyen et supérieur. Ici, comme en Chablisien, les meilleures terres à vigne sont des sols bruns calcaires, situés sur des versants exposés au sud-ouest. L'altitude optimale se situe entre 130 m et 250 m. A moins de 100 km de distance, sur les mêmes sols, dans des conditions climatiques comparables, on produit ici du Champagne et là du Chablis. Ce qui montre bien que l'histoire, les hommes et leur culture ont autant d'importance que le substrat naturel.

Le Tonnerrois (à gauche) a voulu sortir de l'ombre et remonter la pente. Regardez la carte : Chablis n'est pas si loin.

Le Vézélien (à droite), ici à Asquins. Ce vignoble opiniâtre se place sous la protection de la Madeleine.

Même s'il appartient à la Bourgogne de façon indiscutée et depuis toujours, le vignoble de l'Yonne demeure longtemps assez indépendant des influences beaunoises. Il s'oriente économiquement vers Paris et l'exportation. Son organisation sociale et professionnelle est marquée par des traits originaux, encore sensibles de nos jours.

En effet, on parle volontiers du « particularisme icaunais ». Il est vrai que ce département a souvent tiré son épingle du jeu en adoptant une approche personnelle. Ainsi s'est-il attaché, davantage qu'ailleurs en Bourgogne, à identifier géographiquement ses Bourgognes. De même a-t-il su tirer profit du Crémant de Bourgogne. Il est également le seul à avoir préservé quelques anciens cépages. Enfin, l'Yonne a largement bénéficié de l'influence politique de plusieurs élus ayant détenu le portefeuille de l'Agriculture au sein du gouvernement (Henri Nallet et Jean-Pierre Soisson).

Ce vignoble représente de nos jours 10 % seulement de la superficie qu'il occupait il y a cent cinquante ans, 1 % des 446 500 ha utilisés par l'agriculture dans le département, un peu plus de 20 % de la vigne bourguignonne. Encore victime il y a trente ans de cépages médiocres, il a pleinement réalisé sa conversion en faveur de vins d'appellation d'origine contrôlée, réussissant un spectaculaire redressement, qui pourrait être médité en d'autres parties de l'Europe.

LA COURONNE DES CHABLIS

Une œuvre de patience

Chablis. Ce mot connaît depuis un siècle une fortune universelle et étonnante. Pour d'innombrables producteurs et consommateurs aux quatre coins de la planète, il est devenu une sorte de nom commun désignant un vin généralement blanc, parfois issu du pur chardonnay, produit en Californie ou dans le monde austral, bu comme tel. Or, il s'agit d'une appellation d'origine contrôlée précise et bourguignonne. Doublé d'une banalisation tendant le plus souvent à la médiocrité, ce piratage ne devrait plus être toléré par une société civilisée.

Le vrai vignoble de Chablis (ou du Chablisien) épouse, sur une vingtaine de kilomètres, le lit affectueux d'une petite rivière, le Serein. Ce nom lui va comme un gant, car tout dans le paysage chante ici la douceur. Souvent, les coteaux sont dominés par un front calcaire coiffé à la manière d'un béret par une touffe boisée. Un îlot de bon vin dans la mer or et jaune du blé et du colza.

PORTE D'OR DE LA BOURGOGNE

Porte d'or de la Bourgogne, Chablis naît d'une *villa* gallo-romaine, puis d'un petit monastère fondé vers l'an 500 par Sigismond, futur roi des Burgondes. Il aurait eu pour premier abbé saint Séverin, resté célèbre pour avoir guéri Clovis. Mal lui en prit, car le roi des Francs livrera une guerre acharnée aux Burgondes.

Dédié à saint Loup, autre saint bourguignon, ce monastère et le bourg de Chablis appartiennent plus tard à Charles Martel ainsi qu'à ses successeurs, dont Charlemagne. Venus à Auxerre à la suite des invasions vikings, les moines de Saint-Martin de Tours prennent possession de Saint-Loup, rebaptisé Saint-Martin. L'histoire de Chablis se confond bientôt avec celle de son vin. Deuxième fille de Cîteaux, l'abbaye de Pontigny voit le jour à l'aube du XIIe siècle. Tandis qu'elle accueille plusieurs archevêques de Canterbury en exil (Edmund Rich, promu saint Edme, Thomas Becket) et prépare ainsi sa future clientèle britannique, elle entreprend de créer – dès 1130 – un vaste et beau vignoble. Magnifique cellier du XIIe siècle, analogue à celui de Clairvaux à Dijon, le Petit-Pontigny place son vin à l'abri des fortifications de la ville. Rapidement, le vin de la petite région de Chablis égale et dépasse parfois en qualité celui d'Auxerre. « Délicieux au-delà de toute permission », estime Thomas de Loche.

Contrairement à beaucoup d'autres vignobles, celui de Chablis adopte très tôt – à partir du XVIIIe siècle – une politique de qualité qui fera tout à la fois son éclat et sa réputation. Il existe ici une communauté de la vigne et du vin, spécialisée (en 1830, 60 % du revenu de la ville de Chablis provient de la vigne) et conquérante (les propriétaires de la ville possèdent alors 530 des 590 ha de vigne dans la commune et 340 ha des meilleurs climats hors de la commune). Ces bons usages sont maintenus de génération en génération par la bourgeoisie vigneronne du pays.

Hiérarchie dans la qualité et pratiques commerciales apparaissent sûres et fiables. S'il reste çà et là du melon, du tresseau, du sacy, du gamay dans l'encépagement, le chardonnay s'établit presque seul sur les meilleurs versants de la rive droite du Serein. Aussi le phylloxéra n'opère-t-il pas de grands dégâts dans la région. En 1902, les 675 ha en production représentent une perte de 15 % en superficie, alors que l'Yonne tout entière a vu disparaître 45 % de son vignoble.

« Un Bordelais accordera qu'il a plus de plaisir à boire du Chablis que du Sauternes ; un Bourguignon voudra bien s'étonner du goût de fleur d'un Yquem. »

François Mauriac

« IL A DE L'AMOUR »

Limpide, vif, sec, parfumé, léger – ainsi peut-on dessiner à grands traits le Chablis, le vrai Chablis. Sa gloire rayonne au XIXe siècle. « Les vins de Chablis occupent un des premiers rangs parmi les vins blancs de France », écrit en 1868 Jules Guyot. « Ils viennent se placer tout près des vins de Meursault. Spiritueux, sans que l'esprit se fasse sentir, ils ont du corps, de la finesse et un parfum charmant ; leur blancheur et leur limpidité sont remarquables. »

Faut-il croire sur parole ce bon auteur lorsqu'il ajoute : «Mais ils se distinguent surtout par leurs qualités hygiéniques et digestives, et par l'excitation vive et pleine de lucidité qu'ils donnent à l'intelligence. » A l'évidence, les gens du pays savent déjà vanter astucieusement leurs produits, et ils ont su impressionner favorablement l'enquêteur officiel du second Empire.

On cite toujours la lettre du chanoine Gaudin, au siècle précédent, évoquant ces vins qui « embaument, enchantent le gosier ». Plus récemment, Hubert Duyker parle d'un vin qui « n'a pas son pareil », Henri Elwing d'« un arôme haute couture sans violence » et d'« un bouquet d'une fraîcheur bondissante aux papilles ». Bref, le bonheur fait vin. « Ceux qui savent le reconnaître, conclut Raymond Dumay, disent simplement qu'il a de l'amour. » Oui, la perfection est de ce monde. Souvent très sec, il évoque la fermeté et la plénitude. Il mûrit fréquemment jusqu'à vingt ans et plus, et c'est l'âge qui lui confère sa jeunesse de caractère, sa finesse, sa vivacité. D'un vert de cristal dans son enfance, il tend plus tard au jaune clair. Selon les crus, son goût fait songer à la violette, au jujube et même à certains champignons comme le mousseron, à la pierre à fusil et au silex. Est-ce un hasard si le général Basile Gras, inventeur du célèbre fusil portant son nom, vécut à Chablis ?

Le Chablis vit depuis toujours en bonne intelligence avec les fruits de mer et presque tout ce qui nage. « Seriez-vous cruel à une bouteille de vin de Chablis accompagnée d'un filet sauté aux champignons ? » Cette alliance originale est proposée par Balzac dans *La Fille aux yeux d'or.*

Le curé Printemps

Digne d'appartenir aux Piliers chablisiens, le curé Printemps (personnage d'une chanson créée jadis par Debailleul à l'Alcazar d'été, paroles de Villemer-Delormel, musique de Baldran-Gérald) célébrait à sa manière le bon vin :

Ah ! le bon curé, mes amis,
Que celui de notre pays,
De Chambertin ou de Chablis.
Remplissez son verre
Car il adresse au paradis
Les péchés de toute la terre...

Chablis est appelé la porte d'or de la Bourgogne.

Jean Cocteau a Chablis

Saucier aux Tuileries sous Louis-Philippe puis fondateur de l'hôtel de l'Etoile à Chablis, Charles Bergerand créa la fameuse andouillette au Chablis. Alphonse XIII, Mistinguett et beaucoup d'autres célébrités vinrent savourer cette merveille. En 1930, Jean Cocteau écrivit ici *La Voix humaine* d'un trait en une seule nuit.

LA QUESTION DU KIMMERIDGIEN...

L'épanouissement des vins de Chablis, offrant quelques perles rares à la couronne des grands blancs français, illustre à merveille les fondements historiques d'un grand vignoble : la persévérance des hommes dans la rigueur ; les aptitudes des sols, du climat et du cépage ; l'existence d'un marché et une politique économique. De même que l'on admire des bateaux enfermés dans des bouteilles comme des œuvres de patience, Chablis enferme son rêve en un flacon. Aurait-il été aussi imité, fraudé s'il n'avait pas incarné une image d'excellence ?

Plus tard qu'en Côte-d'Or – à la fin du XIXe siècle seulement –, on se demande à Chablis ce qui pourrait expliquer scientifiquement les vertus exceptionnelles du terroir. On cherche le secret, afin de se défendre contre la fraude. En effet, au Nouveau Monde, en Californie, des immigrés d'origine européenne (et parfois française) vendent du « chablis ». En Bourgogne même, on cite le cas d'un négociant achetant du vin d'Espagne et l'écoulant sous le nom de « chablis ». Caillouteux, marneux et calcaire, le sol de prédilection de la vigne paraît exprimer une identité sûre et certaine. Professeur d'agriculture dans l'Yonne au début du XXe siècle puis, longtemps plus tard, secrétaire général du tout-puissant Comité national des appellations d'origine, Georges Chappaz formule le premier la référence au kimméridgien dans son *Etude sur le vignoble de Chablis* (Rousseau et Chappaz, 1904).

Dans l'esprit de l'époque, trois classes sont distinguées : les grands vins ou vins fins de Chablis (chardonnay, sur Chablis et Milly) ; les vins grands ordinaires (chardonnay, sur Milly, Chichée, Poinchy, Courgis, Ligny-le-Châtel, Lignorelles, Maligny, Villy et même

Saint-Bris : jaunissent plus vite, se conservent moins bien) ; les vins blancs ordinaires (sacy surtout, incluant Saint-Bris, Vermenton, Chitry, Sacy, Arcy-sur-Cure, Treigny, Joux-la-Ville, Précy-le-Sec, Vézelay, Asquins, Gy-l'Evêque). A cette époque, la notion de vin de Chablis est assez confuse, sauf pour les crus. Ceux-ci ne correspondent d'ailleurs pas exactement aux terroirs actuels : Mont de Milieu, par exemple, est rangé par André Jullien en première classe, de même que Bougros (en partie), Grenouilles, Les Clos (en partie) et Valmur seul. Les propriétaires et les négociants ne signalent d'ailleurs pas ces provenances précises et se bornent à faire état de différentes qualités, qui sont nées de cuvées généralement assemblées.

Sans doute Georges Chappaz a-t-il une vision très extensive (à nos yeux d'aujourd'hui) du vignoble de Chablis, mais il raisonne juste pour sa première classe et, en partie, pour sa seconde. A-t-il raison d'établir un lien entre l'excellence et le kimméridgien, objet d'un siècle de passions futures ? Il s'agit d'un étage géologique du jurassique vieux de quelque 150 millions d'années et remarquable ici par ses dépôts de minuscules huîtres fossiles, *Exogyra virgula*. Tenant à son idée, Georges Chappaz, devenu trente ans plus tard un des pontifes de l'INAO, s'accroche dur comme fer à cette notion qui, à la vérité, n'a plus guère de signification précise actuellement.

S'il n'est pas douteux, en effet, que les meilleurs climats voient pulluler les vestiges de la mer ancienne – et c'est tout simplement ce que signifiait jadis la référence aux usages locaux, loyaux et constants –, la science géologique évolue. Aux dépens de l'argovien, du rauracien et du séquanien, le kimméridgien grossit de plusieurs dizaines de millions d'années lors d'un congrès scientifique en 1962. Il s'agit d'une couche géologique formée dans la nuit des temps, et non d'une donnée crédible et précise pour la délimitation d'un vignoble en Bourgogne...

En 1904, Georges Chappaz avait mis le doigt sur l'un des facteurs déterminants de la qualité des grands vins blancs. Néanmoins, en érigeant ce facteur en critère décisif, il avait tort. Car il existe en effet de médiocres sols kimméridgiens et d'excellents sols non kimméridgiens. De plus, pour la qualité des vins, le chardonnay – que l'on appelle ici le beaunois – a lui aussi son mot à dire.

LA SAINT-VINCENT TOURNANTE DU CHABLISIEN

Comme partout en Bourgogne, on célèbre la Saint-Vincent. Mais ici, pacifiée. A l'époque des luttes anticléricales, il y avait à Chablis deux confréries : l'une honorant son saint patron, l'autre promenant en procession un buste de la République orné d'un cep de vigne...

En 1966, à l'instar de l'initiative prise en Côte-d'Or par la Confrérie des chevaliers du Tastevin, naît la Saint-Vincent tournante du Chablisien qui, chaque année, célèbre cette nouvelle tradition dans une commune différente du vignoble.

LE GEL DE PRINTEMPS

C'est l'ennemi le plus acharné du vignoble de Chablis. Années terribles : 1897, 1945, 1956, 1957, 1961, 1967, 1971, 1981... Pour le combattre, on chauffe la vigne par toutes sortes de moyens. Depuis les années 70, les viticulteurs ont mis au point une nouvelle parade : les retenues d'eau artificielles, comme le « lac de Beines ». Ils disposent ainsi de vastes réserves destinées à l'arrosage de la vigne. A l'abri d'un cocon de glace, le bourgeon minuscule résiste aux courants d'air et aux froids vifs. La côte des grands crus est de nos jours totalement protégée.

... ET LA GUERRE DES APPELLATIONS

Le vignoble de Chablis s'étend, au XIXe siècle, sur une douzaine de communes de la vallée du Serein. Outre Chablis, il couvre les plus belles côtes comme Fourchaume, Montée de Tonnerre ou Mont de Milieu. Mais la vigne pousse partout alentour, donnant des vins inégaux, généralement vendus comme Chablis. Le nom sonne bien et, comme le vin, il a du montant. Il est marchand.

A la suite de la loi de 1919, une commission mixte composée de viticulteurs et de négociants propose une délimitation des crus de Chablis. S'appelleraient « Chablis » presque tous les vins blancs de l'Yonne issus du chardonnay, « Petit Chablis » les blancs issus d'autres cépages. Sur appel, la commission mixte suggère en 1920 les appellations « Grands Vins de Chablis » (les crus de Chablis), « Chablis Village supérieur » (chardonnay, Chablisien), « Chablis Village » (les autres blancs de ces communes). Commence l'ère des procès et des jugements. Deux jugements (Tonnerre et Auxerre) de 1923 rattachent l'appellation « Chablis » au kimméridgien, puis un jugement de 1929 rattache cette appellation au finage de vingt communes. Juridiquement, ces jugements s'imposeront à l'INAO jusqu'à une date récente.

Après une période de confusion, accentuée par la crise économique des années 30, le décret du 13 janvier 1938 crée l'AOC « Chablis grand cru » (le Saint des saints avec quelques anomalies qu'explique l'influence de la ville de Chablis) et l'AOC Chablis pour vingt communes, sur la base du chardonnay et du kimméridgien. La contestation kimméridgienne devient bientôt insoluble. En 1943, on crée l'AOC Petit Chablis (déjà imaginée en 1923) hors kimméridgien, admettant le sacy et l'aligoté. Les querelles continuent. En 1956, l'aire de production Chablis est accrue de 500 ha. En 1967 ont lieu le classement et la délimitation des premiers crus. La guerre fait rage entre deux façons de penser, deux syndicats et, pour l'essentiel, deux hommes : William Fèvre, ancien élève de l'Ecole nationale d'administration, viticulteur fondamentaliste à Chablis (les règles les plus strictes possibles), et Jean Durup, expert-comptable parisien, viticulteur extensionniste à Maligny (Chablis est un nom porteur, donnons de l'élan à l'appellation !)

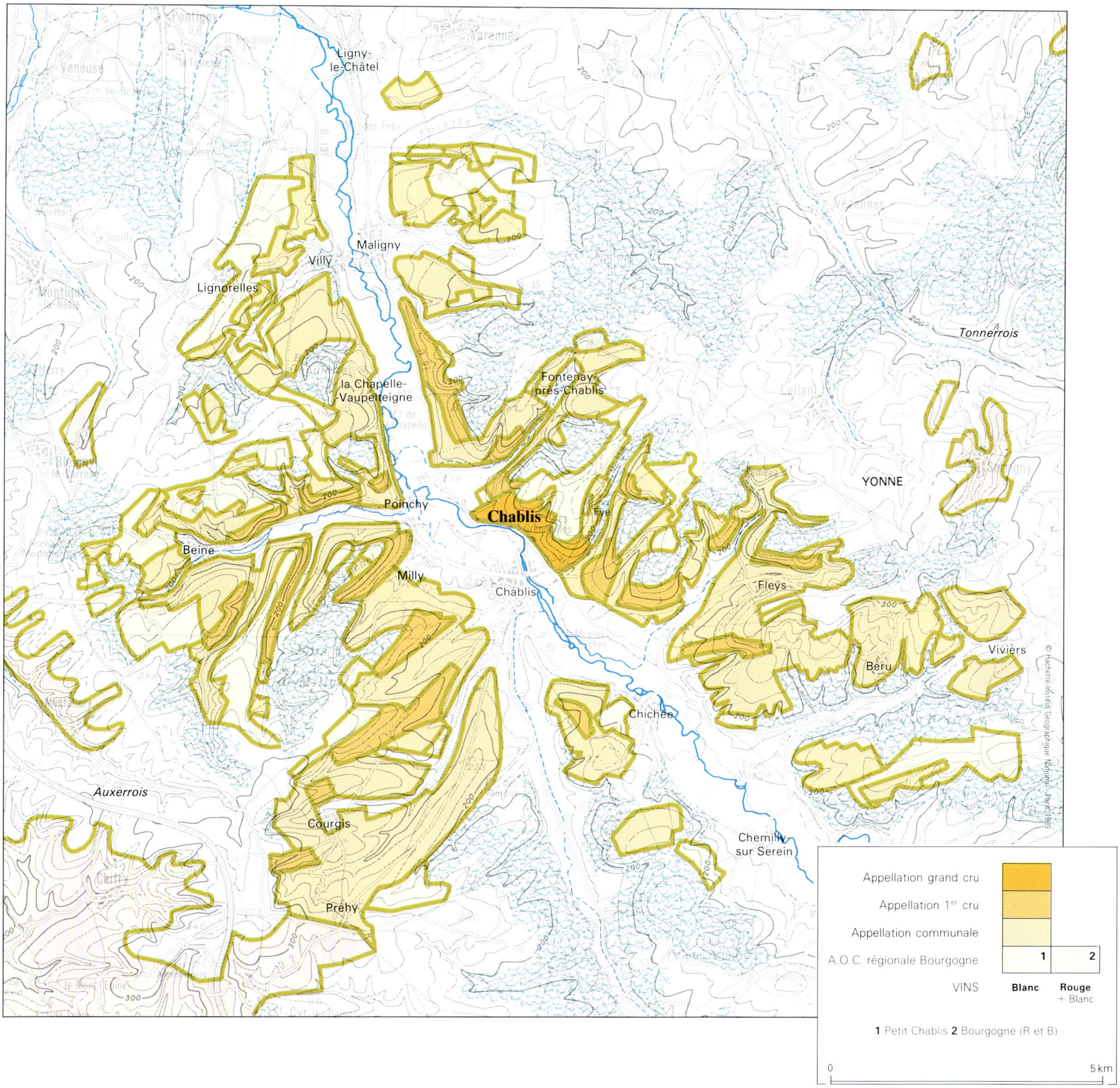

Rares sont les vignobles à offrir de telles nuances dans la distinction des terroirs, la hiérarchie des crus, la définition des appellations. Le Chablisien comporte en effet la palette complète des appellations. De part et d'autre de la vallée du Serein, rayonnant autour de Chablis, la vigne s'est fixée – mais non pas de façon uniforme – sur les meilleurs sols, les versants les plus favorables. A droite et en haut de la carte, le début du vignoble du Tonnerrois ; à gauche et en bas, le vignoble de l'Auxerrois apparaît. Très proches et déjà différents.

Le 13 février 1978, la nouvelle délimitation des AOC du Chablisien est décidée. Le Petit Chablis voit son aire potentielle passer à 1 562 ha, alors que moins de 200 ha sont alors en production. En Chablis, on dispose de 5 272 ha, dont 4 419,742 ha pour le Chablis premier cru et 111 ha pour le Chablis grand cru. Il faut attendre 1986 pour obtenir la liste des premiers crus. Ceux-ci illustrent souvent la notion fédératrice de cru, réunissant en un seul climat plusieurs lieux-dits : ainsi Les Quatre Chemins, La Ferme Couverte et Les Couvertes deviennent-ils un seul et même Vaulorent; L'Homme Mort, La Grande Côte, Bois Seguin et L'Ardillier font un seul et même L'Homme Mort. Chaque viticulteur peut revendiquer la dénomination la plus restrictive, ce qui est exceptionnel, mais il n'est pas permis à un exploitant de revendiquer plus d'un nom pour un premier cru commercialisé au domaine.
Les quelque 800 ha des Chablis grand cru et premier cru n'ont guère varié depuis plusieurs siècles : le Chablis historique. L'extension considérable des Chablis et Petit Chablis est parfois dénoncée comme abusive. Compte tenu des progrès accomplis dans la connaissance des sols, la maîtrise du cépage et la compétence des vignerons, l'existence d'une zone générale d'appellation moyenne pour ces vingt communes liées par l'histoire n'apparaît pas choquante. Mais il est vrai qu'en vingt ans – de 1970 à 1990 – on est passé pour ce vignoble de 756 ha vendangés à près de 3 500 ha, de 5 millions à 26,5 millions de bouteilles, chacune trouvant acheteur.

CHABLIS GRAND CRU

Créée en 1938, l'AOC Chablis grand cru met sur le pavois les sept sages de Chablis. Elle se situe uniquement sur le territoire de cette commune, qui a cependant étendu ses ailes sur Fyé, Poinchy et Milly. Elle couvre 111 ha, presque tous plantés. Situés sur la rive droite du Serein, ces climats bénéficient d'une excellente exposition au soleil et de terrains très favorables. *Nec plus ultra*, il s'agit de 750 000 bouteilles, réparties ainsi.

- Blanchot (ou Blanchots), à la sortie de Chablis en direction de Tonnerre, à l'assaut d'une pente aiguisée, rempart sud-est de la côte des grands crus (12,19 ha), s'exprimant de façon délicate et florale, subtile en un mot, mais le bas et le haut parlent différemment;
- Bougros, qui clôt la côte des grands crus en direction de Maligny à la pointe nord-ouest (14,33 ha), au tempérament enveloppeur et parfois entreprenant, rude à l'occasion, robuste pour tout dire ;
- Les Clos, où la vigne chablisienne a sans doute fait ses débuts (24,75 ha – le plus étendu des grands crus) avec la vigne du Clos des Hospices (2,14 ha), une table d'orientation pour s'y retrouver et 200 m de dénivelé entre le bas, jugé plus fin, et le haut, dans un ensemble riche et profond, d'une fermeté légendaire et mettant un peu de temps à s'ouvrir;
- Grenouille (ou Grenouilles), au milieu de la côte des grands crus dont ce serait la synthèse, l'équilibre entre une générosité presque violente et les charmes les plus aimables (Château Grenouille, une masure affublée par dérision de ce nom, est, au sein du grand cru, un domaine anciennement Testut – les balances – et de nos jours commercialisé par La Chablisienne, sur 7,2 des 9,08 ha du grand cru);
- Les Preuses, qui prolonge Bougros vers le haut de la côte par un long coteau en pente douce (11,07 ha), avec infiniment de rondeur, de gras et de tendresse, un appel à la bouche;
- Valmur, une « vallée » longeant en haut celle de Vaudésir et offrant une variation subtile d'expositions et d'altitudes, trônant au centre, romantique, charpenté et souple (11,92 ha);
- Vaudésir, entre Preuses et Valmur, passionné et nerveux (14,44 ha), souvent le préféré grâce à son incomparable goût de terroir. Là se situe, ainsi que sur Les Preuses, une principauté de 2,352 ha, La Moutonne. Ancienne vigne des moines de Pontigny, vendue comme bien national à la famille Depaquit à la Révolution,

Le scandale des faux chablis

Juge à la cour suprême de Hamilton (Bermudes), l'honorable sir James Astwood rendait un jugement historique le 21 juillet 1982. Pour la première fois, la Bourgogne réussissait à bouter hors d'un pays étranger les faux chablis. Quelques années plus tard, elle obtenait le même succès au Japon. Malgré quelques efforts de clarification, la plus grande confusion règne aux Etats-Unis sur la dénomination des vins locaux. Il est vrai que les immigrants d'origine européenne, français notamment, en ont été largement responsables au XIXe siècle. Comme les noms des vins européens ne constituaient pas des marques, et n'étaient donc pas susceptibles d'une protection au titre de ce droit, les Etats-Unis se sont approprié des dénominations qu'ils appellent « semi-génériques » : *champagne, chablis, burgundy, sauterne, moselle, rhine wine, porto, madeira, tokay*, etc.
Certes, des progrès ont été accomplis. On a produit ainsi en Californie, jusqu'au début du XXe siècle, du pseudo-chambertin (Bugbey, Inglenook, etc.). Ces pratiques ont disparu. Mais que penser du burgundy, qui signale un médiocre vin rouge, un *jug wine* vendu au gallon ? Que penser de l'emploi du mot *chablis*, protégé en Europe en vertu des AOC, pour mettre sur le marché un banal vin blanc issu de cépages variés (chenin blanc, french colombard, sémillon, johannisberg riesling, chardonnay parfois de façon accessoire), produits dans la San Joaquin Valley, fournaise destinée à faire du degré ? Sans même parler du *pink chablis* (rosé), du *ruby chablis* (rouge), du *blush* ou du *light chablis*... Le volume des faux chablis américains vendus aux Etats-Unis est 100 fois supérieur à celui des vrais Chablis commercialisés dans ce pays. A l'heure où le vignoble américain accède à une juste respectabilité, ne doit-il pas régler lui-même ces questions ? La loyauté fait partie de toute compétition commerciale. Chablis est un nom de cru, pas une vague dénomination. Il est temps que cesse ce scandale.

La Côte des grands crus à Chablis, un jour ensoleillé d'hiver quand on brûle les sarments.

Un vieux pressoir (XIIe siècle) au Petit-Pontigny.

elle a doublé de taille en deux siècles, mais nul ne conteste son fondement historique. Au début des années 50, il a été admis que ce climat serait considéré comme grand cru. Il s'agit ici d'un grand cru reconnu plutôt que créé, sans décret officiel, mais situé au sein des grands crus.

CHABLIS PREMIER CRU

L'aire d'AOC Chablis premier cru s'étend sur 536,50 ha. Les vignobles concernés sont plantés sur les communes de Chablis, Fontenay, Maligny, Chichée, La Chapelle-Vaupelpeigne, Courgis, Fleys et Beines. Situés sur les deux rives du Serein, les premiers crus entourent ou font face aux grands crus. Montée de Tonnerre (le plus typé), Mont de Milieu (tendre comme une caresse) ou Fourchaume (les pieds sur terre, l'équilibre parfait) 5,8 millions de bouteilles en 1995 pour les premiers crus.

CHABLIS

Les vins d'AOC Chablis couvrent 1 100 ha plantés sur les communes citées précédemment ainsi que Béru, Chemilly-sur-Serein, Collan, Lignorelles, Ligny-le-Châtel, Poilly-sur-Serein, Préhy, Viviers et Villy. L'aire d'appellation s'étend sur quelque 5 000 ha, mais 2 000 ha seulement sont susceptibles d'accueillir la vigne. En 1995, la production s'élève à 21,3 millions de bouteilles.

Patrie de l'escargot

Selon Henry Clos Jouve, Chablis est la patrie de l'escargot bouché. Celui qu'on appelle le « dormeur ». Après s'être nourri et avoir engraissé pendant l'été, il s'enfonce en terre pour hiberner. Il se retire derrière son opercule pour passer confortablement, tous rideaux baissés, la morte-saison. Les vignerons qui le découvraient jadis bien enterré le ramenaient d'un coup de pioche et le mangeaient à la croque au sel, au feu de braise, ou encore à la table familiale. Dégustation de novembre à avril, sur fond de Chablis. Près de Joigny, le village de Bassou se consacre à l'escargot : il le prépare et le vend sur les cinq continents.

PETIT CHABLIS

Si l'aire potentielle de l'AOC Petit Chablis couvre 4 000 ha, une superficie plus modeste peut à bon droit revendiquer cette appellation : les 360 ha plantés actuellement. Le Petit Chablis rêve de s'appeler Chablis Villages ou Côtes de Chablis: 3,7 millions de bouteilles en 1995.

L'ESPRIT CHABLISIEN

Il existe une cinquantaine de domaines à Chablis, trois cents environ dans les autres communes. La production totale est de 32 millions de bouteilles en moyenne, dont la moitié est commercialisée par la place de Chablis, l'autre moitié par le négoce-éleveur de Nuits, Beaune et Mâcon. Les trois quarts des bouteilles sont exportés. La coopérative La Chablisienne réunit un tiers des viticulteurs.

AUXERROIS ET JOVINIEN, VEZELIEN ET TONNERROIS
Le trèfle à quatre feuilles

Indépendamment du Chablisien, le vignoble de l'Yonne comporte quatre entités d'importance inégale mais qui toutes peuvent faire état de racines anciennes. Auxerrois, Jovinien, Vézélien et Tonnerrois composent ce trèfle à quatre feuilles.

AU PAYS DE CADET ROUSSELLE

Rivale en Auxerrois des vergers où s'est développée, au début du XXe siècle, la production des cerises (le fameux bigarreau marmotte), la vigne a réussi à s'y maintenir. Elle reconquiert actuellement du terrain. Les petits villages ont une vie souterraine intense. Le réseau de caves médiévales de Saint-Bris-le-Vineux, courant sous tout le pays, est le plus étonnant de toute la Bourgogne. Le comédien Jean-Marc Thibault est né ici, où l'on a naturellement l'âme joyeuse. Même quand le malheur s'abat, comme en 1676, lors du grand incendie : faute de réserves en eau, on dut sacrifier une trentaine de feuillettes de vin pour calmer le feu. Village natal de l'architecte Germain Soufflot (le Panthéon), Irancy s'est fait un nom grâce à la préservation d'un cépage rouge qui, au demeurant, a presque disparu : le césar. Pourpre impériale, certes, mais caractère capricieux, moins régulier que celui du pinot noir. Autre célébrité locale : le cru Palotte, produit sur Cravant mais souvent exploité par des vignerons d'Irancy. Confidentiel mais connu des amateurs.

Au pays de Cadet Rousselle – l'huissier d'Auxerre immortalisé par la chanson –, tout va par trois. La Confrérie des Trois Ceps honore les vins de l'Auxerrois même s'ils sont... quatre : Irancy, Coulanges, Chitry, Saint-Bris. Comme partout ailleurs, l'histoire des appellations est assez complexe et commence par des procès. Depuis ceux-ci, en 1930 et 1931, ces communes s'accordent le droit de faire figurer sur les étiquettes leur nom après celui de Bourgogne, car l'Auxerrois reçoit l'AOC régionale. Cette tolérance ne sera définitivement officialisée que par un décret de 1993. Le rosé d'Irancy s'était fait une réputation dans l'entre-deux-guerres. Passé de mode, il sera relancé dans les années 60 et 70. L'INAO lui donne son bâton de maréchal : « Bourgogne Irancy rosé éclairé ». Jolie formule, mais que le Conseil d'Etat raie d'un trait de plume en 1981. Le décret de 1977 autorisant les rouges et les rosés à porter le nom de Bourgogne Irancy ne s'appliquera en définitive qu'aux rouges, fait confirmé par les décisions de l'INAO, en 1984 et 1989, qui définissent les aires de production. Les vignobles de Chitry et de Coulanges-la-Vineuse décrochent en 1993 (avis favorable de l'INAO en 1990) le même bonheur; celui de Saint-Bris-le-Vineux est promu Bourgogne Côtes d'Auxerre la même année. N'est-il pas injuste d'avoir privé seul Irancy du droit de produire sous son nom un rosé, alors que c'était la seule commune à avoir naguère développé la qualité de ce vin ?

L'Auxerrois a longtemps fourni l'Allemagne (la firme Henkell et plusieurs autres) pour l'élaboration des têtes de cuvée des Sekt. Ce marché centenaire aux prix dérisoires (1 franc le litre) s'est interrompu en 1972, et il a fallu alors trouver un nouveau débouché pour ces vins assez acides (souvent du sacy jadis) et convenant bien à la prise de mousse. Le Crémant de Bourgogne, apparu officiellement en 1975, permit à la SICA du vignoble auxerrois (société d'intérêt collectif animée de main de maître par Michel Esclavy) de remonter la pente en positionnant un vin effervescent de qualité, valorisé sur place. C'est aussi l'une des causes de la renaissance de la vigne.

« Le Bourguignon est un homme qui en contient mille. »
Jacques Lacarrière

Irancy (340 habitants) et en partie Cravant et Vincelottes occupent la rive droite de l'Yonne. L'AOC s'étend sur près de 200 ha, consacrés presque exclusivement au pinot noir et au vin rouge (production moyenne de 770 000 bouteilles par an). Très typé, coloré, rubicond, tannique, ce vin évoque bien sûr la framboise et s'offre le luxe de tirer parfois sur la fleur. Excellent vin de moyenne garde, il va devenir l'AOC Irancy, c'est-à-dire une appellation communale.

Coulanges-la-Vineuse (880 habitants) et les villages voisins (Charentenay, Escolives-Sainte-Camille, Jussy, Migé, Mouffy et Val-de-Mercy) se trouvent sur la rive gauche. Sur 100 ha, même encépagement de pinot noir, qui succède à des plants médiocres et aux cerisiers. Plus léger que l'Irancy, le Bourgogne Coulanges-la-Vineuse (production moyenne de 385 000 bouteilles par an) est très agréable durant ses trois ou quatre premières années. Plus âgés, certains millésimes se portent comme des charmes. La cerise semble l'arôme dominant. Migé privilégie toutefois le chardonnay.

Chitry-le-Fort (330 habitants) donne quelques rouges légers intéressants mais se consacre surtout au chardonnay et au vin blanc. Quelques aligotés remarquables tiennent parfois la dragée haute au plant noble. L'aire du vignoble s'étend sur 420 ha, dont 286 en Bourgogne Chitry (production moyenne de 115 000 bouteilles par an).

Le Clos de la Chainette

« Les gens d'Auxerre ont une goutte de vin dans la cervelle, une fantaisie », disait Marie Noël. Il est vrai que le vin a toujours occupé une large place dans l'histoire de la ville. Qu'en reste-t-il aujourd'hui ? Le cru de Migraines a disparu. En revanche, celui de la Chaînette est en pleine renaissance. Propriété de l'abbaye Saint-Germain, ce clos, cité dès le VIIe siècle, se trouve aujourd'hui entre les mains du Centre hospitalier spécialisé en psychiatrie de l'Yonne, juste à la limite de la ville ancienne. En 1942, son vin a été classé AOC Bourgogne. Au début des années 70, ses 2,5 ha produisaient entre 60 hl et 120 hl de vin rosé (pinot noir) et blanc (chardonnay). Ce vin n'était déjà plus vendu à la criée aux hôteliers d'Auxerre, comme autrefois, mais à la bouteille et à la cave de l'hôpital. Quinze ans plus tard, on trouve près de 2 ha en chardonnay et 1,1 ha en pinot noir pour 90 hl de Bourgogne blanc, 25 de Bourgogne rouge et 16 de Bourgogne rosé. Depuis 1988, en effet, le rouge a remplacé peu à peu le rosé, qui a maintenant disparu. Deux hectares supplémentaires ont été plantés en 1988 et 1990 (chardonnay), portant le Clos de la Chaînette à 5 ha. Production moyenne : 17 000 bouteilles de blanc et 8 000 bouteilles de rouge.

Les vins ont accompli en Auxerrois de nets progrès, donnant des rouges rustiques et sympathiques, nerveux dans leur jeunesse, dans leur plénitude au bout de deux à trois ans. L'Irancy peut vieillir et s'assouplit ainsi. Les blancs ont de la verve, et ils chardonnent bien, gardant fréquemment une certaine verdeur de tempérament qui signale leur origine. On les préfère ainsi à ces bouteilles pommadées que la technologie met parfois au monde inutilement.

SUR LA COTE SAINT-JACQUES

Joigny (9 680 habitants) domine l'Yonne sur un éperon crayeux situé entre Auxerre et Sens. Depuis les Celtes, l'occupation humaine est ici constante. La vigne existe à Joigny depuis toujours, plantée sur près de 2 000 ha à la fin du XIXe siècle dans l'ensemble du Jovinien et sur 580 ha dans la ville même. Les quartiers vignerons de Saint-Thibault et surtout de Saint-André perpétuent l'esprit savoureux des petits vignerons. Du vignoble du Jovinien et de Joigny, seule subsiste de nos jours la notoriété de l'obstinée Côte Saint-Jacques, laquelle partage désormais son nom avec le restaurant de la famille Lorain, qui compte parmi les meilleures tables de France.

Saint-Bris-le-Vineux (1 015 habitants) et ses complices (Quenne, Augy, hameau de Vaux à Auxerre, où un vignoble renaît sur les côtes de la rive gauche de l'Yonne, Vincelottes en partie) disposent depuis 1990 de l'AOC Bourgogne Côtes d'Auxerre. Son aire délimitée couvre 974 ha, dont 600 en production, pour 580 000 bouteilles par an. Des rouges issus de pinot noir, plus légers que ceux d'Irancy, des blancs secs pénétrés de sous-bois et sous-tendus par la pierre à fusil. D'honorables aligotés de primeur complètent la gamme, ainsi que du BGO. Une partie du vignoble de Saint-Bris produit du Chablis, dont 10 ha en premier cru.

Autre originalité de ce vignoble : le VDQS Sauvignon de Saint-Bris, créé en 1974 pour le cépage sauvignon (blanc), est en passe de devenir AOC Saint-Bris. Evoquant la Loire, dépaysant – les uns le disent peu bouqueté et les autres se noient dans son parfum, ce n'est pas un « tout grand », mais il illustre à merveille la diversité, le sentiment de liberté qui règne sur le patrimoine viti-vinicole icaunais. Dans les bons millésimes, il épanouit de réelles qualités.

La Côte Saint-Jacques revient de loin. Ce beau versant était jadis planté en pinots noirs, blancs (chardonnay) et gris, avec un peu d'épicier (meslier, maille) et de côte (malbec bordelais), dit ici plant du roi. Un encépagement confus mais de qualité honorable. Jules Guyot observe déjà sous le second Empire que les pinots ont presque disparu. L'effondrement paraît inéluctable. Mais la coutume du « vin gris » le sauve de l'anonymat. De façon traditionnelle, il était issu de différents cépages locaux (tressot ou petit vérot, épicier ou sauvignon blanc, plant du roi ou malbec, etc.). La nouvelle réglementation des années 70 limite cette production au pinot (gris et noir). C'est alors que quelques vignerons entreprennent de reconstituer le vignoble de Joigny sur quelques hectares. Aujourd'hui, la reprise est certaine, mais elle demeure modeste (production moyenne de 65 000 bouteilles par an) malgré des conditions de terroir et d'exposition favorables. Joigny (99 ha délimités) occupe une position méridionale au bord du plateau crayeux de la forêt d'Othe. Volgré et Champvallon (141 ha délimités) se trouvent sur la côte turonienne.

Le Jovinien dispose de l'AOC Bourgogne. La Côte Saint-Jacques en constitue un lieu-dit, un climat dont le nom peut accompagner celui de Bourgogne. Les viticulteurs du pays souhaitent l'appellation Bourgogne Joigny. Une centaine d'hectares ont été délimités en 1989 en appellation Bourgogne. En 1995, 18 ha sont en plantation et 15 en production : 6 en pinot noir (Bourgogne rouge), 5 en chardonnay (Bourgogne blanc) et 4 en Bourgogne rosé (le vin gris) issu du pinot gris (Beurot en Côte-d'Or) et du pinot noir. Avec l'accord de l'INAO, la famille Lorain a planté en 1995 un demi-hectare en multicépage traditionnel afin de tenter de recréer la typicité du vin gris de Joigny, produit sans macération du pressurage du tressot, de l'épicier et du plant sec. La Côte Saint-Jacques proprement dite couvre 13,5 ha, dont 6 seulement sont plantés en 1995. Une nouvelle délimitation est alors mise à l'étude par l'INAO. Se fondant sur les textes anciens, elle concerne trois lieux-dits n'ayant droit jusqu'à présent qu'à l'AOC Bourgogne : Muscadet, Les Ronces et Le Haut de Saint-Jacques.

Le Bourgogne rouge du Jovinien, assez peu tannique, est destiné à être consommé plutôt jeune de façon à bénéficier de ses arômes de fruits (groseille, cerise). Le vin gris issu du pinot gris est pressé en rentrant de la vigne avant le départ en fermentation. Couleur œil de perdrix, c'est un Bourgogne aux joues roses, de tonalité classique pour un rosé. Peu acide, floral (nuance aubépine), il est agréable et fait claquer la langue.

LE TEMPLE DU CREMANT

Spectaculaires sur 3 ha, les carrières souterraines de Bailly (Saint-Bris-le-Vineux) ont été exploitées pour la construction d'Auxerre, de Paris, etc. A l'abandon, elles ont été reprises par la SICA du vignoble auxerrois et sont devenues le temple du Crémant de Bourgogne. C'est à voir !

LA COLLINE INSPIREE

Depuis la nuit des temps, les pèlerins gravissent la colline inspirée. Vézelay (570 habitants), ce site merveilleux, « cette barque qui a jeté l'ancre sur l'horizon » (Paul Claudel). Aucun lieu n'inspire en Bourgogne, davantage et plus profondément, le souffle de l'esprit. « J'ai cherché longtemps, raconte Mstislav Rostropovitch, et quand je suis entré dans la Madeleine de Vézelay, j'ai aussitôt compris que j'avais enfin trouvé le lieu idéal, s'accordant à l'œuvre, pour enregistrer l'intégrale des *Suites pour violoncelle seul* de Jean Sébastien Bach. » L'harmonie et le rythme.

Depuis quelques années, la vigne imite les pèlerins de Compostelle. Elle gravit, elle aussi, les versants de cette colline, non sans mérite. Elle avait presque disparu lorsqu'en 1968 l'abbé Bernard Lacroix réveille ici l'intérêt pour le vin. A l'initative de Paul Flandin, conseiller général, une vigne témoin de 2 ha est plantée en 1975 et 1977 à Asquins. On a retrouvé dans ce village les restes d'une colonne romaine ornée de pampres et de grappes de raisin. Le vignoble d'Asquins couvrait près de 200 ha au XIXe siècle. Une dizaine de volontaires participent à l'expérience, qui s'avère positive. Une dizaine d'hectares sont plantés, surtout sur Saint-Père (330 ha de vigne au XIXe siècle). En 1985, Philippe Guyard s'établit à Vézelay, et le Syndicat des vignerons du Vézélien (une vingtaine d'adhérents dix ans plus tard) sollicite l'appellation Bourgogne. En 1988, elle est accordée sur 333,23 ha : 74,42 sur Asquins, 124,66 sur Saint-Père-sous-Vézelay, 61,02 sur Tharoiseau et 73,13 sur Vézelay. Un groupement foncier agricole réunit quelque 250 actionnaires qui achètent les terres en friche et les confient à des viticulteurs du cru : 8,5 ha replantés en 1989, 2 en 1990, 5,5 en 1991... La Société d'intérêt collectif agricole (SICA) La Vézélienne contribue à cet effort, tandis que plusieurs vignerons indépendants exploitent 24 ha.

La géologie, qui fait se rencontrer ici des terrains sédimentaires du Bassin parisien et du massif cristallin, est marquée par des failles et par une côte aux caractères assez différents selon les lieux. Un vaste entonnoir ouvert au sud, au fond duquel coule la Cure, occupant le pied des côtes calcaires. Une centaine d'hectares sont plantés en 1995 : 85 % en chardonnay, 11,5 % en pinot noir et 0,5 % en césar, les trois cépages revendiquant l'AOC Bourgogne. Cépage blanc déclaré en Bourgogne grand ordinaire, le melon couvre 3 % du vignoble. Ces vins ont du tempérament et semblent sur la bonne voie. Sollicitée en 1993, la dénomination Bourgogne-Vézelay est à l'étude en 1996. Le grand restaurateur Marc Meneau (L'Espérance, à Saint-Père-sous-Vézelay) s'intéresse à la renaissance de ce petit vignoble. Les anges sont légion à Vézelay. Pourquoi n'auraient-ils pas aussi le charme d'un beau vin ?

Saint-Bris-le-Vineux.
Peut-on porter plus haut son nom
et sa vocation ?

EN TONNERROIS

Le Tonnerrois est le pays de quelques singuliers personnages. Le chevalier d'Eon, qui passa sa vie sans trop savoir s'il était un homme ou une femme. Ou encore Alfred Grévin, qui donna son nom au célèbre musée de cire parisien, né à Epineuil. Bref, on a du tempérament. Et Dieu sait s'il en a fallu pour gagner en 1993 son AOC Bourgogne Epineuil (l'INAO avait dit oui en 1990), bien qu'un jugement de 1930 offrît déjà la possibilité d'adjoindre le nom d'Epineuil à l'appellation Bourgogne.

Abbayes proches de Tonnerre, Saint-Michel et Quincy produisent ici du vin depuis le haut Moyen Age. Le vin de l'Armançon (ou du Tonnerrois) est honnêtement estimé dans toute l'histoire, même si – ici comme en beaucoup d'autres vignobles bourguignons – la légende embellit un peu les choses. Henri IV et Louis XIV avaient un penchant particulier pour ces vins, lit-on sur une brochure du pays. En réalité, on n'en sait rien, et nul document ne le confirme. Encore très vaste au milieu du XIXe siècle (5 000 ha), ce vignoble approvisionnant Paris en vins de table d'honorable qualité disparaît presque entièrement après la crise du phylloxéra. Sa renaissance s'est opérée en deux temps. D'abord sous l'impulsion d'André Durand, conseiller général et maire d'Epineuil (500 habitants), on remembre des terres en friche et l'on relance la vigne dans cette commune de 1978 à 1984, jusqu'à atteindre 80 ha consacrés au pinot noir à 90 % (rouge surtout et rosé) ainsi qu'au chardonnay. Puis, à l'initiative d'Henri Nallet, alors ministre de l'Agriculture et maire de Tonnerre. Les autres communes se développent sur 90 ha plantés, principalement sur Tonnerre (6 010 habitants) et Molosmes, un peu sur Bernouil, Chessey, Dannemoine, Junay, Serrigny, Tronchoy et Vezinnes. La délimitation de l'aire d'appellation, portant sur 1 500 ha environ, est effectuée au début des années 90, après de nombreuses études. Un projet de groupement de producteurs avec une vinification et une commercialisation communes n'aboutit pas du fait de l'individualisme viscéral des nouveaux vignerons. Ils sont une quarantaine, qui ont reçu une formation sérieuse (un migrant champenois, un industriel converti à la vigne, d'anciens agriculteurs). Présentée officiellement en 1995, la demande d'AOC Bourgogne Tonnerre est à l'étude. Elle compléterait logiquement l'AOC Bourgogne Epineuil (production moyenne de 425 000 bouteilles par an). Bernouil s'enorgueillit de posséder « la plus vieille vigne de France », plantée – dit-on – sous Napoléon Ier.

Analogues à ceux du Chablisien et peuplés de cailloux blancs, les sols (kimméridgiens bien sûr !) ont des qualités viti-vinicoles certaines. La partie vallonnée du vignoble est abritée des vents froids du plateau de Langres et bénéficie d'un microclimat favorable. Dire que l'on en tire des prodiges serait excessif. A tout le moins, la vigne permet ici de maintenir une population qui trouve dans le vin une activité assez rémunératrice. Le Bourgogne Epineuil (essentiellement du rouge issu du pinot noir) est assez léger, à boire relativement vite, correctement équilibré quand il est bien fait ; le faire attendre cinq à dix ans semble inutile. Le rosé est honorable. Il y a très peu de blanc. En revanche, le reste du Tonnerrois (Bourgogne Tonnerre n'est pas une AOC reconnue, même si l'on en parle parfois ici comme d'une réalité) se consacre au blanc — un chardonnay qui gagne à être dégusté jeune et frais. N'oublions cependant pas que Collan et Poilly-sur-Serein, villages du Chablisien, se trouvent vraiment à deux pas. A la vérité, ces délimitations auraient fort bien pu être différentes il y a cinquante ans.

LE VIN DES ECRIVAINS

« En débouchant de la hauteur qu'on appelle le Tartre, à quelques kilomètres de Vermenton, par le raccourci des crêtes et des forêts, on découvre en contrebas, au confluent de quatre vallées, le village de Sacy, raconte Jacques Lacarrière (*Chemin faisant*). C'est là que j'habite aujourd'hui. » Son village familial, où il jette l'ancre souvent. Celui également de Rétif de la Bretonne. Celui encore du cépage qui tenait jadis tête haute au chardonnay. « D'ailleurs, poursuit Jacques Lacarrière, en écrivant ces lignes, j'ai sur ma table un Chablis 1970, découvert récemment sur un vigneron ami. Il a déjà un goût de vin vieilli, patient, qui raconte une tout autre histoire que celle des vins blancs de la Grèce... »

Jules Roy, c'est Vézelay. « S'il est bien élevé et traité, le vin blanc a ici de la qualité, écrit-il (*Vézelay ou l'amour fou*). Il se hume et se déguste, sent l'aubépine et met en joie... » Et de poursuivre, s'adressant à la Madeleine : « Si j'osais, une rose à la main, je lèverais un verre de vin léger à la gloire de notre belle, à sa santé, et je boirais son regard et l'eau de ses yeux. »

LE VIN DE L'AUXOIS

Traversé par l'autoroute Paris-Lyon de Semur à Pouilly, l'Auxois (prononcer Aussois) semble peint en vert : partout des prairies que parsèment les taches blanches des bovins charolais. Ce pays de Bourgogne ne s'est pas toujours consacré à l'élevage. Les céréales s'y étendaient jadis à perte de vue, et la vigne s'accrochait au moindre coteau.

Les abbayes de Flavigny, Fontenay et Moutier-Saint-Jean sont ici, dès le Moyen Age, à l'origine du développement de la vigne. Elle couvrait 4 500 ha en 1830, puis elle disparut peu à peu en raison du phylloxéra, du mildiou, de la mévente : 1 000 ha environ en 1930, 300 seulement en 1955. Pas d'AOC, à l'exception du Bourgogne né des efforts persévérants d'un médecin dijonnais, le Dr Paul Loquin, qui reconstitua dans les années 50 un vignoble de près de 5 ha à Bussy-le-Grand (Clos du Buttois). Il cultivait également, à Alise-Sainte-Reine, un cépage de la côte est des Etats-Unis, le ravat blanc. Le Domaine de Bussy-Rabutin a cependant disparu dans les années 70.

Ce vignoble s'étend aujourd'hui sur 80 ha, surtout du rouge issu de cépages hybrides producteurs directs (gaillard, baco, oberlin, maréchal Foch, etc.). L'évolution récente privilégie les cépages nobles.

Compte tenu du climat, les vendanges sont forcément en retard de quinze à vingt jours sur la Côte, ce qui présente parfois de grandes difficultés. Les dernières exploitations se situent notamment à Viserny et Villaines-les-Prévôtes. Ce vin a un peu remonté la pente durant les années 90, en suscitant un effet de curiosité et en privilégiant les bons cépages. Le vin de l'Auxois illustre en Côte-d'Or, comme celui du Châtillonnais, la transition entre le vignoble de l'Yonne et celui de la Côte-d'Or.

Comme les pèlerins, les pieds de vigne escaladent la colline de Vézelay.

LA COTE-D'OR

La vigne est ici chez elle

L'embarras des Constituants fut grand en 1790, quand il fallut donner un nom à ce département. Haute-Seine ? Seine-et-Saône ? Soudain, un obscur député du cru, Claude Arnoult, se leva et proposa : Côte-d'Or ! On parlait depuis longtemps de la bonne Côte, de notre Côte en bons vins pour désigner la ligne de collines qui, de Dijon à Santenay, s'adossent à la montagne bourguignonne et contemplent au loin, à l'autre bout de la plaine de la Saône, le Poupet et le Jura, parfois le Mont-Blanc et les Alpes. Là, sur une chaise longue, le vignoble semble prendre son bain de soleil. Mais nul auparavant n'avait imaginé ce surnom.

Notre député bourguignon a-t-il apporté à ses collègues quelques bouteilles de Meursault Goutte d'Or ? La couleur de la vigne en automne – cette superbe Toison d'or – fait-elle un instant rêver les esprits ? Il est tard, il faut en finir. Va pour Côte-d'Or ! Ce département est ainsi le seul à évoquer la vigne et à recevoir un nom de fantaisie. C'est aussi l'invention de la publicité touristique !

UN SANCTUAIRE

Depuis la nuit des temps, la vigne est ici chez elle. La Côte-d'Or, ce sanctuaire de la vigne, produit des vins parmi les plus réputés. Elle constitue, selon la formule de Gaston Roupnel, « le rognon du vignoble bourguignon ». Mais, si elle est nettement séparée des vignobles plus septentrionaux de l'Yonne et de l'Aube (Champagne) par d'autres cultures et d'autres paysages, l'unité est constante entre la Côte et la Côte chalonnaise en Saône-et-Loire. Ecrivant au début du XIXe siècle, André Jullien situe l'arrondissement de Chalon-sur-Saône dans la continuité vitivinicole de la Côte-d'Or. Un siècle plus tôt, en 1728, l'abbé Claude Arnoux est déjà de cet avis tout en formulant une nuance qui demeure vraie de nos jours : « Les collines de la Haute-Bourgogne qui produisent le vin, le seul vin que l'on puisse et que l'on doive appeler vin de Bourgogne, ne s'étendent que de Dijon à Chalon-sur-Saône. » Encore ne faut-il compter ces vignobles pour la perfection que de Chambertin jusqu'à Chagny. C'est-à-dire jusqu'au Montrachet. La limite départementale crée ainsi une distinction assez artificielle entre Côte de Beaune et Côte chalonnaise, Hautes Côtes de Beaune et Maranges ou Couchois. Celle-ci aura néanmoins des conséquences considérables jusqu'à notre époque, chaque département s'enfermant volontiers dans ses frontières. On remarque, par exemple, que les « grands auteurs » (Morelot, Lavalle, Danguy et Aubertin, Rodier, Roupnel, Laurent, Gadille, etc.) consacrent essentiellement leurs livres à la Côte-d'Or. Le reste du vignoble inspire des ouvrages moins prestigieux.

« A la sortie de Dijon, je regarde de tous mes yeux cette fameuse Côte-d'Or si célèbre en Europe. [...] Sans ses vins admirables, je trouverais que rien au monde n'est plus laid. Mais il faut se rappeler le vers : "Les personnes d'esprit sont-elles jamais laides ?" »

Stendhal, *Mémoires d'un touriste.*

Vers 1830, le département de la Côte-d'Or cultive partout la vigne. Elle s'étend sur 26 500 ha, répartis en 22 800 ha de gamay et 3 700 seulement de pinot noir. La Côte, les Hautes Côtes, le Pays Bas apparaissent les mieux pourvus, avec 17 000 ha, dont 10 500 dans la Côte déjà spécialisée et possédant les seuls pinots noirs. Les blancs, comptés dans ces chiffres, sont encore marginaux, intégrés au gamay pour les plants courants et au pinot noir pour le chardonnay. Sans jamais dépasser 1 % de la superficie du vignoble français, la vigne ne cesse de progresser au XIXe siècle, profitant surtout au gamay. Elle atteint presque 40 000 ha à la veille de l'invasion phylloxérique (vers 1880), puis décline pour des raisons multiples : aux destructions du puceron s'ajoutent, en effet, d'autres maux comme le coût de la replantation, la concurrence des vins du Midi et de l'Algérie, d'autres ravages (mildiou, oïdium), l'exode rural, la Grande Guerre, etc. Le département perd alors ses vignes sur quelque trois cents communes, pour se limiter à une centaine de communes et 7 500 ha seulement. Vieille Garde de Napoléon, on se regroupe en carré et l'on résiste. Les gamays disparaissent, les plants nobles les remplacent. Ce vignoble fait la part du feu, se mobilise autour de l'essentiel et choisit la qualité. Le succès et parfois son ivresse le récompensent aujourd'hui de ses efforts et sacrifices.

Si le Pays Bas, au pied de la Côte, a lui aussi perdu ses vignes, les Hautes Côtes en revanche ont su les retrouver, sauvant ainsi ces villages d'une mort probable. Elles ont tout à fait leur place maintenant dans l'ensemble du vignoble de la Côte-d'Or, préservé ou reconquis.

Pour l'essentiel, le cadre viti-vinicole de la Côte-d'Or est définitivement fixé. On imagine mal, en effet, ce qui pourrait le bouleverser. Sauf infimes rectifications ou réparation – d'ailleurs improbable – d'un déni de justice, les grands crus n'évolueront plus. Après une longue période d'incertitude, les premiers crus ont été définis et délimités de 1967 (Fixin) à 1988. Leur liste est maintenant précise et sûre. Encore rien n'est-il simple. Certains décrets d'AOC communales prévoyaient que la liste des premiers crus devait faire l'objet d'un arrêté ministériel. Deux arrêtés ont effectivement été publiés (Saint-Aubin premier cru et Chassagne-Montrachet premier cru : arrêtés du 1er décembre 1977). Les autres premiers crus n'ont pas fait l'objet d'arrêté (Auxey-Duresses, Beaune, Blagny, Fixin, Ladoix, Meursault, Monthélie, Morey-Saint-Denis, Nuits-Saint-Georges, Pernand-Vergelesses, Puligny-Montrachet, Santenay, Savigny premiers crus). Dans les autres communes, le décret ne prévoit pas d'arrêté pour publier la liste des premiers crus (Aloxe-Corton, Chambolle-Musigny, Gevrey-Chambertin, Vosne-Romanée, Vougeot premiers crus).

Sur les 480 000 ha utilisés par l'agriculture, la Côte-d'Or compte aujourd'hui quelque 9 300 ha de vignes (2 % du sol cultivé), ce qui représente le tiers de la vigne bourguignonne, pour une production moyenne de soixante millions de bouteilles. Une sur quatre est blanche, trois sont rouges.

Le vin du Chatillonnais

Accordée en 1937, l'appellation Bourgogne n'avait jamais été exploitée par le Châtillonnais. Au milieu des années 80, un mouvement de reconquête s'est dessiné : vingt-trois communes sont concernées, pour quelque 1 400 ha classés et 125 ha environ en production (pinot noir et chardonnay). Le principal village est Molesme, qui se consacre surtout au Crémant de Bourgogne. Dans le département de l'Aube, à quelques kilomètres seulement, le vignoble des Riceys n'a-t-il pas droit à l'appellation Champagne ? Là encore, le découpage départemental de la Révolution française aura des effets économiques considérables. Aux Riceys, on produit du Champagne. A Molesme, du Crémant de Bourgogne. La différence est énorme pour des vins qui sont objectivement les mêmes. Molesme possède 70 ha plantés ; quelques communes, de 10 à 15 ha : Belan-sur-Ource, Bouix et Massingy. Le vignoble témoin a été planté en 1992 par la Chambre d'agriculture de la Côte d'Or sur 1 ha à Larrey. Créée en 1990, la SICA des vignerons de Haute-Bourgogne réunit soixante adhérents dont la moitié sont producteurs, sur une vingtaine d'hectares. La réussite en crémant est tout à fait estimable : 12 000 bouteilles en 1995, première année de commercialisation de la SICA, qui vend 75 % de sa production de 1 000 hl en août et 15 % en vin de base, mais prévoit de produire un Bourgogne blanc et un Bourgogne rouge.

EN BOURGOGNE
DANS LES VIGNES DU SEIGNEUR
Par COLETTE

C'est à Fixin (à gauche) que les premiers crus ont été délimités pour la première fois en Côte-d'Or.

En 1929, Colette signe un « publi-reportage » pour le magazine *Vu* à la demande d'un négociant de Nuits-Saint-Georges.

LA COTE DIJONNAISE

Ici commencent les Champs-Elysées de la Bourgogne

Alors que Dijon devient la capitale de la Bourgogne, Beaune est celle du Bourgogne. Cette répartition des rôles s'est mise en place dès le Moyen Age. Sans doute la position de Beaune apparaît-elle logique, mais encore faut-il savoir que le pouvoir, la richesse se sont peu à peu déplacés d'Autun vers Beaune. Né à Autun, le chancelier Rolin choisit Beaune pour édifier son hôtel-Dieu. Quelle chance pour l'une, quelle perte pour l'autre !

Pourquoi Dijon n'occupe-t-il pas en Bourgogne la place de Bordeaux en Bordelais ? En 1800, Beaune et Dijon ont pratiquement la même population. Aujourd'hui, 25 000 habitants ici, 150 000 là. Mais Beaune a conservé ses remparts ! Dijon les a détruits et a grandi. Une bourgeoisie d'affaires naît à Beaune autour du vin dès la fin du XVIIIe siècle, alors que Dijon pense religion, procès, affaires politiques régionales. Deux mondes qui ne se parlent guère. Beaune se spécialise, joue sa vocation. Dijon opte pour la politique et l'administration. Son évolution industrielle est sans lien avec le vin.

Mais, sitôt passé Dijon – qui n'a jamais dans l'histoire joué le premier rôle dans la vigne et le vin de Bourgogne –, la Côte apparaît. Un léger relief qui anime la plaine de la Saône et qui prend son assise sur les calcaires durs de la roche de Comblanchien que l'on rencontre parfois à 40 cm ou 50 cm de profondeur. Les puits des villages vont chercher l'eau à 25 m ou 30 m de profondeur. Ces calcaires sont recouverts de limons rougeâtres, de marnes grasses et jaunes, de sols bruns calcaires qui alternent et se mêlent sous un manteau d'éboulis et de cailloux qui gardent la chaleur, drainent naturellement le sol et y maintiennent ce qu'il faut d'humidité. L'érosion est mal combattue, et les gros orages ont souvent des effets catastrophiques. Jadis et philosophe, le vigneron remontait chaque hiver la terre à pleines hottes… et « à grand-peine », mots qui figurent sur des carreaux de céramique du XVe siècle, accompagnant l'image de ce travail. Bref, le paysage commence à Dijon et sur le versant de Chenôve, sa banlieue. Si la Côte est déjà là, elle semble cependant hésiter jusqu'à Marsannay, où plusieurs combes s'entrecroisent. C'est la Côte dijonnaise, qui associait autrefois les vignobles de Fontaine et de Talant, aujourd'hui disparus.

On ne parle plus de la Côte dijonnaise… Tout au long de l'histoire et jusqu'à une époque relativement récente, elle a cependant tenu honorablement sa place et son rang au sein du vignoble bourguignon.

Dijon possédait ainsi son quartier vigneron à l'ombre de Saint-Philibert, turbulent et influent lors de chaque élection municipale. Il réunissait les « culs bleus », ceux qui travaillaient la vigne. La ville comptait de nombreux celliers d'abbayes (Saint-Bénigne, Clairvaux, etc.). Place François-Rude, la statue du Bareuzai traduit aujourd'hui encore la joie des vendanges, et, chaque année début septembre, les Fêtes de la vigne animent la ville de mille musiques et couleurs.

LE CLOS DES MARCS D'OR

Député-maire de Dijon de 1945 à 1968, le chanoine Kir se consacra corps et âme à l'apostolat du vin blanc-cassis, né de l'aligoté des Hautes Côtes et du cassis de Dijon. Il laissa en revanche le Clos des Marcs d'Or, dominant son lac artificiel, disparaître dans les années 60 au profit du béton grimpant d'une urbanisation sans frein. Marcs d'Or ? Le nom est joli et sent son Viollet-le-Duc, mais il est ancien. Cette vigne des ducs de Bourgogne puis du roi, de haute antiquité vineuse, est l'un des plus vieux clos bourguignons : 10 ha en 1937, dont 4,6 ha formant le Clos Pascal. Les Marcs d'Or couvrent encore 5,33 ha quand on arrache cette vigne en 1967. La Maison J. Faiveley en faisait des merveilles en chardonnay et pinot noir. La ville de Dijon a replanté ici 32 a en 1981, portés à 41,35 a deux ans plus tard. Viticulteur à Couchey et métayer quasi ducal, Albert Derey reçoit mission de veiller sur le clos. C'est aujourd'hui un Bourgogne blanc issu du chardonnay dont les premières vendanges ont eu lieu en 1984. Sans en avoir officiellement le droit, il porte sans vergogne son nom sur l'étiquette. Qui oserait contester un usage ducal ?

Propriétaire de quelque 4 200 ha de terres agricoles et de bois, l'hôpital de Dijon entreprend en 1984 de mieux valoriser son patrimoine foncier en l'orientant vers la vigne. Le Dr Jean Royer et André Galland font renaître le Domaine de Chenôve-Ermitage, situé entre Pernand-Vergelesses et Savigny-lès-Beaune (14 ha de vigne en Bourgogne Hautes Côtes de Beaune et 1,3 ha de cassis). Les marques Hospices de Dijon et Chenôve-Ermitage sont déposées. Des accords avec André Boisseaux (Patriarche, Kriter, Château de Meursault) permettent d'assurer la vinification et la commercialisation. Puis des échanges fonciers ont lieu entre le Centre hospitalier régional et diverses sociétés d'André Boisseaux, celui-ci désirant chasser à Montmain. Le CHR reçoit ainsi des vignes en Beaune Clos du Roi, Pommard Fremiets et Charmots (prmiers crus), en Aloxe-Corton et Savigny (villages). Comme André Boisseaux rachète ensuite le Château de Marsannay, un accord analogue au premier se réalise, et le CHR devient propriétaire en Marsannay, Fixin, Gevrey-Chambertin et Puligny-Montrachet (villages), en Vosne-Romanée Les Orveaux (premier cru), auxquels s'ajoute une vigne en Montre-Cul à Dijon (Bourgogne). En six ans, les Hospices de Dijon ont réussi à créer un domaine de 25 ha de vigne, bien réparti et dont plus de 20 ha sont plantés en 1996. Il reste à en développer l'image et à en assurer la notoriété.

Une délimitation des terrains dijonnais susceptibles de recevoir l'AOC Bourgogne a été entreprise à la fin des années 80. Quelques climats ont été classés espaces naturels protégés. Outre le Clos de la Ville de Dijon aux Marcs d'Or, il subsiste quelques vignes sur Daix et sur le plateau de la Cras, à Plombières-lès-Dijon, où Jean Dubois produit des vins convaincants. Figurent sur le décret de 1992 des communes ayant droit pour partie à l'appellation Bourgogne : Daix, Plombières-lès-Dijon, Talant et même Mâlain, en direction de la montagne bourguignonne. Curiosités : le clos de la Base aérienne 102 (Longvic), où un millier de pieds de chardonnay ont été plantés au milieu des années 80 par un commandant amoureux de la vigne, à proximité des Mirage 2000. Chouchouté avec soin par l'armée de l'air, ce vignoble pourrait porter sur ses bouteilles les mots « secret défense ». Par ailleurs, Dijon est au Brésil une marque commerciale produisant des vins locaux sous patronage franco-chilien.

Le fameux Montre-Cul se situe sur un coteau pentu de Dijon, juste avant Chenôve. Ce nom ancien et respecté désigne 3 ha environ, exploités par les Domaines Derey et du Château de Marsannay (anciennement Quillardet), qu'émoustille une jolie étiquette évocatrice des charmes coquins du cru. Ce climat a le droit d'accompagner le mot Bourgogne en vertu d'un privilège fort rare, confirmé en 1993 (production moyenne de 17000 bouteilles par an).

LE PERE DU ROSE DE MARSANNAY

Né en 1889 à Santenay, Joseph Clair est envoyé en cantonnement militaire à Marsannay en 1917. Le billet de logement lui ouvre le cœur de la jeune fille de la maison, Marguerite Daü. Drôle de nom qui ne doit rien au dahu, cet animal mythologique bourguignon qui, à force de courir sur les coteaux, a deux pattes plus courtes que les autres. Non, Daü est le curieux raccourci d'Auddifred, vieux nom du pays. En 1919, Joseph Clair-Daü a l'idée de produire un excellent rosé. On en faisait depuis longtemps, mais avec du gamay. Il choisit le pinot noir. Il fait goûter son vin à Henri Racouchot, le célèbre restaurateur de Dijon. « Il faut tout me garder ! » commande-t-il après la dégustation. Aux Trois Faisans, Curnonsky et toute la critique gastronomique ont alors table ouverte. C'est bientôt la gloire. La création de la coopérative en 1929 assure l'expansion du rosé de Marsannay jusqu'à la Deuxième Guerre mondiale. Là, les choses se gâtent, la qualité décline, et Joseph Clair-Daü se retire à la Libération pour se consacrer à son propre domaine de 40 ha. Il reste une grande figure du vignoble bourguignon et la tête d'une belle lignée (Bernard Clair, son fils, puis son petit-fils Bruno Clair).

LE VIN TRICOLORE : MARSANNAY

A Dijon commencent les Champs-Elysées de la vigne. La « route des grands crus ». C'est un lieu unique dans le monde. Les villages français se distinguent le plus souvent par l'architecture de l'église, l'histoire du château, quelques traits de chronique locale, peu de chose. En revanche, chaque commune de la Côte apparaît à elle seule comme un univers.

Des dizaines de climats, des dizaines de domaines composent une mosaïque étonnante. Gevrey, Morey, Chambolle – ces noms blottis sur la carte, serrés les uns contre les autres comme s'ils voulaient se tenir au chaud, expriment cependant, avec mille nuances, une furieuse indépendance et une personnalité originale. Rares sont sur la planète les terres aussi proches qui ont – à ce point et constamment au fil des siècles – affirmé leur autonomie locale tout en adhérant à une communauté plus large. Il s'agit d'un puzzle immense. Chaque village possède son histoire, ses terroirs, ses hommes, ses vins, sa propre culture.

« Je traversai la Côte d'Or qui, sous la moelleuse brume d'automne qui la recouvrait et le soleil qui la traversait, méritait effectivement son nom. On ne regarde pas sans crainte respectueuse la région où les célèbres crus de Bourgogne sont, j'allais dire, fabriqués. »

Henry James, *Voyage en France*.

Chenôve (17 700 habitants) partage depuis 1987 avec Marsannay-la-Côte (5 220 habitants) et Couchey (1 270 habitants) l'appellation Marsannay, tandis que la partie nord du vignoble bénéficie de l'appellation Bourgogne. Malgré l'urbanisation intensive, sinon abusive, le vieux village de Chenôve (prononcer Ch'nôve) conserve à la Maison du roi des pressoirs impressionnants. Une légende les attribue à la duchesse Alix de Vergy (XIIIe siècle). Ils datent en réalité du début du XVe siècle, ce qui fait un âge honnête. Classé en Bourgogne, le Clos du Chapitre appartenait jadis aux chanoines d'Autun. Fondateur de la SEB et inventeur de la Cocotte-minute, Frédéric Lescure en fut un temps le propriétaire. Cette vigne a un passé célèbre, de même que le Clos du Roi, classé en Marsannay et qui appartint au domaine ducal. Comme le Montre-Cul à Dijon, le Chapitre a le droit de figurer en tant que climat sur l'étiquette après le mot Bourgogne, privilège confirmé en 1993 (aucune production actuelle sous ce nom).

Puis vient Marsannay-la-Côte, le pays des Pataras (le nom de ses vignerons, comme Bombis à Chenôve). En 1443, l'un des plus grands tournois de l'époque des ducs de Bourgogne, le Pas de l'Arbre Charlemagne, s'est déroulé ici. L'équivalent mondial d'un « master » de tennis aujourd'hui. Il en est resté un tempérament combatif. Grand producteur de gamay pour les cafetiers de Dijon au XIXe siècle, Marsannay ne voit pas le train des appellations s'arrêter ici en gare dans les années 30. A quoi bon réclamer un nom alors que ce vin friand et généreux se vend bien sous le pressoir, à la pièce ou au litre, jamais à la bouteille ? Pendant un siècle, il était préférable d'épouser une fille de Marsannay qu'une fille de Gevrey, et un garçon de Gevrey était accepté comme mari à Marsannay avec beaucoup de réticences... Comme à Couchey, la mairie est cossue et fait figure de sous-préfecture, alors que celles de Gevrey et de Morey sont de pâles maisons.

Dès 1919, Joseph Clair-Daü comprend que le gros rouge aura une fin. Il lance le rosé de Marsannay. L'encépagement en pinot se développe. Une coopérative naît en 1929, et, grâce à la vogue de ce vin vite adopté par la critique et la restauration, elle vinifie toute sa production en rosé. Préfigurant le Beaujolais primeur, voici une belle réussite du marketing ! Offrant une légèreté d'archange et un parfum d'Enfant Jésus, le rosé de Marsannay ne fait pas comme la plupart des rosés, qui descendent tout debout et ne laissent rien dans la bouche. Il rivalise avec Tavel pour la palme du meilleur rosé de France et peut accompagner aimablement tout un repas. Les charmes de la première assiette ne le contentent pas. Mais Marsannay possède alors l'appellation Bourgogne, et c'est peu.

En 1965, le nom de la commune reçoit le droit d'accompagner le mot Bourgogne, en rosé et en rouge. Le cas est pratiquement unique dans la région : c'est le Bourgogne rosé de Marsannay. Le village pose ensuite sa candidature à l'appellation Côte de Nuits-Villages. Opposition farouche des autres communes. Lucien Audidier réussit à bloquer le dossier sur un point de droit. Marsannay ne se décourage pas et finit par obtenir beaucoup mieux en 1987 : sa propre appellation communale pour des vins blancs et rouges produits au-dessus de la route des grands crus (311 ha dont 162 sur Marsannay, 119 sur Couchey et 30 sur Chenôve). Quant aux rosés, la nouvelle appellation les reconnaît sur 512 ha (275 sur Marsannay, 191 sur Couchey et 46 sur Chenôve), dont la moitié à peine est en production.

L'appellation Bourgogne rosé de Marsannay disparaît donc. Marsannay est désormais la seule appellation communale de Bourgogne à s'exprimer sur trois couleurs. Environ 70 % de la production en rouge, 20 % en blanc et 10 % en rosé, sur une récolte moyenne dépassant maintenant le million de bouteilles. L'arrivée d'André Boisseaux (Patriarche, Kriter), qui a acquis le Domaine Quillardet et le Château de Marsannay, donne des ailes aux ambitions de l'appellation. Celle-ci réussit fort bien en chardonnay, mais son avenir se colore en rouge sur les hauts des coteaux. Vigueur et couleur tempérées, mais pureté et harmonie sur des notes de mousse, de cuir et d'épices. Le rosé va-t-il maintenir ses positions ? Oui, grâce à quelques producteurs dont André Coillot, décédé aujourd'hui, fut l'un des bons apôtres.

Couchey (prononcer Couché) aussi s'est remis à cultiver le pinot et à faire renaître la qualité en raison notamment d'un opportun remembrement sur le bon coteau, aux effets positifs sur la qualité.

Le vin de l'université

En 1917, Jean-Baptiste Lucotte lègue quelques vignes à l'université de Bourgogne. Situées sur Marsannay-la-Côte, elles ne sont vraiment mises en valeur qu'en 1954, grâce au recteur Marcel Bouchard. Le Centre d'études viticoles et œnologiques de l'université de Bourgogne récolte ses premiers raisins en 1959. Pour les étudiants, c'est l'occasion de s'initier – sur 1,42 ha – aux sciences de la vigne et à l'œnologie pratique. Le vin se présente ainsi sur la bouteille : *Universitas Burgundiae diligenti scientiae facultatis opere in suis agris hoc vinum edidit.* Seule étiquette française rédigée en latin, elle est très recherchée par les collectionneurs !

Les vendanges au XVIIIe siècle sur les hauteurs de Dijon. Peinture de Jean-Baptiste Lallemand.

LA COTE DE NUITS

Climats

Même si elle présente une réalité historique et sociale, la Côte dijonnaise n'existe plus guère en tant que telle. L'expression a disparu du vocabulaire. La Côte de Nuits commence à Marsannay, dès que l'urbanisation de Dijon permet à la vigne de respirer un peu et de prendre ses aises. On « entre » vraiment dans la Côte, comme on dit ici. De la vallée de l'Ouche à celle de la Dheune, sur une soixantaine de kilomètres, les temps géologiques ont façonné d'un trait assez droit et vigoureux une ligne de côtes face au soleil levant, solidement adossées au massif des Hautes Côtes. Au nord, après Dijon, s'étendent les grands plateaux où la vigne n'apparaît plus. A l'ouest, l'escarpement de ligne de faille, souvent rocheuse, donne sur la friche ou des bois de peu de valeur, couronnant le coteau. Il s'agissait jadis d'une pelouse calcaire où l'on menait paître le bétail.

Les plantations de résineux tout comme l'extension naturelle des feuillus datent de la fin du siècle dernier en certains endroits, alors qu'ailleurs l'herbe rase et de maigres buissons dominent encore l'étroit ruban de vigne qui épouse le bon versant sur quelques centaines de mètres à peine. A l'est, dès la route nationale, d'autres cultures succèdent à la vigne.

Dominée par le calcaire de Comblanchien au front rocheux et souvent inculte, la Côte de Nuits se présente assez unie de Marsannay à Comblanchien. La roche dure est seulement entaillée à coups de serpe par d'étroites combes entourées de falaises. Le versant du coteau est d'abord vigoureux, puis il s'adoucit, et les meilleures vignes se situent souvent dans le tiers inférieur du talus. La pente moins rude a permis aux limons rouges descendus des plateaux de se fixer, associés aux sols bruns calcaires, à des éboulis et cailloutis, et à une savante alchimie géologique. Le calcaire à entroques signale des terres rougeâtres, fortement mêlées de débris de pierre en plaques – les laves dont on recouvrait autrefois les maisons. Les marnes à coquillages fossiles offrent une terre grasse et jaune, fraîche en été, où l'eau circule bien grâce à des cailloutis. Parfois, un revêtement d'éboulis très épais tapisse le soubassement calcaire (Clos de Tart, Bonnes Mares), alors qu'ailleurs dominent les sols bruns calcaires (Chambertin). Ce relief de faille orienté au levant abrite la Côte des vents d'ouest et la protège des brouillards humides de la plaine. Mille microclimats secs et chauds entrent dans le bonheur des crus. « La neige fond toujours en premier dans les Chambertins », dit un vieux vigneron, et l'on fait la même observation en Montrachet. Les sols sont assez vite égouttés. Ces caractères physiques contribuent beaucoup à l'épanouissement du vin.

Ce paradis terrestre est minuscule. La mosaïque des crus y est complexe et constitue une véritable tapisserie au petit point. Comme l'écrit Robert Laurent, « nul autre paysage plus que celui du vignoble n'exprime la présence de l'homme avec autant de puissance et de beauté ». L'homme est là en force. La Côte est depuis deux mille ans profondément humanisée, d'autant que cette culture unique est aussi ancienne. Les villages se sont nichés à l'orée des combes, ces vallées sèches analogues aux reculées du Jura et qui créent le seul lien physique avec les Hautes Côtes, d'ailleurs dépourvues de bonnes routes entre la Côte et son arrière-pays jusqu'au début du XXe siècle. Mais il y a Côte et Côte...

« Avec quel ravissement nous nous répétions, au matin, le nom des étapes de la route que nous allions suivre : Gevrey-Chambertin, Vougeot, Chambolle-Musigny, Vosne-Romanée, Nuits-Saint-Georges, syllabes savoureuses comme le vin de ces villages, harmonieuse litanie. »

Robert Desnos, *Le Voyage en Bourgogne*.

LA LIGNE DE PARTAGE DES VINS

La Côte de Nuits est moins étendue que la Côte de Beaune, moins diverse aussi. La première appartient au jurassique moyen, 150 millions d'années en arrière ; la seconde est un peu plus jeune. Si les sols comportent mille nuances de terroir, leur unité brun rouille parsemée d'éclats de calcaire est réelle. La Côte de Nuits et la Côte de Beaune se distinguent cependant encore. Les aptitudes des sols varient entre rouges et blancs. L'altitude optima pour les vins fins s'étage presque partout entre 200 m et 300 m. Jusqu'à Morey-Saint-Denis, la Côte regarde plutôt Dijon. A Chambolle-Musigny et jusqu'à Corgoloin, elle se fixe sur Nuits-Saint-Georges. Elle s'ordonne ensuite autour de Beaune. Entre les deux Côtes, ces deux mondes, la géographie et l'histoire, ont eu soin – comme si elles en ressentaient la nécessité – de ménager un intercalaire, la Côte des Pierres, baptisée ainsi par le géologue Raymond Ciry. De Premeaux-Prissey à Corgoloin, il se passe en effet quelque chose. « Vin médiocre », estime l'intendant Claude Bouchu au XVIIIe siècle. « La Côte, constate Gaston Roupnel, se trouble et chancelle dans sa ligne. » Comme si elle se reposait de l'effort accompli depuis Dijon, elle semble reprendre souffle, descendant très bas entre les carrières et la route nationale, jadis envahie par la forêt. Un temps d'arrêt dans le vignoble, la ligne de partage des vins. La Bourgogne en profite pour produire ici (Premeaux, Comblanchien, Ladoix) la pierre marbrière qui jouit également d'une belle réputation.

La ligne de partage des vins a d'autres causes. Aux époques gauloise et romaine, Beaune et Dijon n'ont pas encore montré le bout de leur nez. Le pouvoir, la richesse se trouvent à Autun et à Langres, métropoles des Eduens et des Lingons. Jusqu'à la Révolution, les diocèses, les circonscriptions administratives et politiques, les zones d'influence économique maintiennent les vieilles frontières celtes, situées ici entre Eduens et Lingons, entre Nuits et Gevrey. Les évêques d'Autun contrôlent Nuits, ceux de Langres Gevrey. Cîteaux jette un beau pavé dans la mare au XIIe siècle en constituant, à Vougeot et à Vosne, des terres autonomes qui échappent à ces dominations ancestrales. Le « nouveau monastère » doit écarter durement les bras pour imposer sa place entre les influences du Nord (Langres) et du Sud (Autun et Cluny). Au fil des siècles, Dijon et Beaune éclipsent Langres et Autun. Pour exister, Nuits saisit sa chance entre les deux.

« NOS FILLES DE LA COTE... »

Pour les Bourguignons, le plus bel alexandrin de la langue française est l'œuvre du poète maudit Marcel Martinet :

Nos filles de la Côte ont du vin dans le sang...

Car les vigneronnes sont aussi passionnées, aussi nécessaires que leurs maris. Elles travaillent dur, vont aux vignes, assument le poids des vendangeurs, tiennent souvent la comptabilité et gouvernent l'ordinateur du domaine, reçoivent les clients.

On se mariait souvent « entre rangs de vigne ». Moins qu'autrefois, la fleur d'oranger constitue parfois encore l'arôme primaire de certaines cuvées... Mais quand l'épouse apporte des vignes dans la corbeille de ses noces, le domaine accole pour une génération son nom à celui du mari. D'où ces domaines à nom double, comme Rossignol-Trapet. On aboutit parfois à d'étonnantes généalogies. A Chassagne-Montrachet, Laurence Fontaine-Gagnard, fille de Jacques Gagnard-Delagrange et petite-fille d'Edmond Delagrange-Bachelet, est la sœur de Claudine Blain-Gagnard : quatre domaines distincts. C'est ainsi que, faute de vignes nouvelles après mariage, le domaine Ramonet-Prudhon est devenu Ramonet tout court. On aboutit parfois à d'étranges redondances de parenté, comme des domaines Thomas-Thomas ou Quignolot-Quignolot.

LE VIN DE NUITS

Si quelques crus se font un nom dès le Moyen Age, on parle longtemps de vin de Nuits et de vin de Beaune en termes généraux. Celui de Nuits est produit en Côte de

Que l'on ne s'attende pas à trouver des palais en Bourgogne ! Comme au Domaine Comte Georges de Vogüé (à gauche), toute la beauté se réfugie dans les caves. Alceste le disait déjà : « On ne voit pas les cœurs... »

Toutes les carrières de la Côte des Pierres ne sont pas, comme ici, à l'abandon (à droite).

Chambolle-Musigny marque le point extrême de l'attraction de Dijon. On passe ensuite sous celle de Nuits.

Nuits, en gros entre Fixin et Corgoloin, mais ni dans le Pays Bas ni dans les Hautes-Côtes. Nette différence : le vin de Nuits apparaît dès le XVIIe siècle comme un vin de garde, rouge velouté foncé, corsé, tannique et robuste, alors que le vin de Beaune, plus léger en couleur (œil de perdrix), se goûte plus jeune, est plus ailé. Le vin de Nuits rayonne au bout de trois à quatre ans, quand sa verdeur est tombée, quand il a perdu son âpreté. Il s'agit donc d'une famille de vins fermes et colorés, profondément bouquetés, très typés. « Tous les seigneurs qui aiment plus les boissons salutaires que les boissons friandes font venir des coteaux de Nuits pour leurs tables », écrit l'abbé Claude Arnoux en 1728.

Non sans raison, la Côte de Nuits se considère comme plus conviviale, plus terrienne, plus simple que la Côte de Beaune. On dit souvent en Côte de Nuits : « Oh ! dans la Côte de Beaune, les femmes ne vont pas aux vignes... Trop grandes dames pour accoler et transpirer au soleil comme les nôtres ! » Comme il existe un Grand Canyon entre Dijon et Beaune, qui « ne se parlent pas » et n'ont aucune vraie relation, Nuits a ainsi tiré son épingle du jeu. Toutes les grandes idées des années 20 et 30 (Confrérie des chevaliers du Tastevin, Saint-Vincent tournante, Tastevinage, Trois Glorieuses...) sont d'ailleurs et pour l'essentiel nuitonnes.

Le patrimoine villageois demeure farouchement local et il ne dépasse guère le village voisin. Gevrey-Chambertin possède le bon vignoble de Brochon. Morey-Saint-Denis penche sur les Chambertins les plus proches. Gevrey, Morey et Chambolle touchent au Clos de Vougeot mais n'ont pas l'ombre d'une parcelle sur Flagey et Vosne. Nuits contrôle Premeaux. Et ainsi de suite. La Côte de Nuits appartient à la Côte de Nuits. Elle est rouge et n'en démord pas. Les blancs restent les blancs, et les rouges les rouges. On pense ici que les blancs sont des rouges auxquels il manque quelque chose... Les vins, et même les rouges, n'ont jamais été identiques en Côte de Nuits et en Côte de Beaune. On a toujours considéré ceux du Nuiton comme plus robustes, de garde ; ceux du Beaunois comme plus frais, à boire plus jeunes. Lors de la constitution des AOC il y a un demi-siècle, le Beaunois, soumis à la pression du négoce-éleveur, se désintéresse des grands crus car il vénère la marque. Qui donc obtient le maximum de grands crus ? Le Nuiton, plus proche de la propriété et peu sensible aux sirènes du négoce et de la marque.

Il s'y ajoute une multitude de particularismes qui n'ont pas tous disparu sous le rabot de l'uniformité. On taille différemment dans les deux Côtes. Longtemps, le vigneron était payé à mi-fruits en Côte de Beaune, à la tâche ou comme salarié en Côte de Nuits. Longtemps encore, on ne s'y servit pas des mêmes paniers à vendange. La paulée à Meursault s'appelle à Gevrey le tue-chien. Quant aux mariages entre les deux Côtes, il n'y fallait guère penser. A quoi bon réunir, grâce aux enfants, des rangs de vigne situés à trente kilomètres les uns des autres ? Le cheval ne pouvait pas franchir de telles distances. La motorisation a quelque peu facilité les affaires de cœur, d'autant qu'elles se concluent maintenant au lycée viticole de Beaune, où étudient tous les enfants.

LE LOUP BLANC

Que se passerait-il si l'on plantait en chardonnay un beau carré de vigne en plein Chambertin ? Sacrilège ? Soit. Par ailleurs, rares sont les domaines à maîtriser à la fois la « culture » des rouges et celle des blancs. Le terroir éprouve ici un penchant naturel pour le pinot noir. Pourtant, les 33 a de vigne blanche en Musigny – coquetterie du Domaine Comte Georges de Vogüé – donnent chaque année un millier de bouteilles très estimables et recherchées comme le loup blanc... Morey-Saint-Denis (Domaines Ponsot et Dujac) fait également quelques intéressants essais de chardonnay. En réalité, l'expérience est quasi impossible, mais elle révélerait sans doute de bien curieuses et passionnantes dégustations.

FIXIN ET BROCHON

Les frères de la Côte

Fixin (830 habitants) est le premier sourire de la Côte de Nuits. L'urbanisation se fait moins pressante et permet à la vigne de respirer. Ce village et Brochon offrent un aimable prélude à la symphonie des crus. Alors qu'à Marsannay la Côte paraît hésiter encore sur la direction à prendre, dès Fixin elle est fixée. Cap au sud ! Les deux combes sont des parcs pour la promenade, des « bouts du monde », comme on dit ici, où le buis se heurte à la falaise du rocher.

UN VIN D'HIVER

Fixey et Fixin (prononcer Fissey et Fissin) forment une seule commune depuis le décret impérial de 1860 qui les unit à jamais. Le hameau de Fixey a pourtant son église du Xe siècle, recouverte de laves (ces pierres plates dont on faisait autrefois les toitures) et qui témoigne de l'un des cultes les plus anciens portés à saint Antoine. C'est un vrai petit pays qui s'étale le long de sa seule rue. Fixin a déjà des airs plus cossus, avec ses grandes demeures bourgeoises et ses parcs aux beaux arbres, tandis que de petites maisons vigneronnes évoquent le travail quotidien.

Le vignoble de Fixin comporte 21 ha de premiers crus : Clos de la Perrière, Clos du Chapitre, Les Hervelets, Les Arvelets, Clos-Napoléon ou Les Cheusots. Les Meix-Bas qui ont pratiquement disparu, remplacés par des constructions. Négligés jadis et revenus depuis quelques années sur le devant de la scène, ces vins – surtout des rouges issus du pinot noir – portent une robe cerise noire et sentent la griotte, le coing parfois, le noyau de cerise. Des vins d'hiver qui appellent le gibier et demandent de se faire. Des nuances, comme ces notes plus friandes, plus tendres aux Hervelets, cependant que Le Chapitre est rude dans sa jeunesse. Un trophée local met en valeur les meilleurs mariages culinaires : l'anguille et la lotte, l'agneau et le lapereau…

Les classements des premiers crus ont injustement laissé de côté La Mazière (2,2 ha), entre Fixey et Fixin. Elle se situe pourtant à ce niveau de qualité. Quant à La Perrière, dont le manoir domine la plaine depuis huit siècles, ce fut autrefois une maison où Cîteaux envoyait en convalescence ses moines malades, afin d'y « prendre le bon air ». En 1622, la famille Bouhier achète le domaine, qui appartient ensuite aux Loppin de Montmort et à d'autres lignées de parlementaires dijonnais. Depuis deux siècles, La Perrière (une ancienne carrière de « faux porphyre ») est entre les mains de la même famille : Serrigny, puis Joliet. Sa réputation au XIXe siècle égale celle du Chambertin. Si cette famille et Fixin avaient livré bataille dans les années 20 et 30, nul doute que La Perrière aurait aujourd'hui rang de grand cru. Tous les classements historiques la placent, en effet, en tête de cuvée.

Le Clos du Chapitre rappelle que Fixin et Fixey ont longtemps eu pour seigneur le chapitre de la cathédrale de Langres.

Les vins produits sur Fixin et Brochon ont droit à l'AOC communale Fixin et comportent des climats classés en premier cru. L'aire d'AOC Côte de Nuits-Villages s'étend également sur ces deux communes. Les parcelles non classées en premier cru peuvent porter le nom de leur climat.

Une partie de Brochon a droit à l'AOC Gevrey-Chambertin et suit les règles applicables à cette appellation. Le chardonnay est ici infime. Fixin compte également 30 ha en AOC Bourgogne, pour une production totale de quelque 530 000 bouteilles par an.

« A la santé perpétuelle de vos vignes ! A l'opulence toujours accrue de vos tonneaux ! A la gloire du vin de Bourgogne ! »
Marie Noël,
discours de la Paulée de Meursault.

BROCHON ENTRE SES DEUX VOISINS

Mitoyens de bons crus de Fixin et de Gevrey-Chambertin, les vins de Brochon en partagent souvent les qualités. Des rouges surtout, issus du pinot noir. Etouffés cependant par leurs voisins, ils n'ont pas pu se faire un nom. Il s'agit donc d'un village sans appellation communale propre.

Avant la Révolution, les vignes appartenaient aux chartreux de Dijon, à l'hôpital de cette ville, à Cîteaux. Puis la propriété s'est diversifiée. Comme la commune est petite (615 habitants), les habitants de Fixin et surtout ceux de Gevrey ont conquis, de part et d'autre, son territoire. Les vins s'appellent ici Fixin premier cru (1,62 ha du climat Queue de Hareng, en réalité queue de rang de vigne, classé ainsi en 1979 sur une demande du Domaine de La Perrière), Gevrey-Chambertin (appellation communale sur 50,6 ha : Les Jeunes Rois, Le Carré Rougeaud, Les Evocelles, Meix-Bas, etc.), Côte de Nuits-Villages (42 ha) et Bourgogne (une centaine d'hectares). Sans doute s'agit-il d'une production trop peu abondante pour justifier une appellation autonome, mais, comme les gens de Gevrey avaient étendu leurs domaines au midi de Brochon, ils réclamèrent naturellement l'appellation Gevrey-Chambertin pour ces vignes et l'obtinrent en 1936.

Stéphen Liégeard, le sous-préfet aux vignes.

DEUX PERSONNAGES DE ROMAN

Originaire d'Auxonne, Claude Noisot (1787-1861) combat à Wagram, en Espagne, en Russie. Il accompagne Napoléon à l'île d'Elbe. Retiré à Fixin, devenu riche par son mariage avec une fille Viénot de Premeaux, il consacre son village au culte impérial. François Rude sculpte à son intention *L'Empereur s'éveillant à l'immortalité,* que tout le monde appelle ici « le réveil de Napoléon ». Belle composition, mais le réveil impérial paraît assez dur. Noisot élève les Cent Marches en mémoire des Cent-Jours, crée un musée et un parc impérial, baptise Clos-Napoléon une partie du climat Les Cheusots. Ce « fou de l'Empereur » meurt en exprimant une dernière volonté : être enterré debout face à l'œuvre de Rude. Le roc se montrant intraitable, son vœu ne sera pas exaucé.

Originaire de Dijon, Stéphen Liégeard (1830-1925) est sous-préfet à Carpentras et lauréat des Jeux floraux de Toulouse. Il inspire le fameux « Sous-Préfet aux champs ». Retiré de la vie publique à la chute du second Empire, doté d'une immense fortune, il écrit. Publiant un ouvrage sur la Riviera française, il a un éclair de génie : la Côte d'Azur ! Ce titre donne son nom au littoral méditerranéen. Il rêve de l'habit vert. L'Académie française ne le reçoit cependant pas, et Léon Daudet explique pourquoi : « Il nous envoie chaque année comme étrennes une plaquette de vers et un panier de Chambertin. Si nous l'élisons parmi nous, nous recevrons toujours les vers mais perdrons le panier ! » Ainsi appelle-t-on quai Conti le Chambertin « le vin du refus »... Car Liégeard est propriétaire à Brochon et Gevrey-Chambertin. Puis il a une autre idée. « Ce qui manque à la Côte, dit ce poète, ce sont les châteaux de la Loire ! » Aussi construit-il en 1895, sur le modèle d'Azay-le-Rideau, le château de Brochon. Liégeard baptise le Clos de Crébillon en souvenir de l'auteur de *Xerxès* et de *Zénobie,* qui posséda des vignes ici.

LES COTES DE NUITS-VILLAGES

Fixin et Brochon partagent avec Prissey (Premeaux-Prissey), Comblanchien et Corgoloin, à l'autre bout de la Côte de Nuits, une appellation à l'histoire rocambolesque. Les choses commencent en 1924 devant le tribunal de Dijon, lorsque des viticulteurs veulent appeler leur vin Côte de Nuits. Leurs collègues de Nuits s'estiment lésés. Les juges leur donnent raison. En 1925, la cour d'appel de Dijon confirme ce jugement, en estimant que Côte de Nuits ne constitue pas une dénomination géographique viticole susceptible d'être considérée comme une appellation d'origine, mais simplement une division territoriale ou administrative. Incontestablement, les magistrats ont tort, car, dès le XVIIe siècle, la Côte de Nuits est une entité viti-vinicole reconnue.

Le château de Brochon, inspiré d'Azay-le-Rideau.

Nouveau jugement, à Beaune cette fois, en 1934, à propos de l'appellation Vins fins de la Côte de Nuits. Un accord intervient. L'appellation est admise, mais, pour éviter toute confusion avec les vins de Nuits-Saint-Georges, on prévoit de distinguer ses vins par une « indication ». Or, celle-ci n'est pas trouvée, et, en 1937, un décret entérine l'AOC Vins fins de la Côte de Nuits. Ses bénéficiaires : Fixin (qui peut aussi utiliser son propre nom et ne s'en privera pas), Brochon (la partie de son territoire non classée en Gevrey-Chambertin), Prissey (alors distinct de Premeaux, lui classé en Nuits-Saint-Georges), Comblanchien et Corgoloin dans la Côte des Pierres.

Ingénieur agronome influent au ministère de l'Agriculture, Lucien Audidier (1903-1992) s'établit en 1942 à Corgoloin et prend la présidence du syndicat de l'appellation. Il a le bras long et entreprend de changer cette dénomination imprononçable par un sujet britannique. Un décret de 1964 transforme l'AOC en Côte de Nuits-Villages. Les palabres sont cependant interminables. On parle de Côte de Nuits-Comblanchien, de Côte de Nuits-Corgoloin... Ces projets sont rejetés. Couchey et Marsannay-la-Côte frappent à la porte. Intraitable, Lucien Audidier s'emploie à les éconduire en faisant appel à toutes les ressources du droit. On va jusqu'au Conseil d'Etat en 1975. Tout recommence dix ans plus tard. Nouvel exemple de l'incapacité des juges à gérer des écheveaux aussi embrouillés. En effet, le renvoi aux décisions antérieures par le Conseil d'Etat paraît sans fondement : aucune délimitation d'aire de production en 1924 et 1925, accord entre les parties en 1934. Peu importe, car Chenôve, Marsannay-la-Côte et Couchey gagneront mieux : à quelque chose, malheur est bon. Cette AOC Côte de Nuits-Villages s'étend en principe sur 107,34 ha à Fixin (qui utilise plutôt son propre nom) et sur 41,88 ha à Brochon. Un vin rouge issu pour l'essentiel du pinot noir dans cette partie de l'appellation. On en reparlera un peu plus loin, en Côte des Pierres. Notons simplement que, en raison d'un usage ancien, le Clos de la Belle Marguerite peut figurer depuis 1975 comme marque sur l'étiquette d'un Côte de Nuits-Villages situé à Brochon, en ce climat Queue de Hareng si difficile à revendiquer !

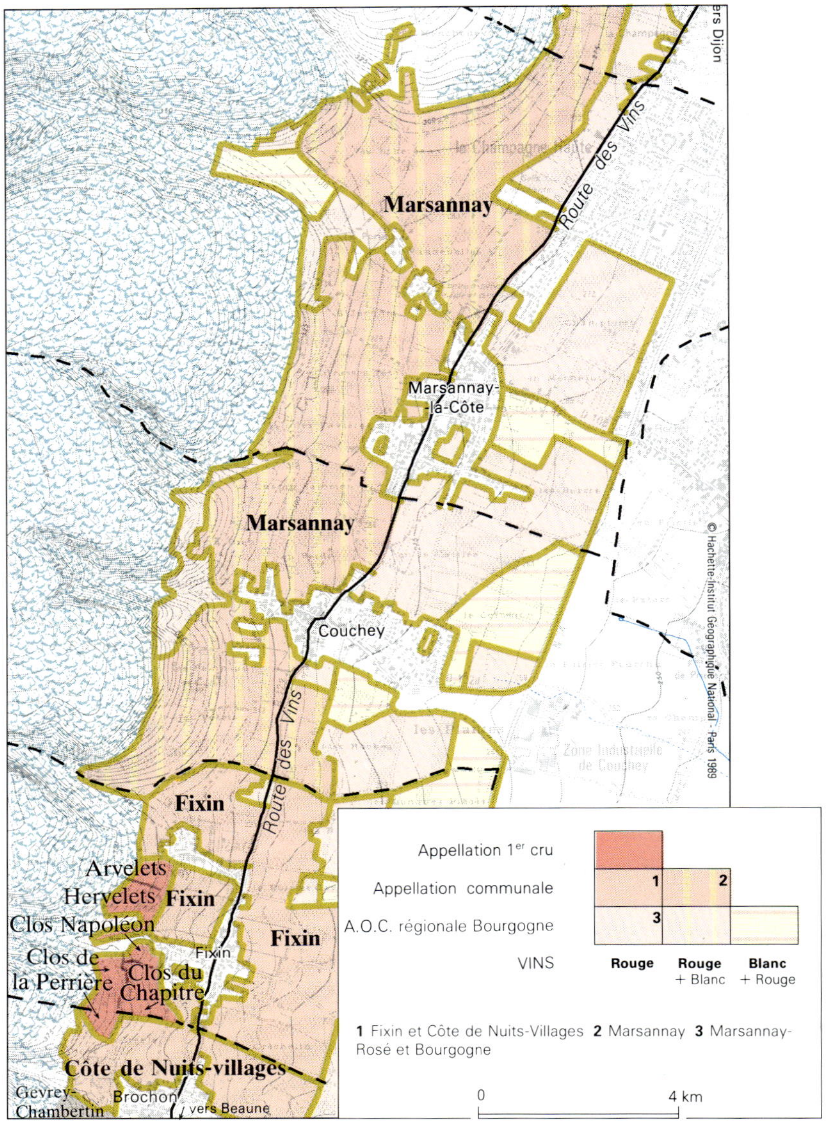

Le paysage de la Côte apparaît nettement : un mince ruban de vigne le long de la route des grands crus. A l'ouest, la vigne se heurte très vite aux roches du plateau. A l'est, elle disparaît dans la plaine. N'est-ce pas un site prédestiné ?

LE PROFESSEUR MARION

Le professeur Georges Marion (1869-1960) fait à Paris une grande carrière de chirurgien et d'urologue (Lariboisière et Necker). Il opère Poincaré et Gallieni, est appelé en consultation par le pape... tout en veillant sur le Domaine Marion à Fixin (La Mazière, Clos-Marion) et à Gevrey-Chambertin (Chambertin Clos de Bèze). « Le Chambertin, dit-il souvent, est un puissant ennemi du colibacille. » Considérant la vente de son vin comme « de la cuisine », il en confie en 1896 la commercialisation à Bouchard Aîné et Fils. Rare exemple de fidélité entre un domaine et un négociant-éleveur : en effet, cette exclusivité durera un siècle.

GEVREY-CHAMBERTIN

L'ouverture de la symphonie

Jusqu'à Brochon, le décor se met en place. « Puis à Gevrey, raconte Gaston Roupnel, un brusque changement dans les choses traduit la soudaine décision de la nature. » Les lignes du paysage prennent en effet de l'ampleur. La vigne entend désormais occuper toute sa place, empêchant l'habitat de s'étendre. Du vieux château à la gare et à l'autoroute, du rocher à la plaine, le bourg de Gevrey-Chambertin forme plusieurs quartiers bien différents.

DU HAUT ET DU BAS

Au pied de la combe de Lavaux, une gorge fraîche et profonde qui descend des Hautes Côtes, le Gevrey d'autrefois semble oublié par le temps. Rien n'a vraiment changé depuis que l'on a taillé et assemblé ses pierres entre le XIIIe et le XVe siècle. Les rudes murailles médiévales du château servaient surtout à défendre la vendange des abbés de Cluny. Une cave fortifiée. Leurs éternels opposants, les chanoines de Langres, engrangeaient pour leur part au Chapitre – un superbe cellier roman – leur dîme perçue en vin. A-t-on mêlé du Chambertin au ciment de l'église pour lui donner cette jolie nuance lie de vin ? La légende est si belle…

Plus bas, le long des rues étroites, derrière de hauts murs jaloux de l'intimité domestique, se succèdent maisons, cours, cuveries et « magasins » (dépendances). Le lierre et la glycine adoucissent la sévérité de ces façades peu causantes. Passe encore pour l'alambic, mais on ne fait pas le vin sur la place publique. Le monument aux morts montre une simple vigneronne dont les fils ne reviendront pas de Verdun, émouvante « layotte » portant sur ses épaules toute la douleur de la vigne et du monde. Les modestes maisons des petits vignerons, leurs jardinets alternent avec les grosses demeures de la bourgeoisie dijonnaise des XVIIe et XVIIIe siècles, leurs parcs à l'anglaise. En descendant encore, voici le Gevrey des Baraques, de la route nationale. C'était jadis le quartier le plus populaire, celui des vignerons tâcherons. Au-delà de la grand-route, le nouveau Gevrey ne voit pas l'avenir dans la luminosité d'un verre de vin. On est à deux pas de la seconde gare de triage SNCF de France.

L'occupation humaine est hors d'âge. Les premiers hommes ont sans doute vécu à la pointe de l'éperon rocheux qui sépare les combes de Lavaux et de la Bossière. Les bains d'une *villa* gallo-romaine ont été découverts en Carougeot. Le nom même de Gevrey apparaît en 640. Il semble évoquer un certain Gibriacus, grand propriétaire au pays et éleveur de chèvres. Les quelque 2 800 habitants de Gevrey sont donc les Gibriacois, sinon les Gevrotins. Une quarantaine de familles se consacrent à la vigne. Elles sont presque toutes issues de lignées vigneronnes très modestes, ayant arrondi leur pelote de crus depuis les lendemains de la Première Guerre mondiale. Il subsiste ici une activité de négoce-éleveur (Pierre Bourée Fils, Naigeon-Chauveau, qui a été repris par des Suisses), mais la grande maison Thomas-Bassot (devenue marque au sein du groupe Jean-Claude Boisset) n'est plus ici qu'un souvenir.

HEROIQUE OU PASSIONNEE ?

Il s'agit bien de l'ouverture de la symphonie Bourgogne. Avant Gevrey, l'orchestre se prépare et s'accorde. A Gevrey, il se place sous la baguette du pinot noir, marque une courte pause. Puis il attaque la première note. Tous les thèmes qui seront développés par les cordes et les vents tout au long de la Côte s'expriment déjà à Gevrey. Héroïque ou passionnée ? La symphonie subit l'ascendant de

« Le Chambertin est le véritable vin poétique, qui s'est souvent évaporé chez moi en symphonies et en arias. »

Ernst Theodor Amadeus Hoffmann

Surtout dans sa partie nord touchant à Brochon, la vigne se heurte à d'anciennes carrières de pierre et à une paroi rocheuse.

LE REFERENDUM DE 1963

La superficie viticole de Gevrey-Chambertin représente 573 ha : des appellations régionales ; 309 ha en AOC communale, dont 250 en production ainsi que 50 ha sur Brochon ; 85,5 ha en premiers crus, dont une soixantaine en production ; 85 ha en grands crus. Les vins produits sur l'aire de l'appellation communale sont porteurs de tanins et assez corsés. A l'est de la route, ils expriment davantage de tendresse, sur des terrains plus graveleux. Cette aire a été déterminée par les jugements de 1929 et 1930, le décret de 1936 confirmant cette délimitation. En 1952, à l'initiative d'Armand Rousseau, les viticulteurs du pays ont demandé à l'INAO de réduire cette zone d'appellation communale en raison de l'extension de la vigne sur la plaine. Faute de décision, un référendum local, organisé en 1963, donne 110 voix pour la réduction, 6 voix contre. L'année suivante, un décret raie donc de la carte neuf climats situés au bas de la route (vignes de gamay ou d'aligoté, simples champs) pour les transformer en AOC Bourgogne durant trente ans s'il s'agit de pinot. Ce délai a couru jusqu'en 1994 puis s'est éteint. Bel exemple d'une autodiscipline raisonnable !

Certains climats de l'appellation communale (une quarantaine en tout) ont acquis une réelle notoriété grâce à leurs qualités et parfois au bonheur de leur nom. Allez donc écrire Les Gueulepines, Creux-Brouillard ou Les Cercueils sur une étiquette ! En revanche, Les Jeunes Rois (à l'origine les « royes », les raies de la charrue), Vignes Belles, Pince-Vin ou En Songe apparaissent plus marchands. Parmi les vingt-cinq premiers crus, certains touchent à la famille du Chambertin (Bel Air, Les Corbeaux, Aux Combottes, etc.) et sont tout à fait remarquables. Ils sont commercialisés sous leur propre nom, à l'exception des Petits Cazetiers, En Ergot et Au Closeau, minuscules et qui contribuent à des cuvées de Cazetiers ou de Petite Chapelle. Gevrey-Chambertin ne produit que des vins rouges.

ces deux sentiments. L'ouverture commence par un accent sensible, infiniment subtil, du château à la combe de Lavaux. Ces premiers crus trouvent leur inspiration dans les graviers d'éboulis descendus avec des limons rouges du plateau, depuis le fond des âges, pour recouvrir la couche de marnes argileuses, riche en coquillages fossiles, qui donne au vin tout son corps, sa splendide fermeté. Les Premiers Crus Clos Saint-Jacques, Cazetiers, Clos des Varoilles, Etournelles-Saint-Jacques pourraient compter en leur sein un grand cru. Seuls les hasards de l'histoire ont privé le Clos Saint-Jacques, toujours gardé par ses murs et comportant même un oratoire, de cette reconnaissance légitime.

Sur le versant extrême de la combe, l'exposition atteint le presque plein sud. Il faut donc enjamber le versant opposé, le hameau de Planteligone, pour retrouver le bon coteau exposé au levant. Comme pour reprendre souffle et jaillir alors dans l'axe de la Côte, hymne à la joie, de mille voix et de milliers de ceps épaulés par l'orchestre : le Chambertin.

UNE MONARCHIE DE DROIT DIVIN

« A lui seul tout le grand Bourgogne possible », selon Camille Rodier, le Chambertin fait figure de roi des vins. Mâle par excellence, entier, carré et puissant, sûr de lui et dominateur, paisible et triomphant, il a le corps glorieux et porte une robe somptueuse. Si

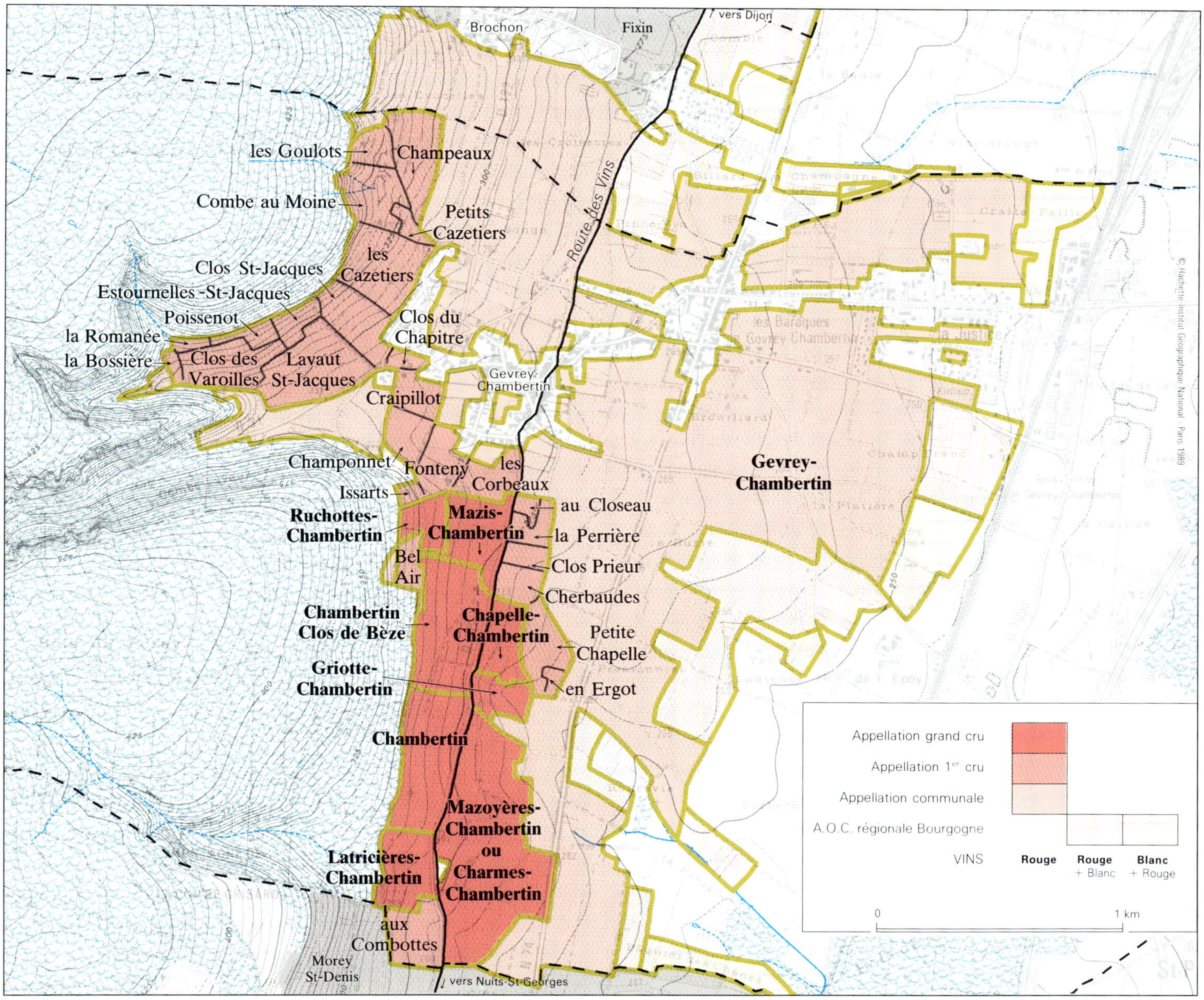

LE ROI CHAMBERTIN

En 1982, les habitants de Gevrey ont fait revivre une fête du pays, le Roi Chambertin. Dans l'entre-deux-guerres, un vigneron du pays jouait ce rôle, avec des demoiselles d'honneur. A l'occasion des fêtes de la Vigne, début septembre, une personnalité choisie pour son amour du vin (Jean Ferniot, Bernard Pivot, Bernard Loiseau, Pierre Troisgros, Jean-Pierre Coffe, Marc Meneau, Jean Amadou, les patineurs Sophie Moniotte et Pascal Lavanchy, etc.) reçoit un échantillon de tous les crus du village. La fête se double d'une dégustation, et des distinctions sont accordées (les Ambassadeurs). Un certain nombre d'amis du Chambertin deviennent chaque année les Ambassadeurs du Roi Chambertin, recevant des lettres de créance et une canne dont le pommeau se dévisse pour faire apparaître un... tire-bouchon.

neuf grands crus portent le nom de Chambertin, les nuances qui accompagnent ce rang offrent la plus intéressante initiation à la complexité bourguignonne. Car il s'agit d'une des dernières monarchies de droit divin. Avec, pour commencer, un roi en deux personnes.

Doyen des clos existants, le Clos de Bèze apparaît en 640, lorsque le duc de Bourgogne donne à l'abbaye de Bèze – fondée quelques années plus tôt dans la Vingeanne, à une quarantaine de kilomètres d'ici – des vignes, notamment à Gevrey. Comme la paroisse dépend de Langres, les chanoines de cette ville veulent à tout prix déloger Bèze de son clos. Ils y parviennent en 1219 et garderont jusqu'à la Révolution cette précieuse relique dans le trésor de leur cathédrale. Tout lien entre le Clos de Bèze et cette abbaye a donc cessé au XIIIe siècle, mais on a préservé le nom. Etonnante mémoire bourguignonne ! S'il a perdu ses murs et sa chapelle, ce cru a toujours été identifié de façon précise : ses 15 ha 38 a 87 ca sont déjà délimités au XVIe siècle. Au siècle suivant, le Clos de Bèze passe partiellement entre les mains de la propriété civile – en raison du bail à cens, qui s'apparente alors à une cession – en échange d'une redevance annuelle de l'ordre d'un vingtième de la valeur du fonds. Nid à procès, cette singularité juridique aura beaucoup de conséquences, faisant évoluer le vin des communautés religieuses au patrimoine bourgeois.

Quant au Chambertin, il n'entre dans l'histoire que bien plus tard, au XIIIe siècle. On trouve alors un *Campus Bertini*, domaine appartenant ou ayant appartenu à un certain Bertin, fils ou petit-fils de Berth, nom burgonde signifiant « brillant », « célèbre ». Ici encore, les 12 ha 90 a 31 ca actuels correspondent exactement à la superficie du XVIe siècle. Le Chambertin appartient lui aussi aux chanoines de Langres et suivra le même destin.

Ces deux entités voisines et néanmoins distinctes vont peu à peu s'appeler Chambertin dans l'esprit du public. « A mon gré, le plus considérable vin de toute la Bourgogne, écrit l'abbé Claude Arnoux en 1728. Il renferme les qualités de tous les autres vins et n'en a pas les défauts. » Vin de garde (six ans à l'époque), ayant dès le XVIIIe siècle une forte notoriété et vendu le double de la plupart des vins de Bourgogne.

Si le mot Chambertin absorbe celui de Bèze, c'est que ce nom est plus démocratique – les moines ne sont guère estimés en ce temps-là. Le négoce, par ailleurs, est déjà international et cherche une étiquette unique, fédérant les meilleurs vins de Gevrey. La fortune de ce mot est désormais assurée. Visitant la Côte en 1787, Thomas Jefferson place le Chambertin dans son carré d'as, avec la Romanée, le Clos de Vougeot et le Montrachet. En décembre 1803, il fait entrer à Washington, dans la cave de la Maison-Blanche, cent douzaines de bouteilles de *Burgundy of Chambertin*. On déguste aussi à cette époque – et jusqu'au XIXe siècle – du Chambertin blanc né de l'encépagement varié des vignes qui ne prendra son aspect actuel qu'au XXe siècle.

LE VIN DE NAPOLEON

Si la plupart des préférences vineuses des grands hommes relèvent de la légende, l'amour porté par l'empereur Napoléon Ier au Chambertin est chose sûre. Las Cases évoque longuement le sujet dans le *Mémorial de Sainte-Hélène* (12 septembre 1816), et l'on dispose de nombreux autres témoignages confirmant ce choix. Il s'agissait d'un vin de cinq à six ans d'âge, présenté dans des bouteilles manufacturées à Sèvres et marquées d'un N couronné, assez mal dégusté et souvent trempé d'eau. Jamais plus d'une demi-bouteille au cours du repas. Le Chambertin « retour de Russie » aura un éclatant succès sous la Restauration. Il était absent à Waterloo, mais quel triste nom pour une bataille...

Où et quand Napoléon est-il devenu amoureux du Chambertin ? Elève à Autun ? Certainement pas. Jeune officier à Auxonne venant à Cîteaux et à Nuits ? Peut-être. Les *Mémoires* de Bourrienne précisent : « Bonaparte buvait peu de vin ; c'était toujours du Bordeaux ou du vin de Bourgogne, et préférablement ce dernier. » On sait que Bonaparte fit une provision considérable de vin de Bourgogne à la veille de l'expédition d'Egypte, provision qu'il confia à une ancienne relation de jeunesse, Jean-Baptiste Jame. Fils d'un négociant en vin de Chagny, ce personnage fit une belle carrière d'affairiste sous l'Empire mais s'effondra après 1815. C'est lui qui fournit le vin de Bourgogne de l'expédition d'Egypte et qui, très probablement, intéressa Bonaparte au Chambertin. Jean-Baptiste Jame s'était en effet implanté en Côte de Nuits à la suite des ventes de biens nationaux. Jusqu'au XIXe siècle, le mot Chambertin sera une sorte de dénomination générique appliquée aux grands vins de la Côte de Nuits et d'une diffusion très généreuse.

MONSIEUR DE CHAMBERTIN

Le Chambertin doit aussi sa fortune à un personnage fabuleux, Claude Jobert (1701-1768). Venu de Langres, il s'installe à Gevrey en 1731. Il a 30 ans et de l'ambition. Au Clos de Bèze et en Chambertin, il réussit à succéder aux exploitants temporaires des vignes des chanoines de Langres, puis il les expulse méthodiquement de leur propriété. Il incarne la race montante des négociants-éleveurs qui vont vendre leurs vins à l'étranger, conscients de l'intérêt d'une approche économique du marché. Il s'endette à mort, mais il achète tout ce qui se présente. Ce comportement nouveau porte le vin de Bourgogne vers une clientèle allemande. Se présentant comme « marchand de vin de la Cour palatine », il bluffe quelque peu. On ne connaît que quelques affaires conclues par lui avec un partenaire de Francfort-sur-l'Oder, mais la démarche est certaine.

Esprit moderne, Claude Jobert a le sens des affaires. Il comprend tout le parti qu'il peut tirer d'un grand vin. Il acquiert le bel hôtel du XVIIe siècle construit par une famille de la noblesse de robe bourguignonne (Fyot de La Marche, de Murcie et de La Mare), fait creuser

Un honnête homme dans les vignes : Gaston Roupnel (1872-1946), vigneron à Gevrey-Chambertin et l'un des pères de la géographie moderne à l'université de Bourgogne.

de vastes caves, gouverne plus de 20 ha de vignes magnifiques et sait en vendre le produit à prix fort. Nouveau riche, il achète des charges honorifiques, choisissant celles qui accordent la noblesse et des exemptions fiscales tout en permettant de pratiquer le commerce sans déroger. Il s'offre un blason (un homme dont les bras ouverts étreignent le monde), puis un titre : Jobert de Chambertin...
Claude Jobert de Chambertin ignore toutefois que nul n'a le droit de s'approprier le nom d'un cru en Bourgogne. Ses deux fils s'éteindront d'ailleurs sans postérité masculine, et aucune famille n'osera relever ce nom abusif.

AFFAIRES DE FAMILLE

Seul climat cité jusqu'à la fin du XVIIIe siècle comme éclatant dans cette partie de la Côte, le Chambertin tout entier est vendu sous la Révolution comme bien national. Les adjudications se font à des prix très élevés, et la propriété se trouve démembrée entre plusieurs acquéreurs locaux. Contre le sentiment populaire et contre le négoce, le Clos de Bèze va pourtant maintenir ses droits légitimes, son identité propre. Pour les deux, on parle des Chambertins, voire du Chambertin. Comme la fraude est importante, cette appellation risque de perdre son crédit. Les propriétaires forment en 1929 un syndicat de défense de l'appellation Chambertin. Rare exemple dans la Côte à cette époque, dû, comme au Clos de Vougeot, à l'influence du général Henri Rebourseau : il conduit ses troupes comme à la bataille. Il existe déjà un syndicat de défense des vins de Gevrey-Chambertin, et le haut du pavé entend s'en démarquer.
On va donc devant les juges en 1931 et 1932. Trois questions se posent : les droits du Chambertin, ceux des climats voisins, ceux des climats situés sur le versant des Saint-Jacques (l'idée d'une appellation Côte Saint-Jacques-Chambertin). En ce qui concerne ces derniers, mal défendus par le comte de Moucheron (de Meursault, en Côte de Beaune, grave erreur psychologique), les juges dijonnais donnent évidemment raison aux gens de Gevrey qui veulent limiter les grands crus aux Chambertins.
Les grands : Chambertin et Clos de Bèze. On leur reconnaît le droit de s'appeler Chambertin et Chambertin-Clos de Bèze. La famille ? Ecartant les Combottes, car le plaideur est de Morey, on reconnaît à sept climats, parfois fédérés, le droit d'accoler à leur nom celui de Chambertin, celui-ci suivant le premier : Charmes-Chambertin, par exemple, et non Chambertin-Charmes. Nuance !
Et lorsque les décrets de 1937 confirmeront cette situation, on s'en tiendra désormais à des grands crus placés à égalité et à la préséance du mot Chambertin pour le Clos de Bèze.

CHAMBERTIN ET CHAMBERTIN-CLOS DE BEZE

L'exemple de Gevrey fait d'ailleurs école. La commission Ferré, chargée des appellations en Montrachet, s'inspire de ce précédent pour créer les Criots et Bienvenues-Bâtard-Montrachet. En revanche, le Corton suivra une autre logique.
Le Chambertin et le Clos de Bèze se distinguent-ils ? Le Chambertin est costaud, s'arrondissant avec les années, alors que le Clos de Bèze paraît plus racé, plus complexe aussi. Les cailloux, les calcaires assimilables expliquent cette différence. Si l'exactitude est la politesse des rois, le roi des vins sait se faire attendre, souvent de dix à quinze ans. L'élégance naît des vignes les plus hautes, où le sol est peu profond ; le corps vient des vignes situées en bas, sur des terrains plus profonds. On note que de très subtiles nuances distinguent les grands crus : en période de sécheresse, la vigne souffre peu ; l'ensoleillement est maximum, et la richesse en alcool naturel toujours plus élevée ; la neige fond ici plus vite qu'alentour.
Quand les décrets des années 30 fixent les rendements à 30 hl/ha, on s'aperçoit que la moyenne est de 29,5 hl/ha, avec des hauts (46 hl/ha en 1929, 52 hl/ha en 1934) et des bas (17 hl/ha en 1930, 9 hl/ha en 1933). Pour près de 13 ha en Chambertin, cinquante-cinq parcelles environ ; pour 15,5 ha en Clos de Bèze, une quarantaine de par-

celles. Certaines ne couvrent que 100 m², mais quelques domaines s'assurent la moitié de ces crus. Tout se trouve entre des mains locales, à l'exception de domaines de négociants, nuitons et beaunois pour la plupart. Contrairement à une légende qui voit ici des monopoles divisés tardivement, le plan parcellaire n'a pas profondément changé depuis deux siècles. Les grands domaines se sont plutôt accrus, passant de la propriété bourgeoise dijonnaise à la propriété vigneronne locale, les petits domaines se divisant de succession en succession. Production moyenne et totale des deux grands crus : 130 000 à 150 000 bouteilles par an.

CHAPELLE-CHAMBERTIN

Il existait jadis en Chambertin une chapelle dédiée à Notre-Dame de Bèze, bâtie en 1155 et reconstruite en 1547, malheureusement démolie vers 1830. Le lieu-dit Sous la Chapelle donna naissance aux climats Grande Chapelle (mentionné dès 1457) et Petite Chapelle (aujourd'hui un premier cru). Le grand cru réunit de nos jours les climats Haute et Basse Chapelle (connus ainsi au XIXe siècle) sur 5 ha 48 a 53 ca, dont Les Gémeaux pour 1 ha 79 a 29 ca. Il se répartit entre une douzaine de propriétaires et une vingtaine de parcelles, qui se trouvent essentiellement entre les mains de viticulteurs de Gevrey. Même exposition qu'en Griotte, sol un peu plus riche. Le bouquet rappelle celui du Clos de Bèze, mais il y manque parfois le point d'orgue, la grandeur finale. La délicatesse du vin offre souvent une très belle émotion. La production moyenne s'élève à 27 000 bouteilles par an.

LE PAYS DE NONO

Professeur à l'université de Bourgogne, auteur de la célèbre *Histoire de la campagne française*, Gaston Roupnel (1872-1946) habite à Gevrey le quartier des Baraques où vivent les petits vignerons. L'un d'eux devient Nono, le personnage central du roman qu'il publie en 1910, battu de justesse par Louis Pergaud pour le prix Goncourt. Chantre lyrique de la Bourgogne, Gaston Roupnel aime passionnément la vigne et le vin. Il préside d'ailleurs le Syndicat du Chambertin de 1935 à 1938. *Nono* est constamment réédité. Ce livre offre une description naturaliste de la vie dans le vignoble au début du XXe siècle.

CHARMES-CHAMBERTIN ET MAZOYERES-CHAMBERTIN

Ces deux grands crus contigus et en général unifiés sous le nom de Charmes descendent en partie jusqu'à la route nationale, situation exceptionnelle dans la Côte. Quelque 25 cm d'une terre très caillouteuse, avec un taux de calcaire actif fort élevé. On y trouve fréquemment ces minerais de fer que l'on convoyait autrefois jusqu'à Langres pour en faire des couteaux. Les deux climats couvrent ensemble 30 ha 83 a 24 ca, dont 18,5 ha en Mazoyères. Ceux-ci peuvent prendre le nom de Charmes, selon un usage très ancien, alors que l'inverse est interdit. Au reste, le Domaine Camus Père et Fils est pratiquement le seul à revendiquer ses Mazoyères sous leur propre nom. Le mot Mazoyères semble venir de « maisons » ou cabanes. Quant à Charmes, c'est la version plus sonore de « chaumes », parcelles à l'abandon. Ce grand cru comporte différentes nuances, les Charmes offrant au palais une rondeur pleine de chair.

Plus on avance vers le haut du climat, plus l'élégance s'affirme. Violette et réglisse se partagent le bouquet avec des nuances vanillées ou grillées qui ne doivent rien au fût. Les Mazoyères ont une constitution affirmée, riche ; des arômes souvent complexes. Elles se gardent bien. C'est assurément un vin de gibier dégusté un jour par le club des Cent sur l'Oreiller de la Belle Aurore. Production moyenne : 130 000 bouteilles par an.

A gauche : un ancien portail de propriétaire aux Latricières-Chambertin, comme on en construisait souvent au XIXe siècle.

A droite : pour éviter l'érosion, des murs ont été construits, comme au Clos de Bèze. Ne pourrait-on pas les masquer d'un peu de végétation ?

Le château de Gevrey était la « cave fortifiée » des abbés de Cluny. Ils y gardaient le vin de leurs domaines en Côte de Nuits.

GRIOTTE-CHAMBERTIN

Séparée des Charmes par Les Etelois, un premier cru injustement ignoré, la minuscule Griotte (2 ha 69 a 18 ca) bénéficie d'un nom délicieux, qui n'a d'ailleurs rien à voir avec les cerises aigres. Le mot vient plutôt de « crai », terrain pierreux. Réputé pour sa finesse, ce vin est plus soutenu par ses tanins que par l'acidité. Sa tendresse de dentelle évolue parfois avec l'âge vers un arôme de cerise à confiture. Le terroir est ici très particulier, avec une roche pourrie, de tout petits cailloux, des racines qui descendent profondément dans le sous-sol bajocien, la présence d'une source intermittente qui jaillit en geyser une fois par siècle. Choisissez une viande blanche, un rôti ou une volaille pour accompagner ce vin produit par une dizaine de propriétaires sur quelque quinze parcelles. Production moyenne : 10 000 bouteilles par an.

LATRICIERES-CHAMBERTIN

Les Latricières prolongent le Chambertin en direction de Morey. Le sous-sol y est dur, la terre assez rare. Cité pour la première fois en 1508, ce cru tire son nom d'un terrain maigre, peu fertile. Seule la vigne pouvait en faire une merveille. Un souffle de puissance en moins par rapport à son illustre voisin, mais beaucoup de points communs quant à la finesse et au bouquet. Les arômes très entreprenants des Latricières interpellent le nez avec beaucoup de conviction. Ce vin évoque la mousse et le sous-bois et le gibier.

Les 7 ha 35 a 44 ca du cru ont gagné un peu sur les Combottes, qui auraient pu faire partie de la famille royale, d'autant qu'au XIXe siècle encore ces vins étaient vendus comme Chambertin. Une dizaine de propriétaires se partagent une surface assez peu morcelée. A noter une présence américaine : Newman, pour 7,2 % de la superficie. Production moyenne : 30 000 bouteilles par an.

MAZIS-CHAMBERTIN

Bernard Pivot aurait bien du mal à les introduire dans sa fameuse dictée, car on les écrit de mille façons. Magnifiquement situés au nord du Clos de Bèze, entre les Ruchottes et la route des grands crus, ils étaient jadis connus comme Mazis-Hauts et Mazis-Bas, selon leur position sur le coteau.

L'ensemble s'étend aujourd'hui sur 9 ha 10 a 34 ca. Il a un peu mordu sur Les Corbeaux, le premier cru voisin en allant vers le village. Le site étonne et permet de comprendre la Côte de Nuits : une physionomie tourmentée, faite de murs, de tas de cailloux « murgers », de parcelles épousant toutes les nuances de la pente.

Entrés dans l'histoire en 1420, les Mazis rappellent – comme les Mazoyères – quelques petites maisons, un hameau disparu au Moyen Age. La terre y est fort rare : une dizaine de centimètres d'épaisseur dans les hauts. Puissant, moelleux, opulent, ce vin sait être splendide, et il peut regarder le Clos de Bèze droit dans les yeux. Ses accents tanniques sont assez marqués, évoluant vers le cuir, les fruits rouges. L'âge lui est très bénéfique. Les Mazis Madeleine Collignon (mère du donateur) sont le premier vin de la Côte de Nuits à être entré dans le patrimoine des Hospices de Beaune (18,6 % de la superficie du cru) en 1976. Une quarantaine de propriétaires, mais de fortes concentrations foncières. Production moyenne : 40 000 bouteilles par an.

RUCHOTTES-CHAMBERTIN

Il y avait jadis des Ruchottes du Haut et des Ruchottes du Bas. Le mot apparaît en 1508. On pense à des ruches, à des abeilles. En réalité, ce nom vient de ruchot, « roncheu », des rochers à fleur de terre qui gênaient le travail du vigneron. Comme en Mazis, c'est la partie la plus sauvage du Chambertin, avec des vestiges de murs, des tas de pierres vieux de plus de mille ans. On accède même à certaines parcelles par des marches d'escalier...

Peut-être le plus équilibré de la famille, ce cru donne des moûts admirables. Vigueur et mordant, richesse en tanins et en alcool, il possède à la fois le gras et le fond. Le tout forme un ensemble de 3 ha 30 a 37 ca, dont un tiers pour le Clos des Ruchottes, monopole du Domaine Rousseau. Le portail et les murs, érigés à l'initiative du Domaine Thomas-Bassot, datent de 1855. Une vingtaine de parcelles, une dizaine de propriétaires. Production moyenne : 13 500 bouteilles par an.

MOREY-SAINT-DENIS

Doux comme un agneau et malin comme un singe

Comme le montre leur blason communal, les habitants de Morey ne sont pas peu fiers de s'appeler « les loups ». N'auraient-ils pas dévoré jadis une vache égarée sur leur territoire ? En réalité, ils paraissent doux comme des agneaux. Et, à tout prendre, ces bons pères ressemblent plutôt aux singes, tant ils sont malins. Voyez combien de grands crus ils ont récoltés, mine de rien et sans trop attirer l'attention…

Morey (640 habitants) a dû batailler longtemps pour faire sa place au soleil. Entre Gevrey et le Clos de Vougeot, il a fallu jouer des coudes. Le village est lié tout d'abord à la maison de Vergy dans les Hautes-Côtes. Cîteaux s'y implante dès 1120. Morey a comme seigneur l'abbé de Cîteaux, puis de grandes familles bourguignonnes, les Saulx-Tavanes et Croonembourg. Jusqu'à la Révolution, les meilleures vignes appartiennent à des communautés religieuses. Il faudra attendre 1927 pour voir la commune devenir Morey-Saint-Denis. Car quel climat choisir pour porte-étendard ? Tart ne convenait pas, le Clos de la Roche non plus. On pense à Morey-Chambertin. Gevrey s'y oppose avec flamme. Morey-les-Ormes ? Aimable, mais peu vigneron. Morey-Saint-Denis ? Les anticléricaux protestent. A Gevrey, on commente : « S'ils croient qu'avec un saint ils vont nous mettre à genoux, ils se trompent ! » Enfin, Morey-Saint-Denis s'imposera.

La petite combe influe sur le terroir. Morey possède quelque 150 ha de vigne. Outre ses grands crus, 44 ha de premiers crus et 108 d'AOC communale. Surtout du rouge issu du pinot noir, mais aussi un peu de blanc, notamment aux Monts-Luisants, qui produisent du chardonnay et du pinot blanc. Leur style est assez moelleux. Les rouges sont distingués et complets. « Il ne leur manque rien », résume le Dr Jules Lavalle. Aux accents de sous-bois, c'est un vin qui truffe. Dans le chœur bourguignon, il tient le pupitre du ténor. Sa sève bouquetée évoque la fraise ou la violette. Choisissez une belle viande saignante, le gibier ou un fromage de caractère. Mais un gentil pigeon, une pintade, voire un poisson à la chair ferme feront tout aussi bien l'affaire.

Parmi les premiers crus, les Monts-Luisants doivent-ils leur nom aux feuilles de cette vigne qui restent dorées et ne rougissent pas en automne ? « Quand la nuit tombe », dit Jean-Marie Ponsot, « on y voit encore ! » Mais on écrivait autrefois Molisants, qui semble être leur véritable nom. Une jolie « maison de quatre heures » anime ce site tout en hauteur, juste après les Combottes en allant vers Morey. Un manteau d'éboulis marno-calcaires assez épais sur du calcaire compact donne au climat une personnalité affirmée. Ailleurs, les sols bruns calcaires portent la plupart des premiers crus, comme le Clos des Ormes, une ancienne propriété de Cîteaux où Georges Lignier replanta ces arbres, ou le Clos de la Bussière, créé par les moines de La Bussière-sur-Ouche, etc. Pour l'essentiel, la vigne repose ici sur le calcaire à entroques du bajocien.

Tous les terrains situés en haut des crus donnent des vins fins mais moins corsés. Les meilleurs premiers crus (Clos des Ormes, Les Millandes, La Riotte notamment) s'alignent à l'est de la route des grands crus, côté Gevrey. Ils ont la profondeur du Clos Saint-Denis, qui partage avec eux une proche

« Ah ! Morey n'est pas un croquant de pays. C'est le pays aux gens causants, vivants, liants… Vous y trouverez de grosses figures tendres, appétissantes comme du chasselas, et avec des regards de sucre candi… Et ces bons gros pères vous parlent avec une facilité et une douceur à faire croire qu'ils ont dans la cervelle de la crème et des liqueurs. »

Gaston Roupnel, *Le Vieux Garain*.

parenté. Les Sorbès et les autres donnent des vins très équilibrés, rappelant un bon Clos des Lambrays. Sous le Clos de Tart, Les Ruchots côté Chambolle offrent certainement les vins les plus gracieux du village. Le clos abbatial de La Bussière met en valeur, comme les grands crus restés en monopole, le caractère du vinificateur.

L'aire d'appellation communale a un peu grandi en 1965 (Les Crais) et en 1981 (même secteur et quelques parcelles conquises sur les friches au sommet du coteau). Les parties hautes avaient d'ailleurs été oubliées par le décret de 1936, et on les intégra en AOC Morey-Saint-Denis en 1965 sur 25,4 ha (Monts-Luisants, Pierre-Virant, Les Larrets, etc.). Une soixantaine de domaines animent le village.

GASPARD MONGE VIGNERON

Illustre savant mathématicien et comte de Péluse, personnalité marquante de la Révolution et de l'Empire, Gaspard Monge (1746-1818) achète en 1810 à Morey et Chambolle l'ancien domaine des Pelletier de Cléry et des Croonembourg. Originaire de Beaune, il se rapproche ainsi de sa fille, qui a épousé Nicolas-Joseph Marey (Nuits et Pommard). Jusqu'à sa mort, Gaspard Monge séjournera régulièrement à Morey et veillera sur ses vignes : 12 ouvrées en Bonnes Mares, 8 aux Amoureuses (sa préférence), le grand Clos des Sorbets sur 76 ouvrées, etc.

LE CLOS DE LA ROCHE

Situé dans le prolongement des Latricières et des Combottes, le Clos de la Roche – dont rien ne rappelle les murs – est plein de cailloux. D'où son nom, qui épuisa les bras de tant de générations de vignerons. Historiquement considéré à l'égal des grands crus, il s'étend sur 4,5 ha quand le décret de 1936 puis des rectifications de frontières le portent à sa superficie actuelle de 16 ha 90 a 27 ca. Les Mochants, Froichots, Fremières, Chabiots, Chaffots, Genavrières et la partie basses des Monts Luisants ont grandement arrondi ce cru. On comprend à quel point Morey a admirablement tiré son épingle du jeu en 1936 et pourquoi les Combottes ont quelque raison de se plaindre. Alors que le négoce et la bourgeoisie se préoccupaient peu des grands crus et combattaient à l'occasion cette notion, la petite propriété vigneronne a senti le vent et réalisé le bénéfice d'une bonne entente autour de belles appellations.

Charpenté, dans l'esprit des Latricières et des Grands Echezeaux, il naît d'une terre nettement calcaire. A peine 30 cm, peu de cailloutis, de gros blocs de rocher pour quelque cent parcelles, dont 0,5 ha aux Hospices de Beaune depuis 1991. C'est le domaine rêvé de la propriété locale et vigneronne : une trentaine de détenteurs, dont certains possèdent des parcelles de quelques mètres carrés. Production moyenne : 50 000 bouteilles par an.

LE CLOS SAINT-DENIS

Né du chapitre de Saint-Denis de Vergy – institué en 1023 dans cette forteresse des Hautes-Côtes –, le Clos Saint-Denis date du XIe siècle. Cité pour la première fois en 1367, il ne montre pas de trace de murs. Sa superficie a varié au cours du temps, et l'on pense avec un sourire à ce mot de Danguy et Aubertin en 1892 : « Il n'existe pas pour Morey de limites naturelles. » Son vin s'est longtemps vendu comme Gevrey, Chambolle ou même Pommard, au gré des négociants. Le clos historique couvre un peu plus de 2 ha. Il s'étend de nos jours (et depuis le décret de 1936) sur 6 ha 62 a 60 ca grâce à l'addition de climats voisins (Calouère et Chaffots en partie, Maison Brûlée). Il surprend moins par son ampleur que par ses nuances. Le bas du coteau comporte des sols bruns calcaires dépourvus de cailloutis, capables de produire un vin très riche et de longue garde. Comme en Chambertin, le phosphore y est abondant. L'argile rapproche ce vin de l'affabilité du Musigny. La partie méridionale semble offrir des bouteilles un peu plus chaudes... Sa délicatesse fruitée, sa légèreté habituelle en font le Mozart de la Côte de Nuits. Une quarantaine de parcelles, une quinzaine de domaines – la propriété locale s'y épanouit avec bonheur. Trois domaines seulement (Dujac, Lignier, et Bertagna possédé par la famille Reh de Rhénanie-Palatinat) contrôlent plus de la moitié du grand cru. Production moyenne : 25 000 bouteilles.

LE CLOS DE TART

Trois propriétaires seulement depuis le Moyen Age. Qui dit mieux ? Demeurée en monopole, cette vigne est l'un des fleurons de la Bourgogne. Classé grand cru en 1939, deux ans après le Clos de la Roche et le Clos de Saint-Denis : les associations viticoles laissaient alors les propriétaires de crus exceptionnels se débrouiller tout seuls, et ceux-ci n'y prêtaient guère attention, tant ils étaient sûrs de leur rang.

Ancien climat de La Forge, le Clos de Tart naît en 1141 d'une vente des hospitaliers de Brochon à la jeune abbaye Notre-Dame de Tart. Le domaine est déjà actif au milieu du XIIIe siècle. Tart-l'Abbaye est un village de la plaine qui s'étend entre Dijon et Saint-Jean-de-Losne, siège d'une communauté de religieuses cisterciennes. Maison mère de l'ordre féminin de Cîteaux, Tart possède beaucoup de vignes dans la Côte, mais la gestion du patrimoine des abbayes masculines est beaucoup plus conquérante. L'abbaye décline. On y chante et on y danse. Réformée, elle émigre à Dijon. Sous la Révolution, le Clos de Tart (vignes et bâtiments) est vendu comme bien national à un conventionnel nuiton, Nicolas-Joseph Marey, époux de la fille de Gaspard Monge. Il restera Marey-Monge jusqu'en 1932, quand il fut acheté par la famille Mommessin, en Mâconnais, qui le possède aujourd'hui encore.

Les murs sud et ouest ont englobé quelques petites parcelles voisines (En la Rue de Vergy, Bonnes Mares, Le Village) à la fin du XIXe siècle, portant la superficie du Clos de Tart à ses 7 ha 53 a 28 ca

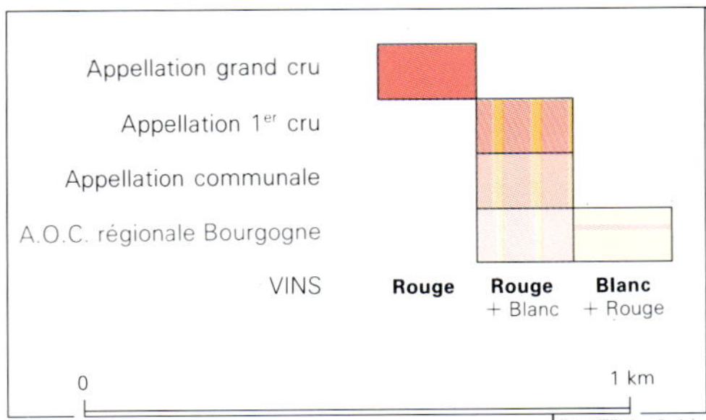

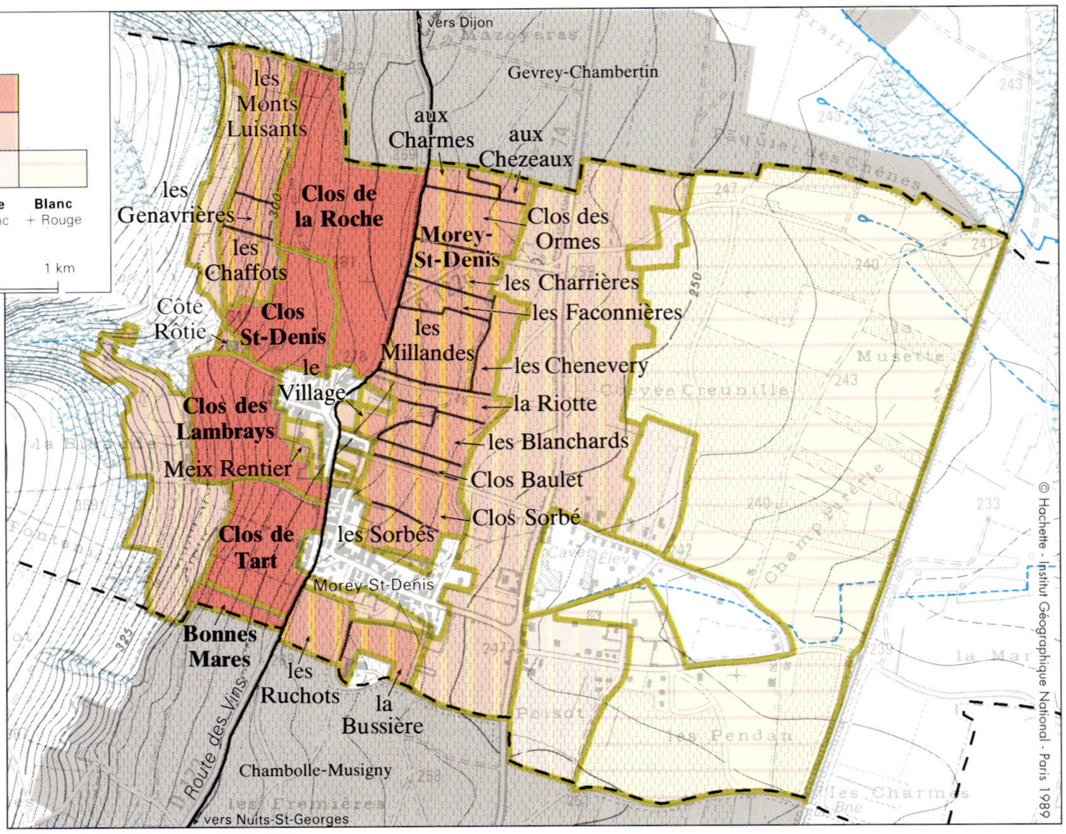

Le village de Morey-Saint-Denis offre l'exemple parfait de la répartition théorique des crus et des appellations sur le versant de la Côte, du plateau jusqu'à la plaine. Rien de plus aisé pour comprendre comment se distinguent les terroirs selon leurs aptitudes.

actuels. Plantée en rangs horizontaux, la vigne protège ainsi sa terre de profondeur inégale (de 40 cm à 120 cm d'épaisseur). Les éboulis recouvrent largement le soubassement calcaire. On effectue des replantations massales régulières – tous les quatre ans – de façon à renouveler un vignoble qui possède encore quelques pieds de soixante-dix ans. Le propriétaire a toujours eu ici un régisseur : Cyrot, Seguin, Perraut…

Exprimant l'élégance même jusqu'à la perfection de l'étiquette, le Clos de Tart est paradoxal. Sous sa voilette de fraise et de violette, il allie la robustesse et le charme. Vin de dames ? De grandes dames. Assez tannique dans son adolescence (égrappage exceptionnel et limité aux jeunes vignes), il s'attendrit avec l'âge pour appeler le chevreuil ou encore le gigot. Production moyenne : 27 000 bouteilles par an. Le vin des jeunes vignes est vendu comme premier cru sous le nom de La Forge, à la manière d'un « second vin » de château bordelais.

LE CLOS DES LAMBRAYS

Son classement comme grand cru en 1981 apparaît comme légitime pour qui connaît l'histoire du vin de Bourgogne. Mouton-Rothschild de la Côte, il est tout à la fois récent et vénérable. Fort bien niché entre le Clos de Tart et le Clos Saint-Denis, ce clos a toujours produit du bon vin sous des noms divers : Lambreys – sans doute du nom d'une famille du XIVe siècle –, Meix-Rentiers, Les Bouchots, Larrey-Froid… Le tout recousu par Louis Joly sur quelque soixante-quinze parcelles au milieu du XIXe siècle. La belle demeure construite en 1630 est remise au goût du jour et ornée de fleurs. En 1866, les Rodier (Maison Henry de Bahèzre à Nuits) en font l'achat et assurent la renommée du cru. Cette famille mène grand train jusqu'à la guerre de 1914. Camille Rodier va créer la Confrérie des chevaliers du Tastevin, tandis que son frère Albert s'éprend de l'épouse d'un banquier parisien, Renée Cosson. Elle s'installe aux Lambrays en 1938, avec sa cour, dont l'artiste alsacien Hansi. Amante possessive du Clos des Lambrays, furieusement attachée à sa vigne, madame Cosson maintiendra cet enfant de l'amour hors du temps. Elle ignore la replantation, l'engrais et le sucre. Elle maudit le ciel quand les rendements dépassent les 10 hl/ha, vend son vin rarement, méprise les classements des années 30.

LE CARREFOUR DE DIONYSOS

Si l'AOC communale (8 décembre 1936) est l'une des toutes premières de France, les vins du pays ont longtemps souffert d'une moindre notoriété. Pour rétablir la situation à leur profit, les gens de Morey ont créé en 1962 le Carrefour de Dionysos, qui a lieu le vendredi précédant la vente des vins des Hospices de Nuits. Dans une atmosphère conviviale et heureuse, les vignerons y présentent leurs meilleures bouteilles. Le Morey se vendait jusqu'aux années 70 moitié prix d'un Gevrey ou d'un Chambolle. L'écart est en partie comblé pour l'AOC Village.

Le Clos des Lambrays devient ainsi, sous son étiquette dessinée par Hansi, la « Belle au vin dormant ». En 1974, le domaine est mis en vente. Son déclin est total, les 1976 sont imbuvables, même s'il reste des bijoux dans la cave. Renée Cosson rend son âme à Bacchus. Alsaciens rapatriés d'Algérie, où ils géraient d'immenses vignobles, les frères Saïer acquièrent le Clos des Lambrays en 1977. Ils le restaurent avec passion, le font revivre, en lui consacrant d'énormes moyens financiers. Le chef-d'œuvre en péril est sauvé par Fabien Saïer et Thierry Brouin. Les jeunes vignes donnent un vin marquis, rond comme une cerise; les plus anciennes, un vin duc et pair, grave et profond, complexe et passionnant. Le domaine sait déclasser ses propres vins. Des difficultés extérieures l'assaillent cependant. Il est cédé en 1996 à la famille Freund, de Coblence (demeure, vignes et stock) pour quelque 45 millions de francs. Par bonheur, le Clos des Lambrays reste un monopole.

Situé dans la zone centrale du village, le clos possède une partie marneuse sur sa hauteur, une partie argilo-calcaire dans le bas. Puissance et finesse s'équilibrent. Ce vin exprime l'humus, la truffe, rarement le petit fruit. Le terroir domine le bouquet. Il se fait parfois un peu prier, cédant toutefois devant les avances d'un vacherin ou d'un cîteaux. Monopole ? Non. La famille Taupenot possède 420 m^2 des Lambrays (8 ha 83 a 94 ca), sans même parler d'un poulailler, plus petit encore. Production moyenne : 35 000 bouteilles par an, dont 200 à 300 du Domaine Taupenot.

LES BONNES MARES

Morey et Chambolle ont ce grand cru en partage. Morey n'en possède que 1,5 ha sur quelque 15 ha. Une partie du climat est devenu assez logiquement Clos du Tart en 1965. Cette partie du grand cru sur Morey est en monopole (Clair). On répète que Les Bonnes Mares de Morey seraient plus riches en mâche et en structure que celles de Chambolle. N'est-ce pas un tropisme ?

On comprend, en regardant le paysage de Morey-Saint-Denis, pourquoi la Côte s'appelle la Côte d'Or.
On comprend aussi pourquoi les maisons se serrent les unes contre les autres.

CHAMBOLLE-MUSIGNY

De soie et de dentelle

Comme il se fait tout petit, ce grand village ! Les « Ratals », les Chambollois n'entendent pas se priver d'un seul pouce de terre à vigne. Deux longues rues seulement qui courent de la roche du Grognot jusqu'à mi-coteau. Les maisons rentrent leurs épaules. Juste a-t-on laissé grossir un tilleul Sully de près de 5 m de circonférence, et l'on est au milieu des vignes. Ce fut jusqu'au XVe siècle une dépendance de Gilly-lès-Cîteaux et de cette abbaye. Elle acquit peu à peu son autonomie.

Jumelé à Sonoma, en Californie, depuis 1959, le village (360 habitants) a pourtant l'esprit large. Sur quelque 200 ha situés entre 250 m et 300 m d'altitude, il produit ce vin de soie et de dentelle qui émerveillait Gaston Roupnel. Féminin ? Le Volnay de la Côte de Nuits a le charme fragile et résolu de la rose. Alfred Hitchcock l'offrait volontiers à ses belles héroïnes afin de les préparer aux drames qui les attendaient dans ses films. Il suffit de jeter un coup d'œil au terroir pour comprendre que cette réputation de sensualité profonde, nullement frivole, repose sur des bases solides. La roche mère affleure souvent, portant un sol très peu épais, d'une dizaine de centimètres parfois. Mais, grâce à de nombreuses fissures – notamment les failles du Musigny –, les racines de la vigne s'enfoncent loin et jusqu'à 10 m de profondeur.

Le milieu du versant se consacre aux grands et premiers crus. Les sols varient : de la terre alluviale au calcaire brun, en passant par le calcaire perméable. Le piémont bénéficie de l'apport des terres et cailloux du plateau. Deux combes, la Combotte et la combe Ambin, ont réuni leurs forces pour assurer ce juste partage des bonnes terres. Au nord, Morey et Chambolle se ressemblent comme frère et sœur. Au sud, des différences apparaissent, car le Clos de Vougeot se mêle au destin de cette partie de la Côte, y introduisant un fait nouveau.

Parmi les premiers crus (61,1 ha), Les Plantes, Les Charmes, Les Hauts-Doix, et surtout Les Amoureuses offrent des vins riches et soyeux, bouquetés et complexes. A quoi tiennent les choses... Les Borniques et Les Chabiots, qui s'apparentent au Musigny, demeurent des premiers crus assez peu connus, alors que Les Amoureuses, servies par ce nom merveilleux, caracolent au niveau des grands crus. Ce pourrait être l'un d'eux. Côté Bonnes Mares, Les Fuées, Les Combottes et Les Lavrottes ont une remarquable constitution et des qualités très proches du grand cru voisin. Violette, fraise, framboise constituent les arômes les plus fréquents de ces vins vinifiés naguère dans un esprit de légèreté et qui retrouvent actuellement une structure mieux affirmée, une plus forte concentration. Assez moelleux, peu acides, leurs tanins sont en général très fins, soigneusement rabotés.

Un jugement de 1929 fixe les règles à appliquer pour l'appellation Chambolle-Musigny, mais il s'agit alors d'empêcher les vins de Morey d'adopter ce nom. Ceux-ci sont assis entre deux chaises, hésitant entre Gevrey et Chambolle. L'appellation communale couvre 109 ha. Le haut du coteau a reçu l'appellation Bourgogne Hautes-Côtes de Nuits. Chambolle-Musigny porte ce nom depuis 1892. Le rattachement à ce cru est apparu naturel, tant le mot sonne bien. A l'exception du Musigny blanc, une coquetterie, Chambolle ne produit que du vin rouge, issu du pinot noir. Il annonce Vosne sur une ligne mélodique d'une grâce émouvante.

« – Papa va râler, dit l'un des jumeaux en débouchant le Chambolle-Musigny.
– Ça sera trop tard, répondit l'autre.
[...] Bu au goulot par sacrilège, le vin de Musigny n'en était pas moins subtil et plein de feu... »

Michel de Saint-Pierre, *Les Aristocrates*.

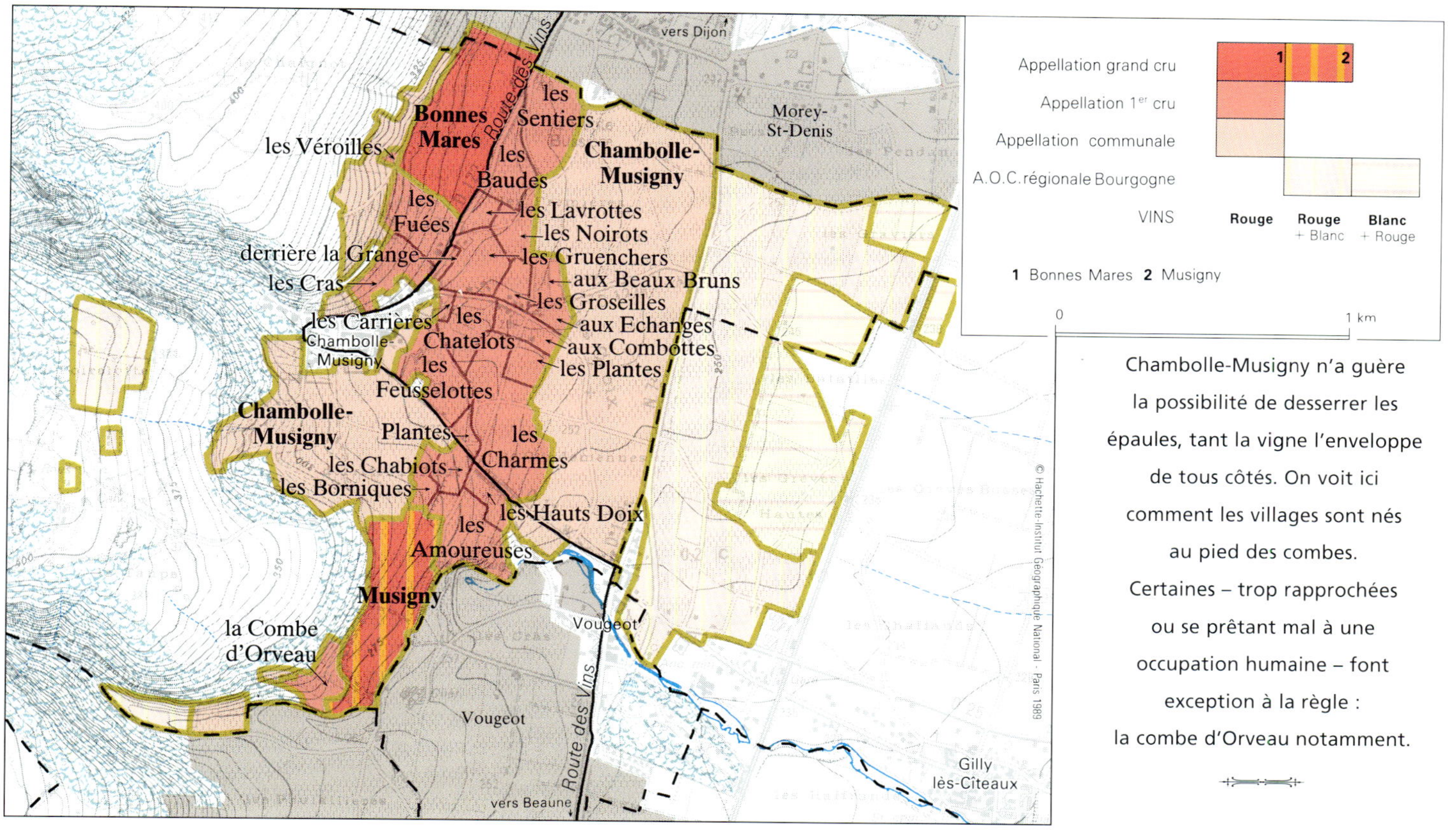

Chambolle-Musigny n'a guère la possibilité de desserrer les épaules, tant la vigne l'enveloppe de tous côtés. On voit ici comment les villages sont nés au pied des combes. Certaines – trop rapprochées ou se prêtant mal à une occupation humaine – font exception à la règle : la combe d'Orveau notamment.

LES BONNES MARES

Déjà évoquées à Morey, Les Bonnes Mares ont toujours été le trait d'union entre ces deux villages. « Marer » la vigne signifiait autrefois la cultiver. Le climat, réputé depuis des siècles, doit son nom à cette belle vocation viti-vinicole, et non aux bernardines de Tart (« bonnes mères ») ou à d'énigmatiques déesses-mères antiques. Il a un peu rétréci avec le temps pour couvrir actuellement 15 ha 5 a 72 ca, situés pour 13 ha 54 a 17 ca sur Chambolle.

La marne blanche rappelle celle du Clos Saint-Jacques à Gevrey. Les dalles calcaires supportent une quarantaine de centimètres de terre argilo-silicieuse, légère et graveleuse, d'un brun rougeâtre.

Riche d'une structure charpentée, ce vin a de la puissance tannique, de la mâche, du coffre. Plus corsé que fleuri, il est de très longue garde. Synthèse des aptitudes naturelles de Morey et de Chambolle, il les épanouit sur fond de sous-bois et de violette. Le civet, le gibier mariné, un fromage à l'haleine généreuse lui conviennent parfaitement.

Fortement divisé depuis longtemps, le plan parcellaire s'est encore partagé à l'époque contemporaine pour atteindre sur Chambolle près de quarante propriétaires et une centaine de parcelles. Les plus vastes concentrations foncières sur Chambolle sont celles des domaines Comte Georges de Vogüé (17,7 % de la superficie) et Drouhin-Laroze à Gevrey (11,5 %). Dix propriétaires détiennent 70 % du grand cru. Alexis Lichine fut propriétaire d'une petite parcelle de Bonnes Mares. Production moyenne : 55 000 bouteilles par an.

LE COMTE GEORGES

Succédant ici aux Bouhier, Millière et Moisson, la famille de Vogüé fait partie des plus anciens propriétaires de vignes, qui sont toujours présents dans la Côte. Le Musigny appartient à la famille de Vogüé depuis 1766. Sa filiation est connue depuis le XVe siècle et dans la même lignée patrimoniale. Homme de mille et une passions, le comte Georges de Vogüé (1898-1987) dirigea avec conscience pendant un demi-siècle ce fabuleux domaine. Sa fille Elisabeth, baronne Bertrand de Ladoucette (une famille présente aussi en Val de Loire bourguignon), cousine des Vogüé de Champagne, également exploitante d'un domaine viticole en Argentine, a pris sa suite avec brio. Par amour pour son épouse, le comte Georges avait maintenu 33 a de vigne blanche en Musigny (1 000 bouteilles). Ce chardonnay est très convoité. Les écrevisses en sont folles.

LE MUSIGNY

Voisin des Amoureuses, Le Musigny occupe l'une des loges les plus convoitées de ce théâtre. Une terrasse rocheuse et calcaire dominant le Clos de Vougeot et son château. Un peu d'argile rouge, moins de calcaire actif qu'ailleurs sur une pente assez accentuée, qui atteint les 14 %. Depuis toujours, il porte couronne. Issu peut-être d'un nom gallo-romain, Musinus, puis à coup sûr d'une famille de Musigny au temps des ducs de Bourgogne, le terroir est connu sous cette dénomination depuis le XIVe siècle de façon sûre. Il a constamment été divisé entre des communautés religieuses (pères de l'Oratoire, grand prieur de Champagne) et de grandes familles dijonnaises (Bouhier, de Berbisey).

Comme beaucoup de grands crus, Le Musigny comportait jadis un Grand Musigny et un Petit Musigny, en raison de la superficie des deux vignes. De même qu'en Chambertin ou en Montrachet, ces dénominations ont disparu, mais on a gardé ici le souvenir des Petit Musigny, même si le décret de 1936 créait un seul Musigny. Il s'étend sur 10 ha 85 a 55 ca à la suite d'une décision de justice de 1929 (Combe d'Orveau) et d'une nouvelle décision de 1989 réglant une anomalie (les mêmes rangs de vigne s'appelaient Musigny aux deux bouts et autrement au milieu...). Là encore, les contestations ont été nombreuses, avec notamment l'idée restée sans suite d'une appellation Amoureuses-Musigny.

On a parlé du *winiest wine*, du fin du fin, de la vinosité absolue. On a vanté son équilibre et sa droiture, chanté sa longueur en bouche, sa souplesse, son parfum de jardin mouillé par la rosée d'un matin de printemps. Le canard, le poulet au sang ou poché aux petits légumes, le chapon, l'agneau ont des affinités évidentes avec cette pure merveille que se partagent une quinzaine de propriétaires locaux sur une trentaine de parcelles. Quatre d'entre eux possèdent ensemble 90 % du Musigny, dont les domaines Comte Georges de Vogüé (monopole du Petit Musigny, 66 % du tout), Jacques-Frédéric Mugnier (10,5 %), Jacques Prieur (7 %) et Joseph Drouhin (6,2 %). La production moyenne est de l'ordre de 40 000 bouteilles par an.

LES PAONS DE PERSÉPOLIS

On a bu du Musigny au fameux banquet de Persépolis offert par le shah. Il accompagnait des paons à l'impériale. En réalité, de rustiques et succulentes dindes de Bresse baptisées ainsi par Paul Bocuse, qui jugeait le paon incomestible. Les invités n'y virent que du feu. Il est vrai que ce repas historique ressemblait beaucoup à une danse sur le volcan...

Un paysage qui change en l'espace de quelques centaines de mètres, coupé par la route nationale : la vigne, puis des prés et des champs, des bois.

LE CLOS DE VOUGEOT

Un monument historique vivant

Le Clos de Vougeot est tout à la fois un vignoble, un vin, un château vigneron et la plus prestigieuse table d'hôtes de la France. Gaston Roupnel voyait ici « un coin de ciel sur la terre ». Il s'agit pourtant d'une œuvre humaine et de longue haleine. Non le plus ancien, mais à coup sûr le plus fameux de tous les clos bourguignons, il est aussi l'un de ceux dont l'épopée est la mieux connue. Lorsque naît l'abbaye de Cîteaux en 1098, ses moines bénéficient aussitôt de donations, à Vougeot notamment dès les années 1110. Ces terres à l'abandon vont devenir des vignes, alors que saint Bernard donne au monastère l'élan décisif. Cent ans plus tard, on parle déjà de ce clos comme d'une grande aventure.

UN PRE CARRE DE VIGNE

Le choix de ce site en dit long sur les ambitions de Cîteaux, qui trouve, au XIIe siècle, la plupart des bonnes terres déjà occupées par des abbayes beaucoup plus anciennes, Cluny en particulier. Les meilleurs crus prospèrent à mi-côte. Or, Cîteaux s'installe à la naissance de la plaine, à la base du talus, ayant en vue – et de façon très originale en Bourgogne, dans un esprit presque bordelais – l'unité foncière, la propriété. Laissant à l'écart les deux oreillers de Musigny et des Echézeaux, le Clos de Vougeot illustre le dessein de la géographie sur une superficie qui sera en fin de compte exceptionnelle : près de 51 ha. Alors qu'en règle générale le climat inspire l'appellation, on se trouve ici en présence d'une douzaine de climats dont les noms subsisteront jusqu'au XIXe siècle et dont il reste quelques traces (Musigny, Maupertuis). Le Clos de Vougeot assemble des raisins issus de sols assez différents. En pente douce sur sa partie supérieure (3 % à 4 %), il s'étale ensuite à peu près plat, très légèrement bombé. Vers 240 m d'altitude à la partie inférieure, il bénéficie d'un sol brun profond sur un niveau marneux. Au milieu du clos, des cailloutis calcaires apparaissent. Sol encore brun, encore argileux, lourd. A la partie supérieure, vers 255 m d'altitude, le sol prend une structure grenue, moins argileuse, avec des graviers en abondance. La couche de terre ne dépasse pas 40 cm. La bonne teneur en calcaire actif compense les défauts d'un sol en rendzine. Aucun grand cru ne descend aussi bas vers la plaine.

Ce clos immense a bloqué toute implantation villageoise. Vougeot demeurera un village minuscule (88 ha et 180 habitants). Les limites actuelles (1936) du clos enferment 50 ha 95 a et 75 ca. Déjà ceint de murs, il prend son visage définitif aux XIVe et XVe siècles, sans doute achevé au XVIIe siècle. Les frères de saint Bernard sont d'abord des fous de Dieu, à l'ardeur biblique, ni gras ni coulants selon l'image monastique des boîtes de camembert. Mais bien vite, dès le XIIIe siècle, des vignerons de pays sont engagés pour faire les vignes, tandis que les moines se réservent la vinification et la commercialisation. Le Clos de Vougeot vit sous la tonsure cistercienne durant 680 années, offrant à cet ordre un cadeau tout trouvé pour obtenir les faveurs du pape ou du roi.

Le deuxième chapitre de son histoire dure tout juste 100 ans. Il débute sous le bonnet phrygien, puis il emprunte la voie classique : spéculation, grande bourgeoisie, noblesse

« Martine sursauta quand elle vit l'amoncellement des bouteilles qui arrivaient à la cuisine. Elle saisit l'une d'entre elles et dit d'un soupçon de voix :
– Qu'est-ce qu'il y a là-dedans, Babette ? J'espère que ce n'est pas du vin ?
– Oh ! non, madame, répondit Babette. C'est du Clos-Vougeot 1846. »

Karen Blixen, *Le Festin de Babette.*

A gauche : vus de dehors, les toits du château apparaissent lourds et massifs. Puis, dans la cour intérieure, ils ressemblent à des voiles de bateau soulevées par le vent.

A droite : chaque rang de vigne possède ici une histoire, sinon une légende. Imagine-t-on un grain de raisin chargé de telles responsabilités !

enfin. Déclaré bien national en 1789, le clos est vendu en bloc, en 1791, à un spéculateur parisien pour vingt-deux fois son revenu annuel. Puis revendu à d'autres affairistes parisiens. Enfin revendu en 1818 à Julien-Jules Ouvrard, âgé de 19 ans, fils du fameux « financier » qui épaula souvent Napoléon. De l'argent sale « blanchi » dans le vin rouge. Et pourtant, le fils fait de la politique, devient un grand notable conservateur, veille en bon père de famille sur son Clos de Vougeot, qu'il transmet à sa mort en 1861 à ses neveux et nièces de Rochechouart, de La Garde et de Montalembert... « Il faut bien fumer la terre », disait en pareil cas Madame de Sévigné. Ces héritiers vendent le Clos de Vougeot en 1889 à six négociants en vins de la région. Léonce Bocquet s'adjuge une quinzaine d'hectares et le château.

Depuis lors et après 780 années de monopole, troisième chapitre : le vignoble ne cessera de se diviser en multiples parcelles, d'héritage en héritage. Les six premiers propriétaires sont bientôt quinze, quatre-vingts environ de nos jours. Quelques propriétés étrangères : allemande (Bertagna, groupe Günther Reh), belge (Leymarie-Coste), mais près de 80 % restent entre les mains de propriétaires de la Côte.

LES HONNEURS MILITAIRES RENDUS AU CLOS DE VOUGEOT

Alors colonel, le futur général Bisson (1767-1811) se rendant à l'armée du Rhin en 1794 aurait fait arrêter la 43e demi-brigade de ligne sur la route et lui aurait commandé de rendre les honneurs militaires au Clos de Vougeot. Dans ses *Mémoires d'un touriste*, Stendhal raconte l'anecdote comme il l'a entendue. Quarante ans plus tard, ce souvenir est tout à fait crédible, et, sous la plume d'un tel auteur, on peut l'admettre comme authentique. Seul le témoignage de Stendhal nous est parvenu.

Ce geste sera ensuite attribué, à tort, au duc d'Aumale, à Gallifet, à Mac-Mahon et même, rétrospectivement, au Grand Condé... Il sera souvent reproduit plus tard sous forme d'un « Présentez armes ! » Bisson était fort bien capable d'imaginer cela. Un diable d'homme qui montra plusieurs fois de l'astuce dans ses initiatives militaires, réussissant à défendre Le Catelet avec 110 hommes contre 6 000 soldats ennemis, en distribuant à tout son monde des tambours pour faire croire en une force considérable. Réputé le plus grand buveur de l'armée française, l'homme était à la hauteur de ce fait d'armes.

UNE PETITE REPUBLIQUE

Le clos est géré comme une petite république. Créé en 1935, le syndicat de défense veille sur le respect de l'appellation, l'intégrité physique et morale du grand cru. Ses statuts ont été rajeunis en 1975. Le décret de 1937 apparaît conforme aux principes édictés alors. Certains viticulteurs aimeraient indiquer le nom du climat au sein du clos : Musigny par exemple. Le syndicat dit non ; d'autres, comme Charles Quittanson, estiment que l'on ne saurait s'y opposer...

De nos jours, le château et la Confrérie des chevaliers du Tastevin contribuent pour beaucoup à la notoriété du Clos de Vougeot, malgré une certaine banalisation due à la multiplicité des cuvées, à l'extrême diversité des vins produits. Le « château de la Tour » a été construit vers 1890 par le négociant en vins Alphonse Beaudet. Fortement remanié depuis, il appartient aujourd'hui à la famille d'un autre négociant nuiton, Jean Morin. C'est le seul domaine (plus de 5 ha) vinifiant sur place, grâce à ces installations.

De tout temps, le Clos de Vougeot figure au premier rang des grands Bourgognes rouges. Sève, moelleux, couleur, goût parfait, bouquet le plus suave, c'est l'arôme du printemps sous un manteau de velours. « Voilà de la présence ! » s'exclame Hugh Johnson. Les connaisseurs savent cependant que ce vin n'est pas d'un abord facile, qu'il est quelque peu « introverti », selon le mot d'Hubert Duyker, qu'il ne vous accueille pas à bras ouverts. « Il faut aller à sa rencontre, le mériter », conseille Jean Grivot. Autre trait caractéristique, si l'on tient un verre de grande année : cette faculté de se plaire longtemps en bouche, de séduire le palais pendant de longues minutes. Le jambon en croûte, la viande rouge rôtie, le cerf ou le sanglier constituent des accords classiques, comme l'Epoisses ou l'Ami du Chambertin, le Soumaintrain. Production moyenne : 270 000 bouteilles par an.

« COUTEUX CAPRICE »

Un château au milieu des vignes n'appartient pas aux habitudes bourguignonnes. Elégant et « fonctionnel », celui-ci est unique. Mariant le simple et le composé, le singulier et le pluriel, le particulier et le général, ayant réussi à demeurer fidèle à sa mission universelle tout en célébrant son propre génie, il incarne une ambition pleine de tact. Du dehors, que de modestie, d'harmonie, de respect pour le paysage ! Rien d'ostentatoire. Du dedans, un vrai souffle, ces toitures tendues comme des voiles de bateau, l'élan renfermé sur soi… Le cellier romain où les confrères du Tastevin tiennent leurs chapitres a été construit pour cinq à six récoltes du clos, 2 000 pièces environ. Il date du milieu du XIIIe siècle. Puis, à partir du siècle suivant, les moines de Cîteaux, installés aussi à Gilly, y conserveront leur vin et le feront vieillir dans cet autre cellier, celui du clos servant aux fermentations et au premier élevage du vin.

Curieux cellier d'ailleurs, presque de plain-pied et réglant à merveille l'accès de l'air et de la lumière, l'art du vieillissement des vins. Seules ses poutres maîtresses ont été remplacées en 1947. Un autre cellier, plus petit, a été démoli en 1930, quand il s'est effondré. Au-dessus, le grenier servait de dortoir aux frères convers.

Parfaite isolation entre grenier et cellier, par 66 cm de terre et de gravats. La cuverie voisine ressemble étrangement à un cloître. Quatre galeries de 30 m sur 10 m s'ordonnent autour de la cour, où le *Porteur de benaton* d'Henri Bouchard (1875-1960, prix de Rome 1901) évoque le labeur aux vignes. A chaque extrémité des galeries s'élève un pressoir à cabestan en bois de chêne, ensemble unique au monde et datant en partie du Moyen Age, la cuverie ayant été aménagée dans sa forme actuelle au XVIe siècle. « Gargantua mit les six pèlerins avec ses laitues dedans un plat de la maison, grand comme la tonne de Cîteaux », écrit Rabelais. La tonne, c'est-à-dire un

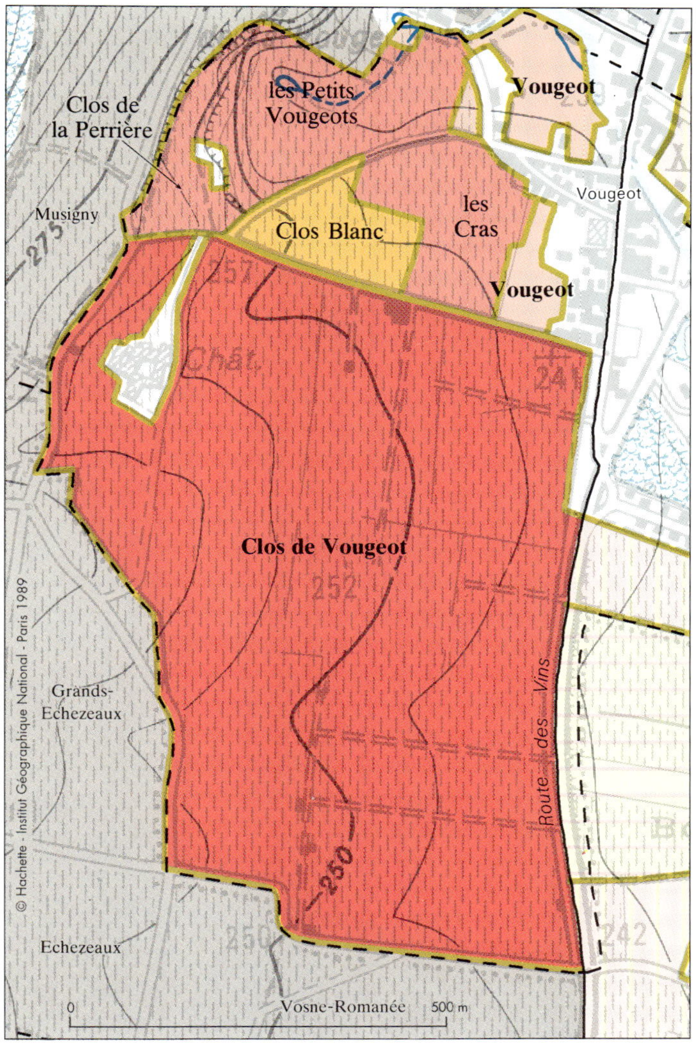

Les moines de Cîteaux ont créé leur « pré carré », selon une approche foncière plus bordelaise que bourguignonne.

LES TROIS CUVEES

Si l'on en croit le Dr Denis Morelot (1831), les moines de Cîteaux auraient fait trois cuvées distinctes : celle du haut la meilleure, destinée aux grands de ce monde et à la table abbatiale ; celle du milieu, presque égale en qualité et mise en vente ; celle du bas, un peu moins épanouie, vendue également, mais à un prix moins élevé. Cet unique témoignage a inspiré une légende plusieurs fois enjolivée. Au point que l'on parle aujourd'hui de la cuvée des papes, de celle des évêques et de celle des moines.

En réalité, les maîtres des celliers vinifiaient plus intelligemment, adaptant leurs pratiques aux vertus du millésime, mêlant le tout quand il fallait « remonter » l'ensemble, distinguant les cuvées en cas d'année exceptionnelle. On sait d'ailleurs, d'après un procès intervenu en 1761 à propos du Clos de Bèze, que dans le Clos de Vougeot il y a au moins dix sortes de vin, et donc, comme en Chambertin, plusieurs cuvées. L'opinion commune donne la palme d'excellence aux climats du haut du clos.

Plus argileuse et plus humide, la partie basse donnerait un vin moins flatteur. Depuis le début du XIXe siècle, on a opéré de nombreuses dégustations. Or, la comparaison ne tourne pas toujours – loin de là – à l'avantage des vignes proches du château. Ne jamais oublier, aussi, la main du vinificateur.

foudre. Du Clos de Vougeot, évidemment. On voit que, dès ce temps-là, ce matériel vinaire était considéré comme monumental.

Quant au château proprement dit, c'est, vers 1550, le « coûteux caprice » de Jean Loisier, théologien parisien et quarante-huitième abbé de Cîteaux. Animé de rêves analogues à ceux de Louis II de Bavière, il entreprend de raser une partie des vieux bâtiments pour se faire construire une demeure de plaisance au cœur même de ses vignes préférées. Il s'agit ici d'une Renaissance assagie, marquée encore par le Moyen Age et ses tours carrées, corrigée et apaisée par des Bourguignons qui savent que le Val de Loire est loin et qui ont l'esprit vigneron. Le décor doit beaucoup à sa restauration par Léonce Bocquet et par l'architecte Félix Vionnois à la fin du XIXe siècle. Acquis ensuite par le député-maire de Vosne-Romanée Etienne Camuzet, le château fut vendu en 1944 à plusieurs familles nuitonnes (Faiveley, Engel, etc.) qui le remirent aussitôt pour le franc symbolique et 99 ans à la jeune Confrérie des Cheveliers du Tastevin. Celle-ci en a fait la plus belle table d'hôtes de France, offrant à ce lieu privilégié sa destination universelle.

LEONCE BOCQUET

Négociant en vins à Savigny-lès-Beaune, Léonce Bocquet (1839-1913), orfèvre en vins blancs, achète en 1889 le château et 15 ha au Clos de Vougeot. Un tel personnage appartient à la galerie des portraits du vin de Bourgogne. A 50 ans, il trouve ici son démon de midi. Il a l'habitude de tirer le signal d'alarme du train pour s'arrêter au plus près. Il descend, tend le montant de l'amende dans une enveloppe préparée à cette fin et cachetée à la cire, et monte dans sa voiture qui l'attend. Marie-t-il sa fille ? Il fait dérouler un immense tapis rouge au travers des vignes du clos...

En 1909, le comte von Sedlitz vient choisir des bouteilles pour les caves impériales de Potsdam. On lève le coude à la prussienne pendant deux jours. Puis le premier maréchal de la Cour commande 200 bouteilles pour les Hohenzollern. Déçu mais glorieux, Léonce Bocquet répond : « Deux cents bouteilles seulement ? Je les donne... » Il se ruine pour la restauration du château : essences précieuses de Norvège pour les boiseries et les parquets, sculptures nombreuses, appartements où sont accueillies têtes couronnées et vedettes de l'époque comme Sarah Bernhardt triomphant dans *L'Aiglon*. Toute l'Europe, déjà, défile ici. Il sera, selon son vœu, inhumé devant le château.

LE VIGNOBLE DE VOUGEOT

Outre le Clos de Vougeot, le vignoble de cette toute petite commune (176 habitants) possède fort peu de vignes : moins de 20 ha, dont les deux tiers en premier cru, rouges et blancs. Le Clos blanc de Vougeot se situe en contrebas du mur nord du Clos de Vougeot. Il s'agit d'une vigne blanche plantée entre Les Amoureuses et Les Musigny. Du temps des moines, on l'appelait le Petit Clos blanc. L'abbaye de Cîteaux souhaitait jouer sur les deux couleurs, et elle contraignit la nature à se plier à ses vœux. Source de confusions fréquentes, cette appellation n'est pas « Clos de Vougeot blanc », mais Clos blanc de Vougeot. Nuance !

Autres premiers crus : Les Petits Vougeots, Les Crâs et le Clos de la Perrière. Les Petits Vougeots constituaient, du temps des moines, le Petit Clos noir, planté en pinot noir. Les Crâs doivent leur nom à un sol caillouteux. Quant à La Perrière, ou Clos de la Perrière, c'est une ancienne carrière de l'abbaye de Cîteaux qui a connu des fortunes diverses avant d'être reconvertie en vigne.

La plupart des clos bourguignons n'ont plus de murs. Ils subsistent heureusement au Clos de Vougeot.

Le Clos de Vougeot a appris à jouer le jeu du temps mais reste un émerveillement à toutes les époques de l'année.

FLAGEY-ECHEZEAUX

Un pied sur deux dans les grands crus

C'est à peine si l'on pense à un village, tant il prend soin de se cacher. Plus bas que la route nationale, que le chemin de fer, Flagey-Echézeaux est pourtant une commune viticole à part entière, et non des moindres. Petite (450 habitants), certes, car elle s'est bien gardée de construire ses maisons parmi les grands crus. Quitte à choisir, elle a choisi la vigne.

On appelait jadis les Flageotins les « mingeous de tiarre ». Plus courageux que les autres, ils étaient l'hiver les premiers à mettre la hotte sur le dos pour remonter la terre que les orages de l'été avaient emportée. Mangeurs de terre ! A Vosne, on leur reprochait de ramasser large et de déposer leur chargement de leur côté. Ces querelles d'ailleurs sont bien anciennes. Sous la Révolution, Chambolle et Flagey se prirent de bec : chacun voulait absorber le Clos de Vougeot. Comme dans *L'Huître et les plaideurs*, Vougeot les mit d'accord en gobant le clos que l'administration dijonnaise préféra sagement laisser intact au sein d'une seule commune.

DE VOSNE A FLAGEY

Héritier du nom d'un certain Flavius, propriétaire gallo-romain, Flagey a longtemps dépendu du monastère de Saint-Vivant de Vergy. Ses seigneurs appartiennent ensuite à la noblesse bourguignonne de robe, les Joly de Bévy notamment. On a toujours distingué ici le haut et le bas. Celui-ci s'étend loin dans la plaine, et l'on trouvait là, jusqu'aux années 50, de l'oberlin, du baco et même du noah, des hybrides. En effet, ce que l'on appelle « la champagne de Flagey » n'est pas une terre à vigne. Sur le coteau, en revanche, le bouquet, la finesse, la vinosité n'ont rien à envier aux bons climats de Vosne. Jadis, le négoce vendait souvent le vin de Flagey sous le nom de Vosne, ou bien sous celui d'Echézeaux, de Nuits-Echézeaux, etc. Après s'être appelé Flagey-lès-Gilly, le pays a pris, en 1886, le nom de Flagey-Echézeaux pour limiter sur ce point les prétentions conquérantes de Vosne. Flagey ne revendiqua pas une appellation communale propre et se borna à vouloir baptiser Vosne le produit de ses vignes. Lorsque Jean Mongeard, ancien viticulteur de Flagey installé à Vosne en 1951, suggéra la fusion des deux syndicats viticoles, Flagey refusa tout net. Il subsiste ici quatre à cinq exploitations seulement, qui restent solides.

La commune compte 45 ha 38 a 94 ca de grands crus. Un pied de vigne sur deux, pas si mal ! L'aire d'AOC couvre 102 ha. Elle comporte 13,5 ha de Vosne Village (le meilleur, dit-on ici) et 11,4 ha de Vosne premier cru, dont Les Rouges, En Orveaux et une partie des Beaux Monts. Les autres vignes se trouvent en AOC Bourgogne.

« *O felicem vel hoc nomine Burgundiam...* O heureuse Bourgogne qui mérite d'être appelée la mère des hommes puisqu'elle leur fournit de ses mamelles un si bon lait ! »

Erasme, *Lettre à Laurinus*, Bâle, 1522.

LES GRANDS ECHEZEAUX

Au XVIIIe siècle, l'abbaye de Cîteaux possède « les vignes des Echézeaux » : au-dessus du lieu-dit Maupertuis dans le Clos de Vougeot et délimitées par ce mur. Les Grands Echézeaux actuels constituent alors les Echézeaux Bas, dans les limites actuelles du grand cru (9 ha 13 a 11 ca) et du décret de 1937. Le secteur appartient tout entier aux moines cisterciens et se trouve rattaché à l'exploitation du Clos de Vougeot. Cette implantation première date du XIIe siècle, et le mot Echesau apparaît dès 1287. C'est l'un des nombreux climats du coteau.

Son nom vient de « chezal » (chezaux au pluriel), signifiant groupe de maisons ou hameau. On disait autrefois Echeuzaux, et il faut prononcer ainsi malgré l'accent aigu.

Faute de pouvoir prendre pied en Musigny,

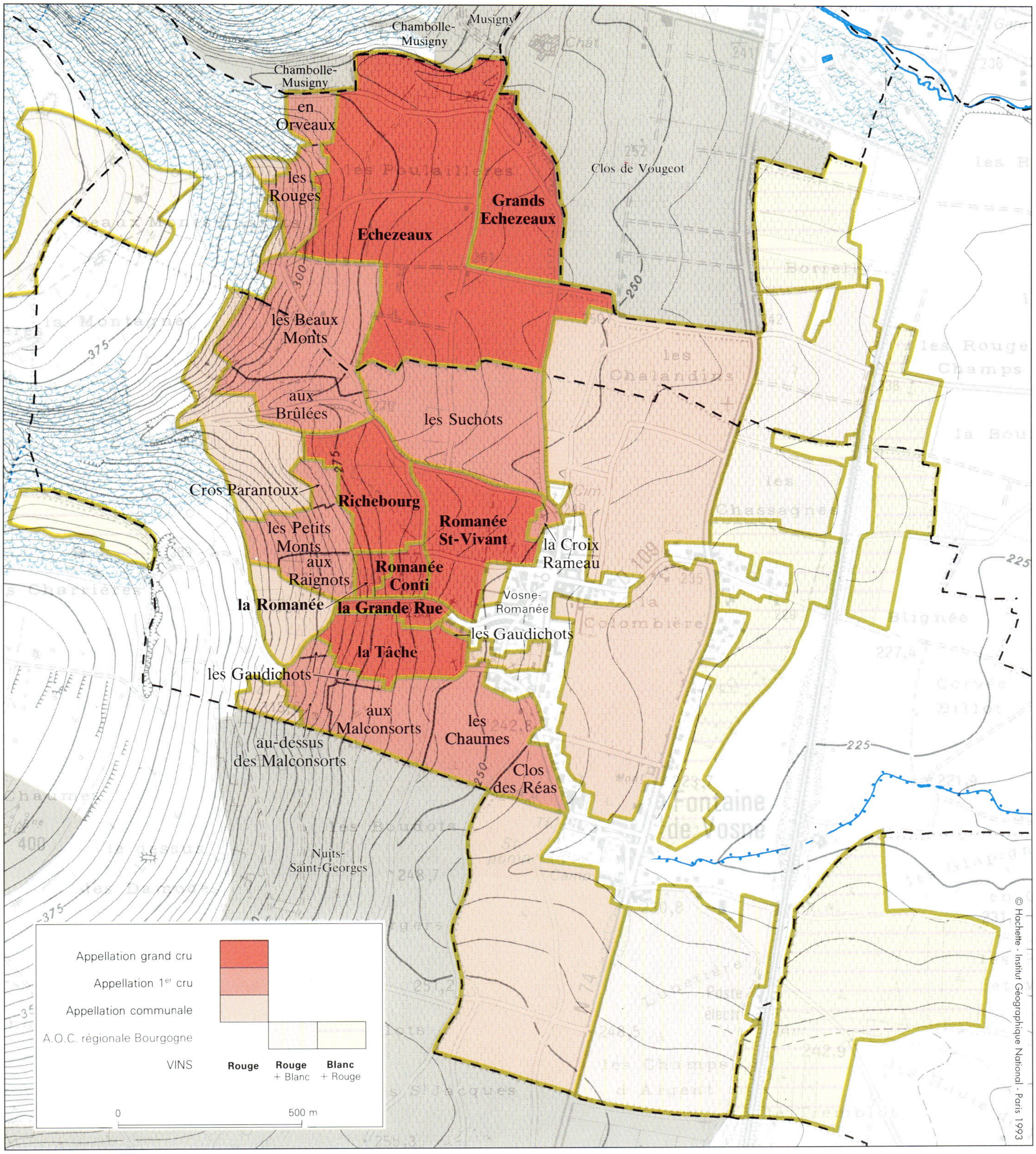

Le terroir et les crus apparaissent ici assez complexes.

Le Clos de Vougeot constitue une entité patrimoniale qui bouscule quelque peu la notion de climat.

Puis Flagey-Echézeaux réussit à se faufiler au bénéfice de ses meilleurs crus.

Enfin, Vosne-Romanée épanouit ses grands crus en rangs serrés.

Cîteaux occupe le terrain avec une forte ambition foncière. Le vaste remembrement semble achevé au XVIIe siècle. Mais, contrairement au Clos de Vougeot, exploité en faire-valoir direct, l'abbaye cède peu à peu à la propriété civile (baux à cens) ses vignes des Echézeaux. A la veille de la Révolution, les frères Marey de Nuits contrôlent ainsi une bonne partie du coteau et entreprennent à leur tour un remembrement à leur profit. La propriété de Cîteaux apparaît donc ici de plus en plus symbolique. Ce patrimoine va échapper aux ventes des biens nationaux, restant entre les mains de ses détenteurs.

Le sol est presque plat, marquant une continuité évidente avec le Clos de Vougeot. Une bonne couche de terre garde la chaleur profonde sur la dalle du calcaire bajocien. Si les Echézeaux Bas sont devenus Grands Echézeaux, c'est en raison d'un usage ancien et habituel dans la Côte, en raison de leur superficie, et non de leur qualité.

Reprise par les AOC, la délimitation judiciaire de 1925 confirme leur rang, reconnu surtout au XIXe siècle. Le raisin est-il plus dense qu'aux Echézeaux ? Ne devrait-on pas plutôt écrire Grand Echézeaux, le plus grand des Echézeaux, comme le fait Raymond Coquart ? Paisible et rêveur, serein avec l'âge, subtil et raffiné, c'est un vin pour érudits qui apprécient les nuances. Il évoque le champignon, la mousse, le terreau, le gibier, la billebaude. Henri Vincenot l'adorait. Sanglier, grouse rôtie si la chose se passe outre-Manche, gigot aux navets, fromage bien sûr. Production moyenne : 35 000 bouteilles par an.

LE PINOT DROIT

Parmi les débats passionnés qui divisent les Bourguignons, le pinot droit fut longtemps un sujet de choix. A l'initiative de plusieurs familles du cru – les Gouroux, Bissey, Loison, Coquard –, le pinot droit devint en effet une spécialité de Flagey. Cette variété de pinot noir, dont il existe d'ailleurs plusieurs sortes, a été en définitive admise après des études sérieuses et comparatives. C'est surtout dans cette partie de la Côte qu'on le rencontre et, à la vérité, les polémiques inspirées par ce cépage sont largement infondées à l'heure de la dégustation.

LES ECHEZEAUX

Parmi les « vignes des Echézeaux » qui figurent sur l'atlas de Cîteaux vers 1725, on trouve aussi les Echézeaux Hauts, appelés ensuite Echézeaux du Dessus, et plusieurs lieux-dits intégrés aujourd'hui à ce grand cru. Même domination foncière des moines, même exploitation avec le Clos de Vougeot. Même destin qu'aux Grands Echézeaux. Parmi les détenteurs civils, établis ici au XVIIIe siècle, se trouve le facteur d'orgues et marchand de vin Karl-Josef Riepp (Les Laochausses). On lui doit notamment le grand orgue de Saint-Bénigne à Dijon.

La pente atteint 13 %. A mi-coteau, la marne bajocienne affleure largement entre 250 m et 300 m d'altitude, et le revêtement caillouteux convient bien à la vigne. Jusqu'à 300 m, fait exceptionnel, la terre recouvre la roche sur 70 cm à 80 cm d'épaisseur. La superficie du grand cru varie beaucoup selon les auteurs : de 30 ha à 39 ha ! L'aire reconnue par l'INAO ne correspond d'ailleurs pas à celle du cadastre, tant le plan parcellaire est complexe et étendu. Officiellement et selon l'INAO, il s'agit de 36 ha 25 a 83 ca. Le grand cru date de 1937, confirmant la délimitation judiciaire de 1925. Tout commence par un procès que le député maire de Vosne Etienne Camuzet et un autre propriétaire, Mongeard-Mugneret, font à huit familles ayant déclaré leurs vins sous le nom d'Echézeaux, alors qu'ils provenaient de lieux-dits voisins des Echézeaux du Dessus. L'histoire donne raison à ces viticulteurs : tous ces climats figurent comme Echézeaux sur l'atlas de Cîteaux. Leurs vins étaient depuis longtemps vendus comme Echézeaux.

Les juges de Beaune ont ici interprété, parmi les premiers en 1925, la notion d'usages locaux, loyaux et constants. Pour ces bons bourgeois, ces usages étaient surtout ceux du négoce... L'absence d'appel montre que le parlementaire, indéracinable depuis un quart de siècle, voulait conserver ses électeurs. C'est l'exemple d'un grand cru créé par entente locale et processus démocratique, et, comme à Morey, par de petits viticulteurs. En bonne logique, seuls les plaideurs du procès de 1925 auraient dû bénéficier de l'appellation Echézeaux. Or, en 1937, tout le cadastre ou presque recevra ce nom. Si les Echézeaux du Dessus (3,5 ha) constituent à l'évidence le nombril du grand cru, toujours considéré comme de qualité égale à celle des Echézeaux du Bas (Grands Echézeaux), et si Les Poulaillères, Les Champs Traversins, Les Rouges du Bas, En Orveaux, Les Cruots selon Henri Jayer, donnent des vins excellents, Les Treux, par exemple, inspirent en revanche moins d'enthousiasme. La grande diversité des Echézeaux conduit parfois les viticulteurs à vendre ce vin comme Vosne premier cru, voire comme Vosne Village, profitant alors d'un rendement autorisé un peu plus élevé. Avec quelques rectifications de détail, la délimitation actuelle date de 1988, encore que le décret n'ait jamais été signé.

Temple de la petite propriété, Les Echézeaux comptent quelque 250 parcelles. N'ayant aucune peine à s'approvisionner, le négoce y est peu présent. Les 15 000 bouteilles du Domaine de la Romanée-Conti contribuent pour beaucoup à l'éclat du grand cru. Un vin léger, précoce, bien ouvert, franc et spontané. Mais ses vertus dépendent du lieu-dit.

Epaisse et riche aux Champs Traversins, la terre est rare en Orveaux et en Poulaillères, pierreuse et calcaire en Cruots. Sensuel et de conquête facile, ce vin a des arômes de pin ou d'églantine, de poivre ou de cuir, enveloppés par une rondeur goûteuse et souvent framboisée. Un fromage assez doux, l'agneau et la pintade forment d'heureux accords. Les Echézeaux ne repoussent d'ailleurs pas les hommages d'un marcassin ou du faisan. Production moyenne : 170 000 bouteilles par an.

VOSNE-ROMANEE

La perle du milieu

« Il n'y a point à Vosne de vins communs », écrit l'abbé Claude Courtépée à la fin du XVIIIe siècle, et l'on reste là. La perle du milieu. Terre sacrée, la Bourgogne n'a rien fait de mieux. On appelait jadis les habitants du pays les « pète-en-l'air » parce qu'on les voyait toujours courbés sur le coteau. La Côte demeure rectiligne, mais la route dessine un large tournant. Ce virage obéit aux crus. Le village actuel (465 habitants) est bloqué par la vigne. Il s'est bâti à l'horizontale, dans l'axe du château, puis au-dessous de la route. Son nom, Vosne (prononcer Vône, comme tâte-vin), est entré dans l'histoire en 636. Porté aux nues par le prince de Conti, le pays est républicain, révolutionnaire, mais il prend soin de récupérer la bonne partie de cet héritage. Il est tout prêt à s'appeler Romanée tout court, mais il prendra en définitive le nom de Vosne-Romanée en 1866. Comme ailleurs, l'influence commerciale apparaît déterminante dans ce choix.

Sur une aire viticole de 210 ha, les grands crus représentent moins de 30 ha. Mais quelle couronne : Romanée Saint-Vivant, Romanée-Conti, Romanée, Tâche, Richebourg, Grande Rue ! L'appellation Vosne-Romanée couvre près de cent hectares, répartis moitié sur Vosne et moitié sur Flagey. Les premiers crus et les grands crus occupent le milieu du coteau, les appellations communales se situant au-dessus et en dessous.

Les premiers crus ont de la fraîcheur, de la rondeur, une vinosité sensuelle qui se plaît en bouche avant de ravir le palais. Ils expriment un bonheur durable et incitent à la patience.

Velours et distinction. Le sous-bois, l'humus se mêlent à la cerise à l'eau-de-vie, à la pivoine pour culminer plus tard dans une malle emplie de cuir et de fourrure. Vins de garde absolument. Côté Flagey, les premiers crus s'appellent Les Suchots (supérieurs à bien des Echézeaux), Les Beaux Monts et Aux Brûlées. Dominent physiquement Les Richebourgs et La Romanée : Le Cros Parantou (qu'Henri Jayer a mis en vedette et qui mériterait de devenir grand cru), Les Petits Monts (analogues aux Richebourgs), Les Raignots (souvent magnifiques). Côté Nuits : Les Malconsorts (contre La Tâche et ayant longtemps partagé son destin commercial), Les Chaumes (de qualité moins brillante), Le Clos des Réas, La Croix Rameau (très proche de La Romanée Saint-Vivant), Les Gaudichots (qui devraient normalement porter le titre de grand cru, comme La Tâche).

Le Domaine de la Romanée-Conti vit dans une certaine exterritorialité. Le village est toutefois plus convivial qu'autrefois. Les jeunes se parlent, dégustent chez l'un ou chez l'autre. Rare exemple, avec les de Vogüé à Chambolle, d'une très vieille famille présente sur les lieux depuis plusieurs siècles, les Liger-Belair continuent d'animer le château.

Les vins de Vosne ont été critiqués, mais ils ont su remonter la pente et regagner le terrain perdu. Une fête originale, imaginée par Jean-Michel Lafond, le Parrainage, est née en 1986 autour des crus à la veille de leur mise en bouteilles (Vosne-Romanée Millésimes).

LA ROMANEE SAINT-VIVANT

L'histoire commence en Vendée, à la fin du IXe siècle. Chassés par les Normands, des moines s'enfuient en emportant leur bien le plus précieux : les reliques de saint Vivant. Ils trouvent refuge dans les Hautes-Côtes, auprès de l'important château de Vergy. Devenu grand prieuré de Cluny, ce monastère possède de nombreuses et belles vignes. Il s'agit notamment de « la terre inculte de

« Boire une Romanée-Conti, c'est comme éprouver l'orgasme dans la bouche et le nez à la fois, en même temps. »

Roald Dahl, *Mon oncle Oswald.*

Flagey et de Vosne », reçue dès le XIIe siècle, précisément à l'époque où Cîteaux prend pied dans la Côte. Les deux communautés s'opposent ici avec vigueur.
Comme au Clos de Vougeot, les moines emploient des vignerons et se réservent les tâches nobles. Leur empire va durer 650 ans sur le territoire de Vosne. Des bâtiments d'exploitation complètent quatre clos. Celui des Cinq Journaux est cédé en 1584, et il deviendra La Romanée-Conti. Les autres restent stables jusqu'à la Révolution. Un document de 1765 cite pour la première fois la dénomination « Romanée de Saint-Vivant ». Tout est saisi par la nation et vendu à Nicolas-Joseph Marey en 1791. La Romanée Saint-Vivant Marey-Monge demeure intacte jusqu'en 1898, quand la famille Latour achète le Clos des Quatre Journaux. Puis la plus grande partie, amputée de quelques parcelles au nord, devient en 1988 la propriété du Domaine de la Romanée-Conti.
La notoriété modeste du monastère de Saint-Vivant de Vergy ne valorisa guère ce vin, dont l'ascension date du XVIIIe siècle, lorsque le mot « Romanée » brille de tous ses feux grâce au prince de Conti. Par ailleurs, la Romanée-Conti n'est plus dans le commerce, et les amateurs (la cave de Louis XVI par exemple) se tournent vers Saint-Vivant. Les bâtiments historiques de Vosne appartiennent au Domaine de la Romanée-Conti, qui utilise ces caves pour l'élevage de ses vins. La vigne s'étend sur 9 ha 43 a 74 ca, sans changement notable depuis des temps immémoriaux. Une douzaine de propriétaires, mais le Domaine de la Romanée-Conti, avec 5 ha 28 a 58 ca et le maintien du nom Marey-Monge, détient les deux tiers du grand cru. Viennent ensuite Lalou Bize-Leroy (99 a 29 ca), le Domaine de Corton-Grancey (76 a 30 ca), etc.
Le premier cru La Croix Rameau (0,5 ha) sollicite depuis longtemps et en vain son classement en grand cru, au même titre que La Romanée Saint-Vivant. On ne peut, sur des bases historiques, qu'approuver ses prétentions. Miracle de féminité et de délicatesse, la Romanée Saint-Vivant a quelque chose de la rose. Sous des parfums envoûtants, un goût de cerise cueillie sur l'arbre, des traits qui apparaissent parfois fragiles mais qui émerveillent par leur équilibre – la grâce est éblouissante. Séductrice ? Evidemment. Production moyenne : 37 000 bouteilles par an.

LE PRINCE DE CONTI

Louis-François de Bourbon, prince de Conti (1717-1776) est tout d'abord un glorieux homme de guerre. Cultivé, brillant, il devient le confident de Louis XV et veille auprès de lui sur la diplomatie secrète. Madame de Pompadour réussit à l'exclure de l'intimité du roi. Le prince vit au château de l'Isle-Adam, à Versailles ou dans l'actuel hôtel de la Monnaie à Paris. Grand prieur des chevaliers de Malte, il s'installe ensuite dans l'enclos du Temple, où il mène grand train avec sa maîtresse, la comtesse de Boufflers. L'âme de la vie parisienne : réceptions, concerts, soupers et jeux. La Romanée-Conti devient rapidement célèbre à cette table princière où l'on célèbre l'aloyau à la Conti, le carré de mouton à la Conti, etc. Mécène fastueux, arbitre du savoir et du goût, le prince impose une mode qui, en l'espace de quinze ans, accède à l'éternité. Ce nom disparaîtra bientôt faute de descendants, étant seulement relevé – et avec quel éclat ! – par l'Académie française quai de Conti et par ce vin suprême.

LA ROMANEE-CONTI

Parmi les possessions de Saint-Vivant à Vosne figure le Clos des Cinq Journaux (un peu moins de 2 ha). Redevenu sans doute une friche, il est cédé en 1584. Différents propriétaires se succèdent, surtout les familles Venot et de Croonembourg. Le mot « Romanée » apparaît dans les actes en 1651. D'où provient-il ? Si l'allusion à une origine romaine est sans fondement, il s'agit peut-être d'un dérivé du vieux français « romenie », vin des îles grecques, vin de légende. Mais ce nom existe ailleurs dans la Côte…

Construite entre 1760 et 1770 par le prince de Conti, la Goillotte servait de dépendances à la Romanée-Conti.

Elle appartient de nos jours au Domaine de la Romanée-Conti. Les sphinx qui en gardent l'entrée proviennent du Dr Jules-Edouard Chanut au XIXe siècle. Belle introduction à un vin qui ressemble tant à la chambre secrète d'une pyramide !

Seigneurs de Chambolle et Morey, les Croonembourg valorisent cette Romanée, qui prend alors son essor. Des difficultés d'argent les conduisent à la vendre en 1760 à Louis-François de Bourbon, prince de Conti. Le prix étonne : dix fois plus élevé que les meilleures vignes à cette époque. Un démon de midi ! Le prince n'a nul besoin de disputer à Madame de Pompadour ces précieux pieds de pinot noir. Seigneur de Nuits et d'Argilly, il est chez lui en Côte de Nuits, et il y acquiert ce qu'il veut. La légende de cette querelle imaginaire trouve son origine dans les documents d'expertise de La Romanée-Conti en 1794 : les gens du pays brodent à partir de l'hostilité bien connue qui opposait le prince et la favorite et, tout en spoliant les Conti, se rattachent néanmoins à cette famille aux idées libérales et assez avancées, en exprimant leur mépris pour ce qu'incarne la Pompadour. Il s'agit seulement de sociologie révolutionnaire.

Le prince de Conti est le fondateur d'un cru.
D'un excellent vin qu'il se réserve et offre à ses hôtes, il fait un grand cru.

Le prince de Conti ne veille sur sa Romanée que seize ans – un grain de sable dans ce sablier millénaire –, mais il change tout. Passionné, le nouveau propriétaire fait construire la Goillotte afin d'accueillir pressoir, cuves et fûts. Il se réserve toute la récolte, qu'il retire du commerce. Arbitre des élégances à Paris, il impose cette favorite à sa table et lui donne jusqu'à son nom. Bref, comme dans les contes de fées, le prince épouse la vigneronne au teint de pêche, et ce sang sera éternel, mariant l'aristocratie la plus haute et la terre la plus humble. Le Grand Conti meurt et laisse La Romanée à son fils, homme aimable qui n'honore jamais le lit conjugal et laissera de ses amours des enfants sans postérité. A l'exception d'un seul : ce vin. Car, quand il vend presque toutes ses propriétés en 1783, il garde sa Romanée... La Révolution ? Il n'émigre pas, mais il est néanmoins persécuté et exilé de force. Ses biens étant devenus nationaux, on les vend aux enchères. Les sans-culottes vosniers ont le sens des affaires. Ils se placent résolument sous ce patronage, pourtant proscrit, l'estimant vendeur et marchand. Car le mot « Conti » vaut de l'or. C'est alors que l'appellation Romanée-Conti – rare exemple en Bourgogne d'un nom de famille accolé au cru – devient familière.

La vente du bien déclaré national s'avère très complexe. A Vosne, à Dijon et à Paris, on ne voit pas les choses du même œil. La capitale fourmille d'affairistes désireux de spéculer sur le dos de l'Etat. Les Bourguignons sont plus prudents, plus soucieux des intérêts locaux. Paris exige une publicité très large, une mise à prix très élevée, tandis qu'en Bourgogne on s'efforce de garder le contrôle de la vente. Les expertises successives constituent des morceaux de bravoure de la future littérature vineuse. Ce vin, qui « augmente toujours en qualité », « devient le baume des vieillards, des faibles et infirmes » et « rendrait la vie aux mourants ». Les experts en rajoutent. Paris leur reconnaît « toute l'intelligence désirable »... Cédée en 1794 à un certain Nicolas Defer, spéculateur parisien, La Romanée-Conti est revendue en 1819 à Julien-Jules Ouvrard, qui détient aussi le Clos de Vougeot, et un fabuleux domaine, géré en bon père de famille.

La Goillotte partira au XIXe siècle à la famille Chanut, de Vosne. Le Dr Jules-Edouard Chanut en hérite vers 1880. Pratiquant amicalement la médecine, ce célibataire ressemble beaucoup au bon Dr Minxit de *Mon oncle Benjamin*. La belle et vieille maison sera ensuite laissée à l'abandon jusqu'à sa reprise par le Domaine de la Romanée-Conti en 1979. Quant à La Romanée-Conti, elle reste Ouvrard jusqu'en 1869. Les héritiers la vendent alors à Paul Guillemot, négociant en vins dijonnais, qui la cède aussitôt à Jacques-Marie Duvault-

« On a peine à établir une classification, et on est obligé de placer hors ligne une partie importante du vignoble » (Dr J. Lavalle, 1855).

Blochet, négociant en vins à Santenay, marquis de Carabas de la Côte de Beaune et de la Côte de Nuits (133 ha de vignes en grands et premiers crus actuels). Ce dévoreur de vie est poète à l'occasion, mais surtout un négociant hors pair. Il connaît à merveille le vin. Quand il acquiert La Romanée-Conti, il a 79 ans, et il conclut sa destinée sur un superbe point d'orgue. A sa mort en 1874, ses propriétés sont divisées. La Romanée-Conti vit une existence extraordinairement complexe entre héritiers, étant partagée un certain temps puis réunie par les Chambon en 1912. En 1942, la famille Leroy acquiert les parts de Jacques Chambon (la moitié du grand cru), tandis que celles de sa sœur Marie-Dominique demeurent Gaudin de Villaine, une famille normande qui s'est peu à peu prise de passion pour le vin de Bourgogne.

Le destin de La Romanée-Conti se confond alors avec celui du Domaine de la Romanée-Conti, avec celui de deux familles très différentes mais unies par cette passion absolue. Les Gaudin de Villaine ont notamment des racines russes, les Zinoviev, l'une des très grandes familles proches des tsars pendant des siècles. Aubert a épousé Pamela Fairbanks, issue d'une des plus anciennes familles de Californie. Associés à la pure Vieille France, de tels apports venus des deux extrémités du monde contribuent pour beaucoup au caractère universel de cette ambition. Les Leroy témoignent d'une autre démarche. Enfant de l'Assistance publique, François crée sa maison de négoce en 1868. Son fils Henri est bâtisseur d'empire. Sans passé, il devient l'un des piliers de la Côte. Le premier, il décèle une faille dans la législation douanière entre la France et l'Allemagne au lendemain du traité de Versailles. Il s'établit en Cognac et vend outre-Rhin des « vins vinés », qui deviendront là-bas du cognac. Sa fortune faite grâce à ce marché, il achète tout en Bourgogne, sans trop se préoccuper de vendre. Il comprend bien avant les autres ce que représente le capital de La Romanée-Conti, en fait le siège et s'y implante en partenaire égal. D'où la cogérance et le système de gestion appliqué depuis, préservant l'intégrité physique et morale du domaine. On doit à ce grand homme du vin la modernisation (replantations sages) et l'extension (Montrachet, Romanée Saint-Vivant) du domaine.

Lalou Bize-Leroy, sa fille, lui succède au milieu des années 70. Aubert et elle sont l'eau et le feu. Ce couple complémentaire va de l'avant et s'équilibre bien jusqu'à la fin des années 80. Lalou achète en 1988 le Domaine Charles Noëllat à Vosne, puis le Domaine Philippe Remy à Gevrey. Elle se passionne pour la « biodynamie » découverte auprès de Nicolas Joly (La Coulée de Serrant), devenant peu à peu une mystique de la vigne et du vin. Le tiers du capital de la Maison de négoce-éleveur Leroy est cédé au groupe japonais Takashimaya. Bref, à l'image des drames antiques, le Domaine de la Romanée-Conti voit éclater soudain ses liens et ses alliances. L'existence d'un *grey market* (marché parallèle) perturbe la commercialisation aux Etats-Unis, où la Maison Leroy n'a pas compétence sur ce point. Pauline, sœur de Lalou, fait bloc avec les de Villaine. Ses 25 % font pencher la balance du côté d'Aubert. Ses enfants, Charles puis Henri, succèdent à leur tante comme cogérants. Les juges de Dijon donnent raison au Domaine, contre Lalou, qui entend s'exprimer désormais par elle-même, c'est-à-dire par ses propres vins. Racinien, ce conflit aurait pu frapper à mort le Domaine de la Romanée-Conti. Il n'en est rien. Son joyau, la vigne reine, s'étend sur 1 ha 80 a 50 ca, deux ou trois ouvrées ayant été prises en 1760 sur Les

LE CHANOINE KRAU

« Depuis quand et de quel droit défendrait-on à un curé de prêcher pour son saint et de travailler ainsi à la vigne du Seigneur ? » demande en chaire le chanoine Edouard Krau (1876-1954). Curé de Vosne-Romanée pendant un demi-siècle, directeur au village d'une école privée qui formera les Misserey, Gros, Méo, Collardot, Engel, Mongeard, Mugneret, Grivot, Liger-Belair du pays et d'alentour, ce fascinant personnage devient le grand aumônier de la jeune Confrérie des chevaliers du Tastevin, charge laissée sans suite après lui. Il prêche les premières fêtes de la Saint-Vincent tournante, donnant l'exemple de l'éloquence vineuse et sacrée.

A longueur d'année, il faut entretenir le palissage de la vigne, les fils, les piquets… comme ici dans La Tâche.

Richebourgs pour arrondir cette vente. Son sol a été ragaillardi quelquefois, phénomène habituel dans la Côte. Maintenue en « vigne française » plus d'un demi-siècle après la crise du phylloxéra (provins, traitement au sulfure de carbone), elle a été arrachée en 1945. Avoine et sainfoin, puis replantation en 1947-1948 sur des greffons tirés de La Tâche. Aucun millésime de 1946 à 1951 inclus. Une replantation progressive et très prudente est entreprise à la fin des années 90. Elle durera une vingtaine d'années.

La Romanée-Conti est l'un des très grands vins du monde, l'un des plus chers aussi en raison de sa rareté (6 000 bouteilles en production moyenne par an). Elle peut, selon les circonstances, accompagner un poulet froid et un fromage de chèvre, un ragoût de truffes ou le lièvre à la royale. Tout dépend des sentiments que l'on y met. Un formidable capital d'image entre dans la dégustation, et l'on ne peut se soustraire à cette sensation : pénétrer dans un monument historique et se pénétrer de lui. Un bonsaï ? Sans doute.

LE TIENE

Dit Le Tiène, Etienne Camuzet (1866-1946) est député de la Côte-d'Or, inamovible de 1902 à 1932. Maire de Vosne-Romanée, il se préoccupe de tout et particulièrement de la vigne. S'il n'oublie pas ses propres intérêts, il se comporte en défenseur passionné du patrimoine. Il achète le château du Clos de Vougeot en 1920 et y accueille la Confrérie des chevaliers du Tastevin dès 1934, puis lui cède le monument historique en 1944 par l'intermédiaire de quelques familles du cru (Faiveley, Engel, Thomas) et pour une durée de quatre-vingt-dix-neuf ans.

LA ROMANEE

La plus petite AOC de France, sur 84,5 a seulement. Le mot Romanée et ainsi que les noms de plusieurs lieux-dits oubliés de nos jours (En Echanges, Au Sentier du Prêtre) s'entremêlent, aux XVIe et XVIIe siècles, à ceux de Richebourgs. On parle aussi du climat Au-dessus de la Romanée. Les expertises effectuées sous la Révolution évoquent clairement des pièces de vigne « En la Romanée ». Six petites parcelles recousues par le général Louis Liger-Belair, selon un remembrement analogue à celui réalisé plus tard à La Tâche, achevé ici en 1826. On aurait pu alors pousser sur Les Reignots, plus en haut encore sur le coteau. La lignée Liger-Belair réussit à conserver La Romanée jusqu'à nos jours, grâce au chanoine Just (1904-1991), qui par honneur la rachète en 1933 lors de l'effondrement familial. Ferraillant sans cesse pour Dieu, ce prêtre y associe sa Romanée, la beauté même, Marie ou presque à ses yeux. Amoureux de sa vigne, il lui offre un supplément d'âme.

Il s'agit d'un métayage Forey depuis les années 50 et d'une commercialisation Bouchard Père et Fils. Mais les héritiers du chanoine, le général comte Henry Liger-Belair et son fils Louis-Michel, doivent reprendre peu à peu l'exploitation directe du domaine. La pente est plus marquée (12 %), la texture moins argileuse que dans La Romanée-Conti. Une rendzine reposant sur le calcaire de Premeaux et l'oolithe, avec du sol brun calcaire sur le haut. Peu de terre, caillouteuse, alors qu'aux Reignots, quelques mètres plus haut, le calcaire actif est plus important, le banc de roche très présent et la terre presque absente.

Jusqu'au XIXe siècle, la dénomination Romanée couvre une bonne partie de toutes ces vignes. Puis on distingue mieux. Assez dure dans sa jeunesse (« une épée dans son fourreau », disait le chanoine Just), une bouteille de Romanée garde les genoux serrés comme une bonne élève des Oiseaux, puis elle découvre ses épaules, son fruit noir, ses arômes, s'étirant avec l'âge dans une langueur amoureuse. Sa couleur prend de l'intensité et sa chaleur du corps. A déguster au bout de cinq à six ans, sur la grive ou le perdreau, l'oreille de veau ou encore le fromage. Production moyenne : 4 000 bouteilles par an.

Décoré d'un plumet, aux armes de la famille Liger-Belair, le fronton du château de Vosne.

LA TACHE

Premier propriétaire connu de cette vigne, Jean-Baptiste Le Goux de La Berchère, premier président au Parlement de Bourgogne, est seigneur de Vosne et Flagey en 1622. La Tâche passe ensuite entre les mains d'une autre famille parlementaire, les Joly de Bévy, qui, ayant émigré sous la Révolution, voit ses biens saisis et vendus par la nation. Ce climat se situe déjà à un rang égal à celui de la Romanée du prince de Conti, bénéficiant d'une notoriété exceptionnelle. En 1794, elle est acquise aux enchères par un négociant dijonnais, Viénot-Rameau. Peu après, en 1800, ses créanciers provoquent une nouvelle vente. L'acquéreur est cette fois Nicolas-Guillaume Basire, et cette histoire se confond avec celle des Liger-Belair jusqu'en 1933. Ces derniers traversent de graves difficultés. La Tâche entre alors dans le patrimoine du Domaine de la Romanée-Conti, qu'elle ne quittera plus. Sans compter la nation, quatre propriétaires seulement depuis le début du XVIIe siècle.

« Faire une tâche », prendre une vigne « à la tâche » – ces expressions reviennent souvent dans le vocabulaire de la Côte. L'ouvrier tâcheron s'occupe d'une vigne en échange d'un salaire forfaitaire, organisant son temps et son travail à sa guise. La Tâche Joly de Bévy historique couvre 1 ha 41 a 40 ca. Dans des conditions complexes, apparues dès le XVIIIe siècle, des parcelles voisines revendiquent le nom de Tâche, distingué néanmoins de La Tâche... Sur l'ancien lieu-dit Aux Tâches, révélateur de cette situation, les Liger-Belair créent le climat Les Gaudichots en 1827 en fédérant Les Gaudichots et Le Puits-Merdereau. Au XIXe siècle, la confusion est complète, et l'on vend fréquemment du « La Tâche-Romanée » dont parlent encore Curnonsky et Marcel Rouff en 1926. A cette époque, il devient nécessaire d'opter pour une appellation. On pourrait rattacher Les Gaudichots à La Grande Rue, mais La Tâche joue comme un aimant. Comme le Domaine de la Romanée-Conti a eu la sagesse de créer un quasi-monopole en Gaudichots, il se trouve en position de force pour demander le rattachement de cette vigne à La Tâche. Le procès qui éclate en 1932 donne raison au Domaine de la Romanée-Conti contre les Liger-Belair. Comme ceux-ci vendent La Tâche et son auréole à leur puissant voisin l'année suivante, l'affaire est désormais réglée. L'ensemble domanial recevra en 1936 le titre de grand cru à la suite de ces actions. Il s'agit de deux lieux-dits : La Tâche (1 ha 43 a 45 ca) et Les Gaudichots ou La Tâche (4 ha 62 a 95 ca), soit 6 ha 1 a 90 ca, portés à 6 ha 6 a 20 ca en 1960, lors d'un arpentage plus rigoureux. Une certaine injustice subsiste pour de petites parcelles classées en Vosne premier cru, voire en Vosne, alors qu'elles appartiennent aux Gaudichots. Leurs propriétaires n'ont, il est vrai, rien demandé, et ces rares Gaudichots ont des amateurs éclairés.

Des greffons choisis dans La Tâche permettent la reconstitution de La Romanée-Conti en 1947-1948. Les deux vignes sont donc consanguines. Tous les quatre ans, le sixième d'un hectare de La Tâche est replanté. Ce vin brille de feux superbes. C'est un phare. Sa finesse étonne dès la première mâche. Hors ligne, La Tâche ne ressemble qu'à elle-même : d'un chant très terrestre, sauvage, intense, peuplée de champignons ou d'épices, remplie de chair et presque irréelle, elle est une main posée sur une épée. Elle aime le coulommiers, le cîteaux, la poule faisane ou la poularde de Bresse, la truffe, et exige le silence à table. Production moyenne : 20 000 bouteilles par an (monopole du Domaine de la Romanée-Conti).

Etiquetées et soigneusement numérotées, les bouteilles du Domaine de la Romanée-Conti vont désormais vivre leur vie.

LES RICHEBOURGS

Avec un nom pareil, Le Richebourg emplit le verre à lui tout seul ! Singulier et pluriel – on dit Les Richebourgs pour la vigne, le Richebourg pour le vin –, chantant l'opulence, ce grand cru, mitoyen de La Romanée-Conti et de La Romanée, se situe sur le coteau juste au-dessus de La Romanée-Saint-Vivant. Cité pour la première fois en 1512, ce nom semble venir d'une construction germanique en *-burg*. Toujours divisé durant l'histoire, le climat acquiert une haute réputation sous le gouvernement de l'abbaye de Cîteaux, qui en est l'un des principaux propriétaires avant la Révolution. Alors que les moines laissent des exploitants civils s'occuper des Echézeaux, ils veillent eux-mêmes sur leur Richebourg, né d'une cuvée particulière et vinifié au Clos de Vougeot. Ces vignes, auxquelles s'ajoutent des parcelles réunies aux Richebourgs cisterciens (Le Puits Merdereau, Les Gaudichots), de même niveau que La Tâche selon l'expertise, sont vendues avec le Clos de Vougeot comme bien national en 1791. L'acquéreur, Focard, est un affairiste parisien. Contrairement au Clos de Vougeot, qui entre dans le patrimoine Ouvrard, les Richebourgs sont cédés assez vite à plusieurs familles du cru (Liger-Belair, Marey, Frantin, Lausseurre, Duvault-Blochet, etc.).

Donné d'abord pour quelque 6 ha, le climat rétrécit de 1 ha environ au cadastre de 1827, quand La Romanée est fixée dans ses limites définitives. Mais il grandit dans le même temps, car Les Véroilles deviennent Les Varoilles-sous-Richebourg pour 3 ha. La qualité est ici analogue. Si le mot « sous » signale simplement une réalité topographique, il ne plaît guère aux gens de Vosne qui, sous la houlette du député maire Etienne Camuzet, entreprennent de changer le nom du climat : Varoilles ou Richebourg. Nuance ! Puis en 1924, les juges de Dijon accordent aux propriétaires de ce climat le droit de vendre le vin sous le nom de Richebourg en raison des usages. En réalité, la justice s'est bornée à prendre acte d'un accord amiable entre les propriétaires concernés, et le décret de 1936 classera grand cru – sans discussion et sous le même nom – l'ensemble des deux climats. Ceux-ci couvrent 8 ha 3 a 43 ca, dont 5 ha 5 a 16 ca pour les Richebourgs et 2 ha 98 a 27 ca pour Les Véroilles ou Richebourgs. Quelque trente-cinq parcelles, une quinzaine de propriétaires, tous locaux et pratiquant la vente directe. Le négoce n'en trouve guère. Le Domaine de la Romanée-Conti possède près de la moitié du grand cru. Le tiers de ses vignes resta jusqu'en 1946 la dernière parcelle bourguignonne non greffée sur bois américain, la dernière « vigne française ». Le meilleur vin de Vosne ? La plénitude la mieux comblée par la nature ? La question se pose grâce à Charles Viénot qui, dans les années 20 et 30, s'est dépensé sans compter pour ce cru. Un rubis brut, tiré des entrailles de la terre. Sous la gangue de ses tanins, de l'alcool et de l'acidité perce une adorable sensibilité. Le nez de Cyrano, un fruit massif, un penchant viande et gibier, parfois petit fauve, musc et cuir. Ce mousquetaire aime la vie, l'intensité, la violence et la fête. Le lièvre à la royale ou une pièce de charolais seront à la mesure de ce tempérament expansif et chaleureux, drapé d'une robe veloutée. Le plus cher des grands crus divisés : jusqu'à 700 francs l'une des 30 500 bouteilles de la production moyenne annuelle en prix de sortie.

Une représentation charmante
sur une étiquette ancienne.

LA GRANDE RUE

Etroite bande de terre située le long d'un chemin entre La Romanée-Conti et La Romanée au nord, Les Gaudichots ou La Tâche au sud, La Grande Rue a tout de ces illustres voisins. Le relief, le sol, l'orientation sont identiques. Ce climat est cité dès 1450, et il a toujours bénéficié de commentaires flatteurs. Depuis le XVe siècle à tout le moins, il comporte une parcelle de près de 1 ha et plusieurs petites parcelles. A la veille de la Révolution, la vigne principale appartient aux Lamy de Samerey. Cette famille de la noblesse de robe bourguignonne voit ses biens confisqués et vendus. Les Marey achètent alors La Grande Rue, puis Ludovie Marey l'apporte aux Liger-Belair par son mariage. Elle reste dans cette lignée jusqu'au général Denys de Champeaux, qui cède le climat tout entier (1 ha 51 a 79 ca) à Henri Lamarche, de Vosne, en 1933. Il se trouve aujourd'hui encore dans cette famille. Les petites parcelles ont été remembrées au XIXe siècle, et d'autres rectifications minuscules (dont une portant sur 22 ca) auront lieu jusqu'en 1959 avec le Domaine de la Romanée-Conti.
Le classement de La Grande Rue en grand cru ne date que de 1992. Il apparaît cependant incontestable, d'autant qu'il s'agit d'un monopole attaché à deux patrimoines seulement depuis deux siècles. Henri Lamarche ne s'en était pas soucié, et il vendait sans difficulté sa « Romanée Grande Rue ». Lors de la révision des aires viticoles par l'INAO en 1984, la famille Lamarche se réveille et sollicite le passage de premier cru en grand cru. Des complications de détail relatives à quelques ares retardent l'affaire, mais la commission d'enquête approuve le projet en 1989. La Grande Rue, qui écrivait « Tête de cuvée Monopole » sur ses étiquettes, peut enfin, dès la récolte 1991, y inscrire les mots « grand cru ». Mais une autre difficulté va retarder encore le décret. De principe, elle porte sur une anomalie de tous les décrets de classement à propos de pinot noirien, beurot, liébault, blanc ou gris, cités par habitude mais sans signification ampélographique réelle de nos jours. On se renvoie longtemps le dossier entre Paris et Bruxelles...
Ce vin a du goût. Il gagne à être décanté et délivre souvent des arômes fauves sous une mâche excellente, des nuances de violette et de framboise. L'âge l'embellit. Production moyenne : 8 000 bouteilles (monopole du Domaine François Lamarche).

Les caves du monastère de Saint-Vivant sur la colline de Vergy, construites au XVIIIe siècle.

NUITS-SAINT-GEORGES PREMEAUX-PRISSEY

Un nom connu même sur la Lune !

Entre Beaune et Dijon, il y avait une place à prendre. Nuits-Saint-Georges l'occupe avec rondeur. Et pourtant, que n'a-t-on pas dit du Nuiton : montagne sans buisson, rivière sans poisson, fille sans téton... Cette cité active et chaleureuse (5 600 habitants) a suffisamment d'esprit pour en sourire. La Confrérie des chevaliers du Tastevin ne possède-t-elle pas ici son berceau ?

Dès le XVIIIe siècle, la jeunesse du pays va étudier en Allemagne, en Angleterre, se familiarisant ainsi avec ses futurs clients et un marché déjà européen. On voyage beaucoup. Les étrangers désireux de s'établir ici sont accueillis avec sympathie. D'où ces maisons Geisweiler, Bruck, Kress, Brüninghaus, Moppert, Hasenklever... Ouverte et cosmopolite, pratiquant le commerce comme une religion, Nuits était il y a deux siècles très en avance sur la plupart des autres villes bourguignonnes. Les Marey et Marey-Monge, les Liger-Belair fondent alors la ville moderne.

A TOUT SEIGNEUR...

La rivière du pays, le Meuzin, enferme dans une boucle de la plaine la bourgade gallo-romaine des Bolards et son temple de Mithra. Du Ier au Ve siècle apr. J.-C., la vie se situe là. Puis l'habitat remonte vers la combe de la Serrée, s'installe autour de la vieille église Saint-Symphorien, dédiée à un martyr d'Autun. Symphorien, prénom bien bourguignon, comme Andoche ou Bénigne. La ville grandit, s'offre un beffroi communal, se libère du corset des fortifications pour faciliter son commerce. Deux mondes se côtoient : le petit peuple vigneron et une bourgeoisie locale, celle des affaires, qui habite sur place. Le chemin de fer arrive en 1849, et il provoque un boom économique, la naissance de nouvelles maisons comme Moillard-Grivot et Dufouleur. Mais l'indicateur ferroviaire précise « Nuits-sous-Beaune » pour distinguer cette gare de celle de Nuits-sous-Ravières au sein du PLM. Quel scandale ! Après une longue bataille, plus longue que celle de la guerre de 1870 mais aussi acharnée, Nuits obtient enfin en 1892 le droit de s'appeler Nuits-Saint-Georges, son meilleur cru.

Il ne s'agit pourtant pas d'un grand cru. Situé à l'extrême sud, ce merveilleux climat de près de 8 ha a tous les atouts en main pour revendiquer un tel rang. Planté dès l'an mille et offert au chapitre collégial de Saint-Denis de Vergy (transféré à Nuits en 1609), c'est l'un des clos les plus anciens de Bourgogne. Sous une exposition au levant, son sol brun rougeâtre profond et très caillouteux comporte ce qu'il faut d'argile. Son nom provient sans doute d'une confrérie locale. Constamment classé parmi les têtes ou premières cuvées de la Côte, il manque sa chance de devenir grand cru, car Henri Gouges (1889-1967), viticulteur nuiton et pape des appellations dans les années 30, ne veut pas donner le sentiment qu'il tire à lui la couverture. Il possède, en effet, un bout de ce climat. Son tempérament démocratique s'accorde mal aux hiérarchies aristocratiques ou bourgeoises. Il préfère étendre considérablement les premiers crus de l'appellation communale, englobant d'un geste large le terroir de Premeaux.

> **« Aucun vin n'est aussi terrestre que le rouge vin de Bourgogne ; dans le reflet blanc de la neige, il avait la couleur de la terre, cette couleur pourpre et or des collines de la Côte-d'Or au coucher du soleil. Son souffle était profond, parfumé d'herbes et des feuilles comme un soir d'été bourguignon. Et aucun vin n'accompagne aussi intimement l'approche du soir, n'est autant l'ami de la nuit que le vin de Nuits-Saint-Georges, nocturne jusque dans son nom, profond et semé d'éclairs comme une nuit d'été en Bourgogne. »**
>
> Curzio Malaparte, *Kaputt*.

LA RONDE DES NUITS

Vingt-huit premiers crus dont Les Terres Blanches classées en 1985 : 100,5 ha sur Nuits et près de 47 ha sur Premeaux, soit 147 ha 33 a 24 ca. Ils se répartissent en deux familles. La première va de Vosne à la Serrée, sur la roche mère du calcaire rosé de Premeaux : des terrains bruns caillouteux, à texture fine d'argiles et de limons, entre 250 m et 340 m d'altitude, en forte pente (jusqu'à 20 %). La vigne dessine un amphithéâtre orienté de l'est au sud-est. Les vins sont ici les moins corsés : Les Damodes, Les Boudots (entre 6 ha et 8 ha selon les déclarations de récolte), Aux Cras, La Richemone (2 ha, dont 0,5 ha au comédien Gérard Depardieu, exploité par André Pernin-Rossin, de Vosne), Aux Murgers, Les Vignes Rondes, Aux Chaignots, Les Champs Perdrix, Aux Thorey et Clos de Thorey, Les Bousselots et Aux Argillats. Diverses nuances apparaissent grâce à ces têtes de mouton, blocs calcaires des Damodes, ou des marnes à huîtres fossiles des Vignes Rondes, des Bousselots ou des Argillats. Les Murgers sont souvent assez tanniques et charnus, les Thorey tendres et veloutés, les Bousselots et les Argillats plus austères que les Vignes Rondes au fruité exubérant ou les Damodes, très souples et fines. « Plus de nez que de bouche », dit-on parfois d'une Richemone. Bref, il y en a pour tous les goûts.

Après une pause dans l'axe du bourg, vient la seconde famille des premiers crus, dès la route de Chaux. Ces ensembles sont souvent dessinés par de grands propriétaires au XIXe siècle, en bouclant quelque peu les climats. D'importants remembrements ont eu lieu ici. Entre 230 m et 300 m d'altitude, sur une pente très faible, sauf parfois dans les hauteurs, les sols bruns calcaires se mêlent à des cailloutis, à des limons argileux, à des chailles. Le talweg des Vallerots marque une différence assez sensible. Ce sont successivement, en partant de Nuits : Rue de Chaux, Les Procès, Les Crots (comportant le fameux Château Gris, construit vers 1800 par Zéphir de Mayol de Lupé), Les Pruliers, Les Roncières, Les Poirets (devenus Porêts ou Porrets, et même Les Porrets Saint-Georges ainsi que le clos portant ce nom, avec une petite parcelle en blanc), Les Perrières (avec une vigne Gouges en blanc, née d'une mutation spontanée d'un pied rouge donnant du blanc découverte vers 1935), Les Poulettes, Les Chabœufs, Les Cailles (3,8 ha... mais 7,1 ha sur les déclarations de récolte, tant le nom est marchand), Les Vaucrains, Les Chaînes Carteaux (souvent vendus comme Vaucrains) et le *nec plus ultra*, Les Saint-Georges sur 7,5 ha.

L'ORDONNANCE DE FAGON

Premier médecin du roi, le Dr Guy-Crescent Fagon (1638-1718) réforme le régime alimentaire de Louis XIV à partir de 1693. Il prescrit « du vieux vin de Bourgogne », par opposition au vin alors tranquille de Champagne, sans trop s'attarder à des considérations gustatives. Le Roi-Soleil n'accepte ce traitement qu'à contrecœur. Toute la Cour en parle aussitôt, et ce geste a des conséquences bénéfiques pour le vin de Bourgogne, grand concurrent à cette époque du vin de Champagne. Ponctuée par de nombreuses thèses médicales, c'est la « querelle des vins » qui dura un siècle.

Aucun cru particulier n'est cité, mais Nuits a l'astuce commerciale de revendiquer la fourniture de cette royale boisson. Dès 1728, très peu de temps après, l'abbé Claude Arnoux écrit que Louis XIV ne buvait point d'autre vin. Il est vrai que le Nuiton produisait en ce temps-là les vins rouges de garde. Le rapprochement est donc logique.

A gauche : l'église Saint-Symphorien à Nuits-Saint-Georges. Comme Andoche, Bénigne, Lazare, un vieux prénom bourguignon que l'on trouvait jadis dans chaque famille.

A droite : le Château Gris, construit par Zéphyr de Mayol de Lupé vers 1815, domine la ville.

L'EAU CHANGEE EN VIN

L'appellation Nuits-Saint-Georges se poursuit alors que l'on change de commune pour entrer à Premeaux-Prissey (prononcer et écrire Premeaux, sans accent). Unis depuis 1972, ces deux villages, toujours très proches, sont bâtis le premier au pied de la Côte, le second dans la plaine. « Premeaux produit une partie très importante des excellents vins vendus sous le nom de vins de Nuits, et, pour ses premiers crus, va de pair avec ce que cette commune produit de plus exquis », note dès 1855 le Dr Jules Lavalle.

A l'exception des initiatives prises par les Viénot (Domaine de l'Arlot), les grands propriétaires nuitons ont remembré et ordonné tout le coteau de Premeaux. Lors de la mise en place des appellations dans les années 30, Premeaux ne revendique pas d'appellation communale. Il se range sous la bannière Nuits, tandis que Prissey, encore à l'écart, doit se contenter du sort de Comblanchien et Corgoloin (Côte de Nuits-Villages) pour les Leurey et Vignottes, ses meilleurs climats.

Il est vrai que Premeaux (333 habitants avec Prissey) se consacra longtemps à une vocation thermale grâce à sa source de la Courtavaux – bienfaisante pour la cicatrisation, le foie et les intestins –, propriété jadis de la famille de... Vichy ! Chlorurée, sulfatée, carbonatée, riche en hélium, la Courtavaux attira des curistes occasionnels jusqu'aux années 60. Son bassin devint ensuite piscine, puis fut abandonné.

Entre 230 m et 300 m d'altitude, avec une pente souvent faible ou nulle mais atteignant parfois les 20 %, les sols sont en continuité évidente avec le coteau sud de Nuits. Un peu de chardonnay au sein d'un univers de pinot noir. La marche globale des premiers crus reprend après Les Saint-Georges : Les Didiers (appartenant aux Hospices de Nuits), Les Forêts ou Clos des Forêts Saint-Georges (mis en valeur naguère par les Viénot), Les Terres Blanches, situées au-dessus des précédents (classés premier cru sur 4,5 ha en 1985), Les Corvées et le Clos des Corvées, Aux Perdrix, situées au-dessus du précédent, Les Corvées Pagets (1,5 ha en Clos des Corvées Pagets et près de 1 ha en Clos Saint-Marc), Les Argillières et le Clos des Argillières, Les Grandes Vignes, Clos Arlot (5,4 ha, dont près de 1 ha en blanc), Clos de la Maréchale (ou ancien Clos des Fourches, au nom moins patibulaire mais qui ne doit rien à une maréchale de l'Empire), resté en monopole.

Premeaux-Prissey possède le tiers des 146 ha de Nuits premier cru, ainsi que 12 ha de Nuits Village sur un total de 175 ha, avec quelques bons climats comme La Plante au Baron ou Les Charbonnières. Production de Bourgogne Aligoté souple et parfumé, de Bourgogne Grand Ordinaire grâce à la qualité du gamay de Premeaux, de Passetoutgrain et de Crémant.

Le cratere Saint-Georges

« Enfin, pour couronner ce repas, Ardan dénicha une fine bouteille de Nuits qui se trouvait "par hasard" dans le compartiment des provisions. Les trois amis la burent à l'union de la Terre et de son satellite... » Imaginée par Jules Verne dans son voyage *Autour de la Lune*, cette dégustation historique a inspiré l'équipage d'Apollo XV en 1971 : en hommage à Jules Verne, il a baptisé Saint-Georges le cratère situé auprès du lieu d'alunissage et enfoui dans le sol une étiquette de vin de Nuits (cuvée Terre-Lune) avec un peu de terre du Texas.

Le cratère Saint-Georges sur la Lune, baptisé ainsi par l'équipage d'Apollo XV en 1971.

FERMETE ET PLENITUDE

Les vins de Nuits donnent envie de mordre dedans. Leur nom évoque le crépuscule. Les premiers crus témoignent d'une nature assez vigoureuse, dure dans l'adolescence, plus caressante ensuite. Rue de Chaux est un vrai Janus, les Procès un diable d'animal, Château Gris est charpenté comme un compagnon bâtisseur, les Pruliers sont sensuels et vifs, les

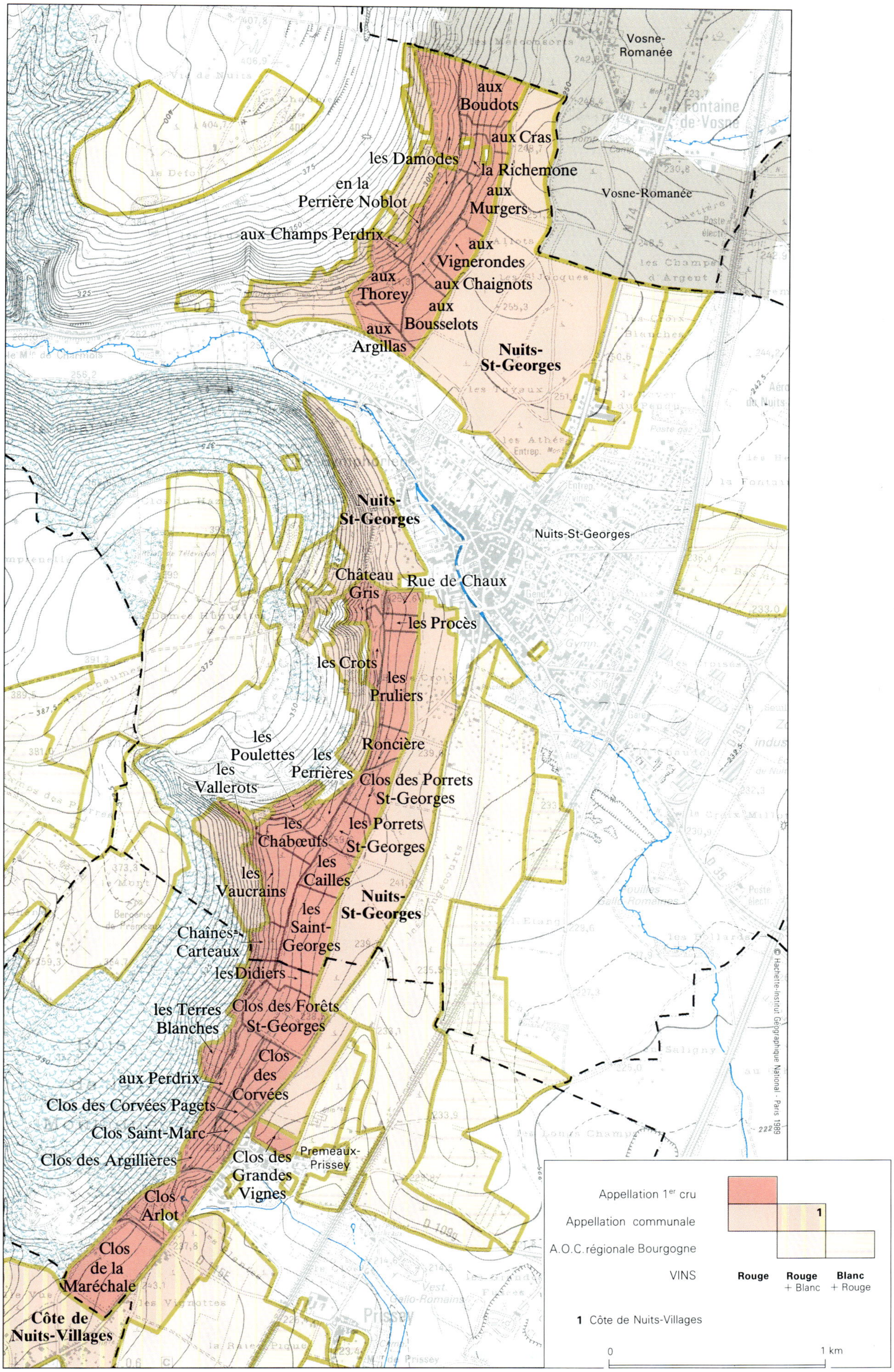
Vosne-Romanée
la Fontaine de Vosne
aux Boudots
aux Cras
les Damodes
la Richemone
en la Perrière Noblot
aux Murgers
Vosne-Romanée
aux Champs Perdrix
aux Vignerondes
aux Chaignots
aux Thorey
aux Bousselots
aux Argillas
Nuits-St-Georges
Nuits-St-Georges
Nuits-St-Georges
Château Gris
Rue de Chaux
les Procès
les Crots
les Pruliers
Roncière
les Poulettes
les Perrières
les Vallerots
Clos des Porrets St-Georges
les Chabœufs
les Porrets St-Georges
les Cailles
les Vaucrains
Nuits-St-Georges
les Saint-Georges
Chaînes-Carteaux
les Didiers
les Terres Blanches
Clos des Forêts St-Georges
Clos des Corvées
aux Perdrix
Clos des Corvées Pagets
Clos Saint-Marc
Clos des Argillières
Clos des Grandes Vignes
Premeaux-Prissey
Clos Arlot
Clos de la Maréchale
Côte de Nuits-Villages
Prissey
© Hachette-Institut Géographique National · Paris 1989
Appellation 1er cru
Appellation communale
A.O.C. régionale Bourgogne
VINS
Rouge
Rouge + Blanc
Blanc + Rouge
1 Côte de Nuits-Villages
0
1 km

Poulettes rigoureuses, les Vaucrains assez masculins et annonçant les Saint-Georges, remarquables par leur bouquet et leur sensibilité. Riche et complexe, ce vin éblouit moins par son corps que par sa subtilité. Comme si la Côte se reprochait un oubli et revenait pour un instant à Vosne… Les nuances entre ces crus sont quelquefois sensibles. Les Didiers, un peu moins costauds que les Saint-Georges. Distinction et moelleux des Forêts, personnalité appuyée des Corvées, un fondu bien rond aux Corvées Pagets, élégance des Argillières, souplesse des Grandes Vignes, subtilité du Clos Arlot, vieillesse heureuse de la Maréchale… L'iris, la framboise, le lilas épanouissent un bouquet vivifiant. Un Nuits convient à une nourriture généreuse, comme le sanglier de Carélie servi avec ce vin dans *Kaputt* de Malaparte, ou encore le jambon à la nuitonne.

Pour les deux communes de Nuits et Premeaux, on compte 700 000 bouteilles de premiers crus en production moyenne annuelle. Seules quelques gouttes de blanc.

Beaucoup de diversité selon le lieu d'origine, mais en général une jeunesse assez sévère, une structure dessinée à la gouache, la vertu démonstrative des tanins et des notes de pruneau, de griotte. Certains climats ont disparu, comme cet étrange Noyer du Pendu… L'appellation Bourgogne occupe le piémont sur 200 ha à Nuits et à Premeaux. Le haut du coteau et le début du plateau sont classés en Bourgogne Hautes-Côtes de Nuits, notamment Les Dames Huguette, qui ont acquis une juste notoriété. Nuits-Saint-Georges a mordu en effet sur les Hautes-Côtes en épousant le village de Concœur-et-Corboin en 1970.

LA COTE DES PIERRES

Intercalaire entre Côte de Nuits et Côte de Beaune, Comblanchien marque une transition : la « Côte des Pierres », selon l'expression du géologue Raymond Ciry. La Côte descend ici très bas, chancelle et laisse un ruban de vigne entre les carrières et la route. La ligne de partage des vins se situe là, alors que la montagne s'abaisse et reprend souffle. Elle change de point de vue et même de religion, quittant son ordon rigoureux, cistercien, regardant le Jura droit dans les yeux, pour s'incurver légèrement, s'adoucir, accompagner le soleil dans sa course selon une orientation un peu plus au sud-est, dans un esprit déjà clunisien. La vue opte pour le Mont-Blanc. Les combes ont les épaules plus larges.

La Côte des Pierres est un motif de cheminée en beau marbre de Comblanchien grège, moucheté de mollusques et de coraux

L'HOPITAL DE NUITS

Fondé en 1634, l'hôpital de Nuits possède 11 ha de vignes, dont 8,5 dans cette appellation (monopole des Didiers), dont le vin est vendu aux enchères comme à Beaune. La manifestation a lieu depuis 1991 au château du Clos de Vougeot, le dernier dimanche de mars. Le prix moyen de la pièce équivaut environ aux deux tiers de celui atteint à Beaune pour les rouges d'appellations analogues.

LE GROS CHARLES

Vieille famille du cru, les Viénot sont associés à l'histoire de Premeaux. Derrière le Clos-Arlot (un ruisseau) se niche un amour de parc de verdure, créé par Jean-Charles Viénot (1812-1889) dans un esprit italien interprété par un Bourguignon (labyrinthe de buis, pierres trouées). Sa veuve vend la propriété à Jules Belin, célèbre pour son *Marc à la Cloche*. Depuis 1986, elle appartient à Axa Millésimes.

De tous les Viénot, la figure la plus flamboyante reste celle du Gros Charles (1882-1937). Falstaff chaleureux, fin commerçant, pesant un bon quintal et demi, bâti comme un foudre, il est l'ornement de toutes les tables. Il invite constamment la critique gastronomique de l'époque. Pilier des initiatives bourguignonnes des années 30 – le Tastevin, la Paulée, etc. –, vainqueur à Rouen, en 1934, du « Combat des fourchettes » – abominable goinfrerie –, il défend avec ardeur son Richebourg et lance une cuvée ronde de qualité, *La Bonne Bouteille de Charles Viénot*. C'est l'idée du Bourgogne de marque développée alors par Geisweiler, Chauvenet, etc. La Maison Charles Viénot sera cédée à Jean-Claude Boisset en 1982.

Claudine Lenoir (1725-1765), épouse de Claude Marey.

Peinte par David, Charlotte-Emilie Monge (1778-1867), épouse de Nicolas-Joseph Marey.

De la fin de l'automne au début du printemps, le vignoble prend l'habit cistercien : brun-roux, ou blanc sous la neige.

fossiles. Une vingtaine de carrières exploitent cette richesse qui orne d'innombrables monuments français, du musée du Louvre à l'aéroport d'Orly, du Carlton de Cannes au socle de la statue de la Liberté à New York. Comblanchien (450 habitants) se consacre cependant à la vigne sur quelque 60 ha. Corgoloin (900 habitants) fut, comme le village voisin, une propriété du prince de Conti à la veille de la Révolution. Associé à une importante production de cassis, le vignoble couvre 85 ha. Le meilleur du village se situe aux deux extrémités : Monts de Boncourt vers Comblanchien, Clos des Langres côté Ladoix. De grandes familles ont vécu aux châteaux de La Chaume (Marey-Monge, puis Bouchard) et de Cussigny (Senard).

UNE DOUIX

Comme s'il s'agissait d'une résurgence vauclusienne, d'une « douix », comme on dit en Bourgogne, l'appellation Côte de Nuits-Villages réapparaît ici au grand jour. Rentrée sous terre depuis Brochon, la revoilà à Prissey, Comblanchien et Corgoloin. Son histoire est rocambolesque. En 1924, les Nuitons empêchent en justice leurs collègues des environs d'écrire Côte de Nuits sur leur étiquette. Les juges se penchent à nouveau sur l'affaire en 1925, en 1927, en 1934. On opte enfin pour « Vins fins de la Côte de Nuits », appellation consacrée par le décret de 1937. Lucien Audidier, viticulteur à Corgoloin, entreprend un combat obstiné pour changer l'AOC en Côte de Nuits-Villages. Victoire en 1964.

Le Côte de Nuits-Villages s'étend sur Fixin et Brochon, ainsi que sur Premeaux-Prissey (12,3 ha), Comblanchien et Corgoloin, pour un total de 900 000 bouteilles par an. Du rouge surtout, un peu de blanc en progression. Un vin qui ne laisse pas de marbre ! Quelques climats apparaissent sur les étiquettes : Les Vaucrains, Les Perrières, Les Vignottes, Clos des Langres. Longe de veau ou plutôt poule au pot ? C'est la vraie bouteille dominicale que suggérait Henri IV pour chaque famille française. Une fête annuelle, l'Eté des Côtes de Nuits-Villages, en juillet.

Les Marey-Monge et les Liger-Belair

Fils d'un négociant nuiton, Claude Marey (1696-1770) part vendre du vin à Francfort-sur-l'Oder et à Leipzig. Enfant prodigue, il dissipe son chargement avec la jeunesse allemande et revient avec peu d'argent en poche mais muni d'un fabuleux carnet d'adresses. Il a tout compris. Ses amis deviennent ses clients. Avec deux siècles d'avance, il applique les principes de la Confrérie des chevaliers du Tastevin. Vivant sur un grand pied, Claude Marey joue tous les rôles à la fois, convole en justes noces à quatre reprises, a constamment table ouverte, achète vigne sur vigne. Quand il acquiert un blason, dans un esprit tastevinesque il dessine un rébus : un mât et deux poissons, deux raies… Il devient châtelain à Pommard. Son fils Claude-Philibert (1756-1815) est conservateur. Napoléon est reçu sous son toit, et Las Cases consacre à l'événement deux bonnes pages du *Mémorial de Sainte-Hélène*. Il émigre, perd tout puis se rétablit après la tourmente. Car son frère Nicolas-Joseph (1760-1818) suit une autre voie. Elu à la Législative puis à la Convention, il représente le Nuiton dans les assemblées révolutionnaires, tout en devenant ici l'un des plus importants acquéreurs de biens nationaux. Il épouse la fille de Gaspard Monge, haute figure du temps. Ce mariage étincelant assure sa fortune. On dira maintenant les Marey-Monge.

Les destinées se croisent. Nièce du conventionnel dijonnais Claude Basire, guillotiné en 1794, Claire-Cécile épouse en secondes noces le général comte Louis Liger-Belair. Les biens nationaux lui permettent d'acquérir à Vosne les meilleurs crus, et son fils adoptif épouse bientôt l'une des « Belles de Nuits », descendante des Marey. Quelle alliance ! L'éclatante dynastie Marey-Monge peuple toute la Côte au XIXe siècle et s'éteint avec Geneviève, célibataire, en 1976.

HAUTES-COTES DE NUITS

Les raisins de l'espérance

« Ce pays de là-haut m'a toujours donné comme une sorte de vertige », disait le Vieux Garain, un autre personnage de Gaston Roupnel. « Je n'aime pas être si près que ça du ciel : on ne s'y sent pas chez soi. » Ce haut pays est bien une île sur le toit du monde bourguignon, un endroit à part. Des hauteurs de Dijon aux Maranges, une quarantaine de kilomètres. De la Côte à la vallée de l'Ouche, une douzaine de kilomètres. Le mur mitoyen entre Hautes Côtes de Nuits et de Beaune se situe à la jointure de Magny-lès-Villers et Echevronne.

LES SEPT PLAIES

En ce pays de Vergy, les moines et les chanoines ont possédé jadis plusieurs fleurons (Romanée Saint-Vivant, Clos Saint-Denis, etc.). La vigne s'étend, surtout au XVIIIe siècle où apparaissent des vins abondants et chaleureux, de table et de comptoir (gamay de Bévy, gamay d'Arcenant), bien sélectionnés. Mais les malheurs s'abattent en cascade à la fin du XIXe siècle : phylloxéra, oïdium, mildiou, mauvaises plantations, concurrence des vins du Midi et d'Algérie, la Grande Guerre. Les sept plaies. Ce vignoble semble être promis à la disparition.

En 1930, le jugement de Dijon ne reconnaît l'appellation Bourgogne qu'au pinot noir. En 1932, l'accord de Meuilley tente de créer les dénominations Bourgogne des Coteaux du Nuiton (et du Beaunois). Le négoce ne s'y intéresse guère. A l'heure des AOC, le gamay des Hautes Côtes s'appelle simplement Bourgogne grand ordinaire.

LA RECONQUETE

Un jeune instituteur de Meloisey, Etienne Kayser, prend la reconquête en main. L'initiative vient du Beaunois : on crée un circuit touristique, le prix d'excellence signalant les meilleures cuvées après dégustation. Les associations viticoles du pays décident en 1927 de remplacer « Arrière-Côte » par « Hautes-Côtes ». Si le terme ancien est bien Arrière-Côte, il paraît péjoratif sur la carte des vins. « Nous appartenons tous à la même Côte », répètent les vignerons. Leurs arguments sont convaincants. On trouve l'exacte coupe géologique de la montagne de Corton. Du sommet vers la base, des calcaires durs, des argiles, des calcaires à chailles sur les flancs, la dalle nacrée en fin de pente et les mêmes cailloutis. Ce qui change ? Une altitude moyenne plus élevée, de 300 m à 400 m. Un climat différent, l'air circulant davantage au gré des vallées et collines, avec des températures descendant à – 15 °C parfois, – 24 °C en 1956. Le déficit thermique est compensé par des vendanges plus tardives (de dix à quinze jours après la Côte). « Si, comme on le dit, la Terre se réchauffe, ce sera la Côte de l'avenir ! » pronostique Bernard Hudelot.

LA NUIT DU 4 AOUT

Dans l'immédiat, les raisins de l'espérance se prennent par la main. La nuit du 4 août 1961, les vignerons des Hautes Côtes fêtent le bénéfice d'un privilège conquis de haute lutte et par des décennies d'efforts : les AOC Bourgogne Hautes-Côtes de Nuits (et de Beaune) sont enfin accordées. Ils obtiennent mieux, n'ayant même pas sollicité le mot Bourgogne. L'INAO l'ajoute pour bien marquer qu'il s'agit d'une appellation régionale et non d'un Villages. « Cet utile rappel contribue à l'identité de nos vins », dit Guy Simon avec raison.

La nouvelle appellation prévoit, pour la première fois, une dégustation d'agrément. Celle-ci demeure de nos jours distincte de la dégustation obligatoire, et l'on a repris cette formule pour l'AOC récente Bourgogne Côte chalonnaise.

« La Côte est belle, mais l'Arrière-Côte est émouvante. »
Gaston Roupnel

Encore faut-il rebâtir ce vignoble ! Un village comme Arcenant a vu son vignoble passer de 155 ha en 1830 à 360 en 1880, à 230 en 1914, à 50 en 1955 et à moins de 40 quelques années plus tard. Les viticulteurs des Hautes-Côtes ont l'intelligence de créer un outil économique à partir du modeste caveau d'Orches, fondé en 1957 : les Caves de Hautes-Côtes (1964) ont même réussi à absorber les coopératives de Pommard et de Gevrey-Chambertin, en perte de vitesse. Belle revanche !

Dans les Hautes-Côtes de Nuits, les vingt coopérateurs de 1968 sont aujourd'hui quarante, et les 8 ha de 1968 sont 140 ha vingt-cinq ans plus tard (20 % de la production totale du vignoble).

Parallèlement, un comité d'aménagement animé par Lucien Jacob se met à l'œuvre pour replanter et valoriser la nouvelle appellation. Bien avant la mode, on travaille ici dans un esprit de pays, créant la Maison des Hautes-Côtes, un musée des arts et traditions populaires. Grâce à cet élan, des jeunes reprennent des exploitations ou s'installent, sauvant un grand nombre de villages de la disparition.

Alors que ces procédures se sont généralisées de nos jours, les Hautes-Côtes innovent dès le début des années 70 en mettant à l'étude un Plan d'aménagement rural, en sollicitant l'intervention du Fonds d'action rurale créé au sein du ministère de l'Agriculture. Elles sont réellement les premières en Bourgogne, en pays viti-vinicole, à se battre contre le destin. Les deux députés Jean-Philippe Lecat et Robert Poujade y contribuent efficacement, de même que l'association des Amis de Vergy, alors très dynamique. Le modèle des Hautes-Côtes fera école ailleurs. « Le mouton, il n'y a que ça pour les Hautes-Côtes ! » déclarait naguère le ministre Michel Cointat. Par bonheur, on ne l'a pas écouté... Les Hautes-Côtes de Nuits s'étendent sur 450 ha de pinot noir et 60 ha de chardonnay, soit 2,6 millions de bouteilles en rouge et 360 000 en blanc. Plusieurs domaines de la Côte ont joué cette carte : Jean Gros, Dominique Guyon, Moillard-Grivot et Geisweiler, aujourd'hui démembré mais qui garde autour de Bévy le souvenir de Maurice Eisenchteter, un pied-noir tombé amoureux de la Bourgogne et qui fit beaucoup pour elle. Ce pionnier n'a-t-il pas patiemment recousu 772 parcelles ! C'est le plus californien des vignobles bourguignons, et les Santa Cruz Mountains ressemblent un peu aux Hautes Côtes...

LA CHATELAINE DE VERGY

Dans *Le Rouge et le Noir*, la demeure à la campagne de M. de Rénal s'appelle château de Vergy. Là, son épouse et Julien connaissent des « moments si doux ». S'agit-il de Vergy, mont fier et solitaire au cœur des Hautes Côtes, à l'origine du Clos Saint-Denis et de La Romanée Saint-Vivant, où le Domaine de la Romanée-Conti a acquis les vestiges du monastère de Saint-Vivant pour les préserver ? Stendhal n'est jamais venu ici. En revanche, il a assisté à la représentation d'un opéra mettant en scène l'histoire du sire de Vergy. Comme ce drame inspire beaucoup l'intrigue du roman, Stendhal situe à Vergy son château imaginaire.

Mais pourquoi le sire de Vergy nourrit-il tant de contes, de nouvelles, de pièces de théâtre, d'opéras et d'opérettes ? Ce château fut jadis très puissant, cette famille influente dans toute la Bourgogne. Trouvères et troubadours y étaient sans doute bien accueillis. Un poème, parmi les plus célèbres de la littérature du Moyen Age, raconte les malheurs de *La Châtelaine de Vergy*. C'est le thème classique de la jalousie amoureuse et du secret trahi. Dante, Boccace, Christine de Pisan, Marguerite de Navarre vont broder là-dessus. Puis ce thème se confond avec un thème voisin mais moins aimable : celui du cœur mangé, où le mari trompé fait préparer à son cuisinier le cœur de l'amant et l'offre à son épouse infidèle, lui révélant plus tard ce qu'elle a dégusté...

LES COMMUNES VITICOLES

Ce sont Reulle-Vergy, L'Etang-Vergy, Curtil-Vergy, Bévy, Collonges-lès-Bévy, Messanges, Chevannes, Segrois, Concœur-et-Corboin (hameau de Nuits-Saint-Georges), Villars-Fontaine, Meuilley, Arcenant, Chevrey (hameau d'Arcenant), Chaux, Marey-lès-Fussey, Villers-la-Faye et Magny-lès-Villers (située sur les deux parties des Hautes-Côtes), ainsi que le haut de la Côte sur les communes de Chambolle-Musigny, Flagey-Echézeaux, Nuits-Saint-Georges, Premeaux-Prissey.

« PRESQUE TOUT ESPRIT »

Ces vins ont le charme du Bourgogne au XVIIIe siècle : plein de feu, de montant et de légèreté, « presque tout esprit », disait alors du rouge l'abbé Claude Arnoux. Bu dans sa jeunesse épanouie, mais tout de même pas trop tôt, le pinot est bien fruité, évoluant ensuite vers la fourrure et le sous-bois, appelant la viande rouge grillée ou le fromage au parfum discret.

N'attendez ni le corps du Chambertin ni la générosité du Corton, mais une légèreté qui coule bien en bouche. Les blancs ont parfois du mordant, mais le moelleux du cépage les rend conviviaux à souhait. Au bout de deux à trois ans, ils ont généralement cette fraîcheur aimable.

Mais Bernard Hudelot, à Villars-Fontaine, par exemple, signe un chardonnay capable de rivaliser à armes égales avec les plus grands blancs de la Côte. Poisson poché ou à la crème, tourte, bleu de Bresse, sinon les écrevisses du Meuzin, devenues mythiques. Les rosés ont parfois une saveur étonnante, et le Passetoutgrain a ce côté rustique qui convient bien à l'appellation.

Quant au Bourgogne aligoté, alerte et fringant, à l'aise sur le jambon persillé de Pâques ou sur six escargots, les Hautes-Côtes le réussissent dans le style même de ce vin qui ne doit pas chardonner mais rester ce qu'il est, avec son impertinence d'enfant de chœur et son goût de brise de printemps. Pour faire un kir, rien d'autre ou l'excommunication ! Le chanoine était intraitable sur le sujet.

LA COTE DE BEAUNE

« Le Rouge et le Blanc »

Une fois franchi le chemin de Buisson, hameau de Ladoix-Serrigny, on entre en pays nouveau et dans l'orbite de Beaune. Si la Côte de Nuits porte le nom d'un roman d'André Maurois, *Climats*, la Côte de Beaune nuance un titre de Stendhal : « Le Rouge et le Blanc ». Discret depuis Dijon, le chardonnay donne à présent ses premiers coups d'archet sur la montagne de Corton. Il va désormais rivaliser d'ardeur avec le pinot noir durant le second mouvement de la symphonie, les cordes répondant aux cuivres.

Mille raisons anciennes et souvent pratiques empêchaient les deux Côtes de voguer de concert ou, plus simplement, de marier leurs enfants. Les moines eux-mêmes n'ont guère joué sur les deux tableaux : assez tôt, Cîteaux, par exemple, a recentré ses ambitions au plus près de l'abbaye. Seule la famille Marey-Monge, présente à la fois à Nuits et à Pommard, a fait le grand écart au XVIIIe siècle.

LA LECTURE DU PAYSAGE

Jurassique supérieur, 135 millions d'années – la Côte de Beaune est un peu plus jeune que la Côte de Nuits. Ses pentes sont plus douces. Disparu en profondeur, le calcaire de Comblanchien (bathonien) ne réapparaît qu'à Meursault. Cette absence de roche dure explique les formes évasées des combes qui s'enfoncent dans l'arrière-pays et ces « montagnes » aux flancs maternels. Les calcaires rauraciens du sommet (montagne de Corton, mont Battois, montagne de Beaune) forment une pente accusée et un plateau boisé. A peine 30 cm de sols bruns et la formation de rendzines noires nées d'éboulis. Puis, en descendant le coteau, des marnes argoviennes constituent les sols assez épais qui conviennent le mieux à la vigne. Blanches, jaunâtres, grisâtres, ces couches se mêlent parfois à des cailloutis rouges, l'oolithe ferrugineuse de la base de l'oxfordien. Plus bas, il s'agit des calcaires jaunes du callovien et du bathonien supérieur, caillouteux, quelquefois rougeâtres. A l'exposition plein sud s'ajoute parfois une orientation sud-est, comme si la vigne voulait accompagner le soleil dans sa course. Après Meursault et jusqu'à Chassagne-Montrachet, l'étage bathonien et le calcaire de comblanchien reprennent leur place (carrières de Chassagne). Les marnes s'intercalent dans le calcaire pour offrir au chardonnay les terres argileuses qui lui conviennent mieux qu'un sol rocheux.

Contrairement à la Côte de Nuits, la Côte de Beaune pratiquait le métayage à mi-fruits – sauf dans les grands crus, où le contrat était moins généreux. On ne taille pas de la même manière dans les deux Côtes. La Côte de Beaune (3 000 ha de vigne) est plus vaste que la Côte de Nuits, le double de la superficie viticole de cette dernière : plus large et un peu plus longue.

« En Gironde, le vin a quelque chose d'océanique, de cosmopolite et d'extraverti. En Bourgogne, il est terrien et puissamment introverti. [...] C'est le sang d'un pays, un suintement sacré, l'expression d'une fierté individuelle. »
Pierre Veilletet, *Le Vin – leçon de choses.*

L'INFLUENCE BEAUNOISE

Beaune a toujours tenu son rang de capitale du Bourgogne et occupé le devant de la scène bourguignonne. Depuis le XVIIIe siècle, une puissante bourgeoisie d'affaires y a pris racine et caché sa prospérité au cœur d'immenses bastions souterrains convertis en caves. Cette vie intérieure intense s'accompagne d'un défi universel : exprimer l'âme du Bourgogne et délivrer partout ce message. Jusqu'à la fin du XXe siècle – et pour certaines au-delà –, les familles Bouchard, Drouhin, Bichot, Latour gouvernent le vin.

Longtemps propriété de la famille Bouchard, le château de Beaune est, comme beaucoup de maisons, niché dans les bastions de la ville.

Beaune ignore Dijon, qui le lui rend bien. A quelque 35 km de distance, ces cités vivent dans des univers distincts. Il y a trois siècles, Dijon se moquait des ânes de Beaune, qui retourne volontiers le compliment. Rencontrer un notable beaunois lors d'une cérémonie à Dijon relève de l'événement historique. Beaune regarde en réalité Chalon-sur-Saône, mais surtout Paris, Londres et le reste de la terre. Derrière de hauts murs secrets qu'escaladent d'aimables lierres, ces marchands dans l'âme communiquent avec le monde entier.

L'influence beaunoise est déterminante en Côte de Beaune. Peu de grands crus, car le négoce-éleveur n'en voulait pas à l'époque de la naissance des appellations, préférant alors valoriser seulement le nom du village et sa propre marque. S'ils acquièrent des vignes en Côte de Nuits et changent parfois de religion au regard des crus, les seigneurs du bouchon ne se mélangent pas trop.

Cette coupure demeure très nette. La vente des vins des Hospices de Beaune, affaire de famille s'il en est, n'attire guère de négociants nuitons, et *vice versa* pour les vins des Hospices de Nuits. La Côte de Beaune présente quatre visages successifs encadrés fermement par le Corton et le Montrachet. Mais elle est, comme toujours en Bourgogne, une et multiple.

LE VIN DE BEAUNE

Comme le vin de Nuits désignait jadis le vin de la Côte de Nuits, le vin de Beaune provenait de toute la Côte de Beaune. Rouge, c'est le « pinot vermeil » des ducs de Bourgogne, dit de riche gent : à peine cuvé et de nuance claire, bu en général assez jeune. Cette couleur légère prend au XVIIe siècle le nom d'« œil de perdrix ». Au XVIIIe, on parle d'une « couleur de feu », plus vive que celle du vin de Nuits, aux traits plus sombres. Les caractères œnologiques deviennent assez précis, la vinification évolue. Le vin de Beaune s'éloigne alors de son image ancienne pour devenir un rouge généreux, corsé, de garde, plein de corps et d'esprit. Parallèlement, il a toujours existé une gamme de blancs, dont le type actuel apparaît aux XVIIe et XVIIIe siècles. Jusqu'au XIXe siècle toutefois, les blancs de la Côte de Nuits (Chambertin blanc, Romanée blanc, etc.) ont joué à armes égales avec les meilleurs crus blancs de la Côte de Beaune.

Celle-ci, maintenant, fait cavalier seul.

COTE DE BEAUNE ET COTE DE BEAUNE-VILLAGES

L'appellation Côte de Beaune communale, excluant les premiers crus, concerne uniquement – en rouge (pinot noir) et en blanc (chardonnay) – les vins de l'AOC Beaune, sur 52 ha. Le nom du climat peut accompagner les mots Côte de Beaune. Ces vins ne se distinguent guère des Beaune. Production moyenne : 84 000 bouteilles en rouge et 25 000 bouteilles en blanc par an.

L'appellation Côte de Beaune-Villages est communale. Elle concerne les AOC Auxey-Duresses, Blagny, Chassagne-Montrachet, Chorey-lès-Beaune, Ladoix, Maranges, Meursault, Monthélie, Pernand-Vergelesses, Puligny-Montrachet, Saint-Aubin, Saint-Romain, Santenay, Savigny-lès-Beaune, à l'exception des premiers crus et exclusivement en rouge (pinot noir). Le vin peut porter trois noms différents : celui de l'AOC communale, celui de cette AOC suivi de Côte de Beaune, l'AOC Côte de Beaune-Villages. Exemple : Saint-Aubin, Saint-Aubin Côte de Beaune ou Côte de Beaune-Villages. En réalité, cette appellation est surtout utilisée par les communes dont les noms sont moins connus ou liés à une image dominante de vin blanc. Par ailleurs, elle est davantage revendiquée par les négociants-éleveurs – qui peuvent appeler Côte de Beaune-Villages une cuvée ronde issue de plusieurs domaines – que par les viticulteurs eux-mêmes. En raison de la diversité géographique des terroirs, le Côte de Beaune-Villages présente des traits contrastés : le Nord produit en général des vins souples et légers, le Sud des vins assez puissants et colorés. Production moyenne : 1 050 000 bouteilles par an.

LADOIX-SERRIGNY, ALOXE-CORTON ET PERNAND-VERGELESSES

Les enfants de la « montagne »

La Côte change. Alors que le paysage observait jusqu'alors une ligne assez rigoureuse, cistercienne, la « montagne » de Corton trône en majesté et dessine un large arc de cercle. Montagne ? Si les Bourguignons ont le sens de la litote (« Tout ce qui est bourguignon est accessoirement universel », disait Henri Vincenot), ils savent aussi exagérer un peu. Car cette bonne mère à la poitrine généreuse n'est naturellement pas faite pour les alpinistes.

De cette coupe géologique parfaite, les hommes ont su tirer le meilleur, tâtonnant sans doute longtemps pour planter le chardonnay en haut et le pinot noir un peu plus bas. Sous le béret bien vigneron du Bois de Corton qui coiffe le tout, le haut du coteau, en pente raide (20 %), fournit, grâce à des sols assez marneux et argileux, de grands blancs dorés et virulents, riches en alcool, pleins de sève, au parfum de cannelle et au goût de pierre à fusil, comme le disait Camille Rodier. A mi-coteau, le sol calcaire, caillouteux et rougi par l'oolithe ferrugineuse des marnes à forte teneur en potasse rend le vin puissant, corsé, glorieux. Entre 250 m et 330 m d'altitude, les grands crus occupent une position exceptionnellement élevée dans la Côte. Plus bas, le sol brun ou rougeâtre mêle calcaire et argile, chaillots – résidus des calcaires à silex – pour donner des vins tendres et fruités.

TROIS VILLAGES

Trois villages se partagent le terroir et le cru. Les trois compères de Corton, les enfants de cette montagne.

Comme Buisson, Serrigny est un hameau de Ladoix. Ce pays s'étire le long de la route nationale. Il doit son nom à une « douâ », la source vauclusienne de la Lauve. Notons qu'à la chapelle Notre-Dame du Chemin, on bénit les automobilistes et leurs passagers comme jadis les pèlerins de Compostelle.

Devenu Aloxe-Corton en 1862, Aloxe (190 habitants) est tout petit. Encerclé par les vignes et ne pouvant guère grandir, le village s'est développé en de grandes demeures bourgeoises, des exploitations et des activités. Le vieux château XVIIIe de la famille de Vergnette-Lamotte, transformé un siècle plus tard par Simon Gauthey, réunit la pierre et la brique sous l'ardoise et les girouettes du faîtage. A l'autre bout du pays, le château de Corton-Grancey est une vaste bâtisse construite en 1750 par les Le Bault dans l'esprit moderne d'une cuverie abritant des caves. Mais on photographie surtout le château de Corton-André et ses tuiles vernissées. Cette demeure bourgeoise, commencée et abandonnée par un précédent propriétaire, reste bien l'œuvre de Pierre André (La Reine Pédauque).

Pernand (320 habitants) attend 1922 pour obtenir le droit de s'appeler Pernand-Vergelesses. Pernand, je bois, verre je laisse... Emmanché dans le profond d'une belle et large combe, Pernand voit les choses de haut et du plein midi. Ce village de hauteur dispose d'une vue sans limites, d'un cœur vivant, celui des Copiaux. Si le vin est d'abord un produit culturel, c'est bien ici qu'on le comprend.

« Je donne d'assez bons vins de Beaujolais à mes convives de Genève, mais je bois en cachette le vin de Bourgogne. »

Lettre adressée par Voltaire à Gabriel Le Bault, parlementaire bourguignon qui le fournissait en Corton. Il nota en marge (et avec raison) : « Cela est d'un vilain ! »

SACRE CHARLEMAGNE !

Charles Martel s'étant emparé de beaucoup de terres en Bourgogne, son petit-fils Charlemagne s'efforce en 775 d'arrondir les choses avec l'Eglise. Il offre à la collégiale Saint-Andoche de Saulieu son domaine d'Aloxe. Un clos de 2 ha environ, que les chanoines garderont mille ans ! Vendu comme bien national sous la Révolution, il témoigne d'une extraordinaire tradition orale et de la vénération de l'empereur d'Occident. Les 3 ha de l'époque constituent le noyau originel des quelque 17 ha du climat Le Charlemagne sur Aloxe-Corton et 17 ha encore du climat En Charlemagne sur Pernand. Cet empereur a le bras long. L'AOC Corton-Charlemagne s'étend aujourd'hui sur 71 a 88 ca, englobant les climats Les Pougets, Le Corton et Les Languettes.

Une légende assure que le vin rouge aurait ici blanchi à la suite d'un épanchement sur la célèbre barbe fleurie. En réalité, Charlemagne a beaucoup malmené la Bourgogne et s'est peu préoccupé de ses vins. Une grande partie du terroir appartient jusqu'à la Révolution aux chanoines d'Autun de même qu'aux moines de Sainte-Marguerite de Bouilland, de Cîteaux et à beaucoup d'autres maisons religieuses. Les ducs de Bourgogne s'y implantent, puis le roi. La bourgeoisie beaunoise et dijonnaise prend ensuite le relais. Magistrat au parlement de Bourgogne, Gabriel Le Bault entreprend la construction de l'actuel Corton-Grancey et développe l'activité viti-vinicole au pays. Son épouse Jacqueline, « Madame la Belle », est choisie par Greuze comme modèle. Voltaire en est fou et, fâché par sa vertu, se console grâce à son vin : « Je ne puis souffrir d'autre vin que le vôtre », lui écrit-il en 1769. L'expression « boire en Suisse » vient-elle de lui ? Il confie volontiers qu'il se réserve à Ferney le Corton blanc et rouge, offrant à ses convives de Genève des crus plus modestes. Si ce grand esprit se montre à l'occasion mesquin, il fait venir de Corton des pieds de vigne et plante à Ferney, se passionnant pour ces essais.

Les colombes de Pernand

Rénovateur du théâtre et fondateur de la *NRF*, Jacques Copeau (1879-1949) quitte Paris et s'établit à Pernand-Vergelesses en 1925. Il dirige une compagnie de jeunes comédiens (Marie-Hélène et Jean Dasté notamment), les Copiaux. Ceux-ci animent le vignoble jusqu'en 1929. Jacques Copeau vit à Pernand jusqu'à sa mort. Sa tombe porte les deux colombes de San Miniato à Florence, en souvenir d'un des spectacles des Copiaux. La maison familiale demeure vivante un demi-siècle plus tard, par amour du théâtre et de la vigne.

Les ventes des biens nationaux n'attirent pas ici les grands spéculateurs parisiens de la Côte de Nuits. Les affaires se règlent localement et entre notables de Beaune. Durant le XIXe siècle, les Grancey, héritiers des Le Bault, voient les choses de loin. Julien-Jules Ouvrard reconstitue le Clos du Roi. Les autres grandes familles s'appellent Dubois (un maire de Dijon), Senard (un négociant du cru, fondateur d'une lignée riche d'un ambassadeur et d'un Grand Maître du Tastevin), Gauthey (un négociant beaunois lettré et très opulent, qui laissera une descendance ruinée).

Quand arrive de Lorraine, en 1927, Pierre André. Sur un coup de foudre, il rachète le « château jaune », rebaptisé Corton-André. Il fonde La Reine Pédauque et crée, sous la même enseigne, un restaurant bourguignon à Paris. Il participe activement à l'éveil du Corton, rompt souvent des lances avec les habitants du pays, introduit ici avec intelligence une politique de promotion très en avance sur son temps.

La querelle du Corton

Au début des années 20, les propriétaires se groupent en syndicat (un par village) afin de délimiter les terroirs et les crus. Il s'agit alors de définir le Corton qu'Aloxe prétend détenir seul, tandis que Ladoix et Pernand en réclament le bénéfice. Depuis longtemps, il est vrai, le bon vin des trois communes se vendait comme Corton. Le syndicat d'Aloxe porte l'affaire devant la justice. Celle-ci a bien du mal à trancher un problème aussi complexe. En 1930, Ladoix reçoit

La plupart des églises de la Côte portent la coiffe bourguignonne : un clocher orné de tuiles vernissées (à gauche, Ladoix-Serrigny).

Quant à la montagne de Corton (à droite), elle paraît plutôt coiffée d'un béret : une calotte boisée qui rappelle le Chablisien.

le droit d'appeler Corton quelque 29 ha, dont Le Rognet et Corton, Les Vergennes, etc. En appel, seul Le Rognet et Corton obtient ce droit. On part en cassation… En 1942, après enquête par l'administration des appellations d'origine, Ladoix a satisfaction pour Le Rognet et Corton, ainsi que Les Vergennes.

De l'autre côté, les vignes de Pernand plantées en chardonnay (En Charlemagne) peuvent s'appeler Charlemagne. Mais Aloxe refuse tout net à Pernand le droit d'écrire Corton-Charlemagne, de même que celui d'appeler Corton les vignes de pinot noir du village voisin. Un jugement de 1934 décide qu'il en sera ainsi. Le décret de 1942 – la bataille est plus longue qu'ailleurs et continue au plus fort de la guerre – voit cependant les choses autrement. Pernand reçoit le droit d'appeler Corton-Charlemagne les vignes de chardonnay les plus hautes du climat En Charlemagne. L'aligoté est même toléré en tant que Charlemagne jusqu'en 1948. L'appellation Charlemagne n'est plus revendiquée de nos jours, sans être toutefois supprimée.

Cette querelle du Corton est aujourd'hui oubliée, mais elle a longtemps divisé les villages, Aloxe faisant figure de seigneur conservateur au milieu de petites gens écartés des grands crus… Dans les années 50, l'évolution des esprits apporte un changement. Comme le Corton a le vent en poupe, le syndicat d'Aloxe – naguère très restrictif et même au regard de ses propres intérêts – sollicite en 1954 l'extension du grand cru Corton sur son territoire. Il consent à la création d'une AOC Aloxe-Corton premier cru à plusieurs climats situés sur Ladoix (La Coutière, Les Petites Lolières, La Toppe au Vert, la moitié des Moutottes). Ladoix rêve d'appeler Ladoix-Corton son AOC Village, mais cet espoir reste vain.

En 1978, une révision complète du sujet conduit à classer en grand cru Corton Les Grandes Lolières et les meilleures vignes des Moutottes, ainsi que des Mourottes, Hautes et Basses. Quant à Pernand, il demande en 1966 le classement du climat En Charlemagne presque entier en Corton-Charlemagne, qui grandit, après décision favorable, de quelque 10 ha.

« LE ROI DES BONS VIVANTS »

Jusqu'au XVIIIe siècle, le Corton reste un vin discret. Il sort de l'anonymat des vins de Beaune lorsque les Le Bault et de Vergnette-Lamotte assurent sa notoriété par leur prestige social. Cité par Guy de Maupassant dans *Bel-Ami*, le Corton réalise son ascension au XIXe siècle, d'autant qu'il incarne le nouveau style du Bourgogne rouge. « Le roi des bons vivants », dit-on de lui. Le verre n'est jamais assez large pour enfermer sa corpulence.

Arômes classiques de violette. L'évolution du goût et les méthodes œnologiques nouvelles ont conduit le Corton à un régime minceur qui met bien mieux en valeur ses qualités. Côté Ladoix, sa chair est ferme, vigoureuse, sous des accents floraux. Au sud, elle se fait plus caressante, souple, élégante et fruitée. La grive ou le perdreau, le cuissot de marcassin, la plupart des gibiers, les fromages plutôt tendres ont des affinités avec ce vin.

L'AOC communale Aloxe-Corton est très diverse. On peut faire confiance à Claude Chapuis quand il note que ce sont des vins racés, qu'ils ont la mâche pleine et du soyeux. Les Ladoix, eux, sont francs, nerveux et bien parfumés, tandis que les Pernand-Vergelesses ont du corps et du bouquet. Variété encore parmi les premiers crus, le terroir entrant pour beaucoup dans le corps et parfois la dureté initiale (terrains terreux : Les Guérets par exemple), ou, à l'inverse, la souplesse, l'affabilité (terrains caillouteux, comme aux Valozières ou au Clos du Chapitre). Les Ladoix premier cru (on néglige Serrigny, un hameau et non un cru) affirment une finesse astucieuse. La pente favorise les Pernand premier cru, particulièrement dans L'Ile des Vergelesses. Un privilège partagé seulement par

Ayant choisi Pernand-Vergelesses comme port d'attache de 1925 à sa mort en 1949, Jacques Copeau fut toujours très proche du village, des vignerons, de leur vin.

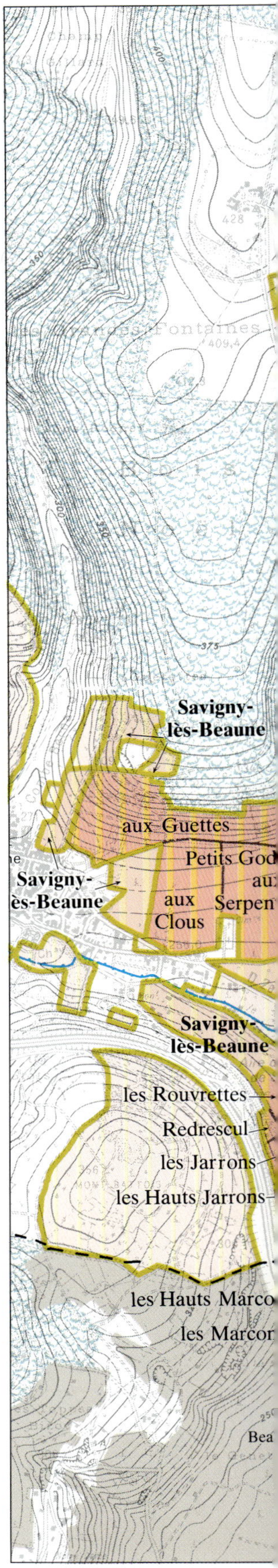

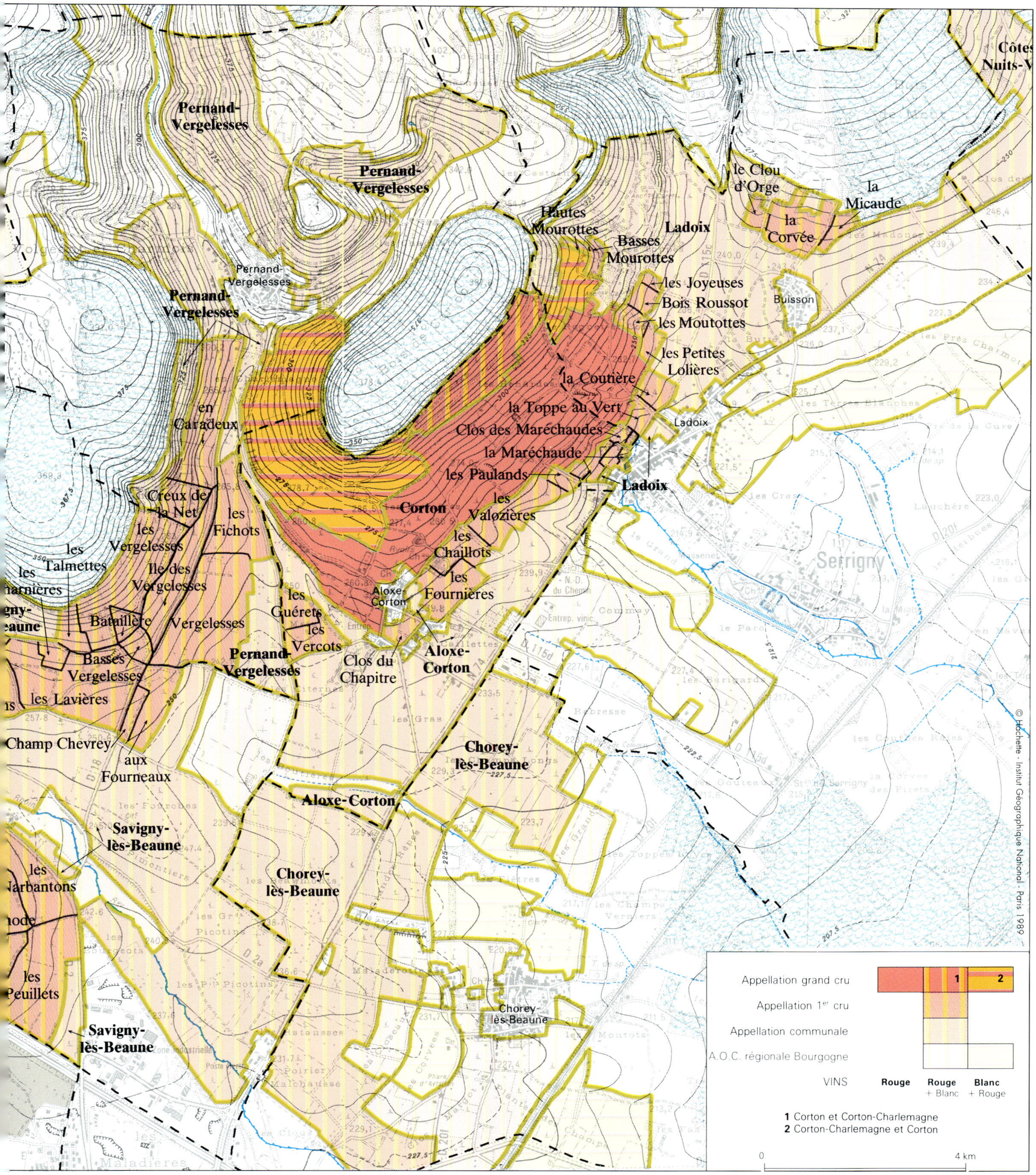
Pernand-Vergelesses
Pernand-Vergelesses
Pernand-Vergelesses
Pernand-Vergelesses
Pernand-Vergelesses
Côtes de Nuits-V
le Clou d'Orge
la Micaude
la Corvée
Hautes Mourottes
Basses Mourottes
Ladoix
les Joyeuses
Bois Roussot
les Moutottes
Buisson
les Petites Lolières
la Coutière
la Toppe au Vert
Clos des Maréchaudes
la Maréchaude
les Paulands
Ladoix
Ladoix
Corton
les Valozières
les Chaillots
les Fournières
Aloxe-Corton
Aloxe-Corton
Clos du Chapitre
Serrigny
en Caradeux
Creux de la Net
les Fichots
les Vergelesses
Ile des Vergelesses
les Talmettes
les Guérets
les Vercots
Bataillère
Vergelesses
Basses Vergelesses
les Lavières
Champ Chevrey
aux Fourneaux
Chorey-lès-Beaune
Aloxe-Corton
Savigny-lès-Beaune
les Narbantons
Chorey-lès-Beaune
les Peuillets
Savigny-lès-Beaune
Chorey-lès-Beaune
© Hachette - Institut Géographique National - Paris 1989
Appellation grand cru
Appellation 1er cru
Appellation communale
A.O.C. régionale Bourgogne
VINS
Rouge
Rouge + Blanc
Blanc + Rouge
1 Corton et Corton-Charlemagne
2 Corton-Charlemagne et Corton
0
4 km

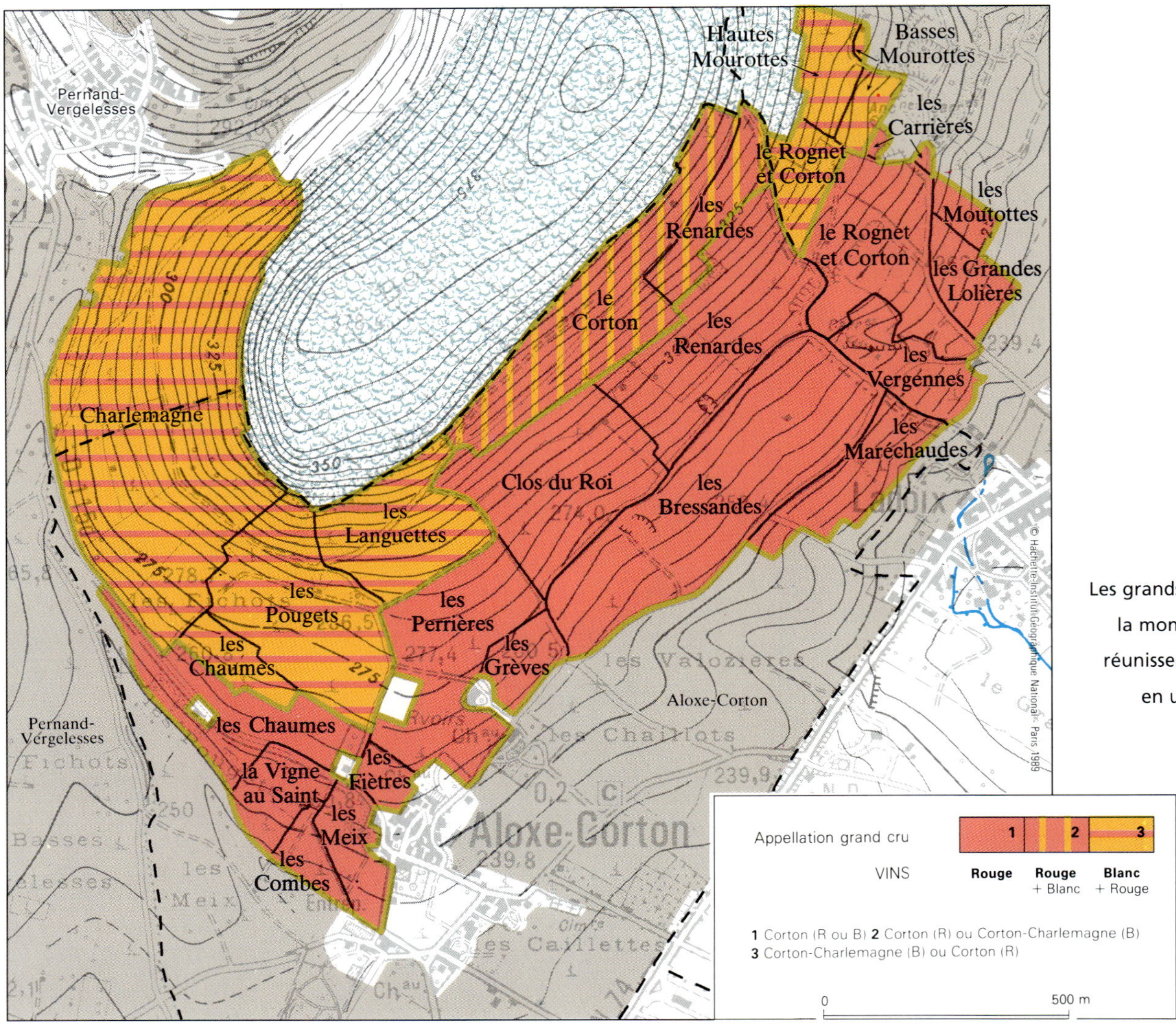

Les grands crus qui entourent la montagne de Corton réunissent les trois villages en un même élan.

le Montre-Cul à Dijon et le Chapitre à Chenôve, confirmé en 1993 : la Chapelle Notre-Dame à Serrigny (Notre-Dame du Chemin) a le droit de figurer comme climat accompagnant sur l'étiquette l'appellation Bourgogne.

Les grands crus sont légion en raison des classements successifs et de l'étendue du sujet. Ceux d'Aloxe défilent en bon ordre derrière le Clos du Roi, sans doute le plus Corton de tous : Corton Les Renardes (qui porte bien son nom), Les Paulands (d'une typicité voisine), Les Bressandes (qui coule en bouche comme l'eau de source), Les Perrières (avec un petit côté féminin), Les Languettes, Les Pougets (sur un sol à chardonnay et dans un esprit très rond), Les Chaumes (réputés pour leur gras et leur charpente), La Vigne-au-Saint et Clos des Meix (d'une délicatesse insigne). Ceux de Ladoix s'appellent Corton Hautes Mourottes (le plus léger), Les Grandes Lolières (costaud et rugueux), Les Vergennes (de haute naissance) et Le Rognet et Corton (proche des Bressandes et Renardes).

Un pinot noir récolté en Charlemagne s'appellera Corton, et non Corton-Charlemagne. Un chardonnay produit en Corton ne s'appellera pas Corton-Charlemagne, mais Corton. Une singularité encore : le Clos des Cortons Faiveley, monopole de cette famille dans le premier cru Le Rognet et Corton. Un jugement de 1930 confirme l'usage ancien de cette dénomination et une appellation qui deviendra définitive. Par un raisonnement que l'on ne ferait plus aujourd'hui, les juges ont exigé du Domaine Faiveley (trop heureux !) la mention de son nom après Clos des Cortons pour éviter toute confusion !

A l'inverse, le Corton-Charlemagne met un point d'honneur à apparaître sans mention de climat ou de lieu-dit. Parvenu aux plus hautes marches du palais, porté par un nom qui vaut de l'or, il éblouit par sa sève dorée, son moelleux pimenté d'un rien de vivacité, sa longueur et son ampleur. Ses arômes, en revanche, sont parfois fragiles. Comme pour le Corton en rouge, le Corton-Charlemagne a besoin de quelques années de bouteille pour s'exprimer vraiment. L'accord avec le foie gras, le homard, l'époisses même est conseillé.

Fondateur de La Reine Pédauque, Pierre André (1895-1972) acquit le « château jaune » et le rebaptisa Corton-André.

SAVIGNY-LES-BEAUNE ET CHOREY-LES-BEAUNE

On lèche trois fois ses lèvres et on en dit du bien

Comme une carte qui se déplie, le paysage s'élargit encore. Les hauteurs de la Côte prennent soudain du recul et, tandis que l'autoroute Paris-Lyon – inaugurée ici par Georges Pompidou en 1970 – plonge sur Beaune, Savigny-lès-Beaune (1 400 habitants) se coule dans le lit du Rhoin, se glisse au creux de cette vallée. A l'inverse, Chorey-lès-Beaune (510 habitants) a choisi, comme Flagey, d'économiser la bonne terre à vigne en s'implantant dans la plaine.

DE LA PARTICULE

Savigny ? Le village et son vin ont de la particule. Curieusement baptisé jadis Savigny-sous-Beaune, le pays s'appelle Savigny-lez-Beaune depuis 1863. Lez signifie « près de », formule assez différente du rattachement des crus à leur chef de file naturel. Plutôt que de revendiquer Vergelesses, Marconnets ou Jarrons, Savigny a préféré coller à Beaune. Il est vrai qu'un lien très fort unit depuis toujours les deux vignobles, sans toutefois étouffer l'aspiration de cette commune à une fière autonomie.

Le vignoble est ancien et appartient longtemps au domaine ducal, aux abbayes, aux chevaliers de Malte. Un important château construit au XVIIIe siècle sur les vestiges d'une maison forte signale d'emblée les prétentions légitimes du terroir. Parlementaires bourguignons, les de Migieu y mènent grand train. Ils ont le sens de la publicité, et leurs héritiers de La Loyère les imiteront. On grave ici sur les murs : « Les vins de Savigny sont nourrissants, théologiques et morbifuges. » Ou encore cette belle formule resservie si souvent au Tastevin : « Il y a cinq raisons de boire : l'arrivée d'un ami, la soif présente, la soif future, la qualité du vin et toutes celles qu'il te plaira d'imaginer. » Savigny sait recevoir et intronise ses cousins au sein de sa confrérie locale.

Camille Rodier nous dit que le sol de Savigny ne manque pas de profondeur. C'est un peu juste mais bien trouvé. Plus sérieusement, sur des coteaux s'élevant en pente douce puis plus ferme, de 250 m à 400 m d'altitude, on trouve le cône alluvial très aplati du Rhoin et ensuite le système du Corton. Le bathonien disparaît en profondeur et la rigueur des plateaux s'atténue un peu. Cette logique d'un vignoble de transition permet de comprendre la nature de ces vins essentiellement rouges. L'appellation Savigny-lès-Beaune ou Savigny ne comporte pas de grands crus. Les rouges peuvent également porter le nom de Côte de Beaune-Villages. Sur 383 ha ayant droit à une AOC, 144 sont classés en premiers crus pour 1 800 000 bouteilles de Savigny rouge et 175 000 de blanc.

« La pitance était divine.
Dès qu'il en goûta,
Léchant trois fois ses babines,
Il est bon, dit-il.
Est-ce du ciel que telle manne
A plu sur Dijon ?
C'est du Savigny-sous-Beaune,
Lui répondit-on.
C'est du clos de ce digne homme,
Monsieur de Migieu !
Moi, dit-il, je le nomme
Monsieur Demi-Dieu. »

Bernard de La Monnoye,
de l'Académie française, XVIIIe siècle.

EN DEUX CAMPS

Les vignes se divisent en deux camps et vingt-deux premiers crus. Du côté de Pernand, sous le Bois de Noël, l'exposition plein sud bénéficie à des sols graveleux, parsemés d'oolithe ferrugineux. Ce sont Les Vergelesses, Les Talmettes, Les Charnières, Aux Clous, Les Serpentières, Aux Guettes et Aux Gravains. En descendant, le calcaire brun-rouge devient plus argileux, caillouteux. En face, le mont Battois porte Les Jarrons, Les Marconnets, Les Rouvrettes, Les Peuillets, La Dominode, Redrescul et Les Narbantons. Phénomène rare dans la Côte, ils regardent l'est, sinon le nord-est. Les terrains sont ici assez sableux.

A boire plutôt jeunes, ces vins ne pèchent pas par la modestie de leurs arômes de violette et framboise. Sur le versant de Pernand, ils ont de la souplesse, peu d'intensité tannique et cette structure déliée qui leur donne une image féminine. Sur le versant beaunois, ils apparaissent plus robustes et consistants, plus aptes aussi à prendre de l'âge. Les blancs peuvent être charmeurs, riants, floraux. Ils ont généralement de la vivacité dans leurs tendres années, avec des accents exotiques se mêlant à la noisette ou à l'aubépine.

UN « VIN MEDECIN »

Chorey-lès-Beaune est un joli petit village vigneron dont l'histoire se perd dans la nuit des temps. On a mis ici au jour, au XVIIIe siècle, quatre têtes colossales constituant une énigme. Elles proviennent d'un mausolée ou d'un temple mariant les dieux gaulois à un édifice d'inspiration romaine. Des vestiges identiques ont été retrouvés en Angleterre. « Le vigneron de Chorey a cela de commun avec l'Italien, c'est qu'il fait la sieste et n'aime que le grand air », écrit Joseph Bard en 1849. Cela ne l'empêche pas de bâtir château et église, de porter un soin passionné à son vin.

Au Moyen Age, les maires de Beaune, la famille seigneuriale, des communautés religieuses comme l'abbaye de Moûtiers-Saint-Jean possèdent ici des vignes. Les Hospices de Beaune deviennent propriétaires dans Les Beaumonts et Les Closeaux. Cette histoire accompagne celle du vignoble bourguignon tout entier. Aux XVIIe et XVIIIe siècles, la haute bourgeoisie parlementaire bourguignonne, les Bourrée et de Migieu, prennent pied dans ce vignoble.

Créée en 1970, l'AOC Chorey-lès-Beaune ou Chorey exprime l'identité d'un terroir reconnu depuis des siècles comme valeureux et solide. Avant la Révolution, les habitants de Chorey ont le droit d'entrer leur vin en franchise de tout impôt dans la ville de Beaune, ce qui s'explique aisément : ce vin y prend aussitôt le nom de Beaune. Aux XVIIIe et XIXe siècles, on en parle comme d'un « vin médecin » : son caractère permet d'épauler fréquemment les cuvées un peu pâles des crus voisins. Tout naturellement, Chorey-lès-Beaune a vu sa personnalité s'épanouir. Le vignoble s'étend sur 170 ha en AOC communale. Il produit également l'AOC Côte de Beaune-Villages et des appellations Bourgogne. Si certains de ses climats pourraient y prétendre, il ne comporte pas de premiers crus. Le Chorey est pour l'essentiel un vin rouge issu du pinot noir. Sa production moyenne s'élève à 700 000 bouteilles environ par an. Il s'y ajoute quelque 5 000 à 10 000 bouteilles de Chorey blanc issu du chardonnay. Cette production progresse régulièrement, sur les terroirs les plus favorables.

L'appellation occupe en grande partie un sol d'alluvions. Les meilleurs vins de la commune naissent aux abords de Savigny et d'Aloxe, sur une couche de graviers. Les éclats de pierre produits par des roches désagrégées de la Côte et entraînées par les eaux de ruissellement constituent l'assise géologique des vins fins. Il s'agit d'une excellente terre à pinot noir, faite d'alluvions sur fonds pierreux, parfois ferrugineux, proches de terres à sous-sol oolithique. Un soubassement sablonneux, très sec, est également favorable à la vigne.

JULES GUYOT

Au cimetière de Savigny-lès-Beaune, une tombe rappelle le souvenir de Jules Guyot (1807-1872). Son nom a été donné en 1995 à l'Institut universitaire de la vigne et du vin, créé à Dijon pour l'ensemble des vignobles septentrionaux. Né à Gyé-sur-Seine (Aube), il se passionne pour de nombreuses sciences et techniques. Son œuvre sur la vigne et le vin retient surtout l'attention. Il publie en 1860 *Culture de la vigne et vinification*, puis, à la demande du gouvernement, une longue série de rapports : *Etudes des vignobles de France* (1861 à 1866). Il donne aussi son nom à une méthode de taille. Il est décédé au château de Savigny, chez le comte de La Loyère, lui-même grand artisan de la modernisation viti-vinicole au XIXe siècle.

L'ELEGANCE D'ABORD !

Une partie du vignoble se situe à l'ouest de la route nationale : Les Beaumonts et Les Ratosses cousinent avec les crus de Savigny. A l'est de la route, l'autre partie côtoie Aloxe. On trouve ici Les Champs Longs, La Pièce du Chapitre et Les Bons Ores, d'excellente réputation. Les autres climats (Les Closeaux, Aux Clous, Poirier Malchaussé, Les Crais, Les Petites et Grandes Rêpes, La Maladérotte, Tue-Bœuf, etc.) ont chacun un caractère affirmé.

Grande figure du vignoble, le comte de La Loyère vécut au château de Savigny au XIXe siècle.

Léger, souple, modérément tannique, le Chorey ne parle pas : il chante. Tout dans la nuance, son bouquet exprime la framboise ou la griotte, le fruit gorgé de saveur charnue. Il est très aromatique. Si des récoltes concentrées et tanniques permettent d'assurer à ce vin dix à douze ans de garde, la plupart des Chorey atteignent leur plénitude entre trois et six ans d'âge et de cave. Ce vin rappelle une cuisine fine et légère, le goût d'une volaille de Bresse juteuse à souhait, un fromage assez doux, comme le cîteaux, le reblochon ou le brie de Meaux. En blanc, il suggère les petits chemins bordés de noisetiers, la fleur blanche et l'aubépine discrètement miellée. Sa longueur en bouche fait belle escorte aux escargots de Bourgogne ou à un poisson à la chair ferme comme le brochet.

BEAUNE

Sous une bonne étoile

Cerclée par ses remparts et ses bastions comme un tonneau par ses douelles, Beaune (21 300 habitants) est la seule ville au monde où, comme le disait Viollet-le-Duc, on ait envie de tomber malade… Construit au milieu du XVe siècle par Nicolas Rolin, conseiller de Philippe le Bon, l'hôtel-Dieu raconte en gothique flamboyant le roman d'amour de la Flandre et de la Bourgogne. Sœur de Bruges, la capitale du Bourgogne est née sous une bonne étoile. Celle justement que l'on voit si souvent peinte ou brodée à l'hôtel-Dieu, accompagnée du mot *Seulle*. L'amour de Nicolas Rolin pour son épouse ? Ou la fidélité de Guigone de Salins ? Mais alors que des millions de bouteilles font mine de dormir dans ses immenses caves, Beaune trouve encore le temps de vivre et de rêver. Ce haut lieu touristique bourdonnant est aussi une cité secrète où de hauts murs et des grilles ouvragées bordent des rues silencieuses. Sous des portraits de famille et entourés de boiseries cirées, le regard perdu sur une glycine ou un lierre mais attentif à la moindre pointe d'humeur du dollar et du yen, les grands négociants-éleveurs sont des maîtres du commerce international.

JANUS EN PERSONNE

Les toits multicolores de l'hôtel-Dieu de Beaune sont un peu le cep qui cache la forêt des pieds de vigne. Sans doute connaît-on Les Grèves, Cent Vignes, Clos des Mouches et autres Teurons, mais l'ensemble de la palette demeure souvent mal connu. Il s'agit pourtant d'un vin superbe et flamboyant. Discret, trop peut-être. L'aire de production ne comprend pas de grands crus. On sait pourquoi. Entre le béton grimpant et la Montagne, vieux sanctuaire naturel de la villégiature beaunoise, la vigne doit jouer des coudes et marquer son territoire. La superficie délimitée en appellation d'origine contrôlée couvre cependant 634 ha – le second territoire viticole après Gevrey en étendue –, dont 322 ha classés en premier crus, 110 en appellation communale, 52 en appellation Côte de Beaune. « Appellation spécifique de la commune », précise Bernard Besancenot, le président du syndicat viticole. Elle ne doit pas être confondue avec les Côtes de Beaune-Villages des communes voisines. Il s'y ajoute 150 ha de Bourgogne, dont 10 ha seulement sont plantés, en raison de l'urbanisation croissante. La récolte moyenne annuelle tourne autour de 480 000 bouteilles de Beaune Village et de 1 500 000 bouteilles de Beaune premier cru. On est ici en pays rouge, les blancs représentant moins de 40 ha, dont la moitié sont classés en premier cru.

« Mais il est une autre cause à laquelle je préfère, pour finir, attribuer cette prédilection des grands esprits pour les ouvrages anciens. C'est qu'ils n'ont pas seulement pour nous, comme les ouvrages contemporains, la beauté qu'y sut mettre l'esprit qui les créa. Ils en reçoivent une autre, plus émouvante encore, de ce que leur matière même, j'entends la langue où ils furent écrits, est comme un miroir de la vie. Un peu de bonheur qu'on éprouve à se promener dans une ville comme Beaune […]. »

Marcel Proust, préface à sa traduction de *Sesame and the Lilies*.

Selon qu'ils tirent sur Savigny ou sur Pommard, les vins s'apparentent à ces caractères, avec un portrait-robot assez facile à dresser. Du côté de Savigny : un vin tannique, robuste, puissant; à la robe intense et foncée, pourpre nocturne; aux arômes de petits fruits et aux accents parfois animaux; ferme et très profond. Le côté Pommard apparaît souvent plus rond, plus souple, plus élégant; moins catégorique dans l'affirmation et plus sensible à la nuance; parvenant plus vite à la maturité. Bref, le vin de Beaune est Janus en personne, partagé en deux familles par la route de Bouze.

Combien de viticulteurs ? Une quinzaine vivent à Beaune exclusivement de leur exploitation. La hiérarchie des crus paraît assez solide, homogène et durable. La seule demande de « reclassement » concerne quelques vignes situées au-dessus du Clos du Roi, tout près de parcelles classées en premier cru.

UNE PERSONNALITE TARDIVE

Durant des siècles, on baptise « vin de Beaune » le vin rouge de la Côte de Beaune. Ce n'est qu'à partir du début du XVIIIe siècle que l'identité réellement beaunoise des crus se dessine progressivement, pour s'affirmer pleinement au siècle suivant. Dès lors, il faut distinguer selon les citations. Pétrarque attribue au vin de Beaune le peu d'empressement des cardinaux à revenir dans Rome. Pierre Danthe écrit au XVe siècle : « Beaune a le bruit sur tous par excellence. » A la même époque, le pape Innocent VIII remercie le duc de Bourgogne d'un envoi de tonneaux beaunois en l'exhortant à rééditer ce geste. Le duc de Clarence, condamné au billot par son frère le roi Edouard IV d'Angleterre, déclare vouloir être noyé dans un fût de vin de Beaune « pour que ma mort soit sans effort et bonne ». Dans son testament, Maître Pathelin choisit d'être enterré dans une cave « dessous un muid de vin de Beaune ». Bref, comme le dit la sagesse locale, « le vin de Beaune ne perd sa cause que faute de comparer ».

En revanche, l'abbé Claude Arnoux devient plus précis lorsqu'il écrit en 1728 : « Ces différents terroirs produisent des vins qui participent du Volnay et du Pommard sans en avoir les défauts : ils ont un peu plus de couleur, beaucoup de bonnes qualités et de durée [...]. Ils sont plus suaves, plus agréables et plus de commerce que les deux précédents, et beaucoup plus profitables à la santé. » On voit naître une typicité. « Fermes, francs, colorés, pleins de feu et de bouquet », ajoute le Dr Denis Morelot en 1831. On insiste sur leurs vertus de garde. Car Beaune n'est pas une ville bâtie sur le sable. Tout ici y parle d'histoire, et pas seulement du vin : pays de Monge, inventeur de la géométrie descriptive, de Marey, à l'origine du cinéma, et du peintre Ziem.

LA VIGNE DE L'ENFANT JESUS

On dit de certains vins très délicats de la Côte de Beaune qu'ils ressemblent au P'tiot Jésus en culotte de velours. Ainsi en est-il de la Vigne de l'Enfant Jésus à Beaune. Aujourd'hui monopole Bouchard Père et Fils, elle appartenait jadis aux carmélites de Beaune. Elle doit son origine à Marguerite Parigot (1619-1648), religieuse en ce couvent. La chronique locale lui attribue en effet l'un des plus grands miracles de l'histoire : la naissance de Louis XIV ! L'intercession de cette jeune carmélite aurait abouti à l'heureuse conception du futur Roi-Soleil qu'Anne d'Autriche met au monde après vingt-trois années de stérilité. Sans retenir ce miracle particulier mais en reconnaissant son rôle dans l'adoration de l'Enfant Jésus de Beaune, statuette miraculeuse du couvent des carmélites, l'Eglise déclarera vénérable sœur Marguerite de l'Enfant Jésus.

La Vigne de l'Enfant Jésus (3,9 ha) se situe dans Les Grèves. Le sol est ici presque sableux et en forte pente, le sous-sol très fissuré. « Cette cuvée, écrit Camille Rodier, réalise les plus grandes qualités : corps, finesse et velouté. »

L'ancien hôtel des ducs,
aujourd'hui musée du Vin.

LE FONDATEUR DU VIGNOBLE CALIFORNIEN

Né à Merceuil, près de Beaune, Paul Masson (1859-1940) est tellement dissipé qu'on l'expédie en 1877 à San Jose, en Californie, chez un oncle tanneur. Là, il trouve sa vocation de pionnier. Travailleur acharné, il reprend l'exploitation viticole de son beau-père Charles Lefranc, crée son propre domaine et devient l'un des fondateurs de la Californie viti-vinicole moderne. Il n'oubliera jamais ses racines beaunoises. Paul Masson est aujourd'hui encore une marque populaire aux Etats-Unis. Musée à Monterey et *winery* historique à Saratoga.

La grande salle des *Pôvres*
à l'hôtel-Dieu de Beaune.

au sein des climats, dont certains ont acquis une personnalité propre (Clos des Ursules, par exemple, dans Les Vignes Franches, Clos de l'Ecu dans A l'Ecu, etc. : ces monopoles appartiennent à des domaines de négociants-éleveurs). De plus, certains climats sont classés tout entiers en premiers crus, d'autres en partie seulement. C'est le cas, par exemple, du Clos du Roi, des Coucherias, des Blanches Fleurs, des Epenottes, etc.

Côté Savigny, on rencontre beaucoup de vedettes de l'appellation : Les Grèves (31,7 ha) – le plus vaste climat, et encore existe-t-il Sur les Grèves (donné pour 4 ha) –, Aux Coucherias, Les Teurons ou Theurons, Les Bressandes, Les Fèves, A l'Ecu, Les Cent Vignes, Les Marconnets, Le Clos du Roi, etc. Si Les Cras que l'on trouve ici désignent un terrain caillouteux, Les Grèves évoquent un sol sablonneux. Les Bressandes rappellent une famille originaire de la Bresse. Coucherias ? Un point d'interrogation. Les Cent Vignes viennent de Sanvigne, un foyer agricole resté « sans vigne » au XIIIe siècle… Quant aux Teurons, ils désignent, semble-t-il, un tertre, une éminence. Et Les Fèves ? Un lieu planté de… hêtres.

Côté Pommard, le Clos des Mouches (« mouches à miel », abeilles) bénéficie d'une solide réputation sur ses 25,1 ha. Parmi les premiers crus les plus fameux se trouvent ici Les Vignes Franches, Les Boucherottes (même superficie), Les Chouacheux, Les Aigrots, Les Avaux, Les Champs Pimont, de même que La Montée Rouge et le Clos de la Mousse. Ces noms excitent la curiosité. Marie-Hélène Landrieu-Lussigny indique que Chouacheux est une déformation de Sausseux, endroit où poussaient des saules. Que Bélissand voisin rappelle également des saules et des aulnes. Que Boucherottes vient de buissons. Qu'Aigrots vient peut-être d'un vin un peu acide, et Avaux d'un creux, d'un val. Montée Rouge ? Si la grimpette est évidente, sa coloration n'a pas d'explication. Les Sizies semblent faire référence à un Renaud de Sesie, maire de Beaune en 1218…

LE TOUR DES PREMIERS CRUS

On ne compte pas moins d'une quarantaine de premiers crus. Impossible d'en citer le nombre exact, car chaque recensement diffère des autres. Il existe ici, par ailleurs, un particularisme beaunois qui a fait naître des clos

LA BOUTEILLE LA PLUS CHERE

La bouteille de Beaune la plus chère a été… peinte par Henri Laurens. Cette œuvre de 38 cm sur 25,8 cm, datée de 1916 (craie, fusain et papiers collés sur carton), a été adjugée le 28 novembre 1991 à Paris pour 1 million de francs.

LEQUEL CHOISIR ?

On pense naturellement au Clos des Mouches, rouge ou blanc dans la partie supérieure, pénétré de soleil, à la fois rond et consistant. Souvent considéré comme la quintessence du vin de Beaune, il exprime comme nul autre le fruit, le raisin. Le Clos du Roi est parfois le plus voluptueux. Bon prince, il fait honneur à son nom, avec une robustesse qui s'épanouit dans le verre. La race, c'est sûr, l'onctuosité et, comme disait Saint-Simon, le nez « assez assaisonné d'esprit ».

Les Vignes Franches ont beaucoup de panache. Richesse et profondeur, plénitude, texture, elles réunissent la plupart des atouts d'un vrai premier cru. Les Bressandes atteignent le sommet lorsqu'elles bénéficient – ce qui n'est pas rare – d'une bonne concentration. Félines, elles tendent leurs griffes et se montrent câlines. Il s'agit le plus souvent d'un rouge charmant et parfaitement convaincant. Les Teurons sont connus pour leur chair que l'on déguste à pleine bouche. Costauds comme un porteur soulevant sa caisse pendant les vendanges, ils ont du coffre, de la charpente. Longues comme un cortège de la Bastille à la Nation, les Grèves se signalent cependant à l'attention par leur délicatesse bouquetée. La finesse en un mot. On trouve quelquefois ici la netteté absolue, dans un relief où la sève apparaît emplie de cerise.

Les Boucherottes et Les Epenottes donnent des vins souples et assez gouleyants, parfumés à souhait. Les Avaux ont une gentillesse familière. Un vin souple, frais, vif parfois, léger comme une chanson populaire. Les Aigrots virevoltent comme un papillon. Peu de corps, mais de l'attaque et de la grâce. Les Cent Vignes charment, en revanche, par leur intensité, leur opulence, leur fruit. Peut-être les plus concentrés et les plus riches de l'appellation. Le Clos de la Mousse évoque fréquemment la truffe, celui des Ursules la mûre, celui de l'Ecu le sous-bois, et l'on pourrait dévider sans fin cet écheveau beaunois.

Il y existe aussi les climats peu connus, comme les admirables Reversés. Ou encore des cuvées rondes de négociants-éleveurs qui, lorsqu'elles ne sont pas trop chaudes (un défaut du pays), traînent tous les cœurs après elles. En appellation communale, le Clos des Monsnières réussit en rouge comme en blanc.

Ainsi que l'écrit Serena Sutcliffe, « les blancs s'offrent ici assez jeunes ». On profite ainsi au maximum de leur fruit. Les rouges peuvent attendre, mais leur adolescence n'est pas désagréable du tout, avec un style croquant qui donne l'impression de mordre dans la grappe. Voyez les premiers crus entre cinq et dix ans d'âge. Assez corsés sans doute pour la plupart, épicés, mais sans épaisseur ni lourdeur. Ni trop mince ni trop capiteux, n'est-ce pas le secret du vin de Beaune, sensuel et fruité, partagé entre les appels complexes d'un destin qui peut traverser deux décennies sans prendre une ride ? Il équilibre les rêves des deux Côtes. C'est plus et mieux qu'un compromis : une synthèse. La capitale du Bourgogne ne pouvait pas faire moins. *Respiciamus atque prospiciamus* (« Nous regardons derrière nous et devant nous »), n'est-ce pas la belle devise du lycée viti-vinicole de Beaune qui forme les vignerons de demain ?

LE VIGNOBLE DE SAINTE-MARIE-LA-BLANCHE

La vigne s'étend quelque peu sur la plaine de Beaune : Sainte-Marie-la-Blanche et quelques communes environnantes. Ce vignoble courageux ne veut pas mourir, mais il ressemble à la chèvre de M. Seguin. La suppression, en 1993, de la possibilité d'utiliser la formule Vin de Pays de la Côte d'Or mobilise les vignerons, qui souhaiteraient bénéficier de l'AOC Bourgogne à tout le moins pour les vignes déjà plantées. Une tolérance court jusqu'en 2005.

Le XXe siècle est aussi celui où l'on a reconnu à la femme toute sa place au sein du vin de Bourgogne.

LA VENTE DES VINS DES HOSPICES DE BEAUNE

« Allons, mes amis, un tout petit effort ! On ne va pas laisser un vin pareil à 20 000 francs la pièce, ou je rends mon tablier. Vous n'avez tout de même pas le portefeuille en peau de hérisson ! »

Chaque troisième vendredi de novembre, Beaune n'est plus dans Beaune. Attirant une foule de curieux, les meilleurs journalistes de la vigne et du vin, des acheteurs soigneusement chouchoutés, la vente des vins des Hospices constitue un événement mondial. Si le négoce beaunois s'efforce de la préparer avec soin, un point d'interrogation plane sur la grande halle jusqu'au dimanche soir.

A LA BOUGIE

Ancien conseiller de Jean sans Peur puis conseiller de Philippe le Bon, Nicolas Rolin (1380-1462) est à la tête d'une immense fortune. Il crée un hôpital en 1443. Après avoir hésité entre Autun, où il est né, et Beaune, il opte pour cette ville. Louis XI aurait dit alors : « Il a fait assez de pauvres dans sa vie pour pouvoir aujourd'hui les abriter ! »

Ainsi naît l'hôtel-Dieu, construit sur le modèle de l'hospice Saint-Jean de Valenciennes et selon une architecture d'inspiration flamande. Les premières religieuses viennent d'ailleurs de Saint-Omer. Les Hospices de Beaune sont constitués en 1805 par la réunion de l'hôtel-Dieu et de l'hospice de la Charité. Issu de très nombreuses donations, leur domaine est le plus important de la région (288 ha de bois, cinq fermes et 790 ha de prés et terres, une vingtaine d'immeubles et 75 ha de vignes fines, dont 61 en exploitation directe). Vingt et un vignerons des Hospices cultivent ce vignoble prestigieux : leur fonction équivaut ici à un titre de noblesse, et elle est très recherchée.

Les vignerons des Hospices ont le statut de salariés-tâcherons. Ils ont en charge plusieurs parcelles, chaque vigneronnage représentant environ 60 ouvrées. Ils reçoivent un salaire minimum garanti à l'ouvrée, une prime d'outillage (car ils doivent entièrement s'équiper à leurs frais) et une prime d'intéressement à la vente. L'envol des enchères leur avait naguère offert des revenus considérables. Cette prime est aujourd'hui plafonnée à deux fois le salaire minimum annuel. Depuis 1987 encore, obligation est faite au vigneron de s'occuper personnellement des parcelles qui lui sont confiées. Le régisseur suit désormais de très près le travail. Il décide des dates de tous les soins apportés à la vigne jusqu'aux vendanges. Les vignes nouvelles de Pouilly-Fuissé sont assorties d'un contrat de vigneronnage prévoyant le partage de la récolte à mi-fruit entre le propriétaire et les deux vignerons. La coopérative de Chaintré traite la part qui revient à ces vignerons en raison d'un accord antérieur à la donation. Les Hospices retirent 40 % environ du produit de la vente, le reste correspondant à l'ensemble des charges de gestion.

Le domaine s'étend en Côte de Beaune sur Aloxe-Corton, Savigny-lès-Beaune, Pernand-Vergelesses, Beaune, Auxey-Duresses, Monthélie, Ladoix-Serrigny, Pommard, Volnay et Puligny-Montrachet. En Côte de Nuits, sur Gevrey-Chambertin, Morey-Saint-Denis et Nuits-Saint-Georges.

Longtemps, l'hôtel-Dieu a vendu ses vins à l'amiable, puis par soumissions. A la suite d'une période de mévente (1847 à 1849), l'économe Joseph Pétasse prend son bâton de pèlerin pour rechercher de nouveaux clients. Ses voyages ont un grand succès, et désormais ce sont les amateurs qui viennent à Beaune. La méthode de la vente aux enchères s'impose définitivement en 1859, à l'exception des années 1910 (pas de récolte), 1916 (vente ajournée), 1939-1942 (ventes suspendues), 1956 et 1968 (médiocrité des vins).

Le maire de Beaune dirige lui-même la vente jusqu'en 1930. Un commissaire-priseur prend ensuite le relais, conformément à la loi. Malgré leurs efforts acharnés, les courtiers en vins beaunois ne réussissent pas à lui retirer ce privilège lucratif. La vente constitue le panneau central du triptyque des Trois Glorieuses : Chapitre du Tastevin la veille au soir, Paulée de Meursault le lendemain. Chaque cuvée est offerte par lots et sous une dénomination qui rappelle les donateurs. Selon l'ancienne tradition, il s'agit d'une vente à la bougie. Mise à prix. Une première bougie est allumée à la première offre. Ainsi commence le premier feu. Quand cette bougie est sur le point de s'éteindre et si les enchères sont encore abondamment nourries, le commissaire-priseur peut décider d'allumer une seconde bougie. Lorsque les enchères diminuent d'intensité, le commissaire-priseur décide alors du deuxième feu, indépendamment du nombre de bougies du premier feu. Au terme de ce deuxième feu, c'est l'adjudication. En fait, les enchères sont recueillies jusqu'à leur dernier souffle.

LE CLOS DU MARECHAL

A la demande du préfet de l'époque, les administrateurs des Hospices de Beaune acceptent en 1942 de vendre au Département de la Côte-d'Or, pour 120 000 francs, une vigne de leur domaine située dans les Teurons (51 a 10 ca) et entrant dans la cuvée des Dames hospitalières. Cet étrange cadeau a-t-il été expressément souhaité par le maréchal Pétain, à qui il est destiné ? Rien ne le prouve. Il semble que ce « geste spontané » ait été conçu par le préfet. Force est aussi de constater que le maire Roger Duchet, président des Hospices et futur ministre de la IVe République, n'y vit rien que de très naturel et s'y associa volontiers.

Le maréchal Pétain remercie les donateurs et leur transmet un codicille testamentaire léguant à sa mort cette vigne aux Hospices. Après la guerre, le Clos du Maréchal revient aux Hospices, la vente ayant été annulée par la justice. On en vend cependant aux enchères les vins de 1944 et 1945. Certains ont reçu une étiquette très recherchée par les collectionneurs : « Beaune – Cuvée des Dames hospitalières – Clos du Maréchal Pétain ».

UN DOMAINE DE SOIXANTE-QUINZE HECTARES

Considérée souvent comme le baromètre de la Côte, la vente des Hospices a perdu en partie ce caractère. Sans doute exprime-t-elle – indicateur des tendances du marché – la reprise ou la stagnation. Mais elle reflète moins l'offre régionale que la demande internationale. Bon an mal an, la vente rapporte aux Hospices un peu plus de la moitié du produit des enchères.

Les étiquettes sont délivrées par les Hospices (330 pour 300 bouteilles, car il faut tenir compte de la publicité, de la presse), et la mise en bouteilles doit avoir lieu en Bourgogne. Sur la fin de sa vie, André Boisseaux (Patriarche et Kriter), qui a toujours soutenu la vente avec vigueur en en faisant une affaire publicitaire personnelle, décide en 1995 d'exiger la mise en bouteilles par les Hospices eux-mêmes. On en voit mal l'intérêt. Les cours pratiqués ici se situant au-dessus du marché, pourquoi un négociant acquéreur ferait-il valser les étiquettes ? Plusieurs fois contestés dans le passé (fûts usagés, vinification incertaine du millésime 93), les Hospices ont rappelé André Porcheret, rétabli l'ordre sous leur toit vernissé et construit une cuverie moderne.

Traditionnellement lié à la Côte de Beaune, le domaine s'est ouvert sur la Côte de Nuits en 1977 (Mazis-Chambertin), puis sur 4 ha de Pouilly-Fuissé (4 ha à Chaintré) en 1995. 5 ha, en Mâconnais également acquis par legs, ne figurent pas dans la vente publique. Les Hospices de Beaune gèrent actuellement leur patrimoine de façon active. Au cours des années 80 et 90, ils ont cédé la moitié de leurs bois, tandis que leur vignoble passait de quelque 50 ha à 75 ha. Les donations restent le principal moyen d'accroissement du domaine : Mazis-Chambertin en 1976, Pouilly-Fuissé en 1995, etc. Les interventions directes sur le marché foncier (Bâtard-Montrachet en 1989, Clos de la Roche en 1991) sont diversement appréciées.

Le Centre hospitalier Philippe le Bon est transféré depuis 1971 dans de nouveaux locaux. L'hôtel-Dieu est maintenant un monument historique et un musée. Les religieuses ont perdu leurs coiffes (« le grand voile ») qui ressemblaient à une flèche de cathédrale : le cinéma les fait revivre parfois, comme dans *La Grande Vadrouille*. Mais les dames de la charité sont toujours là, et elles ont également pris sous leurs ailes protectrices l'hôpital de Nuits.

Chacun retient son souffle le troisième dimanche de novembre, quand commence la vente des Hospices de Beaune, sous le regard du monde entier.

GREVES 68

Lorsque Georges Pompidou inaugure l'autoroute Paris-Lyon à Savigny-lès-Beaune le 29 octobre 1970, on pense un moment lui offrir une Montée Rouge et des Grèves... 68 évidemment. Mais le respect l'emporte, et l'on garde cette idée pour les journalistes. Au reste, le millésime 68 étant nul, on se serait bien gardé de l'offrir. Ainsi naît une légende.

LE MUSEE DU VIN

L'hôtel des ducs de Bourgogne abrite le musée du Vin de Bourgogne. Premier écomusée de France, il a été créé en 1946 grâce aux efforts de Georges-Henri Rivière et d'André Lagrange. Outre d'intéressantes et précieuses collections, la salle dite de l'Ambassade des vins de France (une initiative beaunoise restée sans suite) contient une magnifique tapisserie de Jean Lurçat à la gloire du vin.

POMMARD

Le combat du jour et de la nuit

« Tu n'es pas à la croix de Pommard ! » disait-on jadis à propos du gué difficile à passer entre Chagny et Beaune. Tu n'es pas au terme du chemin, au bout de tes peines. Les temps ont bien changé. Tout d'équilibre et d'harmonie, à flanc de coteau et à 280 m d'altitude, Pommard (550 habitants) est d'un accès facile. Faut-il croire Courtépée, qui suggère comme origine du mot un temple dédié à Pomone ? Ou l'allusion à un verger ? Cette terre appartient au XIIIe siècle à Alix de Vergy, épouse du duc de Bourgogne, puis aux archevêques de Lyon, au domaine ducal, à de grandes familles : de Vienne, de Montjeu, de Corabeuf, de Salins, etc. La Maison-Dieu, une léproserie, date de 1095, et l'on cite des donations de vignes à l'abbaye Saint-Bénigne de Dijon, à la collégiale de Beaune, aux religieux de Saulieu et du Val-des-Choux, de Cîteaux et de Maizières, aux chevaliers de Saint-Jean de Jérusalem... Coiffé par le bonnet carré de son église, le village possède de belles demeures. Le château de la Commaraine rappelle le souvenir des comtes de Vienne, seigneurs de Commarin et exploitants du clos dès le Xe siècle. Construit sous l'Empire par Nicolas-Joseph Marey, décoré en style pompéien, le château a souvent accueilli Gaspard Monge rendant visite à sa fille. Créé à cette époque, son clos de 20 ha d'un seul tenant demeure en monopole et apparaît aujourd'hui unique en Côte-d'Or. A proximité, le château de Vivant Micault, directeur général des poudres et salpêtres du royaume au début du XVIIIe siècle, offre de superbes dépendances viti-vinicoles. Ces deux édifices sont désormais réunis grâce à la famille Laplanche. Eminent spécialiste de Freud en Sorbonne, le Pr. Jean-Louis Laplanche pratique la psychanalyse et le vin comme deux divans jumeaux.

« Homais se délectait. Quoiqu'il se grisât de luxe encore plus que de bonne chère, le vin de Pommard, cependant, lui excitait un peu les facultés... »

Gustave Flaubert, *Madame Bovary.*

LA FLEUR DES VINS DE BEAUNE

Traversant le pays et courant à la Dheune, un affluent de la Saône, le ruisseau de la Vandaine déborde parfois et cause de gros dégâts. Le terroir produit exclusivement du vin rouge issu du pinot noir, sur près de 340 ha en appellation communale et en premier cru. Occupant le milieu du coteau, les premiers crus reposent sur des sols argilo-calcaires, généralement bien drainés grâce à un cailloutis de débris rocheux et à du calcaire marneux. Les Villages se situent en partie au bas de la pente, sur des terrains plus argileux et moins calcaires, ou plus haut, sur des sols bruns calciques et bruns calcaires.

« Les vins de Pommard sont la fleur des vins de Beaune », écrit au Moyen Age l'historien Guillaume Paradin. On les confond alors avec le « vin de Beaune ». Ce nom sonore, facile à prononcer et qui emplit la bouche acquiert une notoriété mondiale au XIXe siècle, d'autant qu'il voyage sans peine. Si certains Pommardois imaginaient naguère de baptiser Pommard-Rugien leur village, l'idée n'a pas eu de suite. Pommard suffit. Revers de la médaille : l'appellation souffre de fraudes, et tout vin rouge coloré et puissant prend alors le nom de Pommard sur les marchés de consommation. Il faut y mettre bon ordre. Aujourd'hui, l'AOC est protégée et respectée.

La Côte de Pommard offre des vins renommés pour leur couleur intense, presque noire, leur fermeté et leur bouquet. Loyaux et marchands, ils sont de bonne garde. Ils vieillissent très honorablement cinq à huit ans, leur meilleur âge. Leurs arômes évoquent le poivre, le cuir, la prune bien mûre, le cassis et quelquefois le chocolat. Ce vin a de la mâche. Comme Victor Hugo, qui l'apprécie, il a du souffle, de l'inspiration et parfois du génie. Le combat du jour et de la nuit… Les Grands Epenots et Les Rugiens Bas – les premiers fins et fruités, les seconds structurés et riches – semblent décrocher le prix d'excellence.

De même que le Clos de la Commaraine, ces climats pourraient être des grands crus. Ce sont à tout le moins de magnifiques têtes de cuvée. Le rôti, le râble de lièvre, la côte de bœuf, la viande bien assaisonnée et le gibier sont à la mesure d'un Pommard bien né.

Les premiers crus couvrent 125 ha. Ils se situent à la hauteur du village. Côté Beaune, les vignes les plus réputées sont celles des Epenots. Elles donnent des vins jugés en général plus tendres que ceux qui sont nés des parages de Volnay, souvent plus longs à se faire, moins spontanés (Les Rugiens notamment). L'appellation Village monte assez loin le long de la Grande Combe qui mène à Saint-Romain, mais aucune étiquette ne signale les climats En Bœuf et La Vache. Elle descend jusqu'à la RN 74, sans la franchir. Là, c'est le climat Rue au Porc, que nul ne songe à revendiquer. La production moyenne annuelle est de 480 000 bouteilles en premier cru et de 960 000 bouteilles en Village, pour un vin qui reste grand.

Vu par Hitchcock

Le cœur de l'intrigue du film d'Alfred Hitchcock *Notorious* (*Les Enchaînés*, 1946), avec Cary Grant et Ingrid Bergman, se situe dans une bouteille de Pommard où sont dissimulés… des secrets atomiques.

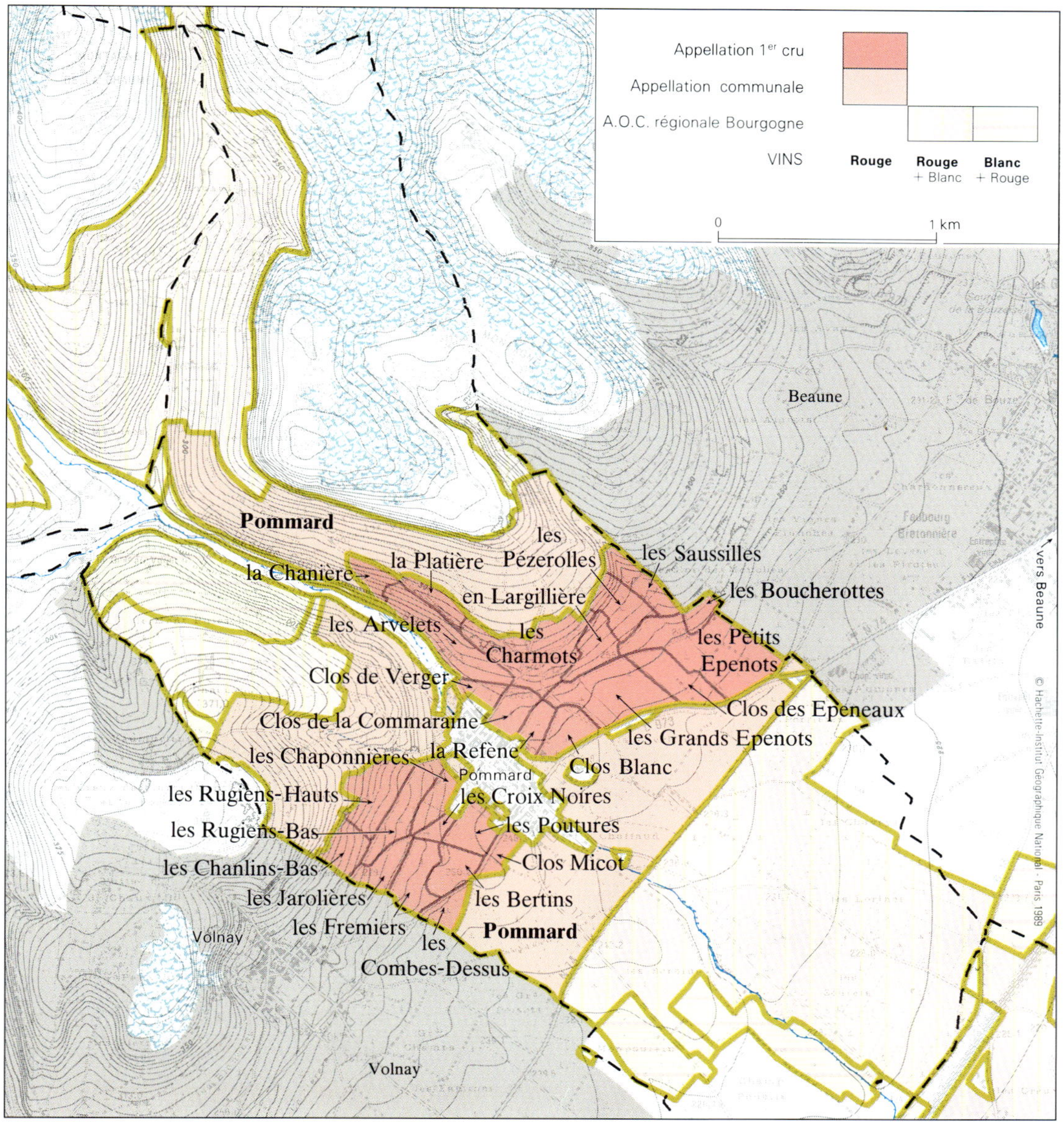

On retrouve ici autour d'une combe un schéma classique perdu de vue depuis Corton.

VOLNAY

L'empreinte d'un baiser

Haut perché, Volnay (355 habitants) domine la situation. De ce belvédère situé à 275 m d'altitude, le regard va loin. Village étroit et pentu, Volnay rentre les épaules pour offrir toutes ses aises à la vigne. Adossé à la petite montagne du Chaignot, tourné vers le sud-est, il dessine un léger coude dans l'orientation générale de la Côte. Vin féminin – cette réputation lui colle à la peau. Elle n'est pas imméritée. Le Volnay laisse en effet sur la Côte de Beaune une trace de rouge à lèvres, comme l'empreinte d'un baiser.

UN VOLCAN ETEINT ?

Ce feu intérieur, ce tempérament volcanique s'accordent à un site curieux, qui a toujours intrigué. « On a retrouvé à Vollenay les marques d'un de ces volcans éteints qui ont autrefois existé dans presque toutes les grandes montagnes », affirme hardiment l'abbé Gandelot en 1772. Les pierres brûlées, les sources abondantes et même le goût sulfureux des vins blancs du pays lui apparaissent comme autant de preuves. Si cette thèse est sans fondement, l'observation mérite attention. Le calcaire oolithique de Volnay peut être comparé au porphyre dont le Morvan est riche. Rose, renfermant des grains d'un beau vert pâle, il supporte des bancs schisteux. En outre, le « cratère » de Volnay, s'il a été façonné par les cours d'eau et l'érosion, évoque un peu un volcan imaginaire.

Sur le haut du coteau, d'appellation Villages, un terrain fort calcaire. Puis, un peu plus bas, un calcaire blanc argovien, très léger et d'aspect crayeux, donne d'excellents premiers crus, la délicatesse extrême des Clos des Ducs, Taille Pieds et Bousse d'Or.

Caillouteux, ferrugineux et rougeâtre, le calcaire bathonien offre plus bas encore la ligne de front des vins au caractère plus affirmé. Corsés et vigoureux, plus masculins, ce sont le Cailleret et les Champans. Enfin, en bas du versant, on retrouve les Villages sur des sols plus profonds et graveleux. Si la géologie a son mot à dire dans la Côte, c'est bien à Volnay, comblé par la nature car abrité des mauvais vents d'ouest et peu sujet au brouillard givrant.

Avant la Révolution, les meilleures vignes appartiennent à l'ordre de Malte, aux abbayes Saint-Andoche d'Autun et de Maizières, à diverses institutions religieuses, à quelques familles titrées et bien sûr au domaine ducal puis royal.

LE VIN DE BOSSUET

Le vin de Volnay est aujourd'hui et pour l'essentiel un rouge né du pinot noir, alors qu'autrefois une production de blanc était ici assez développée. Sa notoriété apparaît ancienne, et le nom de Vollenaye, de Voullenay (on prononçait Voulné), de Volnay enfin s'impose tôt dans l'histoire.

Ce vin participe à des négociations diplomatiques dès l'époque des ducs de Bourgogne, figure à la table royale des jours de sacre. Il intéresse fortement Louis XI qui, après sa prise de possession du duché, aurait confisqué à son profit toute la récolte de 1477.

Jacques Bénigne Bossuet apprécie le vin de Bourgogne. Né à Dijon en 1627, il lui conserve sa préférence toute sa vie. « Dans le vin, écrit-il, est le courage, la force, la joie, l'ivresse spirituelle, le transport de l'âme. » Prépare-t-il ses *Oraisons funèbres* devant une bouteille de Volnay ? On sait qu'il goûte ce vin surtout avec des « huîtres en écaille ». Malade, il cherche le réconfort en mangeant l'aile et les blancs d'un poulet rôti, accompagné de quelques petits coups de vin qui lui font passer l'amertume du quinquina. Après avoir reçu l'extrême onction, il communie et

« Il n'y a qu'un Volnay en France »
Proverbe cité par l'abbé Claude Courtépée dans sa *Description du duché de Bourgogne*.

cherche auprès de sa terre natale une ultime consolation. « La sainte hostie, relate un témoin, a bien passé avec un peu de vin. » Le jour de sa mort, son tonnelier est d'ailleurs occupé à mettre en cave six pièces de vin de Bourgogne, de sorte qu'il ne manque rien aux funérailles de M. de Meaux... Peut-on concevoir précaution plus aimable, plus bourguignonne en un mot ?

UNE TYPICITE AFFIRMEE

Au XVIIIe siècle, la cote de Volnay est élevée. Thomas Jefferson y porte attention lors de son voyage en 1787 et lui restera fidèle par des achats ultérieurs. Les bons auteurs du XIXe siècle ne tarissent pas d'éloges sur les vins de Volnay. « Tous les vins qui se récoltent sur cette partie de la Côte sont excellents, écrit en 1831 le Dr Denis Morelot. Ils ont une finesse, un bouquet, une délicatesse, un goût suave qui ne se rencontrent en aucune espèce de vin. Aussi, quand ils ne sont ni trop nouveaux ni trop vieux, c'est-à-dire bien à leur point, on pourrait dire qu'ils l'emportent sur tous les vins. » En 1855, Jules Lavalle estime que Volnay peut être considéré comme la commune qui, avec Beaune, produit le plus grand nombre d'excellents vins. A cette époque, le vignoble possède quelque 220 ha de pinot noir et autant de gamay. Quant à André Jullien : « Volnay produit le plus léger, le plus délicat, le plus fin, le plus agréable des vins de la Côte de Beaune et même de toute la France ; il a, en outre, de la sève et un charmant bouquet. » Ses qualités : la franchise du goût, la précocité et l'agrément. Il est souvent hâtif et printanier, comme la violette dont il a quelquefois le parfum. Cela dit, il se garde très bien. Cette typicité que l'on dit

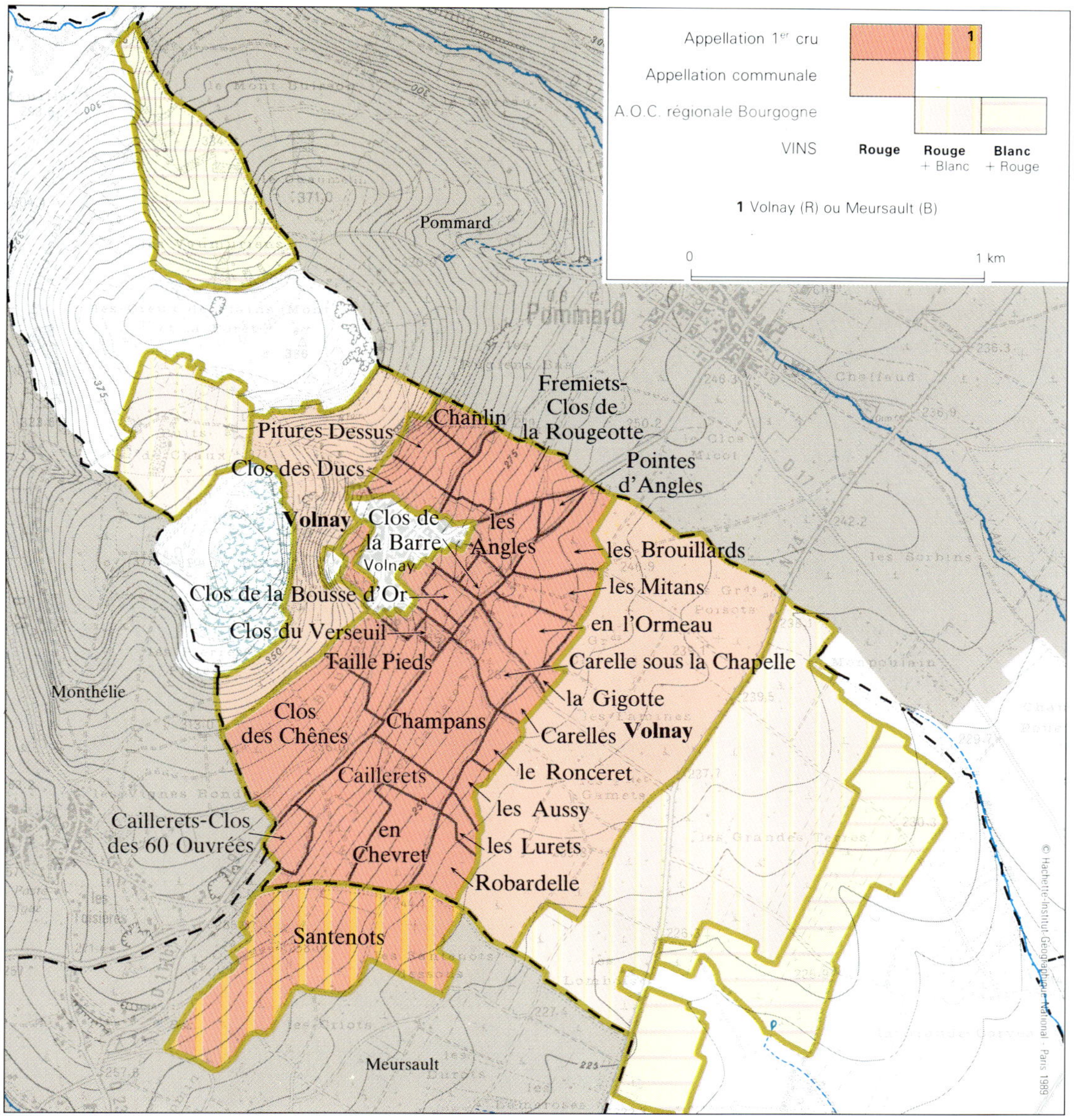

Les rouges semblent s'installer fermement en Côte de Beaune, et pourtant ils vont bientôt céder la place aux blancs.

« féminine », à la manière du Chambolle-Musigny dans l'autre Côte, apparaît alors nettement fixée. Pourquoi changer de nom ? A côté de Pommard qui chante bien, comme Chambolle équilibre Morey, Volnay sonne clair. Pourquoi choisir un cru plutôt qu'un autre ? Le village préfère lier son destin à l'identité collective de la commune. De même ne revendique-t-il pas de grands crus, à l'instar de ses voisins et pour les mêmes raisons. Par ailleurs, il s'y ajoute la présence, dans les années 30, du marquis d'Angerville, apôtre des AOC et qui met un point d'honneur à ne rien revendiquer pour son terroir.

NOTRE-DAME DES VIGNES

Erigée afin de remercier la Vierge après la guerre de 1870 (le vignoble de Volnay n'avait pas souffert de ces malheurs), la statue de Notre-Dame des Vignes veille ici sur la Côte. Mais c'est pourtant du haut de la montagne de Beaune que le cardinal Roncalli, futur pape Jean XXIII, a béni les vignes de France en 1951. Le blason de Beaune ne représente-t-il pas la Vierge au raisin, thème iconographique bourguignon par excellence de l'art sacré ?

Le vignoble de Volnay couvre 310 ha sur les 400 ha reconnus par l'aire d'appellation : 98 en Volnay, 115 en Volnay premier cru et 97 en Bourgogne. Si l'on sait que le territoire communal s'étend sur 755 ha, on voit que la vigne est reine. Il s'agit presque exclusivement de rouge. Seul l'aligoté représente, sur une dizaine d'hectares, le camp des blancs. Production moyenne annuelle : 1,2 million de bouteilles. Quelque soixante-dix viticulteurs : l'activité essentielle du village.

LE VOLNAY-SANTENOTS

Le Volnay-Santenots présente la particularité d'être récolté sur Meursault, dont il est limitrophe. Comme ce vin rouge a toujours fait partie de la famille du Volnay, comme il a constamment été vendu sous ce nom, les AOC en ont sagement pris acte. Ces 29 ha produisent un premier cru concentré et racé, qu'une longue garde n'effraie généralement pas. Le climat des Santenots du Milieu semble le meilleur, mais Les Santenots Dessous et le Clos des Santenots ont peu à lui envier. Aucune règle n'étant absolue en Bourgogne, il existe des Santenots blancs, qui donnent soit un Meursault, soit un Meursault premier cru, soit encore la même chose sous le nom de Meursault-Santenots. La production moyenne du Volnay-Santenots est de 160 000 bouteilles par an.

La pierre sèche calcaire est partout : murs et murgers.

« QUI N'A PAS DE VIGNE EN CAILLERET... »

« Qui n'a pas de vigne en Cailleret ne sait pas ce que vaut le Volnay », répète-t-on ici. Cette tête de cuvée toujours citée dans l'histoire comme exceptionnelle caracole en porte-étendard des premiers crus. Elle brille par l'élégance et la finesse d'une chair soumise aux canons modernes de la beauté : grâce et fermeté. Ses arômes chantent la violette et la groseille. Encore note-t-on des nuances. Le haut du climat prend appui sur une base rocheuse, tandis que sa partie médiane possède davantage de terre. Les Champans marquent leur différence par une complexité souvent éblouissante et quelquefois un parfum de rose. Leurs vis-à-vis sur le coteau, un peu plus haut, s'appellent Clos des Chênes et Taille Pieds. Un rien de souplesse en plus ? Un fruit plus généreux ? Ces variations délicates se retrouvent entre les premiers crus plus proches de Pommard, Bousse d'Or, La Barre, Pitures, Les Angles, Frémiet, Chanlin d'un côté, avec le Clos des Ducs ; Mitans, Brouillards, Carelle, L'Ormeau de l'autre. Ne convient-il pas de marier tous ces enfants ? Régisseur des Hospices de Beaune, André Porcheret a réalisé en 1995 sa cuvée Gauvain à l'aide de raisins provenant des Pitures et des Santenots du Milieu, c'est-à-dire les deux bouts opposés du finage. Couleur magnifique, concentration digne de la Côte de Nuits, il juge le résultat merveilleux. De même, la cuvée Blondeau provient la même année de raisins des Champans, du Ronceret, des Taille Pieds, d'En l'Ormeau. Elle se goûtait le mieux au jour de la dégustation. Quant à la cuvée Jehan de Massol, elle était constituée de toute la gamme des Santenots. Certains climats apparaissent peu sur les étiquettes. Enfin, on adore ici les clos. Ceux-ci sont légion à Volnay, souvent nés de la pratique vigneronne : Clos des Ducs, de la Cave des Ducs, du Château des Ducs, de l'Audignac, de la Chapelle, de la Barre, de la Bousse d'Or, de la Rougeotte, du Verseuil. C'est ainsi que le blason du climat Le Village – susceptible, il est vrai, de créer une confusion avec l'AOC communale – s'est trouvé redoré par différents clos aux noms plus évocateurs.

Volnay voit les choses d'en haut. C'est ainsi, et on ne le changera pas.

MONTHELIE, AUXEY-DURESSES, SAINT-ROMAIN ET SAINT-AUBIN
Le triangle sacré

Connaissant son Bourgogne sur le bout des doigts, Pierre Forgeot voyait en Monthélie, Auxey-Duresses et Saint-Romain le triangle sacré, le sanctuaire de la vigne celte. Cette thèse relève davantage du flair que d'une savante archéologie, mais elle paraît assez probante. Les gradins les plus élevés de la Côte ont toujours attiré les hommes. Saint-Romain a d'ailleurs la tête dans les Hautes-Côtes. Quant à Saint-Aubin et à son hameau de Gamay, c'est un village de la Côte qui voit, lui aussi, les choses d'en haut. Tous ces vins étaient jadis vendus sous le nom de Beaune, ou naguère de Côte de Beaune-Villages.

LE VIN QUI A DE L'ACCENT

Monthélie (200 habitants) se dit Mont'lie. N'allez pas croire pour autant que son vin n'a pas d'accent. Bien au contraire ! Il exprime un vrai caractère, et surtout une présence. Le visiteur pressé passe rapidement de Volnay à Meursault. Il serait mieux inspiré de visiter Monthélie, petit village pentu et qui ressemble à Pernand, riche de vieilles maisons et de belles caves. A l'écart du bruit de la Côte, il réserve des trésors de bonté à qui monte jusqu'à lui. Son château illustre le charme bourgeois d'une noblesse terrienne. On sent que le vin habite la maison et qu'un millésime ancien du cellier occupe autant de place dans les conversations que les histoires de famille. L'église porte la coiffe bourguignonne. Elle a gardé sa couverture de lauzes, ces pierres plates grisâtres que l'on recueille sur le plateau.

Quant à la vigne, c'est la principale activité. « Une poule à Monthélie meurt de faim durant les moissons », affirme le dicton. Longtemps sous l'autorité de l'abbaye de Cluny, Monthélie a dû jouer des coudes pour se voir reconnaître sa propre personnalité. Ce modeste territoire comporte quelque 140 ha d'aire d'appellation (100 sont plantés, dont 31 en premier cru) et présente deux visages. Orientés sud et sud-est, reposant sur du calcaire bathonien recouvert de terre rouge et de marne, les meilleurs climats occupent le coteau de Volnay et prolongent les charmes de ce vin à la silhouette fine et distinguée. Nord-sud, la vallée d'Auxey-Duresses offre un vin plus structuré, étoffé, produit sur du calcaire argovien, exposé à l'est ou à l'ouest.

Outre la production de Bourgogne et le bénéfice de l'appellation Côte de Beaune-Villages en rouge (il en est de même pour toutes les communes de ce chapitre), Monthélie possède de bons premiers crus. Les Duresses d'abord, que cette commune et Auxey ont en commun. Puis Les Champs Fulliot, historiquement considérés comme le meilleur climat, Les Riottes, Les Vignes Rondes, Château-Gaillard. Et encore Sur la Velle, Le Meix Bataille, Le Clos Gauthey, Le Cas Rougeot, La Taupine et Le Village. La production moyenne de blanc est infime : 12 500 bouteilles environ par an. On prétend qu'il madérise rapidement, mais il s'agit davantage de vinifications anciennes que d'un décret du destin. Le rouge en revanche, pour une production moyenne annuelle de 480 000 bouteilles tient fort bien sa place à table. Les premiers crus s'accordent à l'agneau, aux fromages crémeux comme le brillat-savarin.

« Pittoresquement blotti contre l'arrondi de la colline comme la tête de saint Jean au creux de l'épaule du Christ, Monthélie apparaît, au soleil couchant, avec le relief, la hauteur et la densité de certains villages de la Toscane. »

Pierre Poupon, *Vignes et Jours.*

DE MOULINS EN PRESSOIRS

Au seuil d'une vallée qui s'enfonce dans les Hautes-Côtes de Beaune sur la route de La Rochepot et d'Autun, niché entre d'heureux coteaux aux formes arrondies, Auxey (pro-

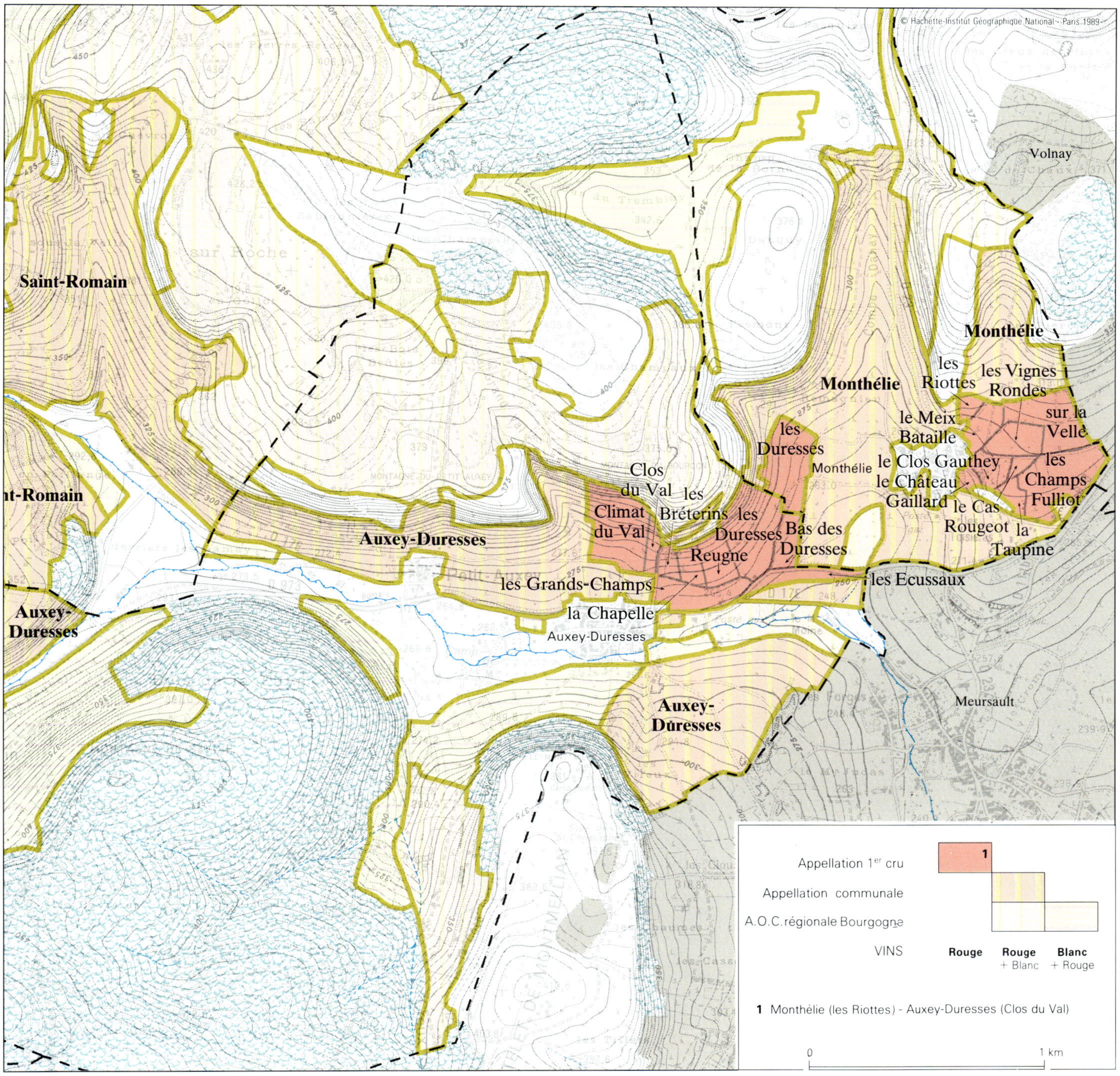

Depuis Dijon, c'est la première avancée de la vigne au-delà de ses assises, s'échappant du levant au couchant et faisant alterner sur un espace dégagé villages et hameaux.

noncer Aussey) était jadis un village de moulins. Leur chant égayait le pays. Il est remplacé de nos jours par celui des pressoirs, mais le Moulin aux Moines rappelle aujourd'hui encore que la rivière des Clous (« clos ») fit jadis la fortune du pays. Trois îlots : le Grand Auxey, le Petit Auxey et le hameau de Melin.

Comme à Monthélie, la nature délimite assez nettement les rouges et les blancs. Dans le prolongement de Volnay et de Monthélie, la montagne du Bourdon présente une assise marno-calcaire très caillouteuse, qui donne leur élan aux Duresses sous une exposition est et sud-est. Très calcaire, Clos du Val regarde le midi. La marne l'emporte sur le calcaire à La Chapelle. Le sol devient rare en gravissant la pente, face aux Ecussaux, de l'autre côté de la route. C'est

le terroir des rouges. La finesse du sol du mont Mélian, coiffé de sapins, annonce Meursault et Puligny, le monde des blancs.
Ancienne dépendance de l'abbaye de Cluny, Auxey (350 habitants), devenu Auxey-Duresses en 1924, a perdu son château qui appartenait à la famille de Montmorency et dont il reste l'église du XVe siècle. Le hameau d'Auxey-le-Petit possède une autre église, bâtie à partir du Xe siècle.
Murs et portails sont décorés à profusion de « pierres trouées ». Rien de plus bourguignon ! Bordures de jardin, monuments de rocaille – la Côte est amoureuse de ces roches calcaires sculptées par le temps.

L'accent britannique

Quand sir Jones Salisbury, ancien chef du protocole de la reine, créa en 1951-1952 le vignoble d'Hambledon (Hampshire), il demanda à un viticulteur de Saint-Aubin, Joseph Fornerot, de lui en fournir les plants. Avant lui, vers 1720, John Warner avait planté en terre britannique des pieds de vigne originaires de Bourgogne. Célèbres au XVIIIe siècle, les vignes londoniennes et royales étaient nées de ses œuvres. Les raisins y mûrissaient vite... « A Noël, plutôt qu'au jour de l'an », disaient les mauvaises langues.

L'aire de l'appellation Auxey-Duresses couvre 170 ha dont 32 classés en premier cru. Il s'agit de rouge pour une production moyenne annuelle de 500 000 bouteilles, de blanc pour 158 000 bouteilles. Les premiers crus les plus réputés sont Les Duresses (très fruités), Clos du Val, Climat du Val (calcaires et puissants), La Chapelle (sols marneux, du corps et un certain sourire), Les Grandes Vignes, Les Ecussaux, suivis par Les Bréterins (assez fermes), Reugne, Bas des Duresses et Les Grands Champs.
Moyennement coloré, l'Auxey rouge tire souvent sur le cassis et la cerise. Son style souple et bien équilibré le rend très agréable sur des harmonies culinaires classiques : filet mignon de veau, volaille. Il lui arrive de montrer un peu les dents dans sa jeunesse, puis ses tanins s'adoucissent sur des parfums animaux. En blanc, il apparaît vif et friand, avec des arômes d'amande fraîche, de reinette. On y trouve parfois de jolies nuances biscuitées, des accents minéraux s'accordant à la terrine, au sandre, aux grenouilles.

AU PIED DE LA FALAISE

Seul village des Hautes-Côtes à avoir obtenu en 1947 une appellation communale, Saint-Romain (240 habitants), adossé à sa falaise, offre un tout autre visage. Pour qui connaît la géologie et le lias, le paysage devient familier. Ce vignoble de 135 ha a pris pied sur la pente, profitant de son adoucissement et des sols créés par les marnes dites de Saint-Romain qui occupent le niveau calcaire rauracien.
Entre deux poèmes, Roland Thévenin (1906-1991), qui fut longtemps maire, viticulteur et négociant-éleveur, lança naguère l'étiquette qui rendit célèbre le pays : « Saint-Romain Mon Village ». Si les rouges évoquent la cerise, le bourgeon de cassis, évoluant vers le fumé, nécessitant quelques années de garde pour caresser le palais, les blancs – plus connus – ne manquent ni de fraîcheur ni de fruit. Plus léger qu'à Meursault, le terroir donne un vin assez sec. L'ancienne baronnie de Saint-Romain évoque le cœur fringant et l'attaque vigoureuse du pays.
Il n'existe qu'une appellation communale et aucun premier cru. Certains climats, comme Sous Roches, Les Jarrons, Combe Bazin, Sous le Château, ont toutefois acquis une notoriété flatteuse. Production moyenne annuelle de 225 000 bouteilles en rouge et de 180 000 en blanc.

LE VIN DES *HAPPY FEW*

Comme Saint-Romain, Saint-Aubin (240 habitants) a voulu prendre un peu de recul. Sans doute, comme on dit en Bourgogne, pour « voir à voir », se donner le temps d'examiner les choses à tête reposée. Si Monthélie, Auxey-Duresses et Saint-Romain font ménage à trois, Saint-Aubin – à la manière du quatrième mousquetaire – manifeste une certaine indépendance. Il se situe près de Puligny et de Chassagne, dans l'entourage immédiat du Montrachet. Village vigneron occupant le dessus des collines, Saint-Aubin partage avec son voisinage des vertus émérites. Longtemps, Saint-Aubin a regardé Chassagne de haut.
Vineux, moelleux et souple, un blanc plus qu'aimable, câleux et c'est tout dire. C'est ainsi qu'on appelle les noix. Et ce goût, cet arrière-goût, on le trouve ici tant en blanc qu'en rouge. Celui-ci se révèle charnu et tendre, bouqueté nuance cerise noire et persistant.
L'appellation Saint-Aubin s'étend sur 237 ha (pas tous plantés), dont 156 en premier cru. Les rouges et les blancs – pinot noir et chardonnay – se répartissent en appellation communale et en premiers crus. Ceux-ci s'appellent Derrière la Tour, En Créot, Bas de Vermarain à l'Est, Les Champlots, Sur Gamay, La Chatenière, En Remilly, Les Combes, Le Charmois, Village, Les Castets, Derrière chez Edouard, Le Puits, Sur le Sentier du Clou. Les Frionnes et Les Murgers des Dents de Chien. Les murgers sont des tas de cailloux retirés des vignes. Les dents de chien, des parcelles minces et aiguisées.
Pour une production moyenne de 200 000 bouteilles par an, 35 % en blanc et 65 % en rouge, il s'agit vraiment d'une appellation secrète, réservée aux *happy few*, aux vrais connaisseurs. La plupart des viticulteurs du pays figurent parmi les producteurs éclairés des vins de Puligny et de Chassagne. Le terroir et le climat ressemblent à s'y méprendre à ceux des deux communes voisines. Saint-Aubin possède le hameau de Gamay. La patrie de ce cépage ? C'est bien possible. En tout cas, la vieille forteresse du cru, avec son donjon médiéval fiché dans la pierre comme un index majestueux, évoque mille ans d'histoire et le continuel jaillissement de la sève sous l'écorce du temps.

Auxey-Duresses ne se trouve plus sur l'axe cistercien de la Côte. Il évoque davantage Cluny, sa mouvance, une perspective moins rigoureuse.

MEURSAULT

La beauté même

Meursault occupe tant de place dans le paysage que l'on parle volontiers d'une « côte » de Meursault. Comme Gevrey-Chambertin, c'est un gros village, un bourg (1 540 habitants). De minces ruelles s'entrelacent aux grands-rues. Les humbles maisons vigneronnes se mêlent aux opulentes propriétés bourgeoises, les jardins potagers aux parcs à l'anglaise. Le parfait résumé de la Bourgogne. Disparu en profondeur à la hauteur de Nuits-Saint-Georges, le calcaire de comblanchien réapparaît ici. A la combe de Saint-Aubin, le bathonien a donc un nouveau rendez-vous avec la Côte, avec une nuance de calcaire magnésien que l'on rencontre çà et là, aux Perrières notamment. Les marnes et les marnes calcaires constituent l'assise du milieu du vignoble, puis, vers Blagny, le sol. Leur calcaire recouvre la vieille roche calcaire callovienne et la roche marneuse argovienne. Les meilleurs climats se situent à mi-pente, entre 260 m et 270 m d'altitude. L'exposition va du levant au midi. La vigne a tout pour se plaire à Meursault. Ce nom viendrait-il de *muris saltus*, improbable « saut du rat » ? En fait, on l'ignore.

LA PREMIERE VIGNE DE CITEAUX

Si l'occupation humaine figure parmi les plus anciennes de la Côte (le camp celte du mont Milan, juste au-dessus du pays, une *villa* gallo-romaine), la mise en valeur de la vigne est essentiellement l'œuvre des moines. Dès Noël 1098, neuf mois seulement après la fondation du nouveau monastère, Cîteaux reçoit du duc de Bourgogne sa première vigne. Pourquoi si loin et à Meursault ? Peut-être l'autorité civile veut-elle enfoncer un coin dans l'empire des moines de Cluny ? Cîteaux va étendre constamment son domaine, construisant un cellier au XIIe siècle, alors qu'un grand clos (Le Cromin ?) lui est offert à cette époque. Meursault en blanc, Vougeot en rouge, les fleurons de l'abbaye resteront intacts jusqu'à la Révolution, mais, par un effet de proximité sans doute, Cîteaux s'attache davantage à son Clos de Vougeot.

Outre de nombreuses autres communautés religieuses, la propriété civile comprend assez tôt que ce terroir est la beauté même. Les Hospices de Beaune y prennent pied en 1669 (donation Jehan de Massol). Ambassadeur de Louis XV auprès du Saint-Siège, fin gourmet et bonne plume, le cardinal de Bernis aurait confessé ne dire sa messe qu'avec un Meursault de pure origine, expliquant ainsi son péché mignon : « Je ne veux pas que le Créateur me voie faire la grimace au moment de la communion... » Si l'anecdote appartient au registre des inventions du XIXe siècle, elle est cependant bien trouvée.

Au XVIIIe siècle en tout cas, la réputation du cru paraît bien établie. Thomas Jefferson restera après sa visite un bon client de Meursault-Goutte-d'Or, sachant même choisir le millésime (1784), le propriétaire (M. Bachet) et évidemment le climat. Détruit à partir du XVe siècle, l'ancien château offre de nos jours à la mairie son donjon républicain. Gérard Oury l'a mis en scène dans *La Grande Vadrouille*, réalisant l'un des moments les plus savoureux du film. Le château actuel date du XVIIe siècle. Quand André Boisseaux l'a acquis du comte de Moucheron en 1973, le clos était en passe de devenir un lotissement. Grand seigneur et mécène, le créateur de Patriarche et de Kriter fit raser les premières maisons et planta la vigne sur les réseaux déjà posés. Aussi est-ce la seule vigne au monde à disposer du téléphone et du tout-à-l'égout. En pierre de taille, l'aiguille du clocher paroissial semble l'œuvre des fées au

« – Parlez un peu plus fort, Eugène, souffla-t-il au maître d'hôtel qui était en train de verser dans les verres un Meursault digne d'ailleurs de tous les éloges... On n'entend même pas le nom de l'année ! »

Pierre Benoit, *Cavalier 6*.

XVe siècle. En bordure de la route nationale, l'hôpital de Meursault conserve le portail roman d'une léproserie du XIIe siècle.
Le hameau de Blagny se glisse entre Meursault et Puligny. Il exprime une personnalité discrète mais opiniâtre, et ne se fait nullement oublier. De tels écarts étaient beaucoup plus nombreux dans la Côte autrefois. Blagny témoigne de cette forme ancienne d'habitat et constitue à lui seul une belle survivance du passé. Ses carrières n'ont-elles pas fourni la pierre de l'hôtel-Dieu de Beaune ?

LES ROUGES PERSISTENT

Le vignoble tout entier s'étend sur quelque 700 ha plantés en aire d'AOC. Ils se répartissent entre le Bourgogne (180 ha), le Meursault (305 ha) et le Meursault premier cru (132 ha), pour une production moyenne annuelle de 1 800 000 bouteilles en blanc et de 100 000 bouteilles en rouge.
Les blancs font de l'ombre aux rouges, tant l'image de Meursault est blanche. Les rouges disposent cependant de fiers atouts. Ils persistent. Il s'agit soit du Meursault rouge (rare), soit du Volnay-Santenots sur Meursault mais rattaché au Volnay (dont on a

La pièce de 228 litres. Miracle bourguignon : le compte rond de 300 bouteilles.

LA PAULEE DE MEURSAULT

La paulée est un repas ou un goûter de fin de vendanges. Chacun apporte une bonne bouteille de sa cave, et l'on déguste de table en table. Le journaliste dijonnais Louis Gerriet avait goûté un jour à Meursault quatre-vingt-douze vins ! Le plus bel espace-verres de toute la Bourgogne.
A Meursault, la Paulée prend une majuscule. Elle termine les Trois Glorieuses de novembre, au lendemain de la vente des vins des Hospices de Beaune. Le déjeuner commence à midi et s'achève bien après la nuit... Née en 1922, l'idée vient du comte Jules Lafon (1864-1940), qui veut assurer la promotion de Meursault. Dix ans plus tard, c'est le prix littéraire. Le comte Lafon aurait soupiré : « Ah ! je suis trop bon. Moi, du pays du vin blanc, de la Côte de Beaune, j'aide les Nuitons à faire du Tastevin le nombril de la Bourgogne et à défendre le vin rouge... » Gaston-Gérard, maire de Dijon, l'arrête et lui répond : « Mon cher ami, faites-vous connaître vous aussi. Vous avez créé la Paulée de Meursault. Faites-en un prix littéraire ! »
Selon une autre version, Pierre Léon-Gauthier et Jacques Prieur auraient imaginé un prix littéraire couronnant un livre ayant pour thème la terre de France. Trois cents bouteilles assureraient l'inspiration future du lauréat. Pierre Léon-Gauthier publia dans *Le Bien Public* de Dijon un article intitulé : « A moi, comte, deux mots... »
Le comte Lafon relève le défi, et le prix est institué. Sans doute la vérité se trouve-t-elle au milieu. Mais, en ce temps-là, les prix littéraires sont encore une idée jeune. Parmi les lauréats des 300 puis 100 bouteilles du prix de la Paulée de Meursault, des écrivains bourguignons (Marie Noël, Gaston Roupnel, Colette, Jacques de Lacretelle, Henri Vincenot) ou un plus large appel d'air (Maurice Druon, Paul Guth, Hervé Bazin, Jean d'Ormesson, Maurice Denuzière – qui désormais fait toujours boire du Meursault à ses personnages et qui a même quitté Paris pour vivre à Dijon).

parlé au chapitre consacré à cette commune), soit encore du vin de Blagny. Certes, il existe un Blagny blanc, qui s'appelle Meursault-Blagny, et Puligny-Montrachet produit du Blagny rouge... Mais, sans entrer dans de tels détails, les 30 000 bouteilles de Blagny rouge collent au terrain, elles sentent le gibier. Très démonstratif dans sa jeunesse, ce vin s'assagit ensuite. Deux appellations : Blagny et Blagny premier cru. L'appellation Meursault Côte de Beaune, inusitée, existe aussi en rouge.

LES BLANCS RONRONNENT

Le Meursault blanc est un chat de race qui fait le gros dos et ronronne. Comme l'écrit Camille Rodier, « ces vins riches en alcool, d'une belle teinte d'or vert, limpides et brillants, de bonne garde, très francs de goût, avec un arôme de grappe mûre et une saveur de noisette, se classent parmi les plus célèbres vins de France ».
Le chardonnay s'épanouit merveilleusement sur ce terroir d'élite qui n'a pas voulu faire de peine à l'un de ses crus en le choisissant comme porte-étendard communal. Meursault-Goutte-d'Or eût été princier, mais

Le vin exige en cave un soin quotidien, une attention vigilante.

Le château de Meursault : André Boisseaux l'a sauvé d'un effondrement.

ajoute-t-on un nom au sien quand on pense détenir déjà le plus beau ? En fait, la logique de la Côte de Beaune s'est appliquée pleinement sur une valorisation de l'appellation communale par la propriété (il s'agit là de quelque soixante-quinze exploitations) et le négoce-éleveur présent sur place.

Certains climats pourraient-ils être des grands crus ? Certainement, Les Perrières surtout et La Goutte-d'Or à l'évidence. Les choses étant ce qu'elles sont, la gamme des premiers crus a de quoi exciter la soif.

Les Perrières et le Clos des Perrières donnent un vin que le Dr Jules Lavalle situe en 1855 juste au-dessous du Montrachet pour la Côte-d'Or blanche. Finesse, parfum, aptitude à la conservation, rien de plus capiteux, exquis et durable. Son bouquet est impressionnant, la cannelle s'ajoutant à la noisette. Tout près, Les Genevrières-Dessus et Dessous ont peut-être un rien de fraîcheur, d'aménité en plus, jouant l'élégance plus que la grandeur. La Goutte-d'Or jouit de son nom sans modestie aucune et exprime un sentiment d'orgueil tout à fait légitime. Les Poruzots apportent une note puissante et valeureuse, un rien de silex, de dureté tranchante, qui se montre bientôt chaleureuse. Les Charmes-Dessous s'offrent ronds et fruités, tandis que Les Charmes-Dessus ont davantage de structure, une sensualité plus retenue. Cette superbe palette comprend encore Les Bouchères, Les Cras, Les Santenots blancs et du Milieu, Les Petures, Les Caillerets... Sur Blagny, les grands blancs s'appellent La Pièce sous le Bois, La Jeunellotte et Sous le Dos d'Ane. De nombreux climats classés en appellation communale sont dignes du plus vif intérêt. Par exemple, Les Narvaux, Les Casse-Tête, Le Limosin, Le Cromin, Les Vireuils...

Le Meursault accompagne le poulet à la crème, les poissons de rivière fauves et carnassiers comme le brochet, la soupe d'huîtres ou la terrine de homard, les ris de veau braisés. Sur un très vieux Meursault, on peut même tenter une tarte Tatin.

BLAGNY

L'appellation communale Blagny s'étend sur les communes de Meursault et de Puligny-Montrachet. Les vins rouges peuvent également s'appeler Côte de Beaune-Villages ; les blancs s'appeler Meursault ou Puligny-Montrachet, selon leur commune de production (ce qui est presque toujours le cas). Fruités, assez charpentés, ces vins proviennent de vignes en appellation communale (10 ha environ, surtout sur Puligny) et en premier cru (45 ha environ, répartis moitié-moitié sur les deux communes). La production est de 30 000 bouteilles de rouge par an.

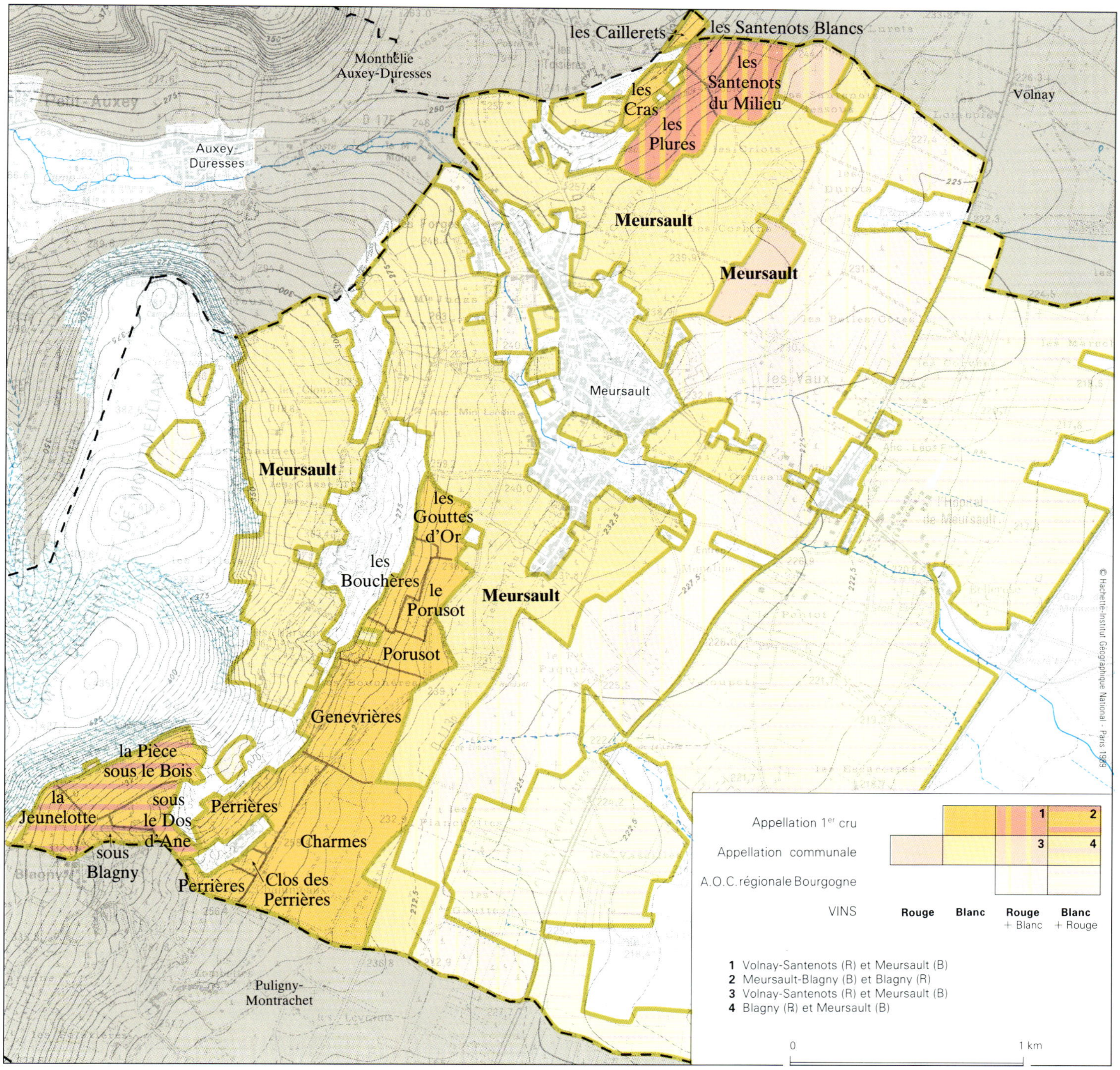

Entre Volnay et Puligny, une révolution s'opère autour d'un gros bourg.

PULIGNY-MONTRACHET ET CHASSAGNE-MONTRACHET

Quel coup d'archet !

Réunis intimement par le Montrachet qu'ils ont en commun, Puligny (470 habitants) et Chassagne (435 habitants) sont frères siamois. Quelle différence pourtant ! On est vigneron à Chassagne, viticulteur à Puligny. Plus près du sol à Chassagne, plus haut du col à Puligny. Si les belles demeures, avec leurs parcs et maintenant leurs piscines, sont plus fréquentes à Puligny, les deux villages partagent le goût de la discrétion. Cette « casbah » bourguignonne n'en finit pas de se perdre en treiges, en arrière-cours, en dédales de pierre grisâtre, comme si le vin devait toujours dissimuler ses secrets. Le palais du roi Minos ? Mais non, celui du roi Pandore. Renouvelant le prodige de la poule mythique, le Montrachet pond à chaque vendange ses œufs d'or.

Thomas Jefferson s'interroge en 1787 : pourquoi les deux plus grands vins, le rouge et le blanc, se situent-ils aux deux extrémités de la Côte ? Il est clair qu'un changement se produit dans la Côte à Puligny. Soudain réapparaissent les grands crus oubliés depuis Corton. Tout à coup (Auxey excepté), les villages adoptent la pratique de la Côte de Nuits : ils accolent leur nom à leur climat le plus fameux. En 1879, Chassagne et Puligny reçoivent ainsi le droit de s'appeler également Montrachet. Cela vaut brevet de noblesse. Si Meursault regarde encore Beaune, ces deux villages ont déjà un penchant pour Chagny, un autre versant de l'histoire bourguignonne.

LE « MONT CHAUVE »

Quoi de plus banal que ce maigre coteau ? Rien ne le signale au regard, rien ne retient l'attention. Cette modeste colline semble destinée au bonheur des chèvres. Au reste, Montrachet ? *Mons rachicensis*, d'un monticule inculte. Le nom figure dès le XIIIe siècle comme Mont-Rachat : de « râche », teigne, la pelade d'une herbe rare sur le rocher, le « mont chauve ». Comme Jésus à Bethléem, ce roi de gloire naît dans la plus humble des crèches. Les jeunes Américains qui pédalent de bon cœur à bicyclette pour découvrir le chardonnay le plus illustre du monde, leurs parents qui les survolent en montgolfière ont d'abord un regard incrédule.

Autant le Clos de Vougeot ouvre ses portails sur l'éternité, affirme une majesté à deux battants, autant le Montrachet se fait discret. Les accès percés à contrecœur dans ses murs ne sont que des portes humaines. On les dirait taillées aux dimensions d'un ange aux ailes repliées. Dépouillement absolu de la sainteté ou orgueil démesuré ? En réalité, bouche d'or et cousue, le Montrachet est un lève-tard de l'histoire. Son nom est cité pour la première fois en 1252, mais, contrairement à la plupart des autres crus majeurs, son étoile ne se lève qu'au XVIIe siècle, longtemps après le Moyen Age. La seigneurie de Chassagne dépend de Chagny et s'éloigne de la voie royale de la Côte. La ligne de partage des vins apparaît ici très nette. Les communautés religieuses qui contrôlent le terroir ne manifestent pas une grande ardeur conquérante. Elles se bornent à commercialiser leurs vins sans plus-value particulière. Ce sont surtout les bénédictines de Saint-Jean-le-Grand d'Autun, les cisterciens de Maizières. Par ailleurs, la vogue des blancs est plus récente en Bourgogne que celle des rouges. Enfin, Chassagne, divisé en deux hameaux, n'a guère d'existence précise jusqu'au XVe siècle, partagé entre Puligny et Saint-Aubin. On lui accorde alors une chapelle, et de mauvaise grâce : Chassagne doit offrir à Puligny le pain bénit… Le pays a changé. Sur la montagne, des bois. « Chassagne » est un dérivé de chêne. En descendant la Côte, des toppes (friches), des buissons. Des carrières. Rose ou beige, la pierre de Chassagne.

« Le Montrachet n'est pas un vin, mais un événement. »

Frank M. Schoonmaker

PULIGNY : LA RELIGION BLANCHE

Puligny se consacre essentiellement au chardonnay et ne consent vraiment à s'habiller de rouge qu'au hameau de Blagny. Le village produit chaque année 1 400 000 bouteilles de blanc, 45 000 bouteilles de rouge. Son aire d'appellation couvre 214 ha dont 100 en premier cru. Comme à Chassagne, le droit à l'appellation Puligny-Montrachet Côte de Beaune est cité simplement pour mémoire. Evidemment, nul ne songe à le revendiquer. Au milieu du XIXe siècle, la plus grande partie du terroir porte des gamays. On mesure les progrès accomplis ici.

Les premiers crus se répartissent en vingt-quatre lieux-dits, eux-mêmes assemblés en quatorze climats. Tous ou presque occupent le coteau dans le prolongement du Montrachet et en direction de Meursault. Les Demoiselles est contigu du Chevalier-Montrachet, dans Le Cailleret, et partiellement inclus dans le grand cru, certaines de ses parcelles étant en revanche déclarées incultivables et retirées de tout classement. Le Cailleret (3,9 ha) comporte 2 ouvrées de pinot noir, dans une tonalité très proche du Chevalier-Montrachet, dont il ne se distingue guère à la dégustation. Cheval de bataille de Puligny, Les Combettes (6,7 ha) produisent un vin éblouissant, fin et consistant, tirant sur le Meursault et mis en valeur par le Domaine Sauzet. Portées par leur nom en accord avec Le Bâtard voisin, Les Pucelles (6,7 ha) ont une rondeur de maternité heureuse et un irrésistible goût de miel. Courtisées par le Domaine Leflaive, elles ressemblent beaucoup aux Bienvenues et jouissent sans retenue de leur nom si marchand. Le Clavaillon (ou Clavoillon) laisse voir ses muscles sous des abords charnus. Cette terre riche et profonde produisait jadis des rouges. Les Perrières (4,5 ha) se confondent avec le Clos de la Mouchère (3,9 ha) et Les Referts (5,5 ha) : oxyde de fer et bancs marneux, vieille terre à rouge convertie à la religion du blanc pour un vin gras et charpenté, fougère et miel. Au-dessus du Clavoillon et à côté du Cailleret, Les Folatières (17,6 ha) sont très calcaires et caillouteuses, fauves et sensuelles à fleur de terre comme l'*Eve* du musée Rolin à Autun. La compagnie de La Truffière tombe à pic (2,5 ha), comme celle du Champ Gain (5,7 ha) : le style est le même, la structure plus modeste. En face des Folatières, sur la route de Blagny, Le Champ Canet (3,2 ha), La Jaquelotte (0,8 ha), Les Chalumeaux (5,8 ha) et le Clos de la Garenne (1,5 ha) ont une terre rougeâtre où les racines s'enfoncent loin dans les failles de la roche. Vins légers et fruités (sauf aux Chalumeaux), égaux aux Genevrières de Meursault et au Clos de la Garenne, d'une pureté parfaite.

Au hameau de Bligny, maintenu vivant par les familles Matrot et de Montlivault, le coteau réunit les premiers crus Hameau de Blagny, Sous le Puits et La Garenne ; les autres climats se rattachent à Meursault. La pente recouverte d'éboulis et de marnes – calcaire en haut, argilo-calcaire plus bas – convient au rouge comme au blanc, mais le chardonnay se montre ici conquérant. L'appellation Puligny-Montrachet désigne des vins fermes et bouquetés côté Chassagne, gras et riches côté Meursault. Il s'y ajoute une production de Bourgogne, marquée notamment par un aligoté qui chardonne un peu.

CHASSAGNE MET SES ŒUFS DANS DEUX PANIERS

Chassagne ne met pas toutes ses bouteilles dans le même panier. Sur une aire viticole de 339 ha dont 7 sur la commune de Remigny, 159 ha sont classés en premier cru. La production moyenne annuelle du rouge (1 030 000 bouteilles) dépasse celle du blanc (880 000 bouteilles).

Ancien domaine de l'abbaye féminine de Saint-Jean-le-Grand à Autun, le Clos Saint-Jean était autrefois le climat de Chassagne le plus honoré. A flanc de coteau, portant une terre rare et rouge, dédié aujourd'hui à 90 % au pinot noir, il donne un vin qui tient parfois à distance ses soupirants. Ce caractère un peu « terreux » disparaît après sa jeunesse. Il offre alors une grande délicatesse de bouquet évoquant la prune, la pêche… Quelle superficie ? Cette question est

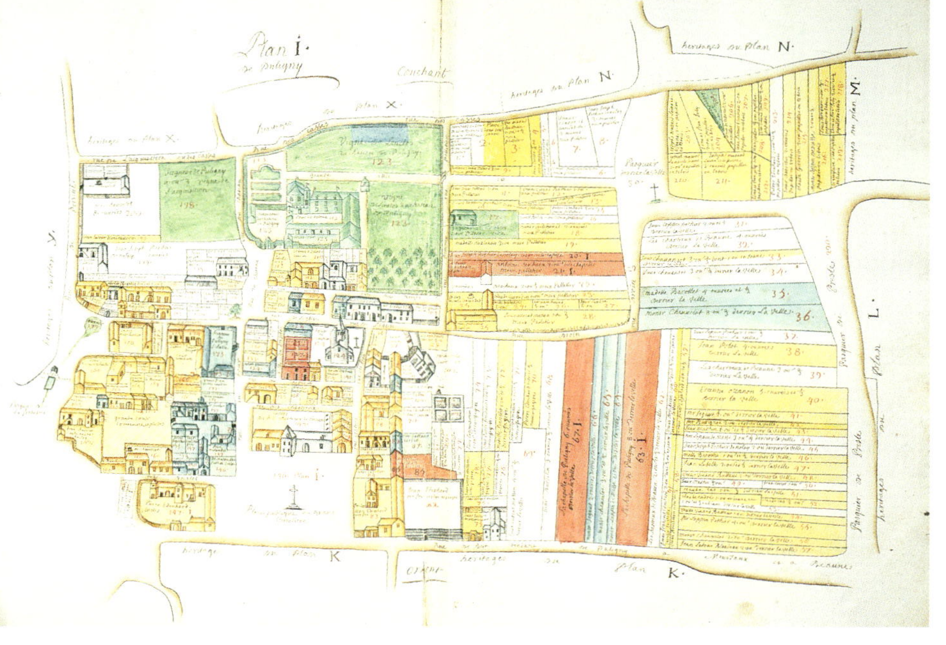

Terrier de Puligny (1741-1747), par J.-B. Rigoley, seigneur du pays.

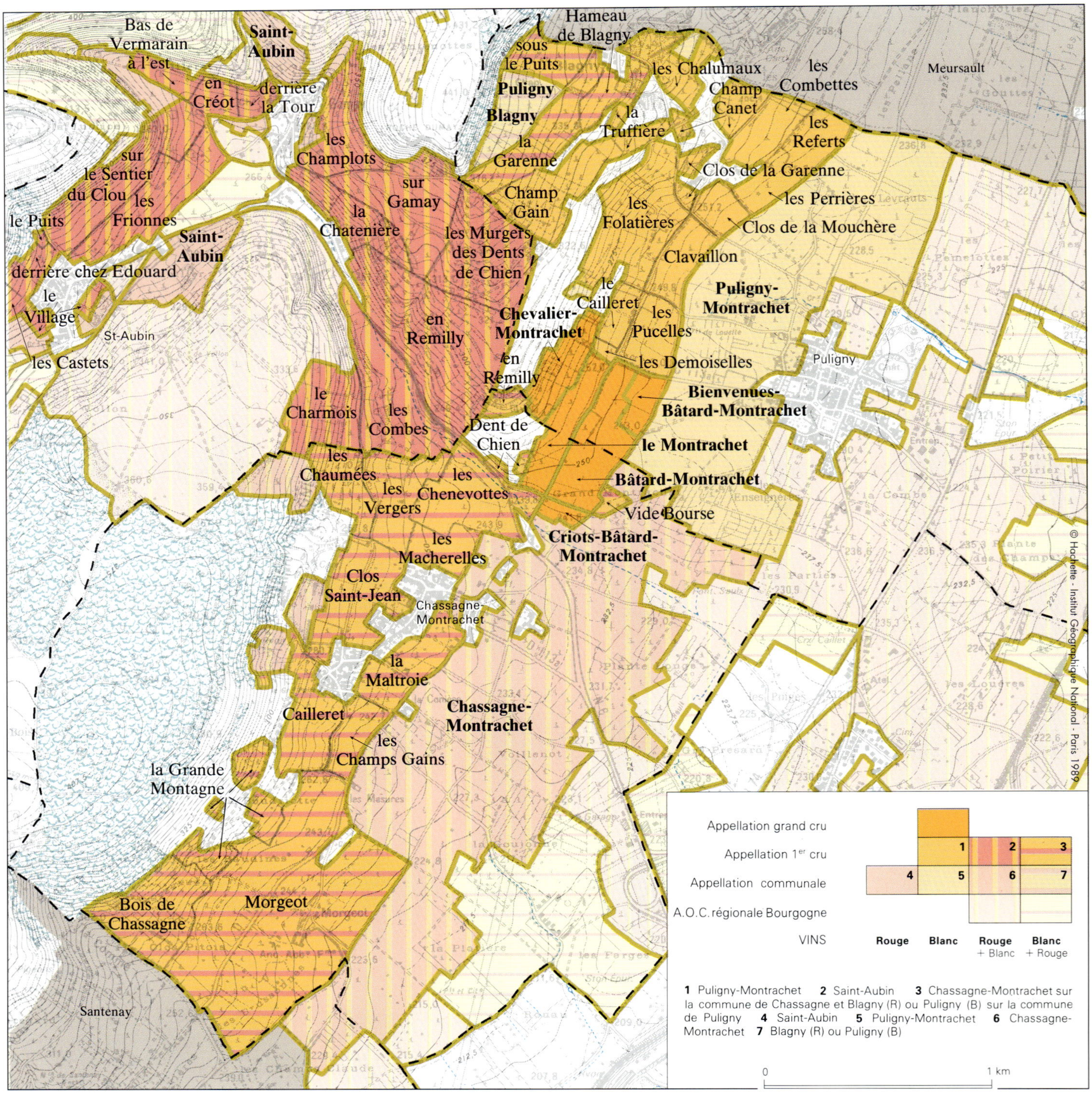

Puligny-Montrachet et Chassagne-Montrachet sont deux frères jumeaux. Pourtant, ils ne se ressemblent pas.

à Chassagne d'une rare complexité. Pour une quarantaine de lieux-dits, on a créé naguère dix-neuf premiers crus. Nombre d'entre eux comportent des parcelles plantées en rouge, d'autres en blanc. Beaucoup fédèrent des lieux-dits. Ainsi, le Clos Saint-Jean proprement dit (5,07 ha) donne son nom aux Rebichets (5,4 ha), aux Murées (1,6 ha) et à Chassagne du Clos Saint-Jean (2 ha).

Le Clos Pitois a perdu sa haute notoriété du XIXe siècle, sans raison d'ailleurs. Affaire de nom, tout simplemeent. En revanche, Morgeot – une ancienne dépendance de l'abbaye de Maizières formant jadis un hameau de Chassagne et qui conserve de très beaux bâtiments – garde tout son panache, avec beaucoup de diversité. Les rouges se tiennent bien en raison de leur structure, de leur corps. Fruités et pleins de cœur, les blancs se reconnaissent souvent à la dégustation. Rouge naguère, Le Cailleret vire au blanc. Un premier cru d'une admirable constance dans la qualité. Portée en avant par le Domaine Ramonet, La Boudriotte (mi-rouge, mi-blanche) est en ascension. Ses accents de kirsch et son équilibre tiennent en rouge le milieu entre Clos Saint-Jean et Morgeot. Parfumés, floraux, Les Chenevottes et Les Vergers évoluent aussi peu à peu vers le blanc. A la pointe sud de la Côte-d'Or, Chassagne réussit la synthèse des deux cépages et s'offre le luxe de les planter côte à côte, sans s'attirer le démenti d'une nature pourtant farouche. Encore doit-on saisir les nuances du terroir. Si Morgeot proprement dit est un mouchoir de poche (0,3 ha), participent à ce cru Les Grands Clos (3,9 ha), sableux, Tête de Clos (2,1 ha) et sa terre blanche, Vigne Blanche (2,2 ha), caillouteuse. Mille différences que l'on retrouve également dans les autres lieux-dits appartenant au premier cru Morgeot : Abbaye de Morgeot (4 ha), Guerchère (2,2 ha), La Chapelle (4,6 ha), Les Petits Clos (5,1 ha), Les Brussonnes, Les Boirettes, Francemont, etc.

La liste des premiers crus se poursuit : Les Chaumées, Les Machelles, En Remilly, Dent de Chien, Les Blanchot-Dessus (qui ont été à deux doigts de devenir grand cru), La Maltroie, Bois de Chassagne, La Grande Montagne, Les Champs Gains, Vide-Bourse (qui ne manque pas d'esprit) et ce curieux Tonton Marcel, rappelant un monument mégalithique disparu de nos jours.

LE MONTRACHET

Le Montrachet est reconnu comme tel et strictement délimité depuis la fin du XVIIIe siècle. Son entité est sans doute apparue deux à trois cents ans plus tôt. Qu'il soit appelé Aîné, Vrai, Grand ou Montrachet « proprement dit », il occupe toujours dans la littérature une position exceptionnelle, hors ligne. Nul doute qu'il eût fallu naguère inventer pour lui, à l'époque des appellations d'origine contrôlée, un rang particulier, car il ne se situe pas au niveau des têtes de cuvée, des grands crus, mais au-dessus ou, plus exactement, ailleurs.

Quand on vient de Dijon, cette colline ressemble à la dernière vague roulant sur le calcaire, au souffle ultime tiré du fond de l'âme. La Côte-d'Or n'a plus qu'un mot à dire : Montrachet. La terre y est si rare, si précieuse que l'on prend soin de racler ses chaussures en quittant la vigne. Au sommet, de vigoureux abrupts rauraciens. Puis un talus où affleure en abondance le calcaire callovien, associé à des marnes argoviennes formant replat. En dessous, le bas versant en forte pente est entaillé dans les calcaires du bathonien. Les murgers sont nombreux dans les parages. Des sols bruns squelettiques s'accrochent au calcaire très dur. Remarquée depuis longtemps, une veine de marne rougeâtre offre ici un taux de calcaire actif exceptionnel en Bourgogne. Cette bande brun-rouge traverse le Montrachet par le milieu. Son secret ? A 250-270 m d'altitude, à la hauteur du Musigny ou de La Romanée-Conti, le Montrachet est l'un des moins élevés des grands crus. Un dévoreur de soleil, exposé sud-sud-est. Rien de plus favorable. Confirmant le jugement des vignerons que le travaillent et y voient fondre la neige en premier, qui parlent des rayons du soleil caressant ce climat de l'aube au crépuscule, le botaniste trouve de nombreuses espèces méditerranéennes sur ce récif de la vigne où le sol se comporte comme un calorifère. Terroir prédestiné, microclimat, quel coup d'archet !

Le chardonnay a dû mettre des siècles pour faire valoir ses atouts déterminants. Les moines de Maizières, abbaye cistercienne située entre Beaune et Verdun-sur-le-Doubs, forgent l'identité du cru dès le XIIIe siècle. La propriété y est cependant divisée, et ce probablement depuis les origines.

Rameau des Clermont-Tonnerre, les Clermont-Montoison devien-

Entre Chevalier-Montrachet et Montrachet, ou encore Bâtard, quelques dizaines de mètres seulement...

Mais quelques dizaines de mètres, c'est beaucoup en Bourgogne !

Peu de terre, beaucoup de cailloux, une volonté opiniâtre, et la perfection s'accomplit.

nent seigneurs de Chagny. Au XVIIIe siècle, ils développent à Chassagne une politique de remembrement foncier qui leur permet de disposer notamment de plus de la moitié du Montrachet, le reste appartenant déjà à divers propriétaires des environs. Avant la Révolution, les de La Guiche succèdent par mariage aux Clermont-Montoison, formant un des rares domaines bourguignons hors d'âge subsistant aujourd'hui encore. Malgré la vente des biens nationaux et un guillotiné, la famille de La Guiche retrouve en effet son patrimoine après la tempête. La renommée du Montrachet est alors fermement instituée. En 1728, l'abbé Claude Arnoux en parle comme le « plus curieux et le plus délicat » vin de France. « Un vin, ajoute-t-il, dont la langue latine et la langue française ne peuvent exprimer la douceur. » Thomas Jefferson partage cet enthousiasme et place le Montrachet dans son carré d'as bourguignon.

Unanimement considéré comme le meilleur vin blanc sec de la planète, il gravit une à une les marches du palais avec la solennité qui convient à un sacre. On ne distingue plus le corps et le bouquet. Structure et harmonie se fondent en une unité absolue. Onctueux et sec, ferme et caressant, enveloppé et profond, il possède toutes les grâces sous un caractère inflexible. Est-il féminin ou masculin ? Il a plutôt le sexe des anges.

Certains propriétaires de Puligny et de Chassagne ayant inscrit le mot « Montrachet » sur leurs étiquettes, un procès éclate en 1921. L'aristocratie du cru défend ses droits légitimes. Les juges de Beaune connaissent bien ce sujet, d'autant que les intérêts en cause sont largement beaunois. Ils décident sagement que le Montrachet demeurera ce qu'en a fait l'histoire, consentant seulement à lui adjoindre quelques petites parcelles en Dents de Chien sur Chassagne. Agrandi de 0,5 ha, le grand cru s'étend en conséquence sur un total de 8 ha 7 a 87 ca. Une union des propriétaires est envisagée en 1931 par Jacques Prieur et le comte de Moucheron afin d'assurer une protection commune du nom de Montrachet. Mais, pas plus qu'au Clos de Vougeot, elle n'aura de suite. Les décrets de 1937 et de 1939 entérinent simplement le jugement de 1921.

Le Montrachet n'est guère plus divisé qu'au XVIIIe siècle, mais un mouvement continu tend à la morceler. En cent ans, la superficie moyenne de la propriété a diminué de moitié, et davantage encore à la fin du XXe siècle. La longévité de plusieurs domaines familiaux apparaît, au contraire, remarquable : les de Laguiche, pairs de France, au château de Chaumont (Saône-et-Loire) ; les Regnault de

Beaucaron, Bouchard, Thénard. Une vingtaine de propriétaires, dont cinq seulement contrôlent près de 75 % du cru pour une production totale de 45 000 bouteilles par an.

A table, le Montrachet ne doit être précédé par aucun autre vin. Aussi le conseille-t-on d'entrée, au moment du potage, d'un buisson d'écrevisses, d'un vol-au-vent, d'un homard benoîtement grillé, d'une sole au beurre blanc, d'une volaille à la crème...

LE CHEVALIER-MONTRACHET

A 265-290 m d'altitude, le Chevalier-Montrachet se situe un peu plus haut que le Montrachet. Sa partie supérieure mêle des rendzines légères formées sur les marnes et les calcaires marneux du bajocien. Assez peu plantés, ces sols ont souvent été sollicités jadis pour compléter la terre du Montrachet. Des rendzines ordinaires constituent la partie inférieure du cru : calcaires du bajocien et du bathonien supérieur, un sol brun très chlorosant.

Portant certainement ce nom depuis le XVIIIe siècle, le Chevalier-Montrachet ne dispose cependant d'aucune délimitation précise. Chargée des AOC à Chassagne et Puligny, la commission Ferré forme un comité des sages en 1938. Commune : Puligny-Montrachet. Cadastre : assez simple. Mais Louis Jadot et Louis Latour, propriétaires et négociants-éleveurs beaunois fort estimés, revendiquent l'appellation Chevalier-Montrachet pour leurs vignes de Puligny dans Le Cailleret (1,02 ha). Ils produisent de nombreux documents d'archives démontrant l'usage ancien de vendre cette terre et ce vin sous le nom de Chevalier-Montrachet. Ils y ajoutent une coquetterie : ce climat devenant Chevalier-Montrachet « Les Demoiselles » en hommage à Adèle et Julie Voillot, anciennes propriétaires d'une partie de la vigne au début du XIXe siècle. Refuse-t-on alors à la famille Bouchard la mention Beaune-Grèves « Vigne de l'Enfant Jésus » en souvenir des carmélites beaunoises ?

La réaction de Puligny est vive. Joseph Leflaive en tête, le village s'oppose nettement à ces prétentions. La commission Ferré adopte le point de vue de Ponce Pilate et laisse trancher Paris. Qui donne raison à la requête Jadot-Latour. C'est ainsi que le décret de 1939 créant le grand cru réunit sous le même nom de Chevalier-Montrachet 7 ha 14 a 70 ca, dont 1 ha 02 a 70 ca en Cailleret, associé à cette appellation. En 1974, le Chevalier-Montrachet gagne encore 25 a 23 ca, à la suite d'une demande justifiée de la famille Chartron, pour aboutir à 7 ha 33 ca. En 1855, le Dr Jules Lavalle lui octroyait quelque 28 ha. On voit donc que la sagesse a primé. Production moyenne : 31 000 bouteilles par an.

Le Chevalier-Montrachet a vu peu à peu croître la grande propriété. A l'inverse du mouvement naturel, les petites parcelles ont diminué du milieu du XIXe siècle à nos jours, tandis que se formaient d'importantes concentrations foncières. Cinq domaines détiennent 85 % de l'appellation.

Le Chevalier-Montrachet apparaît souvent comme plus délicat, plus distingué que son rival immédiat, le Bâtard-Montrachet. Il exprime une admirable finesse, surtout après une année humide.

Vincent Leflaive en plein travail. « La sublimation du chardonnay », disait Hugh Johnson.

Partagé en parcelles qui sont vinifiées séparément, le cru garde son unité.

LE BATARD-MONTRACHET

Pas plus que pour le Chevalier, on ne connaît l'origine de ces noms qui étaient déjà en usage au XVIIIe siècle. De façon curieuse et assez exceptionnelle dans la Côte, il semble s'agir de références au cru principal, dont on se rappelle qu'il fut longtemps nommé Grand ou Aîné, selon une terminologie affectueuse et familiale, mais de fantaisie. Le moins élevé des trois, situé à 240-250 m d'altitude, le Bâtard-Montrachet, n'a parmi les grands crus de la Côte que le Clos de Vougeot à hauteur de son regard. Faible pente, presque inexistante. Ces sols bruns calcaires à forte teneur en argile appartiennent aux alluvions anciennes qui ont recouvert les dépôts pliocènes ou quaternaires du fossé bressan. L'importance de l'argile rend nécessaires la porosité et le cailloutis pour assurer la perméabilité.

Les travaux de la commission Ferré commencent en 1938 sur des bases assez simples : même exposition que le Montrachet, altitude moindre, géologie différente. Mais le climat n'a pas de limites claires. Beaucoup plus divisé, il illustre la petite propriété, et concerne par conséquent tout le monde à Chassagne et à Puligny. Des polémiques sans fin éclatent donc. Elles donneront naissance à deux autres grands crus, selon le jugement de Salomon. A cheval sur Puligny et sur Chassagne, le Bâtard-Montrachet couvre 11 ha 87 a. Camille Rodier, en 1920, lui donne une superficie double. Là encore, la raison l'emporte. Production moyenne : 70 000 bouteilles par an.

Le Bâtard-Montrachet reste le lieu privilégié de la petite et moyenne propriété vigneronne. Grand cru démocratique, il offre à chacun la chance d'un petit coin de paradis. Au milieu du XIXe siècle déjà, la parcelle moyenne compte moins de 3 ouvrées. Elle est plus petite aujourd'hui. Il s'agit sans doute du record bourguignon de l'émiettement foncier. Aucun domaine ne dépasse 1 ha, la plupart ne couvrent pas plus de 15 a.

Ayant plus de coffre, plus de fermeté, ce vin a de la terre à ses sabots, un parfum pénétrant, et « il est parfois », estime Alexis Lichine, « aussi grand, voire plus grand que celui du Montrachet ». Une année chaude et sèche l'enlève vers des sommets.

LES BIENVENUES-BATARD-MONTRACHET ET LES CRIOTS-BATARD-MONTRACHET

Raisonnant par analogie avec la gamme des Charmes, Latricières et autres Mazis-Chambertin, la commission Ferré propose en 1938-1939 de créer en outre trois autres grands crus : Bienvenues-Bâtard-Montrachet sur Puligny, Criots-Bâtard-Montrachet et Blanchots-Bâtard-Montrachet sur Chassagne.

En effet, les innombrables revendications relatives au Bâtard-Montrachet nécessitent un apaisement. Il se traduit par ces deux appellations mitoyennes excluant Blanchots et équilibrant les vœux de chacun des villages. Les Bienvenues-Bâtard-Montrachet se fondent sur le climat de Bienvenues. Ce vin a toujours été vendu comme Bâtard. Ses 3 ha 68 a donnent en moyenne 22 500 bouteilles par an.

Nés de la même façon en 1939 et situés sur Chassagne, les Criots-Bâtard-Montrachet s'étendent sur 1 ha 57 a et donnent 8 500 bouteilles en moyenne par an.

SANTENAY

De la nymphe des eaux au dieu du vin

Eprouvées depuis l'époque gallo-romaine, les eaux de Santenay sont analysées au XIXe siècle et donnent naissance alors à une petite station thermale. Cette source jaillit de la Tête de Fer, monticule dont on tira jadis du minerai de fer. On parle bientôt de Santenay-les-Bains, d'un Vittel bourguignon. De cette vocation curative, il ne subsiste qu'un casino offrant à certaines fortunes vineuses les joies du tapis vert. Santenay (1 010 habitants) ne cajole plus la nymphe des Eaux et réserve désormais son adoration au dieu du Vin.

Alentour et notamment au Mont de Sène, à la Montagne des Trois Croix, l'occupation humaine est très ancienne. Au XIVe siècle, la maison forte appartient à Philippe le Hardi. Elle en a repris récemment le nom, veillant sur plusieurs hameaux (Narosse, Saint-Jean-de-Narosse, la Crée et Santenay), devenus Santenay-le-Bas (adossé à la montagne et exposé au midi) et Santenay-le-Haut (regardant le couchant). Une jolie rivière, la Dheune, arrose le pays.

Le tableau géologique commence par des calcaires grisâtres en haut des versants, qui s'étalent jusqu'à 500 m d'altitude. Puis, en descendant la pente, des calcaires oolithiques, l'oolithe blanche, des marnes et des rognons de calcaire, l'oolithe inférieure sur un niveau marneux se succèdent jusqu'à 300 m d'altitude. Le calcaire magnésien de la grande oolithe supporte les meilleurs climats.

L'appellation communale s'étend sur 395 ha délimités sur Santenay, dont 140 en premier cru, et sur la commune de Remigny en Village pour 13 ha. Ce vignoble a le droit à l'AOC Côte de Beaune. La production moyenne annuelle s'élève à 1 750 000 bouteilles, contre 32 000 bouteilles de blanc. Sec et vigoureux, corsé, le chardonnay s'exprime ici de façon très bouquetée, sur des notes de fougère ou de noisette. Le pinot noir donne un vin tannique et charpenté, tirant sur la violette en premier cru, l'amande ou la fraise en Village, évoquant le pruneau avec l'âge. Sur le coteau nord, Les Gravières occupent une situation assez plate, et se partagent entre le rouge et un peu de blanc (le Clos des Gravières notamment). Ce cru apparaît en tête de cuvée dans les ouvrages classiques, et il se détache toujours de ses deux rivaux immédiats, La Comme et le Clos Tavannes. La Comme et Beauregard, au terrain caillouteux, s'épanouissent à flanc de coteau.

En limite de Chassagne et proche de Morgeot, le Clos de Tavannes se trouve également ici. Si Beaurepaire et Passe-Temps se situent à la hauteur du village, La Maladière penche vers le sud. De ce côté, les sols sont soit bruns calcaires, soit faits de marnes calcaires. Il s'agit du Grand Clos Rousseau et du Clos Rousseau. Le Clos Faubard et le Clos des Mouches complètent la liste des climats en premiers crus. Quelques climats non classés en premier cru pourraient l'être. Le Biéveau notamment, ou Le Boichot, cité dès 1285.

Le Santenay rouge n'aime pas être dérangé trop tôt en cave. Il a besoin de cinq à dix ans de garde pour affirmer son tonus. Les grandes années, il sera parfait au bout de quinze à vingt ans. Rôtie, grillée ou marinée, la viande rouge lui convient à merveille. Le gibier à poil ou à plume met en émoi ce vin de chasse.

Ce village ne doit sa mission de bastion avancé de la Côte-d'Or qu'aux hasards des limites départementales. Il eût fallu prolonger jusqu'aux Maranges à tout le moins pour ne pas troubler l'ordre de la nature. Remigny se situe déjà en Saône-et-Loire. Dès lors, l'ensemble formé par Santenay et ses satellites apparaîtrait beaucoup plus cohérent aujourd'hui.

« Tout à fait découvert et parfaitement exposé, le vignoble de Santenay est de plus un de ceux où la culture est faite avec le plus de soins. »

Dr Jules Lavalle,
Histoire et statistique de la vigne et des grands vins de la Côte-d'Or (1855).

Santenay est à l'extrémité sud de la Côte. Au bas bout de la table ? Nullement.

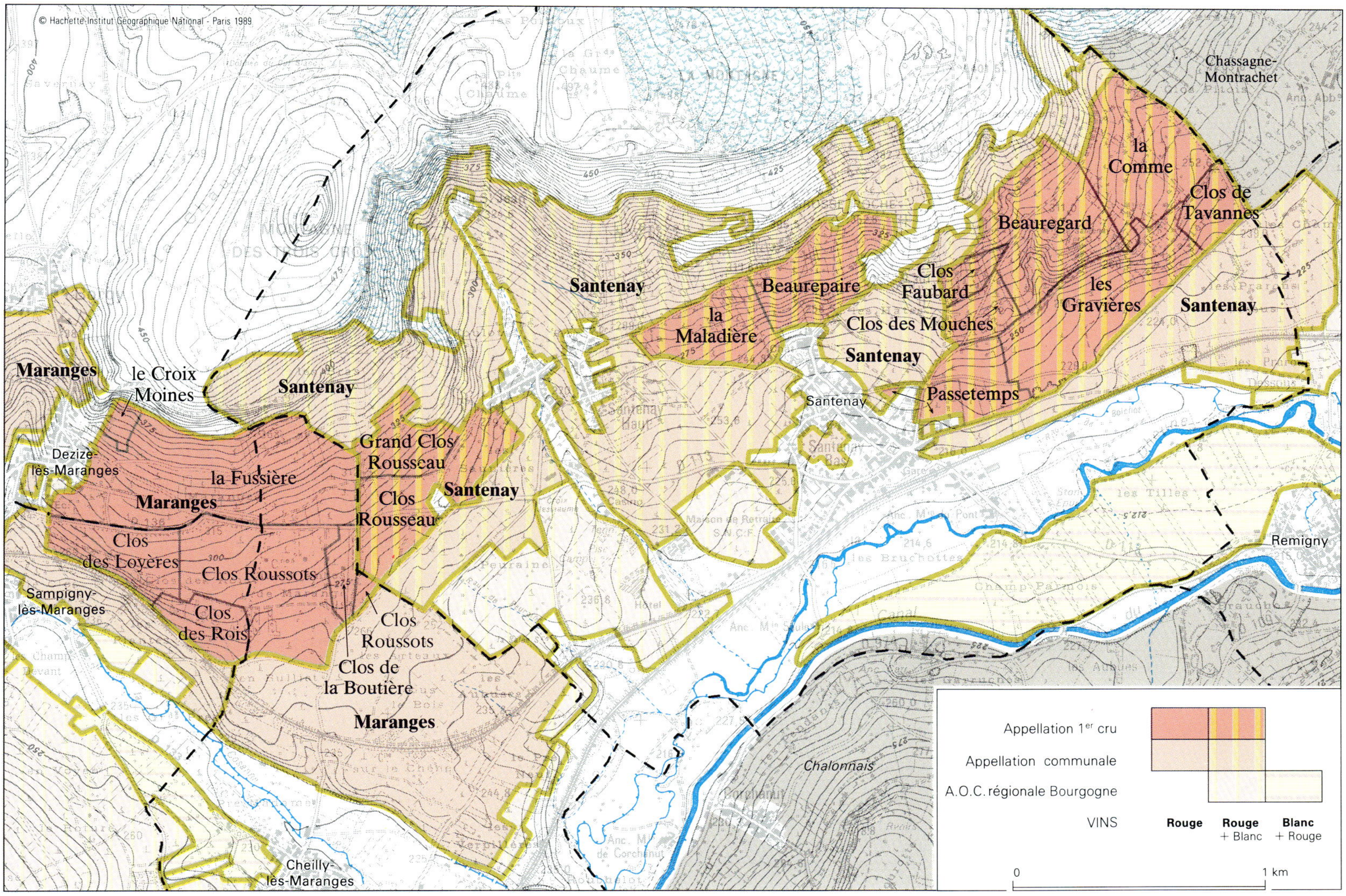

On voit bien à quel point il eût fallu prolonger naguère la Côte-d'Or jusqu'aux Maranges pour respecter l'ordre de la nature et des crus. L'ensemble est homogène.

LE PRINCE DU PASSE-TEMPS

Né en 1789, négociant en vins depuis 1816, Jacques-Marie Duvault épouse l'année suivante Sophie Blochet, âgée de 15 ans. L'empire Duvault-Blochet commence... Ce flamboyant personnage établi à Santenay sera bientôt, à force de travail et d'habileté, à la tête de 133 ha de vignes fines dans la Côte. A l'âge de 79 ans, il s'offre un beau point d'orgue en achetant La Romanée-Conti aux héritiers Ouvrard. A partir de 1870, ce précieux vin est transporté en chariot à cheval, dans la fraîcheur de la nuit, jusqu'à Santenay, où il est élevé dans les profondeurs du château du Passe-Temps. La maison tout entière tiendrait à l'aise dans les deux étages de caves creusées en 1843. La Romanée-Conti vivra son adolescence à Santenay durant quelques millésimes.

Ayant fait une grande partie de sa fortune en achetant tout le vin disponible en Bourgogne au lendemain de la révolution de 1848, puis le revendant avec un énorme profit grâce au second Empire, Jacques-Marie Duvault-Blochet reste la grande figure de Santenay. Il est d'ailleurs de bon conseil et connaît admirablement le vin. A sa mort en 1874, il laisse deux filles. La copropriété de Villaine au Domaine de la Romanée-Conti se situe dans cette descendance.

Le Domaine Hervé de Lavoreille à Santenay est issu de la même succession.

HAUTES-COTES DE BEAUNE

« A sauts et à gambades »

Alors que les Hautes-Côtes de Nuits prennent place sur un plateau clairement découpé par l'ordon (ou le rebord) de la Côte et par la vallée de l'Ouche, fermement adossé à la montagne et à ses bois, les Hautes-Côtes de Beaune s'enfoncent plus profondément dans l'arrière-pays. Sans doute s'agit-il bien du même ensemble. Ces vins ont l'esprit de famille. Sur une trentaine de kilomètres de longueur et une dizaine de largeur, le relief s'incurve et s'adoucit, multiplie les surprises, se répartit en tout sens au fil d'innombrables vallées. Un paysage « à sauts et à gambades », comme disait Montaigne, par monts et par vaux.

Pour en saisir l'entière gravité, humaine et accueillante, il faut monter sur les hauteurs d'Orches, à la fontaine du Chaigu. Spectacle simple et fruste, témoignant depuis deux mille ans du vieux fonds gaulois : une petite source entourée de stèles gallo-romaines. On croit rencontrer ici La Gazette, le Pape des Escargots, ce personnage fabuleux d'Henri Vincenot qui avait connu Vercingétorix et saint Bernard... Alexandre Dumas, pour sa part, est tombé amoureux du vallon de Vauchignon.

LA TROUEE D'AUTUN

Si les Hautes-Côtes sont au-dessus de Nuits le pays de Vergy, elles s'abandonnent au-dessus de Beaune à d'autres racines. Une trouée conduit à Autun. Le fier château de La Rochepot, image classique de la Bourgogne, rappelle la forteresse construite au XVe siècle par la famille Pot, de hauts dignitaires du duché. Presque entièrement détruite, elle est rebâtie au début du XXe siècle par la famille Carnot (Lazare, l'Organisateur de la victoire sous la Révolution, était enfant de Nolay), qui la possède aujourd'hui encore. Les Hautes-Côtes de Beaune piquent une pointe en Saône-et-Loire, mais Cheilly et Sampigny, dans les Maranges, ont gagné depuis leur appellation communale. Paris-l'Hôpital doit se contenter d'un rattachement à cette AOC transdépartementale.

L'âme est toujours vivante. Bouze-lès-Beaune suggère aussitôt cette vieille chanson, remise à l'honneur par Maurice Emmanuel :

C'est les gens de Bouze,
Que sont de bons enfants, mes enfants !
Ils élèvent des biques
Pour corner les passants, mes enfants !

Des chèvres ? Oui, la vie fut longtemps dure sur ces hauteurs où l'on faisait du vin pour gagner moins que rien, sinon parfois pour « remonter » un peu les vins du Beaunois quand le degré était généreux et la couleur chaleureuse.

Entre les deux Hautes-Côtes, il y a eu comme une escarpolette. Dans les années 30, les Nuitons sont plus actifs. Dans les années 50, les Beaunois reprennent l'avantage. Le Syndicat des Hautes-Côtes de Beaune lance une route touristique, prend l'initiative du prix d'excellence (Etienne Kayser n'est pas instituteur pour rien !) qui signale après dégustation les meilleurs vins par une contre-étiquette. En 1957, Bernard Rocault et quelques amis fondent la Coopérative d'Orches, dédiée alors à un rosé sympathique, qui deviendra les Caves des Hautes-Côtes en 1964. En 1958, une fusion intelligente se produit entre les deux syndicats des Hautes-Côtes pour obtenir en 1961 les appellations Bourgogne Hautes-Côtes de Nuits et Bourgogne Hautes-Côtes de Beaune. Puis les Hautes-Côtes de

« Aucune vue, aucun site, si varié, si pittoresque, si grandiose qu'il fût, n'a pu me faire oublier mon petit vallon de Bourgogne, si tranquille, si solitaire, si inconnu... »
Alexandre Dumas,
Impressions de voyage en Suisse
(à propos de Vauchignon).

Nuits se montrent plus imaginatives : Maison des Hautes-Côtes à Marey-lès-Fussey (1974), musée des Arts et Traditions des Hautes-Côtes à Reulle-Vergy (1975), Saint-Vincent tournante à Meuilley (1977). Quelques années plus tard, cette vague, née des Amis de Vergy et du Comité d'aménagement, retombe... et les Hautes-Côtes de Beaune prennent à nouveau pied sur le devant de la scène avec leur Saint-Vincent tournante de 1990 et cette demande, la même année, de tous les producteurs : le décret abaissant les rendements de base des appellations Hautes-Côtes à 50 hl à l'hectare en rouge, à 55 hl à l'hectare en blanc. Bel exemple d'autodiscipline.

« Ces vignobles sont très considérables », écrit Denis Morelot en 1831. C'est-à-dire fort étendus. Les montagnes sur lesquelles ils reposent, assez élevées (450 m à 500 m d'altitude), offrent partout des pentes fort raides. Le sol, caillouteux, est composé entièrement de débris de la roche sous-jacente. Ce bon auteur ne voit pas de différence entre les vins de ces vignobles, les années très favorables, et ceux de la bonne Côte, sinon qu'ils proviennent à cette époque du gamay pour les uns, du pinot pour les autres. Mettez-y du pinot, le succès est assuré, tout en observant sagement et déjà que la maturité n'y parvient que rarement à son terme complet. Plus exposés aux gelées, plus tardifs, ces raisins ont besoin d'un ciel propice. Mais alors, ils sont très recherchés.

A-t-on réellement bu du vin de Meloisey au sacre de Philippe Auguste en 1180, comme on le répète religieusement depuis que Denis Morelot l'a affirmé sans arguments probants ? Peu importe, ces vins furent en effet estimés, notamment par les pressoirs des ducs, et ils le redeviennent maintenant à juste raison.

Ce vignoble s'étend sur 500 ha plantés de pinot noir et sur 40 ha de chardonnay, pour une production moyenne annuelle de 3 450 000 bouteilles de rouge et de 280 000 bouteilles de blanc.

Les rouges ont une robe assez sombre, et le fruit évolue de la jeune baie au confit avec l'âge, sur une saveur ferme, une bonne acidité et des tanins bien présents. Les blancs chardonnent volontiers. D'une élégance sûre et aimable, ils s'accommodent aux entrées chaudes, à la tourte, aux poissons pochés, au fromage assez fort, tandis que les rouges appellent la viande et un fromage plus réservé.

LES COMMUNES VITICOLES

Ce sont Magny-les-Villers (en partie), Fussey, Echevronne, Mavilly-Mandelot, Bouze-lès-Beaune, Meloisey, Nantoux, Orches, Evelle, Baubigny, La Rochepot, Cormot, Vauchignon, Cirey, Nolay, Epertully, Marcheseuil, Change, Paris-l'Hôpital, Créot, Cheilly-lès-Maranges, Sampigny-lès-Maranges, ainsi que le haut de la Côte sur les communes de Pernand-Vergelesses, Savigny-lès-Beaune, Beaune, Pommard, Volnay, Monthélie, Auxey-Duresses, Saint-Romain et Saint-Aubin.

Le château de La Rochepot, haut lieu des Hautes-Côtes. Il appartient à la famille Carnot, qui l'a reconstruit presque entièrement au début du XXe siècle.

LA SAONE-ET-LOIRE

Le bonheur dans la diversité

Entre le poulet de Bresse et le bœuf charolais, la plume et le poil, la Saône-et-Loire, arrosée par une rivière et un fleuve, n'apparaît pas précisément vouée au culte de Bacchus. Elle possède cependant d'excellentes terres à vigne.

L'histoire offre à ses vins des titres de noblesse. Longtemps, Autun règne sur une partie de la Côte-d'Or. L'abbaye de Cluny prend ensuite le relais. Fille (La Ferté) et petite-fille (Maizières) de Cîteaux, d'autres communautés monastiques ne sont pas moins actives. Philippe le Hardi et Marguerite de Flandre s'attachent passionnément à leur château de Germolles en Chalonnais, où ils créent un important clos de vigne. Alphonse de Lamartine devient le plus célèbre vigneron du Mâconnais. S'il existe un bonheur dans la diversité, c'est dans ce département qu'il s'épanouit le mieux.

L'AME DES PAYS

Au nord et au regard de leurs vins, les petits vignobles des Maranges et du Couchois ne se distinguent guère de ceux de la Côte-d'Or voisine, Côte et Hautes-Côtes de Beaune. Seul l'arbitraire du découpage départemental les a privés des appellations auxquelles ils ont légitimement droit. Peu soucieux de ces frontières, les auteurs classiques les situent d'ailleurs dans une continuité de terroir et de qualité.

La Côte chalonnaise est définie par habitude comme la fin de la Côte de Beaune. Pourquoi n'en serait-elle pas plutôt le commencement ? Partageant une réelle intimité avec celle-ci, elle forme en réalité une troisième Côte-d'Or. Dessinant un triangle dont la base va de Couches à Chagny, dont Buxy occupe la pointe, elle est bordée d'un côté par le rebord ouest-est des plateaux de la Côte, de l'autre par les hauteurs calcaires qui séparent les plaines de la Saône et le Charolais oriental.

« Le Mâconnais constitue en quelque sorte une *entrée* idéale dans le monde bourguignon, à la fois quant au vin et quant au pays. »

Kermit Lynch, *Mes aventures dans le vignoble de France.*

Le Mâconnais accompagne le cours nonchalant de la Saône, rive droite, sauf à la hauteur de Tournus où la vigne passe un peu sur la rive gauche. Cette rivière ne paraît guère pressée de se jeter dans le lit du Rhône. La frontière est nette à l'est, tracée comme au cordeau par le sommet du versant oriental de la vallée de la Grosne, puis par les hauteurs granitiques du Charolais méridional, par les monts du Beaujolais. La vigne s'étend sur les croupes cristallines du haut Mâconnais, les coteaux calcaires et les terrasses alluviales qui descendent jusqu'à la Saône. En face, le pays des Ventres jaunes bressans se consacre au maïs et à ses volailles. Comme l'écrit Pierre Goujon, « partout, encore plus dans la Côte mâconnaise que dans la Côte chalonnaise, le jeu des failles, les effondrements de terrains ainsi que le travail des rivières affluentes de la Saône ont multiplié les vallées aux versants abrités, les dépressions intérieures, les collines et les coteaux bien orientés au sud et à l'est ». Sur des sols variés, souvent caillouteux, bien égouttés, les meilleurs sites se trouvent dans les vallées intérieures au microclimat favorable, gardant la chaleur.

DU NORD AU MIDI

Entre le Chalonnais et le Mâconnais, la vallée de la Grosne marque une transition. Les terrains jurassiques du Clunysois conviennent bien à la vigne. Ailleurs, la décomposition des calcaires, les marnes et l'argile s'adaptent heureusement à cette culture lorsqu'elle bénéficie de versants bien exposés. A Tournus se situe la ligne de partage des vins. Sur une brève distance, on passe soudain du nord au midi. L'architecture de la maison, la tuile, la pierre, la langue et les mots – bref, le caractère a maintenant un autre accent, plus chantant, plus méridional. Le gamay noir à jus blanc tient tête au pinot noir.

A la sagesse de la Côte chalonnaise s'ajoute celle du Mâconnais, chacune existant à sa manière et suivant ses penchants. Passé cet équilibre, un peu après Mâcon, le relief s'anime tout à coup et jette sur le paysage des élans imprévus. Les fières roches de Solutré, de Vergisson réveillent sans ménagement la proverbiale douceur mâconnaise, l'appelant à de plus grandes ambitions. Le chardonnay – qui prétend être né ici, au village de Chardonnay – n'entend pas voir la symphonie Bourgogne s'achever sans un puissant rappel de ses vertus. Comme pour un final, l'orchestre et les chœurs se rassemblent et d'une même voix emplissent le théâtre tout entier d'un « hymne à la joie » : le Pouilly-Fuissé.

Puis vient le Beaujolais, à qui la Bourgogne cède de bon cœur le Moulin-à-Vent, le Saint-Amour, lui rappelant toutefois que ces crus sont issus de son sol. Le « vin du citoyen » penche soit vers Villefranche-sur-Saône, soit vers Mâcon, cité d'un négoce-éleveur dynamique, qui a toujours occupé dans l'histoire une position assez autonome.

Les coteaux du Haut-Brionnais

En pleine zone d'élevage charolais, une poignée d'agriculteurs ont entrepris de faire renaître la vigne. A la fin du XIXe siècle, le Brionnais (au sud de la Saône-et-Loire) comptait jusqu'à 4 000 ha de vigne. Il n'en subsista qu'une cinquantaine. Puis, en 1991, la viticulture renaît avec la création de la Cave coopérative des Coteaux du Brionnais à Mailly réunissant onze adhérents (Mailly, Iguerande, Saint-Julien-de-Joncy et Fleury-la-Montagne). Production moyenne annuelle de 25 000 bouteilles.

Sous l'appellation « Haut-Brionnais », il s'agit du seul vin de pays de Saône-et-Loire. Le sol argilo-calcaire convient bien au gamay noir à jus blanc. Quelques vignes sont plantées en chardonnay, pinot noir et pinot gris. Après dégustation et analyse, un agrément est nécessaire à la commercialisation. Léger, fruité, agréable et facile à boire, ce vin ne doit pas être conservé très longtemps.

Les premiers classements

L'ouvrage de V. Vermorel et R. Danguy, publié en 1894, permet de connaître le vignoble de Saône-et-Loire à la fin de la crise phylloxérique. Il établit une hiérarchie particulièrement intéressante. Celle-ci s'inspire de celle d'André Jullien, au début du XIXe siècle, et l'actualise. En rouge, aucun cru n'est classé en première classe. Deuxième classe : Moulin-à-Vent, Thorins et Chénas. Troisième classe : Fleurie, La Chapelle-de-Guinchay et Romanèche. Quatrième classe : en Côte chalonnaise Mercurey, Givry, Saint-Martin et Rully ; en Mâconnais, Davayé. La cinquième classe est divisée en deux sections, la première incluant en Côte chalonnaise Montagny, Chenôves, Buxy, Saint-Vallerin et Saules ; en Mâconnais, Prissé, Leynes et Saint-Vérand. Moins valorisés, les crus blancs apparaissent en troisième classe seulement (Pouilly et Fuissé). Quatrième classe : Chaintré, Solutré et Davayé. Première section de la cinquième classe : en Côte chalonnaise, Montagny, Chenôves, Buxy, Saint-Vallerin, Saules, Bouzeron et Givry ; en Mâconnais, Vergisson, Vinzelles, Loché et Charnay. Il est fait également état d'une classification opérée lors de l'Exposition viticole de Mâcon en 1893. Elle ne porte que sur le Mâconnais et le Beaujolais, faisant apparaître en rouge et en troisième catégorie Pruzilly, Prissé, Saint-Sorlin et Bussières, tandis qu'en blanc la première catégorie honore enfin Pouilly et Fuissé ; la deuxième, Solutré, Vergisson et Chaintré ; la troisième, Viré, Loché, Clessé, Péronne et Saint-Martin-de-Senozan.

Dessiné à la fin du XIXe siècle, ce tableau montre que la Côte chalonnaise regarde Beaune, alors que le Mâconnais et le Beaujolais constituent un ensemble économique assez homogène. Les rouges l'emportent ici nettement sur les blancs dans le respect des grands cépages : chardonnay, pinot noir en Côte chalonnaise ; gamay noir à jus blanc en Mâconnais.

En Mâconnais, la hiérarchie des vins blancs apparaît déjà bien établie, avec un avantage pour Pouilly et Fuissé seuls. Davayé bénéficie d'une estime remarquable. Rouges ou blancs, les villages du Mâconnais montrent alors – mais avec timidité – le bout de leur nez. En Côte chalonnaise, Montagny ne fait pas encore partie du quatuor des crus, et Saules, du côté de Buxy, a droit à une considération importante. Autre trait intéressant, la notion de climat, déjà mise en avant pour l'ensemble des communes viticoles et qui est conforme à l'usage général en Bourgogne.

Fondateur de la Confrérie des chevaliers du Tastevin, Georges Rozet est un Mâconnais bon teint. Il publie sa *Bourgogne, taste-vin en main*, en 1949. Né près de Mâcon, Raymond Dumay publie à son tour des ouvrages majeurs sur les vins de France où la Saône-et-Loire tient sa juste place. Bref, ce département entre pleinement dans la Bourgogne littéraire et vineuse, le Mâconnais rappelant volontiers qu'il est à lui seul toute « la Bourgogne du Sud ».

Dieu n'a-t-il pas laissé tomber sa boîte de couleurs sur la Bourgogne ?

DEUX CIVILISATIONS ?

Existe-t-il, comme l'a écrit Albert Thibaudet, enfant de Tournus, « une civilisation du pinot et une civilisation du gamay », dont la coupure se trouverait justement sous le clocher de Saint-Philibert ? Sociologiquement, nul ne peut en douter. On en revient à Michelet, à la synthèse bourguignonne du Nord et du Midi, à son liant. Ici, les contraires s'épousent au lieu de s'opposer. Grande et belle leçon culturelle !

Comme le montre Pierre Goujon, les vignobles chalonnais et mâconnais se sont développés autour des villes et de leurs religieux, de leurs bourgeois, de façon semi-circulaire et selon un processus habituel : le vin est d'abord un phénomène urbain, le besoin des villes qui crée l'offre à partir de la demande. Il s'agit alors de consommation locale. Mais à ce vignoble d'opportunité s'associe un vignoble d'exportation, vers Paris surtout, grâce aux voies d'eau. Durant la première moitié du XIXe siècle, le vin de Mâcon (terme générique de sa région de production) fait partie des « Grands Ordinaires de France » offerts à la bourgeoisie aisée comme bon vin de table. Celui du Chalonnais entre dans la logique du Beaunois et contribue à des cuvées de réunion. Mais la vigne s'étend partout pour atteindre 30 000 ha en 1850, 41 000 en 1880, puis pour redescendre à 31 000 en 1900. Première tache phylloxérique observée en Bourgogne, celle de Mancey, près de Tournus, interpelle tout le monde, et d'abord les instituteurs, qui examinent les vignes avec les loupes que leur offre le gouvernement : il faut apprendre à reconnaître le mal et à diffuser cette page nouvelle de l'instruction publique.

A quelque chose, malheur est bon. Le raz de marée de la vigne au XIXe siècle bute sur les exigences de la qualité, sur les lois du marché. Après la crise phylloxérique, seuls les meilleurs terroirs seront plantés. La Saône-et-Loire possède de nos jours 12 800 ha de vigne, dont quelque 1 500 de Beaujolais. Les rouges et rosés s'étendent sur près de 4 000 ha, les blancs sur 5 500.

L'« AQUEUSE BOURGOGNE » DE SHAKESPEARE

Bordé par la Saône et la Loire, ce pays ne serait-il pas l'« aqueuse Bourgogne » dont parle Shakespeare dans *Le Roi Lear* ? Curieuse citation, souvent reproduite et rarement comprise. On se rappelle que Lear décide de partager son royaume entre ses trois filles, dont Cordélie, que courtisent le roi de France et le duc de Bourgogne. Son amour, dit Lear, est brigué à l'envi par « les vignes de France et le lait de Bourgogne » (*the vines of France and milk of Burgundy*). Cela éclaire par avance l'expression *waterish Burgundy* qui vient un peu plus tard. Pour Shakespeare, cette Bourgogne est encore celle des Flandres, de ses prés et de ses canaux… D'autres spécialistes pensent cependant que *milk* sous la plume de Shakespeare exprime la fadeur, et *waterish* quelque chose de dilué. Bref, un très net choix matrimonial du roi de France pour sa fille préférée.

LES CRUS ACTUELS

La Sâone-et-Loire ne possède pas de grand cru, même si le Pouilly-Fuissé pouvait à bon droit revendiquer ce titre pour certains climats. Pourquoi a-t-il laissé passer cette chance naguère, et jusqu'à celle de premiers crus ? Influence évidente du négoce lors de ces choix anciens et décisifs… La Côte chalonnaise, les Maranges sont, en revanche, beaucoup mieux pourvues en premiers crus, souvent au-delà des classements établis en Côte-d'Or. On se rappelle que la réglementation de 1943-1944 – sur laquelle se fondent les premiers crus et l'expression hiérarchisée des climats au sein des AOC communales – résultait de mesures de circonstance. Il s'agissait d'échapper aux réquisitions de l'occupant allemand et d'éviter

L'histoire du vin est aussi une histoire de la civilisation. A gauche, Saint-Philibert de Tournus et son clocher carré du XIIe siècle.

A droite, Cluny qui rayonna pendant des siècles sur la Chrétienté et le vin de Bourgogne, à l'ombre du clocher de… l'Eau bénite.

des taxations supplémentaires. Les listes interminables des premiers crus ont cette origine. Elles s'inspirent de certains classements historiques mais tiennent également compte des nécessités de l'heure. On tentera ensuite d'y mettre de l'ordre, sans résultat notable jusqu'en 1982. Les syndicats viticoles des quatre AOC chalonnaises demandent alors le classement de leurs premiers crus. Un travail long et sérieux est accompli par les experts (Agnet, Delaye, Leneuf, Masson, Chandesais, Lautel, Feuillat et Nicolas), qui rendent leurs conclusions en 1988. L'INAO propose, décide. Ces premiers crus à la validité incertaine, provisoire depuis 1943-1944, deviennent enfin officiels.

L'éperon calcaire de Solutré dessine un élan imprévu sur le paysage si doux du Mâconnais : le Pouilly-Fuissé naît sur un site préhistorique.

L'HOMME RESSEMBLE A SON VIN

La société en Saône-et-Loire diffère de celle de la Côte-d'Or. La polyculture y a subsisté plus longtemps. Malgré la forte présence de la grande propriété, la grande exploitation reste l'exception. Le système le plus fréquent est celui du métayage, association du capital et du travail. Depuis des siècles, les propriétaires ont bien compris qu'ils ont tout intérêt à intéresser le vigneron aux soins de la plante, à la qualité du produit. Le vigneronnage répond à ce mode de faire-valoir, nuancé de polyculture dans le cas des granges. Il assure à l'exploitant un minimum de revenu, en le faisant participer au produit fini. A l'époque actuelle, les choses ont changé en partie, dès lors que le viticulteur vend directement et sous sa propre signature une partie de sa récolte. Un autre phénomène apparaît ici, l'extension des coopératives. Des appellations régionales ou communales insuffisamment connues nécessitent un acteur commercial unique. La coopération occupe aujourd'hui une place importante en Saône-et-Loire. Dès lors, la psychologie du vigneron est forcément différente. Quant au caractère, il comporte des nuances qui varient du nord au sud. Plus proche de Beaune que de Mâcon, la Côte chalonnaise trouve en Côte-d'Or ses affinités naturelles, tout en préservant un tempérament original et en gardant l'esprit chalonnais. Le Mâconnais s'attache fortement à ses propres racines dans un style fait de simplicité et de bonhomie. S'il existe ici quelques grandes familles maintenant avec éclat les traditions de la vigne bourgeoise, la petite propriété vigneronne pratique une vie sociale conviviale, détendue, sans trop de protocole. Ce caractère se distingue de celui du Beaujolais qui, pour vendre son vin, doit se montrer entreprenant, démonstratif, sur une tonalité joviale qui apparaît excessive en Mâconnais, où l'on est plus mesuré dans l'expression du bonheur. L'homme ressemble toujours à son vin.

En volume, la Saône-et-Loire assure la moitié de la production de la Bourgogne : quelque 175 millions de bouteilles par an, dont près d'une sur deux en Mâcon blanc et Mâcon rouge.

LES MARANGES ET LE COUCHOIS

Dans le droit fil de la Côte et des Hautes-Côtes

« C'est égal ! Il y avait pourtant assez de filles par ici. A fallu que tu en ailles chercher une chez les mécréants ! »

« Je m'attendais à celle-là ! » raconte Henri Vincenot aux dernières pages de *La Billebaude*. « Les « mécréants » ! Pardieu, oui, je savais qu'au-delà de la falaise du Bout-du-Monde, du Mont-de-Sène et de Rome-Château, aussitôt qu'on entrait en Saône-et-Loire, c'était, pour nous, le pays des mécréants. Oui, je savais bien qu'une frontière se faufilait par là, séparant encore deux tribus gauloises qui n'avaient pas encore réglé leurs comptes... » Mandubiens et Eduens. Ayant pris épouse aimée dans les Maranges, Henri Vincenot adorera toute sa vie ce pays que seul le découpage départemental priva de l'intimité affectueuse de Santenay. « Les vins de Dezize, écrit en 1855 le Dr Jules Lavalle, se rapprochent beaucoup de ceux de Santenay et sur son territoire se trouvent de nombreuses cuvées qui méritent d'être signalées comme vins de première cuvée. » Au demeurant, les ouvrages classiques rangent les vins de ces villages au sein de la Côte de Beaune : pour Georges Rozet, c'est « le point de soudure entre Saône-et-Loire et Côte-d'Or ».

La Dheune et la Cosanne – ces petites rivières – ordonnent le paysage. Le Morvan pousse jusqu'ici de lontains assauts, d'ultimes pointes de granite.

EFFORT DE SIMPLIFICATION

Créée en 1989, l'appellation communale Maranges regroupe les anciennes appellations Cheilly-lès-Maranges, Dezize-lès-Maranges et Sampigny-lès-Maranges qui avaient beaucoup de mal à percer. Un utile effort de simplification. En effet, le bénéfice de l'AOC Côte de Beaune Villages était fréquemment sollicité ici pour les rouges. Nul ne conteste aujourd'hui à ces vins le droit de voler de leurs propres ailes. Beau point d'orgue : la Saint-Vincent tournante 1997 !

Ils reviennent cependant de loin... A la charnière des XIXe et XXe siècles, ils font d'honnêtes aligotés, des gamays de consommation courante. Pied à pied, ils vont améliorer leur encépagement, valoriser des climats. Aussi trouve-t-on ici, sur 125 ha délimités à Cheilly, 40 ha de premier cru (Les Clos Roussots, La Fussière, le Clos de la Boitière), 30 ha sur 70 à Dezize (La Fussière, le Clos de la Fussière, La Croix aux Moines) et 30 ha sur 45 à Sampigny (Les Clos Roussots, Le Clos des Rois et Le Clos des Loyères). Prolongeant le coteau de Santenay, le climat Maranges, cité déjà par l'abbé Courtépée au XVIIIe siècle, est logiquement fédérateur de tous ces bons vins. Les trois villages l'ont en commun.

Les coteaux ne suivent pas l'alignement militaire de la Côte mais se répartissent au gré d'un tissu de gentilles collines et de versants plus variés. L'exposition sud-sud-est la plus fréquente se situe entre 240 m et 400 m d'altitude. Il s'agit essentiellement d'un vin rouge (1 200 000 bouteilles en production moyenne annuelle) issu du pinot noir, le blanc né de chardonnay représentant de 5 000 à 10 000 bouteilles. Fruités, riches en corps et bien charpentés, ces rouges peuvent prendre avec bonheur une petite dizaine d'années d'âge en conservant leur saveur. Cheilly paraît plus fin, Dezize et Sampigny

« Les dernières vignes montaient courageusement à l'assaut du socle où je me trouvais perché. Elles s'arrêtaient à mes pieds, au bas des falaises, rebutées par la caillasse, vite étouffées par la forêt qui, elle, semblait déferler de l'arrière-pays, qui est le mien, pour submerger le bas pays des vignes. Je la vis alors monter vivement les derniers raidillons, poussant sa bicyclette, et elle arriva, la nuque embaumée de sueur, comme une fleur perlée de rosée. »

Henri Vincenot, *La Billebaude*.

plus fermes. Question de sols, légers et caillouteux à Cheilly. Arômes de griotte, de pivoine. On constate ensuite une évolution sur le cuir et la venaison, l'épice. En blanc, du gras, des parfums d'acacia, d'aubépine et un équilibre convenable. Il ne s'endort pas dans le verre, celui-ci.

LES VINS DE COUCHOIS

En Saône-et-Loire et un peu à l'écart, les communes de Couches, Dracy-lès-Couches, Saint-Maurice-lès-Couches, Saint-Sernin-du-Plain, Saint-Jean-de-Trézy et Saint-Pierre-de-Varennes souffrent grandement des décrets de la Révolution et des limites départementales fixées alors à Versailles. Elles forment le vignoble de Beaune à l'ouest de la faille créée par la vallée de la Dheune et à l'extrême nord-ouest de la Côte chalonnaise.

Ces vins se rattachent à ceux des Hautes-Côtes, dont ils revendiquent l'appellation. En 1957, le Syndicat des viticulteurs des Hautes Côtes de Beaune et de Nuits comprend quatre communes du Couchois. L'année suivante, Change et Paris-l'Hôpital se retirent du groupement. On en profite alors pour exclure le Couchois. Le prétexte : l'absence de continuité géographique. Or, Cheilly-lès-Maranges, toujours dans l'association, assure cette transition. Les Hautes-Côtes de Beaune et de Nuits partent donc seules à la bataille des appellations. En 1960, découvrant que plusieurs communes voisines vont cependant bénéficier de cette décision, le Couchois en appelle à la capitale. La commission d'enquête ne l'écoute pas et fixe à Paris-l'Hôpital la limite sud de l'AOC Bourgogne Hautes-Côtes de Beaune. Ses raisons ne laissent pas d'étonner : absence de pinot noir et frontières de l'ancien bailliage de Beaune. Si l'encépagement s'améliore sensiblement en Couchois, il est vrai qu'il y avait alors des efforts à accomplir. Mais on voit mal ce que vient faire ici un découpage administratif de l'Ancien Régime sans rapport avec la vigne contemporaine.

En 1980, le Couchois revient à la charge. Il faut attendre dix ans pour qu'une nouvelle commission se penche sur le dossier, bientôt enterré. On envisage une appellation Hautes-Côtes du Couchois. Le comité régional de l'INAO transmet enfin l'affaire à Paris avec avis favorable à un rattachement à l'AOC Bourgogne Hautes-Côtes de Beaune, malgré la position hostile des viticulteurs de cette appellation.

Orienté sud-sud-est et situé en coteau, ce vignoble de 360 ha très morcelés appartient à une petite propriété fière. Autour de Couches-les-Mines devenu Couches-les-Vins, d'un château où subsiste le souvenir de Marguerite de Bourgogne (la tour de Nesle !), ou encore du superbe château de Dracy à la cuverie fantastique, le Couchois a sensiblement amélioré sa production. Il s'agit de Bourgogne : pinot noir sur 245 ha, gamay blanc sur 95 ha, aligoté sur 15 ha et chardonnay sur 10 ha, le tout pour une production moyenne annuelle de 1 350 000 bouteilles de Bourgogne rouge, 950 000 bouteilles de Bourgogne Passetoutgrain, 110 000 bouteilles de Bourgogne Aligoté, et 95 000 bouteilles de Bourgogne blanc et Crémant de Bourgogne.

Ce Bourgogne rouge est corsé, tannique. Il demande un peu de temps pour s'épanouir. Avec viande ou gibier, fromage à pâte molle. Le Passetoutgrain est ici au comble du bonheur – pour une potée, un pot-au-feu ou des brochettes.

Célèbre pour ses aventures amoureuses à la tour de Nesle,
Marguerite de Bourgogne aurait été exilée au château de Couches.

LA COTE CHALONNAISE L'ALIGOTE DE BOUZERON

L'accent de la sincérité

Lorsque Nicéphore Niepce veut remercier son collaborateur parisien Lemaître, il lui envoie, à la manière bourguignonne, quelques bouteilles de vin blanc mousseux. Ainsi cette innovation alors récente de la Côte chalonnaise se trouve-t-elle associée à l'une des inventions qui ont révolutionné les temps modernes : la photographie, née de 1816 à 1826 à Saint-Loup-de-Varennes.

Entre Chagny et Tournus, de la Saône à Saint-Gengoux-le-National, entre les vallées de la Grosne et de la Dheune, la Côte chalonnaise possède une vraie personnalité. Dès que l'on a franchi la Dheune – la rivière qui prolonge le fossé de Montceau-Le Creusot –, les collines emplissent le paysage, l'élargissent. La Côte doit son nom à Chalon-sur-Saône, ancienne ville de foires et marchés devenue cité industrielle, port actif d'où l'on expédiait les vins de la région. Les hautes cheminées de l'usine Saint-Gobain rappellent au passant que bon nombre de bouteilles bourguignonnes sortent d'ici. Outre la Maison des vins de la Côte chalonnaise, plusieurs fêtes s'inspirent chaque année de la gaieté médiévale : le carnaval et le festival des arts de la rue.

Le vignoble de Chalon entre très tôt dans l'histoire mais sur une polémique linguistique. Dans son texte fameux sur Dijon, au VIe siècle, Grégoire de Tours évoque les vins de la Côte. Il note que les Dijonnais les considèrent à l'égal du Falerne, cru célèbre de l'Antiquité, et se détournent ainsi du vin de Chalon. On va se perdre en gloses complexes pour expliquer que le mot latin désignant Chalon (à n'en pas douter, Roger Dion s'en est expliqué) serait en réalité… Ascalon, autre cru antique. Il n'en est rien, mais ces rivalités géopolitiques plus que vineuses marquent simplement la compétition entre Chalon et Dijon, évoquée par Grégoire de Tours.

« Il n'est probablement pas nécessaire de préciser – mais je suis très consciencieux – que Château-Chalon n'a rien à voir avec la Côte chalonnaise. C'est le fameux vin jaune du Jura. »

H.W. Yoxall, *The Wines of Burgundy.*

LE NORD DU MASSIF CENTRAL

Il s'agit de ce territoire où la vigne se mêle aux champs, aux prés, aux bois, entoure et réunit les crus de Bouzeron, Rully, Mercurey, Givry et Montagny, sur 35 km de longueur et 5 à 6 km de largeur, de Chagny à Saint-Gengoux-le-National, entre 250 m et 350 m d'altitude.

La Côte chalonnaise appartient à la façade orientale du nord du Massif Central. A l'ère tertiaire, le fossé bressan s'est affaissé. Cette partie méridionale de la Côte bourguignonne a subi une dislocation : des compartiments faillés, à ossature calcaire, de l'âge jurassique.

Au nord, ils s'orientent au levant. Au-delà de la faille transversale de Bissey, les terrains calcaires jurassiques dominent (Rully, Mercurey, Givry), mais Saint-Denis, Jambles et Moroges voient affleurer des couches liasiques et même triasiques.

Au sud du bloc granitique de Bissey, les versants s'inclinent vers l'est ou vers l'ouest face aux premiers monts du Mâconnais. Quelques affleurements de grès quartzeux du trias rencontrent les alluvions de la plaine de la Saône. Les sols apparaissent plus marneux, surmontés par la corniche calcaire du bajocien (Montagny). Le piémont est recouvert de sables et d'argiles à silex. « Schématiquement, conclut le géologue Noël Leneuf, président de la Commission de délimitation des AOC de Bourgogne, la Côte chalonnaise présente un ensemble trias-lias très argileux et un ensemble jurassique moyen et supérieur où alternent calcaires durs et marneux, donnant des terroirs plus graveleux et carbonatés : sols de rendzines, bruns calcaires, parfois profonds et argileux. »

Certains villages sont perchés : Moroges, Culles-les-Roches, Saules. D'autres à mi-pente : Chenôves, Montagny. D'autres dans le vallon : Jambles, Saint-Vallerin, Saint-Boil.

UN TERRAIN DE PINOT NOIR

Les meilleurs vins blancs nés du chardonnay (Rully, Montagny) sont produits sur des sols argilo-calcaires exposés à l'est, au sud-est et au midi. Les rouges (Rully, Mercurey, Givry) proviennent de pinot noir planté sur des sols calcaires ou calciques moins argileux. Les terrains granitiques conviennent au gamay noir à jus blanc. Sur les bas de côte, le calcaire est souvent recouvert de limons à chailles portant des sols bruns lessivés, aptes à produire du gamay et de l'aligoté.

Sols et climats sont très proches de ceux de la Côte-d'Or. Les modes de culture et de vinification apparaissent identiques. Quant à l'histoire, elle n'est pas moins glorieuse qu'ailleurs en Bourgogne. Mais, isolée, la Côte chalonnaise ne réussit que tardivement à s'imposer. Longtemps, ses vins ont été vendus sous le nom de Chablis pour les blancs, sous les noms de villages de la Côte de Beaune pour les rouges. Les Champenois venaient également s'y approvisionner en vin de base. En 1923, un jugement du tribunal de Chalon-sur-Saône définit une appellation « Côtes chalonnaises », qui ne s'impose pas. On avait pensé d'abord à une appellation « Côte de Mercurey » ou quelque chose d'approchant. Après un long combat mené en 1985 sur la base de la dénomination la plus conforme à la typicité générale du vignoble, et conduit notamment par Paul de Launay et par Aubert de Villaine, cogérant du Domaine de la Romanée-Conti et viticulteur à Bouzeron, un décret crée en 1990 l'appellation Bourgogne Côte chalonnaise. Légère nuance : la mention Côte chalonnaise doit figurer sur l'étiquette en dessous de Bourgogne et dans un corps d'imprimerie plus petit. Les Hautes-Côtes de Nuits et de Beaune ne sont pas soumises à ces chinoiseries.

Le vignoble couvre 3 350 ha, dont 1 250 d'appellations communales et 2 100 d'appellation régionale. L'AOC Bourgogne Côte chalonnaise concerne quarante-quatre communes. Son aire s'étend sur 3 665 ha, mais seuls 800 ha sont plantés : 700 en pinot noir et 100 en chardonnay. Un millier d'hectares non plantés bénéficient de conditions de premier ordre. Ce sont les perspectives raisonnables d'expansion de ce vignoble.

Il s'agit surtout de rouges. Les rosés ont droit à l'AOC Bourgogne clairet Côte chalonnaise (inusitée) ou Bourgogne rosé Côte chalonnaise. Comme pour les Hautes-Côtes, l'analyse et l'agrément d'une commission de dégustation sont nécessaires à l'obtention de l'appellation après le premier examen de passage pour l'AOC Bourgogne. Il y a donc deux étapes à franchir. La première fois, 208 échantillons sur 373 ont été agréés, proportion témoignant d'une autodiscipline très rigoureuse. Les vins non agréés la seconde fois peuvent simplement s'appeler Bourgogne. Sur 600 déclarations de récolte, une centaine émanent de viticulteurs vivant de cette activité.

Le gamay réussissant bien dans la partie à nuances granitiques du terroir, le Bourgogne Passetougrain est ici assez vivifiant, riche et consistant. En rouge, le Bourgogne Côte chalonnaise exprime finesse et souplesse sous une robe vive, profonde, avec des accents friands de petits fruits, pour une production moyenne annuelle de 5 000 000 de bouteilles, rosés compris. Evoquant la fleur et le fruit sec, les blancs sont tendres et chantants (production moyenne de 600 000 bouteilles par an) et s'apprécient un peu plus jeunes que les rouges. Dans les trois ans de garde pour les premiers, dans les cinq ans pour les seconds. L'avenir de cette jeune appellation paraît destiné au pinot noir : c'est le terroir qui doit commander, et non le marché. On choisira une cervelle, un poisson fin, un fromage doux pour un blanc ; un petit gibier, une viande en sauce ou grillée pour un rouge.

L'OISEAU RARE

Bouzeron (165 habitants) fait figure de cas à part. Premier village de la Côte chalonnaise au sud-est de Chagny et contigu de l'appella-

André Jullien

Né en 1765 à Chalon-sur-Saône, André Jullien s'établit comme marchand de vins à Paris. Il y fonde la maison de vins en gros dite du Pont de fer (1, rue du Faubourg-Poissonnière), devenue ensuite la maison Rivet. On lui doit l'invention de plusieurs appareils de décantation. Son *Manuel du sommelier* date de 1813. Il sera souvent réédité. Puis il publie un ouvrage considérable, à partir de 1816, constamment réédité : *La Topographie de tous les vignobles connus*. Il est le premier auteur à recenser l'ensemble des vignobles d'Europe, d'Afrique, d'Asie et d'Amérique. Il y évoque notamment ceux du Chili, de Californie, de Hongrie, de Russie, etc. Emporté par le choléra, André Jullien est décédé en 1832.

Les quarante-quatre communes

Voici les quarante-quatre communes de la Côte chalonnaise :

Canton de Chagny

Aluze, Bouzeron, Chagny, Chamilly, Chassey-le-Camp, Dennevy, Fontaines, Remigny (partie sud), Rully, Saint-Gilles, Saint-Léger-sur-Dheune.

Canton de Givry

Barizey, Dracy-le-Fort, Givry, Jambles, Mellecey, Mercurey (y compris Bourgneuf-Val-d'Or), Rosey, Saint-Denis-de-Vaux, Saint-Désert, Saint-Jean-de-Vaux, Saint-Mard-de-Vaux, Saint-Martin-sous-Montaigu.

Canton de Buxy

Bissey-sous-Cruchaud, Bissy-sur-Fley, Buxy, Cersot, Chenôves, Culles-les-Roches, Fley, Jully-lès-Buxy, Montagny-lès-Buxy, Moroges, Saint-Boil, Saint-Martin-du-Tartre, Saint-Maurice-des-Champs, Saint-Vallerin, Santilly, Sassangy, Saules, Sercy.

Canton de Mont-Saint-Vincent

Genouilly, Saint-Clément-sur-Guye, Vaux-en-Pré.

Ces communes possèdent toutes des parcelles délimitées en 1989, donnant droit à l'appellation Bourgogne Côte chalonnaise.

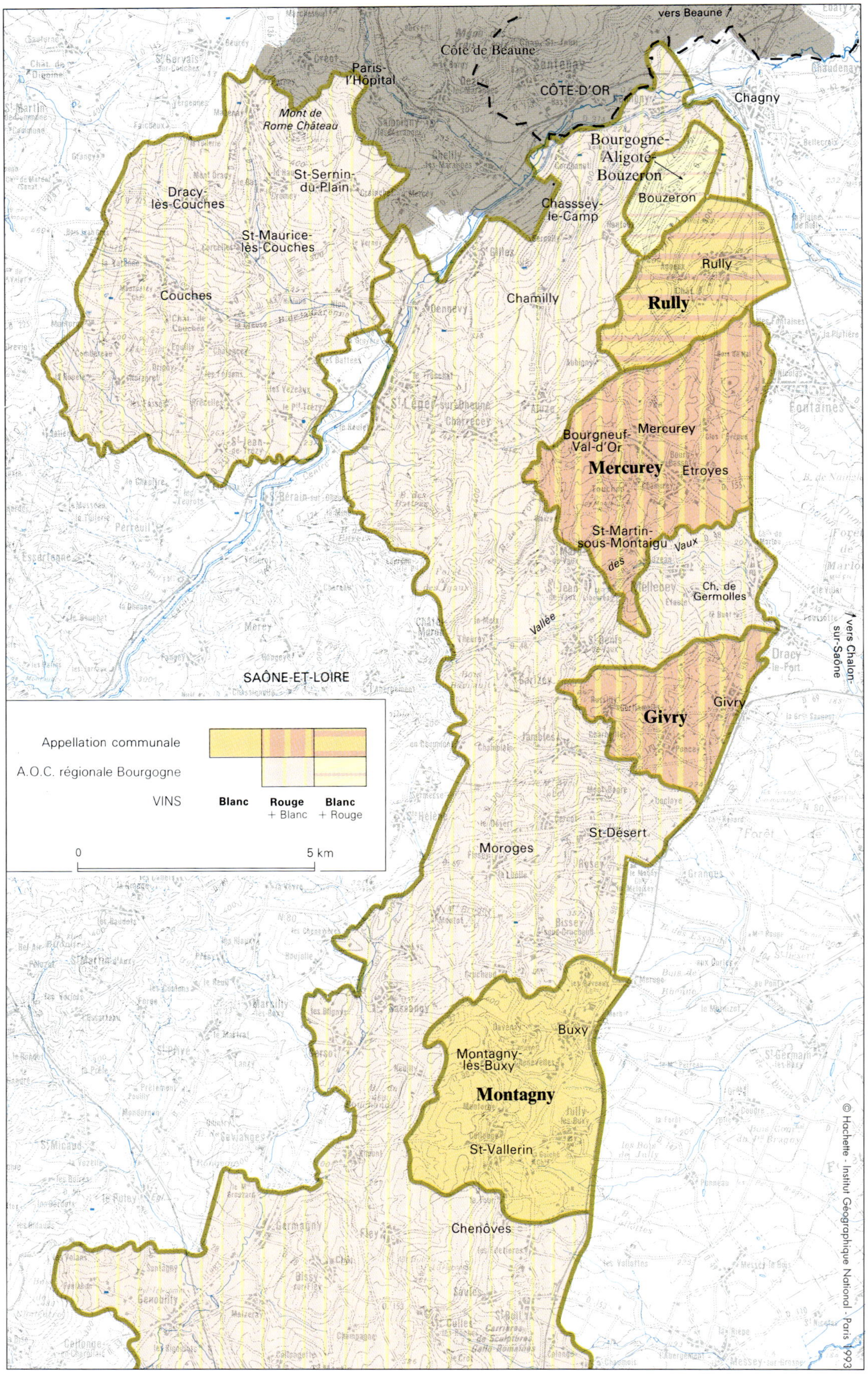

La Côte chalonnaise.

tion Rully, qui le cerne de trois côtés, il ne compte que 65 ha de vigne, mais il a su joliment jouer des coudes pour se faire un nom. Calcaire bathonien et brun marneux, entre 150 m et 300 m d'altitude, épousant une vallée orientée nord-est–sud-ouest, aux belles expositions est-sud-est, subissant sans regret un climat magnifiquement continental – aux hivers rigoureux et aux étés torrides –, Bouzeron a eu l'intelligence de jouer la carte à laquelle nul ne pensait.

En 1973, Aubert et Pamela de Villaine tombent amoureux de Bouzeron, y trouvent une maison et s'y installent. Aubert réalise bientôt la vocation viticole du village qu'un négociant beaunois, Billerey, avait mis en valeur au XIXe siècle. Les six viticulteurs à temps complet de Bouzeron se rassemblent, raniment le syndicat viticole local, assoupi depuis longtemps, et décident de revendiquer une appellation spécifique pour l'enfant roi du pays, l'aligoté. Julien Chemorin rédige le dossier qui est soumis en 1974 aux instances régionales de l'INAO. Les arguments sont solides : Chassagne-Montrachet, Santenay et Rully sont à portée de main; toutes les conditions objectives d'un bon vignoble de la Côte sont réunies; présence d'un aligoté de coteau, alors que partout dans la Côte il a été repoussé vers le haut ou vers la plaine; vieilles vignes de sélections intéressantes (l'aligoté doré, par opposition à l'aligoté vert, plus productif mais qui mûrit plus difficilement); prix courants du négoce d'autrefois vendant le Bouzeron au prix du Montagny ou du Pouilly-Fuissé... « Vins blancs renommés, bouquet fin », notent V. Vermorel et R. Danguy en 1894 à propos des blancs, qui sont alors aussi importants que les rouges. Il s'agit de gamays blancs (melons) et de giboudots blancs (aligotés).

Sénateur-maire du village, France Léchenault sait intervenir à Paris pour faire avancer le dossier. Avis régional favorable en 1974, feu vert national en 1976, décision en 1979, avec quelques contraintes, comme celle d'un rendement de 55 hl/ha maximum. Le potentiel plantable s'élève ici à une centaine d'hectares. Outre les 65 ha d'aligoté, 10 ha sont plantés en chardonnay (Bourgogne) et 10 en pinot noir (Bourgogne Côte chalonnaise). Soit une production moyenne annuelle de 425 000 bouteilles de Bourgogne Aligoté Bouzeron et 65 000 bouteilles en Bourgogne blanc, autant en Bourgogne Côte chalonnaise.

Aujourd'hui, Bouzeron souhaite obtenir le droit à une AOC communale pleine et entière. Le dossier est à l'étude. Justifié ? Sans doute, d'autant qu'il existe ici une solide équipe de producteurs vigilants. Les climats : Les Clous en blanc et La Digoine en rouge; le Clos de la Fortune fait merveille en Bourgogne. Si la commission nationale des experts émet un avis favorable en 1994, le dossier est actuellement bloqué par une question de fond. L'INAO, plutôt hostile aux dénominations de cépage, lie la création de l'AOC communale à la suppression de Bourgogne Aligoté Bouzeron. Au village, on préfère donc le *statu quo*...

Est-il réellement unique, cet Aligoté de Bouzeron qui porte à la fois majuscule et particule comme deux plumes à son chapeau ? L'oiseau rare ? Certains aligotés des Hautes-Côtes de Nuits ont le même éclat coupant et le même fruit. Rappelez-vous Alphonse Daudet quand il parle du froid qui ravive les étoiles la nuit de Noël... Un bon aligoté est cela même, et pour une production moyenne de 350 000 bouteilles par an. Le Bourgogne Aligoté Bouzeron, jaune pâle, sec et tendre, léger et structuré, soyeux et floral, vanillé (mais pas trop, par pitié), incarne la perfection du cépage quand il évite de se prendre pour un chardonnay. La traduction approximative de l'ouvrage de Robert Parker sur la Bourgogne lui reconnaît un « caractère crémeux » qui, à la vérité, n'est pas ce qu'il ferait de mieux... Oublions cette faute de goût et cette méconnaissance de la nature de l'aligoté. A l'apéritif, sur des gougères chaudes et odorantes, il danse sur ses sabots vernis. Un vin de mise en bouche qui peut encore avoir des grâces étonnantes sur les crustacés, le poisson frit ou – comble de bonheur – le fromage de chèvre sec.

Germolles, ou le cœur fidele

Epouse de Philippe le Hardi et lui apportant les plus riches terres de l'Europe, Marguerite de Flandre devient amoureuse de la Bourgogne. Son paradis sera Germolles, domaine proche de Chalon-sur-Saône, acquis en 1381 et merveilleusement mis en valeur. Sur 380 ouvrées (près de 16 ha), le clos de Germolles ceint de murs devient l'honneur du duché. Ce vin est offert aux grands alliés de la maison ducale : les Trémoille, Douay, Rapondi. Les vignerons de Germolles inventent la « semaine anglaise » pour pouvoir travailler le samedi et le dimanche dans leurs propres vignes. Claus Sluter travaille au décor de ce château inspiré, réalisé à la manière des *Très Riches Heures* du duc de Berry.

La Côte chalonnaise se consacre aussi au Crémant de Bourgogne.

RULLY

« Le poli et la fraîcheur du marbre »

Sur quelque 25 km, la « route des vins » va de Bouzeron à Saint-Vallerin, en passant par Rully, Mercurey, Givry et Montagny – les quatre évangélistes de la Côte chalonnaise. Le premier de ces bons apôtres, Rully (1 635 habitants) paraît ancré ici de toute éternité. Son château entouré de tours féodales, son église à l'élégant clocher, ses maisons et ses parcs aux vieux arbres pensifs racontent le cours du temps, tandis qu'une source abondante donne naissance à la Thalie.

UN VILLAGE VAGABOND

Une tradition ancienne assure cependant que le village se trouvait jadis sur le versant oriental de la montagne de Remenot, à l'emplacement des deux climats actuels particulièrement réputés, Cloux et Raboursay. On y a mis au jour, en effet, de nombreux vestiges gallo-romains. Ceinturé par le roc et par une muraille en pierre sèche sur 2 ha, le camp d'Agneu était-il un fortin romain ? Village vagabond, Rully a essayé plusieurs emplacements avant de trouver chaussure à son pied.

Ce nom apparaît pour la première fois sur un cartulaire de l'abbaye de Saint-Bénigne de Dijon, en 853. La puissante famille de Vergy possède ici des biens importants. Les ducs de Bourgogne y seront ensuite présents. Des trois châteaux d'autrefois, il n'en subsiste qu'un seul, imposante construction dont l'origine remonte au XIVe et qui appartint à la famille de Rully, puis à celle de Saint-Ligier. La famille de Montessus prit la suite. Voici donc plus de six siècles que cette demeure figure au sein de la même lignée ! La couverture des toits en lauzes constitue une lourde charge pour les propriétaires comme pour les charpentes (700 kg/m^2). Quant au château Saint-Michel, il est l'œuvre, en 1870, de Claude Coin, ancien syndic des agents de change de Paris, chargé notamment de gérer la fortune personnelle de Napoléon III.

A dominante argilo-calcaire, bien exposés (du levant au midi, selon les versants), entre 220 m et 350 m d'altitude, les terrains les plus favorables au chardonnay sont nombreux. Le pinot noir préfère des terrains bruns calcaires ou calciques, à texture moins argileuse que les précédents.

Au XIXe siècle, toute la population vit de la vigne. L'aire actuelle de l'AOC Rully s'étend sur 444 ha. Elle pousse une pointe sur la commune de Chagny (35 ha). La superficie plantée est de l'ordre de 350 ha, pour une production qui se répartit à 35 % pour les rouges issus du pinot noir (production moyenne de 670 000 bouteilles par an) et 65 % pour les blancs nés du chardonnay (production moyenne de 1,35 million de bouteilles). Les replantations ont été assez abondantes ici depuis trente ans, la production passant de 3 000 hl en 1965 à 15 000 hl en 1995.

La ville de Chalon offrait jadis du vin de Rully aux princes qui la visitaient. En 1629, Louis XIII reçut ainsi 22 feuillettes de vin clairet exquis, pris dans la cave du baron de Rully. De quoi soutenir un long siège… Les rouges étaient réputés jadis pour leurs qualités de conservation. Un lot de bouteilles avaient fait le voyage aux Indes orientales vers 1784, et l'on prit soin d'en rapporter au pays quelques-unes, jugées magnifiques. Sous une robe d'un beau rubis soutenu, les parfums tirent sur la cerise et le lilas. Ils conviennent à l'entrecôte vigneronne comme au lapin chasseur.

Les blancs possèdent un arôme subtil de noisette et violette, un goût très sec, un style bien particulier, que l'on reconnaît assez vite.

« Bon vignoble. Les vins blancs des climats de Grésigni et de Varot ont de la réputation. »
Abbé Claude Courtépée,
Description du duché de Bourgogne.

Ils évoquent souvent « le poli et la fraîcheur du marbre », estime Hubert Duyker. Corps, ampleur et bouquet – ils gagnent à être connus. Excellents à l'apéritif, ils peuvent poursuivre la conversation avec les fruits de mer, les moules, ou encore une bonne terrine paysanne, un beau poisson comme de bien entendu.

LE VERRE DE CHARLES DE SAINT-LIGIER

Au château de Rully, on conserve précieusement le verre de Charles de Saint-Ligier (XVIe siècle). Sa contenance est de 3 l, et, selon la légende, son propriétaire le vidait d'un trait... Chez les Montessus, chaque nouveau gendre entrant dans la famille doit se soumettre à cette épreuve – abrégée, il est vrai, lorsque le garçon montre assez de cœur pour l'accepter...

LES PREMIERS CRUS

Jusqu'à la loi sur les appellations, les vins de Rully se vendaient très fréquemment sous d'autres noms de villages plus connus de Saône-et-Loire ou même de Côte-d'Or. En 1923 cependant, la commune de Mercurey protesta contre cette situation et en appela la justice. Le jugement rendu cette année-là par le tribunal de Chalon-sur-Saône refusa le droit au nom de Mercurey pour les vins produits sur Rully et Givry, même issus du pinot noir. Ce jugement resta muet sur le droit que Rully pensait détenir sur sa propre production, rendant perplexes les déclarants de récolte. Il fallut attendre le décret de 1939 pour voir enfin la reconnaissance de l'appellation communale tant en rouge qu'en blanc. Des propriétaires de Chagny demandent ensuite à l'INAO et au Syndicat viticole de Rully de bénéficier de cette appellation pour la partie de leur territoire la plus proche de Rully. Opposition farouche des viticulteurs de Rully. Chagny obtiendra pourtant en 1962 ce qu'il espérait dans le prolongement du coteau de Rully. La réglementation des années 1943-1944 autorise provisoirement la mention premier cru pour dix-neuf climats : Margotey, Grésigny, Vauvry, Mont Palais, La Renarde, Marrissou, Chapître, Clous, Ecloseaux, Meix-Caillet, Les Pierres, La Bressande, Pillot, Raclot, Raboursay, La Fosse, Champ-Clou, Molesme et Préau. En 1982, le syndicat viticole local se réveille, comme ceux des autres AOC communales de la Côte chalonnaise. Une commission d'experts est formée. Les viticulteurs de Rully éliminent Ecloseaux, climat disparu car entièrement construit. Ils ajoutent toutefois à leur liste Agneux et La Pucelle, ainsi que trois climats sur la commune de Chagny : Clos Saint-Jacques, Bellecroix et Roche. Ici, les experts vont se montrer

Le château de Rully est dans la même famille depuis six siècles.

attentifs non seulement à tous leurs critères habituels (terrains, dégustation, preuves d'antériorité), mais encore à une terminologie particulièrement complexe. Margotey devient Margotée ; Vauvry, Vauvery ; Mont-Palais, Sous Mont-Palais ; Les Pierres, Les Vignes Pierres ; Raboursay, Rabourcé. La Pucelle ? Nom flatteur sans doute, mais la commission observe que ce climat s'appelle La Crée. Le climat La Renarde, qui a disparu du cadastre, n'est-il pas entièrement construit ? Les Saint-Jacques portent-ils vraiment ce nom ou plutôt celui, cadastré, de La Folie ? Les experts demandent aux viticulteurs de mettre leur cadastre en conformité avec les noms qu'ils impriment sur leurs étiquettes... Quant au fond, des réserves sont émises sur l'ensemble formé par Chapître, Préau et Moulène (environnement humide et gélif, topographie assez plate), avec la proposition d'en classer seulement la partie haute. Les expositions de tous ces premiers crus sont excellentes (est et sud-est), l'altitude favorable (entre 240 m et 300 m), Margotée occupant le haut de la pente. La plupart des bons sols se répartissent entre des colluvions sur sols brun-rougeâtre, des marnes blanches (argoviennes de l'oxfordien moyen) et des calcaires de Nantoux de l'oxfordien supérieur. Quelques climats (La Bressande, Les Champs Cloux) se distinguent du lot par des calcaires et des marnes du bathonien supérieur et du callovien. Le haut de coteau donnait historiquement des blancs ; les climats situés plus bas, des rouges.

En définitive, la commission propose à l'INAO de classer en premier cru 87 ha sur Rully et 2 ha sur Chagny (La Folie dite Clos Saint-Jacques, les climats Bellecroix et Roche n'ayant pas été retenus). A Rully, ce sont les climats déjà cités, de superficie très variable. Les premiers crus s'étendent sur 110 ha délimités à Rully et 13 ha à Chagny, soit 27 % de l'aire d'appellation communale.

Ces premiers crus, tous exposés au sud-est, forment trois grands secteurs. Sur la pente du plus long coteau, en allant du nord-est au sud-ouest, les premiers crus dans une première partie sont : Rabourcé, Cloux, Raclot, Pillot et Le Meix Caillet. Ils représentent une surface de 35 ha et donnent des vins blancs puissants, riches, généreux, fruités et gras. La deuxième partie comprend Mont-Palais, La Pucelle, Vauvry, Grésigny, Margotée, pour une superficie de 36 ha. Bien que moins moelleux que les premiers, ils font ressortir leur caractère franc et fruité, parfois un peu minéral, mais toujours un fin bouquet empli de nuances.

Le dégorgement du Crémant de Bourgogne, dans une maison de Rully : tout un art.

En dessous de ce grand coteau, Marissou, La Fosse, Chapitre, Préaux, Molesme, Les Pierres et Agneux occupent une superficie de 27 ha et donnent notamment des vins rouges. Parfois virils dans leur jeunesse, ils savent profiter des années pour s'arrondir et développer leurs arômes de fruits rouges allant de la cerise un peu confite à la mûre sauvage.

Le coteau dit « du château », avec La Renarde, Champ-Cloux, La Bressande et Le Meix-Cadot (17 ha en tout) représente une heureuse harmonie de bouquets tant pour les blancs que pour les rouges. Les premiers allient la richesse des uns à la finesse des autres ; s'ils savent se faire apprécier jeunes, l'âge leur donne une constitution riche de parfums floraux et d'une réelle délicatesse.

LA METHODE TRADITIONNELLE

Rully compte quelque trente-cinq domaines et exploitations vitivinicoles. Plusieurs négociants-éleveurs y sont établis. L'élaboration du Crémant de Bourgogne fait également partie des spécialités du pays. En effet, l'art de Dom Pérignon s'est répandu assez vite au-delà de la Champagne. Au siècle dernier, les Champenois venaient d'ailleurs bien souvent faire des achats de vin en Côte chalonnaise. La « méthode champenoise » est pratiquée à Rully depuis 150 ans. Négociants à Chalon-sur-Saône au début du XIXe siècle, les frères Petiot possèdent des vignes à Rully et à Mercurey. Ils songent à la champagnisation et, sur les conseils du maire d'Avize en Champagne, font venir en 1822 un jeune homme âgé de 18 ans, fils de tonnelier : François-Basile Hubert (1804-1877). Celui-ci fait des essais et réussit parfaitement. En 1830, il crée sa propre maison à Rully. Il s'y consacre uniquement à la champagnisation des vins blancs du pays et vend ses bouteilles aux négociants de la région. Bond en avant commercial à l'époque de la guerre de Crimée. Hubert passe des contrats avec des armateurs de Marseille et envoie ses bouteilles aux armées. La guerre de Sécession lui ouvre les portes de l'Amérique et des îles de l'Atlantique. Ces vins se vendent alors sous le nom de « Champagne mousseux », ou de « Bourgogne mousseux ». On en produit déjà 36 000 bouteilles en 1846 à Rully. A la mort du pionnier, ses employés et d'autres vignerons créent à leur tour d'autres maisons (Veuve Ambal, Muthelet-Ninot, A. Grillot, Joussier-Ducrot, etc.). La production actuelle est de l'ordre de 2 millions de cols (Vitteaut-Alberti, Delorme, Veuve Ambal, etc.).

MERCUREY

« Main de fer, gant de velours »

A une douzaine de kilomètres au sud de Chagny, sur la colonne vertébrale de la Côte chalonnaise, le gros bourg de Mercurey (1 280 habitants) occupe une situation élevée et semble presque entièrement préoccupé par son vin. Plusieurs dizaines de viticulteurs, d'importantes maisons de négoce-éleveur (Antonin Rodet notamment) gèrent intelligemment cette vocation.

Protégé des vents humides et mauvais, adossé à ses coteaux ou allongé sur le Val d'Or si bien nommé, Mercurey bénéficie d'un beau point de vue et d'expositions variant de l'est au sud. Ses vignes se situent entre 230 m et 320 m d'altitude, les meilleures entre 250 m et 280 m. Du haut du village voisin, Touches, le regard aperçoit les lointains du Morvan à l'ouest ; à l'est, il caresse la plaine de la Saône. La belle vallée des Vaux est la haute vallée de la petite Orbise. Le vignoble s'étend sur les marnes et les terrains marno-calcaires de l'oxfordien. Sur le versant opposé de la vallée, à l'est, une structure monoclinale et faillée apparaît nettement : calcaires boisés au sommet, puis des marnes en descendant la pente. A l'ouest, il s'agit, là encore, d'une géologie jurassique, mais la croupe du dernier flanc appartient au socle cristallin recouvert par le grès du trias. Le calcaire de Nantoux, celui de Germolles (oxfordien supérieur) intéressent les géologues. Une partie du vignoble appartient au bathonien. Terres blanches et calcaires, terres rouges et argileuses – le pinot noir et le chardonnay trouvent ici de chaleureuses affinités. Dans l'ensemble, les vignes situées au sommet des coteaux donnent des vins de qualité mais sans complexité aromatique. Celles qui sont plantées en bas des coteaux, sur alluvions assez profondes, produisent des vins plus communs. C'est à mi-coteau que se trouvent les premiers crus fins et racés. « Cela, soupire Maurice Juillot, c'est la théorie. La réalité est plus nuancée en raison des affleurements différents, la rencontre du jurassique de la Côte et du massif primaire du Morvan. » Ainsi le sous-sol primaire de certains premiers crus est-il composé de marne assez profonde : les vins les plus charpentés (La Crée, Les Veleys, Le Clos du Roi, Clos Barraud). On trouve ailleurs des sols caillouteux, nés de roches décomposées en fines particules : les vins les plus souples, délicats (Les Sazenay, Les Champs-Martin, Les Croichots). Entre ces deux types, toute une palette de nuances. Les marnes blanches fournissent un chardonnay riche et gras (Les Veleys). Ce cépage, moins exigeant que le pinot noir, s'exprime également sur des éboulis de dessus des coteaux, sur des sols maigres et peu profonds. C'est la raison pour laquelle on voit encore certaines vignes rouges devenir blanches dans les vingt derniers mètres sous la chaume.

Les Mercuriens doivent-ils le nom de leur village à un temple gallo-romain dédié à ce dieu commerçant ? Le Moyen Age a laissé les belles églises de Touches et de Mercurey-le-Haut, construites dès le XIe siècle, ainsi que les vestiges de la forteresse féodale de Montaigu, qu'Henri IV fit démanteler comme beaucoup d'autres en Bourgogne. Les calvaires sont très nombreux au pays. L'un d'eux rappelle le passage de Pie VII.

Le vignoble a beaucoup grandi à Mercurey.

« Savez-vous ce qu'est une caresse ? Buvez un verre de Mercurey ! »
Colette.

Mercurey a absorbé en 1971 la commune de Bourgneuf-Val-d'Or et a donc laissé glisser un bras affectueux sur ce terroir devenu Mercurey à part entière. De la même façon, la Côte-d'Or (Paul Pidault à Santenay, Faiveley à Nuits-Saint-Georges, Bouchard Aîné à Beaune, etc.) a vite compris les vertus du Mercurey et y a créé de vastes domaines d'expansion. L'AOG Mercurey fédère les vignes de cette commune et de Saint-Martin-sous-Montaigu, sur une aire de 739 ha délimités sur Mercurey et 107,6 sur Saint-Martin-sous-Montaigu. Environ 550 ha sont plantés.

LES PREMIERS CRUS

Le décret de 1936 créant l'appellation Mercurey en offre le bénéfice à cette commune, ainsi qu'à des parcelles sur Saint-Martin-sous-Montaigu et Bourgneuf-Val d'Or, suite à un jugement du tribunal de Chalon-sur-Saône en 1923. Les réglementations de 1943 et 1944 instituent de façon provisoire les premiers crus. Il s'agit de cinq climats : Clos du Roi, Clos Voyen (ou Les Voyens), Marcilly, Clos des Fourneaux et Clos des Montaigus, pour des vins rouges. Ce statut temporaire dure jusqu'en 1982, quand les viticulteurs de Mercurey sollicitent le classement d'un nombre plus élevé de climats. Commission d'experts. Entre-temps, Mercurey a absorbé Bourgneuf-Val d'Or. Les études s'achèvent en 1988.
A Saint-Martin-sous-Montaigu, Les Montaigus et Les Fourneaux sont classés en entier, ainsi que La Boudaillerie et certaines parcelles des climats A la Serve et Le Paradis. A Mercurey, Les Petits Voyens, Les Grands Voyens, Clos l'Evêque, Les Crets, Clos des Barraults, Le Clos, Clos du Roi, Le Marcilly en entier vont devenir des premiers crus, de même que des parcelles sur d'autres climats. Au total, 126 ha sur Mercurey et 15,7 ha sur Saint-Martin-sous-Montaigu. Les experts ont eu la main généreuse, et l'on a beaucoup planté ici. Trop ? Un peu, sans doute. Les bouteilles de proue s'appellent Les Montaigus et Les Fourneaux, Le Clos l'Evêque, Les Voyens, Le Clos du Roi...
En volume, les rouges de l'appellation Mercurey (production moyenne annuelle de 3 125 000 bouteilles) prennent nettement l'avantage sur les blancs (180 000 bouteilles). « Main de fer, gant de velours », selon l'expression d'Henri Elwing, très proches des vins de la Côte de Beaune, les rouges – d'un rubis si profond qu'il en devient presque sombre – ont une parenté avec les Pommard et les Volnay. Le fruit (groseille, cassis) est croquant. Ils ont l'élégance spontanée et rustique de la noblesse de province. Le tanin leur confère souvent un goût prononcé que tempèrent les effets de l'âge.
Ce Mercurey au corps délicat s'harmonise parfaitement avec les plats coquins, l'andouille aux haricots, le veau aux carottes. Le chardonnay chante naturellement la noisette et convient surtout aux hors-d'œuvre.

NAPOLEON A MERCUREY

Au retour de l'île d'Elbe, Napoléon couche à Chalon-sur-Saône la nuit du 14 au 15 mars 1815. Il en profite pour décorer la ville de la Légion d'honneur pour sa résistance un an plus tôt contre les Autrichiens. Le lendemain matin, l'Empereur reprend la route et passe par Mercurey.
Acclamé par la population, il fait halte à la sortie du pays, au lieu-dit Les Marronniers. Là, le vigneron Prieur – que l'on surnomme « le grand Prieur » à cause de sa haute taille – lui versa un verre de vin. Napoléon aurait dit : « Ce Mercurey est excellent. Sa robe me rappelle le ruban de la Légion d'honneur. Quant à son bouquet, il est comme l'odeur enivrante de la victoire ! » Modestement, Prieur répond : « Oh ! Sire, j'en ai du bien meilleur dans ma cave... – Pourquoi ne l'as-tu pas apporté ? demande l'Empereur. – Ah ! Sire, c'est que je le garde pour les grandes occasions. »
Si l'anecdote est bien entendu imaginaire, elle fait partie du vieux fonds bourguignon et révèle le caractère de cette région. Elle rappelle une anecdote attribuée au général Bonaparte cette fois. De passage à Dijon sur la route de Marengo, il aurait rendu visite à Dom Goblet, dernier cellérier de Cîteaux, afin de lui acheter quelques bouteilles de Clos de Vougeot. Le geste n'est pas inconcevable. Bonaparte se préoccupe personnellement de l'approvisionnement en vin de l'expédition d'Egypte. En revanche, on connaît minute par minute l'emploi du temps dijonnais du jeune général, et il n'a pu, à l'évidence, s'occuper de cette affaire. Mais la réponse de Dom Goblet est tout à fait bourguignonne : « Du Clos de Vougeot du temps de l'abbaye, je veux bien lui en faire boire. Mais lui en vendre, jamais ! »

Noblesse terrienne et bourgeoisie laborieuse, comme ici, chez Antonin Rodet (à gauche), à Mercurey (à droite).

LA CHANTEFLUTE

La Confrérie des compagnons de Saint-Vincent et disciples de la Chanteflûte est née en 1971 pour célébrer et faire connaître les vertus des bons vins de Mercurey. Mais qu'est-ce que la chanteflûte ? Comme le rappelle Paul Jeannin-Naltet, « ce tuyau destiné à tirer le vin d'un fût ou d'une jarre pour remplir une tasse » était déjà connu dans la plus haute antiquité.

Fils du Ciel et de la Terre, maître de la vigne en fleur, Osiris dégustait son vin dans une coupelle à l'aide d'un roseau creux. Les Romains agissaient de même : sur une mosaïque de Pompéi, on peut voir la tasse et le tube qui servait à la remplir. Il y eut ensuite le tâte-vin et la pipette (par analogie avec le tuyau de pipe). Longtemps en argent, la pipette est maintenant en verre. Elle a pris un autre nom pour ne pas être confondue avec la pipette de laboratoire. D'où cette appellation de « chanteflûte » utilisée à Mercurey. On dit « chantefleur » dans la région de Nuits-Saint-Georges. La chanteflûte est l'un des outils de la dégustation en cave. Dès la sortie du tonneau, elle permet de juger de la couleur du vin.

Le premier samedi de mai, un jury de dégustateurs sélectionne les meilleures cuvées des millésimes précédents qui auront le privilège d'être vendues sous une étiquette numérotée. Ce label de qualité, institué en 1972, rappelle le « tastevinage » des vins de Bourgogne au château du Clos-de-Vougeot. Il porte ici le nom de « chanteflûtage ». On dit d'un vin agréé qu'il a été « chanteflûté ».

LE REMEMBREMENT

Initiative rare en Bourgogne viticole, un remembrement a été entrepris à Mercurey avec succès. Les violents orages de 1981 et 1983 avaient en effet provoqué de graves dommages dans le village et le vignoble. L'extension des vignes supprimant peu à peu les drainages naturels (prairies, autres cultures), la disparition progressive des haies et des murets, l'absence de tout réseau hydraulique rendaient nécessaire cette évolution, accomplie de 1984 à 1989. En tout, 1 400 ha, dont 700 en AOC Mercurey, sont aujourd'hui remembrés, concernant 4 500 parcelles environ.

Les parcelles en AOC Mercurey ont diminué de près de moitié (de 1 020 à 557), leur superficie moyenne passant de 0,58 ha à 1,07 ha. L'entreprise a permis non seulement de simplifier notablement le cadastre, mais aussi de réaliser les ouvrages indispensables à l'écoulement des eaux d'orage.

Il est extrêmement difficile de réaliser un remembrement en pays viticole. Mercurey y est cependant parvenu.

GIVRY

Suivez mon panache rouge !

Gros bourg fortifié dès le Moyen Age, Givry (3 340 habitants) a traversé des temps difficiles avant de devenir un petit paradis pour la vigne et le vin. On y a retrouvé le plus ancien registre paroissial de France, racontant cruellement la grande peste qui ravagea la région au milieu du XIVe siècle. Un habitant sur deux en mourut.

Puis le village voit grand. Sans doute fort riche à la fin du XVIIIe siècle, il se prend pour une cité. Son hôtel de ville offre une porte monumentale à Givry, tandis que l'on construit des fontaines (l'une très jolie et ornée de dauphins comme à Versailles) et une église de belle stature, due à l'architecte Emiland Gauthey. Fondateur du musée du Louvre, Vivant Denon (1747-1825) est le plus célèbre des enfants du pays.

LE VIN DU BON ROI HENRI ?

La plupart des étiquettes habillant les bouteilles de Givry rendent hommage à Henri IV, qui aurait eu des faiblesses pour ce vin. On dit aussi que Gabrielle d'Estrées aurait vécu dans les environs. V. Vermorel et R. Danguy en parlent dès la fin du XIXe siècle. La croyance est donc ancienne. Suivez mon panache rouge ! car il s'agit surtout de pinot noir planté sur des terrains résolument calcaires. Si cette légende paraît sans fondement historique (elle prend appui, semble-t-il, sur une mesure fiscale de caractère général destinée à faciliter l'entrée des vins dans Paris), Givry démontre ainsi son sens commercial en revendiquant le patronage populaire du bon roi Henri. Peu importe, le Jurançon n'en fera pas une jaunisse, et la poule au pot convient sans doute mieux au Givry qu'aux saveurs liquoreuses du Béarn... La superficie délimitée de l'AOC communale créée en 1946 s'étend sur 340 ha et trois communes : Givry et ses hameaux de Poncey, Cortiambles et Russilly (319 ha), Dracy-le-Fort (6 ha) et Jambles (15 ha). Vieux pays ! Dracy-le-Fort (1 100 habitants) possède un beau château du XVIIIe siècle, et tout semble cossu à Jambles (435 habitants), où la bonne bourgeoisie locale se fit construire jadis comme des hôtels particuliers à la campagne.

« Naître dans le vin français est toute une histoire ; une expérience de fond qui fortifie, intériorise, dégrise. [...] Enfant, on n'a même pas à lire Rabelais, il se vit et se parle autour de vous, on l'entend, on le constate. »

Philippe Sollers, *Le Cavalier du Louvre*
(à propos de Vivant Denon, né à Givry).

LES PREMIERS CRUS

Les règles de 1943 relatives aux premiers crus ne s'appliquant pas à l'AOC Givry (qui n'existait pas encore), celle-ci ne comportait donc officiellement aucun de ces crus. L'usage de baptiser ainsi certains climats bien situés était cependant apparu par génération spontanée, l'INAO fermant les yeux. En 1982, un classement est enfin entrepris. Les experts proposent la promotion en premier cru de La Baraude, Servoisine, Grand Marole, Clos Salomon, Le Vernoy, Crémillons devenus Cras Long, Cellier aux Moines, Les Bois Chevaux proprement dits et deux lieux-dits de ce climat devenant des climats à part entière (Clos Saint-Pierre et Clos Saint-Paul). A l'exception des Bois Chevaux, en forte pente et qui atteignent 325 m d'altitude, il s'agit de vignes situées entre 240 m et 280 m, exposées à l'est-sud-est ou au sud, plantées sur des terrains calcaires ou marno-calcaires de l'oxfordien. Les climats Petit Marole, Charlé, Champ Pourot et Clos Marceau sont écartés par la commission pour diverses raisons : le Clos Marceau n'appartient pas au coteau réunissant les autres premiers crus ; Charlé est non planté et orienté différemment ; très argileux et orienté au nord-est, Champ Pourot est revendiqué en blanc alors qu'il est planté en rouge ; Petit Marole n'a guère de titres à faire valoir. En 1988, à la suite de la décision de l'INAO de classer quelque 65 ha sur la commune de Givry, la délimitation intervient en définitive : 77,5 ha le seront sur Givry et 6 sur Dracy-le-Fort. Alors que le Cellier aux Moines a vu décroître sa superficie, le Clos Charlé réapparaît, de même que Petit Marole et Clos Marceau. Là encore, la sagesse des experts n'a pas résisté à la pression locale.

Le Clos Jus fait, en premier cru, tout l'honneur de Dracy-le-Fort. Considéré par l'illustre abbé Courtépée comme l'un des meilleurs climats, puis malmené par le phylloxéra, il renaît après un long sommeil. Epicé et souple, il mérite le compliment. Sa nuance grenat accompagne un corps harmonieux et structuré. Le Givry blanc est assez rare (production moyenne de 75 000 bouteilles par an). Ce vin légèrement doré, fin et distingué, évolue généralement bien. Beaucoup plus abondant, le Givry rouge (production moyenne annuelle de 780 000 bouteilles) cultive volontiers sa parenté avec le Volnay. Vif et généreux, franc du collier et plutôt riche, il évoque la mûre et la violette, le clou de girofle, sous une robe qui peut atteindre des nuances mauve foncé dans une ardeur épiscopale. Il accompagne remarquablement les charcuteries, les pâtés, toutes les viandes grillées et volailles. Ses noces avec le brie de Meaux ont été célébrées en 1993.

« Givry est l'endroit de la province le plus régulièrement percé par des rues », notait l'abbé Claude Courtépée en 1776. La vigne et ses fruits permettaient déjà de financer d'importants travaux urbains.

MONTAGNY

Un vin à dénicher

Comment ne pas avoir une pensée pour Chablis en atteignant le sud de la Côte chalonnaise ? Le trias inférieur gréseux qui affleure dans le village de Buxy est en effet en contact avec le kimméridgien supérieur... Des sols marneux, ou calcaires et marneux, du lias et du trias.

La plus méridionale du vignoble du Chalonnais, l'appellation communale Montagny, créée en 1936, comporte 440 ha délimités, dont 255 en premier cru, et au total près de 200 ha en production. Quatre communes se sont associées pour tirer du chardonnay exclusivement un excellent vin blanc que l'on appelait jadis « Côte de Buxy ». Exposées est-sud-est, les pentes atteignent 400 m d'altitude.

Fortifié jadis, Buxy (2 000 habitants) conserve deux tours de ses remparts et de l'ancien château où les comtes de Chalon allaient, dit-on, se réfugier entre deux tournées de brigandage dans la contrée. Charles le Téméraire et Louis XI ont ici rompu des lances. Important foyer de protestantisme aux XVIe et XVIIe siècles, ce bourg a toujours montré de l'indépendance. En gravissant la côte bajocienne, qui offre à la vigne un terroir et une orientation idéales, on découvre, niché dans un creux, Montagny-lès-Buxy (220 habitants). La crête ouvre sur un monde de pâturages, car on se trouve à la limite de plusieurs pays naturels aux vocations agricoles. L'ensemble est complété par deux villages qui ont beaucoup de caractère, Saint-Vallerin (235 habitants) et Jully-lès-Buxy (285 habitants).

Recherchée depuis des temps immémoriaux en architecture et même en sculpture, la belle pierre de Buxy, aux couleurs chaudes, est exploitée aujourd'hui encore. On est à deux pas de l'ancienne abbaye de La Ferté, l'une des premières filles de Cîteaux, mère de Maizières. Par dizaines, châteaux et manoirs peuplent ce pays de demeures chargées d'histoire. Les moines de Cluny s'approvisionnaient en vin blanc dans ces villages kimméridgiens.

RIEN QUE DES PREMIERS CRUS ?

On répète volontiers que le Montagny a droit à la mention premier cru s'il titre naturellement 11,5°, situation unique en Bourgogne. La réalité est différente. Modifiant le décret de 1936 ayant créé l'AOC Montagny blanc, un décret de 1943 classe en premiers crus et *larga manu* trente-six climats. Mais ce texte fait référence à une homologation de l'INAO qui ne se réalisera pas. Une circulaire de 1944 autorise seulement (et à titre transitoire) l'adjonction de la mention premier cru à ces climats.

Légalement, depuis 1944, seuls ont donc « droit » à la mention premier cru ces climats sur Montagny-lès-Buxy, les trois autres communes n'en possédant pas. En 1982, le syndicat viticole de l'appellation demande la révision de ce classement. Dans le même temps (1984) a lieu l'extension de l'AOC communale. Les experts étudient en 1988 une liste de quarante-deux climats sur Montagny-lès-Buxy, trois sur Jully-lès-Buxy, quatre sur Saint-Vallerin et treize sur Buxy. Ils accomplissent un travail très sérieux et rendent un verdict mitigé, proposant le classement en premier cru de 146,7 ha environ sur Montagny-lès-Buxy, de 31,6 ha sur Jully-lès-Buxy, de 15,7 ha sur Saint-Vallerin et de 55 ha sur Buxy, soit 250 ha environ.

L'approbation du projet par l'INAO en 1988 fonde enfin ces premiers crus sur un classement sérieux, même si les « droits acquis » paraissent très largement pris en considération. Le nombre des climats sur Montagny-lès-Buxy passe de quarante-quatre à trente et un, l'aire délimitée de 185 ha à 128 ha, tan-

« Un Montagny blanc et frais est absolument délicieux. »
Serena Sutcliffe

A Jully-lès-Buxy. De façon exceptionnelle en Bourgogne, on dit ici « Bucsy » et non « Bussy ».

rin, auxquels s'ajoutent trois climats partagés entre plusieurs communes. Les Coères fait figure de chef de file, avec la production la plus importante et une qualité reconnue. Viennent ensuite Montcuchot, Les Chaniots, Les Bonneveaux, Vignes sur le Cloux, Les Burnins, Le Vieux Château, Les Bordes et Les Platières. Les autres climats n'apparaissent que très rarement sur des étiquettes. Onze climats déclassés en AOC communale simple (10 ha) reçoivent le droit de s'appeler premier cru pendant trente ans en vertu des usages anciens. Tous les vins de l'AOC Montagny ne sont donc pas des premiers crus. Sans doute sont-ils nombreux, mais la délimitation existe désormais et s'impose, distinguant les Montagny et Montagny premier cru.

HALEINE FRAICHE ET IDEES CLAIRES

« Haleine fraîche et idées claires » accompagnent, selon le proverbe du cru, la dégustation d'un Montagny. Au XIXe siècle, on lui trouvait des accents « liquoreux » qui ont disparu aujourd'hui. Ses arômes de citronnelle et d'aubépine blanche, son goût d'amande amère et de miel, son gras et parfois son étoffe le désignent à l'attention des amateurs comme un vin blanc rare et peu connu, à dénicher. Les bons négociants-éleveurs le savent bien, qui viennent y choisir de belles cuvées. Le Montagny est le plus précoce des crus de la Côte chalonnaise. A défaut de langoustes et d'écrevisses, des ris de veau lui feront bonne escorte. Le poète André Frénaud, qui passa une partie de sa jeunesse à Saint-Vallerin, était un ardent apôtre du Montagny.

Ces villages produisent également un peu de Bourgogne, en aligoté et en gamay mâtiné de pinot noir pour le Passetoutgrain. La production moyenne annuelle de l'AOC Montagny est de 700 000 bouteilles. Créée en 1931, la Cave coopérative de Buxy, qui a fusionné en 1970 avec celle de Saint-Gengoux-le-National, regroupe 610 producteurs sur plus de 700 ha de vignes. Trait d'union avec le Mâconnais, elle offre également des appellations Mâcon aux côtés de son Montagny.

dis qu'avec les communes voisines l'aire représente en tout 215 ha et quarante-six climats. Enquête publique en 1990. Les experts approuvent quelques revendications pour aboutir en fin de compte, en 1991, à quarante-neuf climats : vingt-neuf sur Montagny-lès-Buxy, treize sur Buxy, deux sur Jully-lès-Buxy, deux sur Saint-Valle-

LE MACONNAIS

Quelle nature !

La Bourgogne du Sud offre à la vigne un fourmillement de vallées et de vallons que l'influence du Midi colore et nuance de teintes roses, d'un vert tendre, d'un bleuté calme, d'ocre jaune. Ce pays d'aquarelle que borde aimablement la Saône s'appelle le Mâconnais.

Ville frontière jusqu'en 1601, Mâcon a toujours penché du côté de la France. Ses quais de Saône sont gais, animés, et la statue d'Alphonse de Lamartine, le grand homme du pays, semble régner sur les affaires conclues au marché. La rivière glisse doucement sous le vieux pont Saint-Laurent. L'éternité possède ici la couleur des jours. En ville ou à proximité, de grandes maisons de négoce-éleveur, de puissantes familles ayant pignon sur vigne assurent la continuité d'une tradition qui vit ses grands jours au printemps, lors de la Foire nationale des vins de France, à l'occasion du fameux concours de Mâcon, où des milliers d'échantillons sont dégustés à Davayé.

LES MONTS DU MACONNAIS

Entre Tournus, le sud de la Côte chalonnaise, et la pointe nord de l'appellation Saint-Véran, au sud de Mâcon, les monts du Mâconnais forment un ensemble de chaînons orientés nord-nord-est–sud-sud-ouest, séparés par des failles parallèles. Délimités par les vallées de la Saône et de la Grosne, ils voient se succéder des sommets âpres et boisés, des dépressions bien abritées où la vigne peut s'épanouir. Cette diversité donne des sols assez différenciés. Rendzines, sols bruns calcaires ou calciques conviennent aux vins blancs, au chardonnay, à des produits de garde. Les terrains siliceux, argileux ou sableux, souvent mêlés à des chailles ou galets de grès, sont réservés à des blancs plus précoces ou au gamay noir à jus blanc.

Car on abandonne ici le pinot noir pour entrer dans l'univers du gamay, qui conduira jusqu'au fin fond du Beaujolais. Le chardonnay, en revanche, garde ses positions. Deux routes nord-sud parallèles à la Saône invitent à la découverte des monts du Mâconnais : celle, toute droite, qui va de Brancion et de sa forteresse à Verzé, en passant par Cruzille, Bissy, Azé et Igé ; celle, plus sinueuse, qui de Chardonnay gagne Mâcon, en prenant le temps de faire des descentes de caves à Lugny et à Viré. Quelle nature !

Au sein de ce trapèze (40 km environ de Sennecey-le-Grand à Crèches-sur-Saône à l'est, 25 km de Saint-Gengoux-le-National à Cluny à l'ouest, sur une profondeur de 15 km), le paysage change sensiblement par rapport à la Côte-d'Or et même à la Côte chalonnaise. Les clochers des églises romanes, dans l'auréole de Cluny, coiffent des villages pleins d'aménité, tout sourire avec leurs jolies maisons à galeries. La tuile, les toits ont déjà un charme provençal. La vigne, implantée dès l'époque gallo-romaine, bénéficiera au Moyen Age de la forte expansion des abbayes de Cluny et de Tournus.

« Produisant de bons vins ordinaires et d'excellents vins fins, cette région a acquis une réputation véritablement européenne, et il n'est aucune des parties du monde où l'on ne trouve des Mâcons. »

Victor Vermorel et R. Danguy, *Les Vins du Beaujolais, du Mâconnais et du Chalonnais* (1894).

LES APPELLATIONS

Le vignoble du Mâconnais s'étend sur 3 500 ha pour les Mâcon et Mâcon supérieur, sur 3 800 ha pour les Mâcon-Villages. La propriété est familiale et souvent de dimensions modestes (5 à 8 ha). Les coopératives jouent un rôle très actif, vinifiant 60 % de la production du Mâconnais. Le développement récent de la vente directe par la viticulture tend cependant à la formation de domaines familiaux, dont l'importance grandit. Il existe une vingtaine de négociants-éleveurs, la plupart partageant leur activité entre Bourgogne du Sud et Beaujolais. Quelques-uns ont acquis des vignes en Côte-d'Or (Mommessin au Clos de Tart, Thorin, Aujoux).

Comprendre ces appellations créées en 1937 nécessite un instant d'attention. Il existe de nombreuses communes viticoles disposant d'une appellation régionale Mâcon supérieur ou Mâcon suivi du nom de la commune d'origine (rouges, rosés et blancs), ou Mâcon-Villages (blancs). La présence du nom du village peut donner à penser qu'il s'agit d'une appellation communale. Il n'en est rien, mais, à la vérité, cela y ressemble beaucoup. Au reste, Viré et Clessé réclament leur propre appellation communale. L'INAO planche sur le sujet depuis 1992, les deux demandes ayant été réunies en une seule AOC éventuelle Viré-Clessé. Mais le négoce bourguignon est dans son ensemble opposé à des AOC communales en Mâconnais, et il bloque en conséquence ce processus ardemment souhaité ici.

L'appellation Mâcon (rouges, rosés et blancs) – ou Pinot-Chardonnay-Mâcon (blancs), pratiquement inusitée et ayant reçu ce nom parce qu'à Mâcon on appelait jadis le chardonnay « pinot chardonnay » – est également régionale. Elle est plus étendue géographiquement pour les rouges et rosés (l'ensemble de l'arrondissement de Mâcon et douze autres communes) que pour les blancs (quarante-deux communes pour les appellations Mâcon ou Mâcon-Villages suivies du nom de la commune d'origine, mais tout l'arrondissement de Mâcon et les douze communes supplémentaires pour l'appellation Mâcon sans nom de commune d'origine). On s'y perd un peu. Le mieux, en conséquence, est de raisonner autrement.

CLAUDE BROSSE

L'histoire garde le souvenir de Claude Brosse, ce vigneron de Chasselas qui, vers 1660, charge ses tonneaux sur un char à bœufs et se rend à la Cour pour y faire apprécier son vin. Le voyage dure trente-trois jours. Il n'en faut pas davantage pour « lancer » les vins du Mâconnais dans la capitale ! Mais ceux-ci sont alors surtout expédiés par voie d'eau.

LES VILLAGES

L'image la plus fréquente du Mâcon est celle d'un Villages blanc, issu du chardonnay, atteignant les limites du Beaujolais (Romanèche-Thorins, La Chapelle de Guinchay, Saint-Amour-Bellevue) en incluant le Pouilly-Fuissé (Solutré-Pouilly, Fuissé, Chaintré, Vergisson), le Pouilly-Loché et le Pouilly-Vinzelles, le Saint-Véran (Prissé, Davayé, Chasselas, Leynes, Chânes et Saint-Vérand). L'essentiel se situe cependant dans les monts du Mâconnais : Azé, Berzé-la-Ville, Berzé-le-Châtel, Bissy-la-Mâconnaise, Burgy, Bussières, Chardonnay, Charnay-sur-Saône, Cruzilles, Grévilly, Hurigny, Igé, Lugny, Milly-Lamartine, Montbellet, Péronne, Pierreclos, Pruzilly, La Roche-Vineuse, Saint-Gengoux-de-Scissé, Saint-Symphorien-d'Ancelles, Sologny, Verzé, Viré et Uchizy. Certains villages bénéficient de la notoriété bien établie des noms en « é » (Clessé, Igé, Verzé, Viré, etc.), de la route Lamartine (Milly-Lamartine, Bussières, Pierreclos, etc.) ou de crus prédestinés (La Roche-Vineuse, qui troqua à la Révolution son nom de Saint-Sorlin contre une dénomination résolument publicitaire). Certains noms ne figurent jamais ou presque sur une étiquette : Grévilly, Saint-Symphorien-d'Ancelles, etc.

Une mer blonde et rougeoyante,
la période fauve de la vigne en Mâconnais.

La production moyenne du Mâcon blanc s'élève à 750 000 bouteilles par an, celle du Mâcon supérieur blanc à 1 250 000 bouteilles. Ce vin doit être bu au bout d'un à deux ans, alors que ses arômes fruités et fleuris (acacia, aubépine) sont aguichants. Le chardonnay mâconnais présente souvent un caractère musqué. C'est un vin frais, parfois charnu, croquant et savoureux comme une pomme, ayant quelquefois un goût de noix. Il se conserve bien durant quelques années. Le rouge est sensiblement moins important :

une production moyenne annuelle de 1 000 000 de bouteilles. Il provient un peu du pinot noir et surtout du gamay. Ce n'est assurément pas un très grand vin, et son volume diminue peu à peu. Sa robe aux reflets violacés habille un vin corsé et tannique, un peu dur, fruité dans le meilleur des cas ; les rosés sont parfumés, gouleyants. L'avenir du Mâconnais se situe plutôt en blanc. Cette orientation est d'ailleurs constante, puisque le volume des blancs est passé de 22,6 millions de bouteilles durant la décennie 1985-1994 à 28,6 millions de bouteilles en 1994. Le Mâconnais produit aussi un peu de Bourgogne Aligoté, de Bourgogne Passetoutgrain et du Crémant de Bourgogne. Le Mâcon blanc peut se replier en Bourgogne blanc, et une partie de cette importante production est écoulée ainsi.

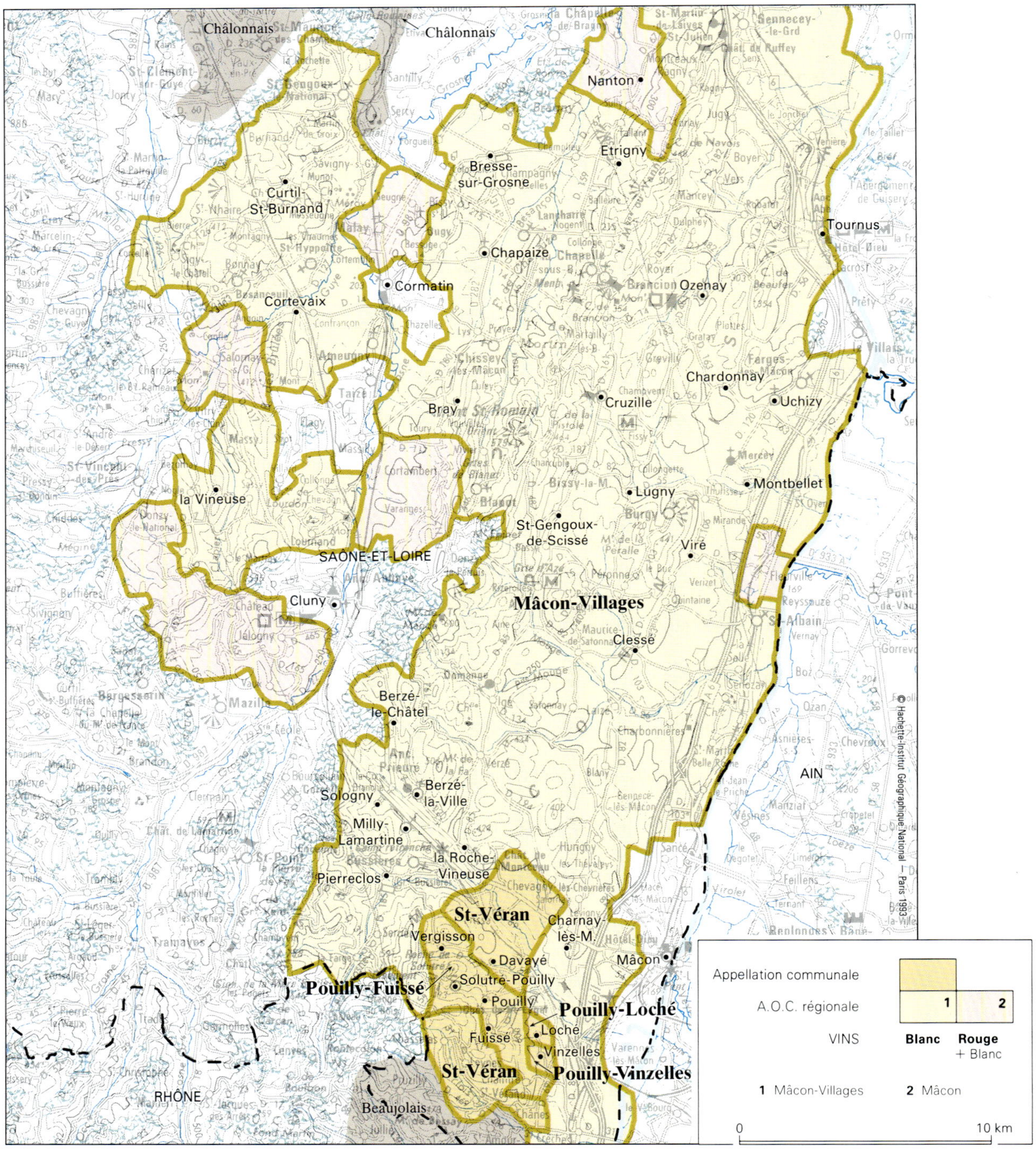

Mâcon est un dénominateur commun. Il s'y ajoute l'identité de chaque village.

POUILLY-FUISSE, POUILLY-LOCHE ET POUILLY-VINZELLES

Es-tu né sur la terre ?

Comme s'il paraissait las de sa sagesse mâconnaise, le relief soudain s'anime et prend son élan. Les roches de Solutré et de Vergisson jettent sur l'horizon de vigoureux appels. L'histoire ne pouvait pas rester insensible à l'émotion d'un tel site. Es-tu né sur la terre ou d'un souffle divin ? Le « Val » lamartinien traverse en quelques strophes (Milly, Bussières, Montceau, Pierreclos, jusqu'à Saint-Point) ce paysage et ce vin sans cesse situés au cœur de l'événement et d'un lyrisme authentique.

Beau-frère de François Mitterrand qui revint ici à chaque Pentecôte, Roger Gouze parle d'un sphinx aux griffes plantées dans les ceps. Du haut de ces 493 m d'altitude, 200 millions d'années nous contemplent en effet. Assise sur des bancs de calcaires à entroques identiques à ceux de la Côte, la roche de Solutré, escarpement bajocien, garde un profil aigu grâce aux coraux fossiles très durs qui ont protégé son éperon de l'érosion. Le vignoble se trouve à la base de cette roche, véritable proue de navire, sur les marnes rougeâtres du lias descendues de la pente et couvertes d'éboulis calcaires.

Créée en 1936, l'appellation communale Pouilly-Fuissé bénéficie de ces sols argilo-calcaires du jurassique, de ces éboulis caillouteux et d'une zone schisteuse sur le territoire des communes de Fuissé (320 habitants), Solutré-Pouilly (370 habitants), Vergisson (260 habitants) et Chaintré (500 habitants). Chef de file, Fuissé voit grand depuis longtemps. Pour fêter la victoire sur le phylloxéra, le village a construit une église vaste comme une cathédrale, où l'on voit des monstres dévorer du raisin... Vergisson n'a-t-il pas sa bête faramine, *le P'teu* ?

« Ceci est une lettre de vigneron. Soignez et pressez mes vendanges dans les trois vignobles. Avancez aux vignerons ce qui leur sera nécessaire pour se procurer du pain l'hiver. Faites-moi encuver en tout dix-huit cents ou deux mille pièces de vin si vous pouvez. Mêlez le vin de Saint-Point à celui de Milly [...]. Dites à mes vignerons que je suis de cœur avec eux. Je ne suis pas un poète, je suis un grand vigneron. »

Alphonse de Lamartine

UNE VAGUE DOREE

Exposés à l'est et au sud-est, les versants dessinent de petits cirques pentus où la vigne, entre 250 m et 350 m d'altitude, occupe 850 ha délimités et 700 ha plantés en chardonnay. Pour des raisons qui ne s'expliquent guère de nos jours, l'AOC Pouilly-Fuissé, qui aurait pu prétendre à ce rang, n'a revendiqué ni grands ni premiers crus. Le sentiment démocratique a prévalu, et c'est un peu dommage, car on pourrait trouver ici la gamme complète des crus. Dès lors, d'innombrables climats – pour la plupart inconnus – sont mal identifiables. Ils commencent seulement à être revendiqués. La plupart des domaines assemblent leurs climats lors de la mise en bouteilles, mais ils distinguent les « vieilles vignes » des autres.

Georges Rozet explique très bien l'évolution de ces crus. D'abord vin de caboulot, aimable et sans prétention, puis s'élevant à la force du poignet jusqu'à la dignité des grands blancs. Au lendemain de la Première Guerre mondiale, l'Alsace redevient française, et l'on se prend de passion pour les vins clairs et blancs, frais au palais, de la province retrouvée. Les viticulteurs de Pouilly-Fuissé s'adaptent à la mode nouvelle, font un pressurage rapide. A l'ambre chaud des vins de pâtisserie se substitue le cristal presque incolore d'un vin nuancé parfois de traminer et destiné aux hors-d'œuvre, au poisson. Ainsi le vin des Roches perd-il sa renommée jaune et rustique, pour devenir un vin d'attaque et de bataille dont le viticulteur se sépare avec peine, si l'on en croit la légende... Bel exemple d'une réussite commerciale née de l'histoire contemporaine, sur un filon magique : les archéologues aimeraient creuser cette terre qui nous apprendrait beaucoup. La vigne l'interdit.

Parmi les superficies délimitées, Fuissé possède 284 ha, Solutré-Pouilly 221, Vergisson 195 et Chaintré 150, pour une production moyenne annuelle de 5,8 millions de bouteilles, en expansion ces dernières années. S'il se produit un repli d'appellation – ce qui est rare –, les vins peuvent ici s'appeler Mâcon-Villages ou Mâcon suivi du nom de la commune d'origine, Mâcon supérieur, Mâcon, Bourgogne...

A ne pas confondre avec le Pouilly-Fumé de Pouilly-sur-Loire (Nièvre), le Pouilly-Fuissé au corps le plus glorieux, au bouquet le plus intense se situe à Solutré (Les Boutières, Les Chailloux, Les Chanrues, Les Pras, Les Peloux, Les Rinces) ou du côté de Fuissé (Le Clos, Clos de Varambond, Clos de la Chapelle, Les Chantenets, Les Brûlées, Les Perrières, Les Menestrières, Les Vignes Blanches, Château-Fuissé). Il peut être moelleux comme un lit de sultan, mais également un peu « terreux », collant au sol. Ce bel or vert éblouissant affirme alors finesse et distinction sous des traits riches, opulents, d'une structure pleine et entière que favorise une bonne teneur en alcool naturel. Ces arômes chantent la noisette et l'amande, le fruit blanc (pêche), mais aussi les agrumes (pamplemousse, citron) et même le tilleul, la fougère. Ce qui reste, dit-on ici, quand on a tout goûté. Quelles alliances ? Le foie gras pour une bouteille tout miel et pain d'épice, ou un généreux poisson.

Si le Pouilly-Fuissé a déferlé naguère sur les Etats-Unis comme une vague conquérante et dorée, contribuant longuement à son succès et à son prix, la critique américaine lui manifeste maintenant une certaine réserve, due en particulier à d'abondants volumes.

Le site de Solutre

L'occupation du site de Solutré apparaît vers 35 000 ans avant notre ère (civilisation moustérienne). Elle révélera 15 000 ans plus tard une culture avancée : celle de l'homme de Cro-Magnon dans sa variante bourguignonne. Il chasse avec des sagaies. Il sait coudre, décorer ses vêtements. L'art de la pierre taillée atteint son apogée avec les silex que l'on appelle feuilles de laurier. Les immenses troupeaux de chevaux sauvages qui passent ici entre l'arrière-pays et le val de Saône sont chassés et tués au fil des millénaires par ces hommes. Leurs ossements s'amoncellent sur 4 ha. Nul ne croit plus en l'image romantique des chevaux précipités du haut de la roche de Solutré.

La nature n'a-t-elle pas voulu dire quelque chose ici ?
Soudain, comme un point d'orgue.

Alors qu'en Côte-d'Or ces maisons fortes sont assez rares en pays de vigne, le Mâconnais en compte beaucoup. Ici, le château de Pouilly.

DES PREMIERS CRUS ?

Le Pouilly-Fuissé ne possède pas de premiers crus. Sans doute, ici comme ailleurs, existe-t-il dans le décret la faculté de déclarer en climats certains vins, mais selon une référence singulière au titre alcoométrique et non à une provenance précise. En réalité, le problème n'a jamais été clairement posé. La viticulture n'y voit qu'un intérêt restreint dès lors que 70 % de la production sont commercialisés en vrac, surtout par le négoce-éleveur beaunois. La référence aux climats intéressant principalement la propriété et la vente directe, elle demeure donc ici assez modeste. Une autre raison, fiscale cette fois, explique l'absence de premiers crus. Le viticulteur voyait d'un mauvais œil une taxation différente pour les crus. Justifiée au temps de la taxation au forfait et moins fondée aujourd'hui, cette explication a perdu une part de son importance. Comme 10 % seulement de la production sont actuellement déclarés en climats, les cours étant quasiment identiques pour le producteur, l'intérêt d'une telle valorisation paraît nul.

Quant à l'avenir, les choses se présentent différemment. « Une démarche tendant à la reconnaissance de premiers crus ne motive ni la viticulture ni le négoce, qui y voient des mesures contraignantes ou discriminatoires », estime Jean-Jacques Vincent. Mais il admet le caractère terre à terre du raisonnement. La classification semble sans attrait dès lors que le Pouilly-Fuissé s'exporte bien, à 60 % et à des cours rémunérateurs. Mais il serait clairvoyant de faire accepter les crus de la Bourgogne du Sud comme des crus à part entière. Cette démarche valoriserait des produits de terroir mieux identifiés. Seuls les climats en monopole réussissent à se hisser à un rang d'excellence. Bref, nul ne voit aujourd'hui avantage à quitter le domaine de l'appellation communale, alors que tout conduit à hiérarchiser le Pouilly-Fuissé pour lui conférer son rang, d'autant qu'il figure désormais à la vente des Hospices de Beaune.

LES JUMEAUX DU MACONNAIS

Les villages de Loché (commune associée à Mâcon depuis 1972) et de Vinzelles (670 habitants) ont obtenu en 1940 les AOC Pouilly-Loché et Pouilly-Vinzelles, qui se ressemblent beaucoup. Ce sont les jumeaux du Mâconnais. Dans les années 30, Vinzelles refuse d'entrer au sein de l'appellation Pouilly-Fuissé pour revendiquer son propre nom. L'aire de production de la première est entièrement située sur celle de la seconde. Pouilly-Vinzelles : 104 ha, dont 67 sur cette commune et 37 sur Loché. Pouilly-Loché : 37 ha sur cette commune, pour une production moyenne annuelle de 205 000 bouteilles, celle du Pouilly-Vinzelles étant de 375 000 bouteilles. Le Pouilly-Loché est assez peu connu, d'autant qu'il peut être vendu sous le nom de Pouilly-Vinzelles. Mais peut-être la gare TGV de Mâcon-Loché inversera-t-elle peu à peu cette tendance ?

Ni grand cru ni premier cru. Quelques climats ont su se faire un nom : Les Mures surtout en Pouilly-Loché, Les Quarts en Pouilly-Vinzelles. Ces vins sont agréables jeunes, mais ils gagnent souvent à prendre du recul. De cinq à dix ans de garde ne leur font pas peur. Leur style est souvent puissant, le gras dominant l'acidité, le moelleux et la vivacité jouant parfois à armes égales. Sous un bel or, les accents classiques expriment la noisette, la pivoine, avec des notes de poire, d'abricot, de coing. Les fruits de mer, une truite de rivière paraissent en harmonie avec ces vins au bon rapport qualité-prix et qu'une coopérative estimée (celle des Grands Crus Blancs) met en valeur avec le goût de la qualité.

SAINT-VERAN

La ceinture dorée du Pouilly-Fuissé

Ermite du VIe siècle, protecteur du bétail, grand chasseur de dragons et évêque de Cavaillon, saint Véran a donné son nom dans les Alpes au plus haut village de France ainsi qu'en Mâconnais au plus charmant des vins blancs. On le présente souvent comme « le petit frère du Pouilly-Fuissé ». L'appellation communale date en effet de 1971 seulement. Cependant, si ce cru n'a pas des ambitions démesurées et s'attache à rester sage, il regarde parfois dans le blanc des yeux son illustre voisin.

L'appellation s'étend sur deux secteurs distincts. Elle forme « la ceinture dorée du Pouilly-Fuissé ». Mais on ne vit pas à l'ombre de ce cru sans quelques états d'âme. Le Saint-Véran les assume sans complexes, avec une discrétion de bon ton. En pays de grand vin, la modestie n'est jamais un défaut.

UN PUZZLE

Le Saint-Véran septentrional compte deux communes : Prissé (185 ha délimités, 1 525 habitants) et Davayé (165 ha, 630 habitants).

Les sols sont calcaires et marno-calcaires, dans l'esprit jurassique des collines mâconnaises (bajocien supérieur-bathonien), de part et d'autre de la Petite Grosne et au nord du Pouilly-Fuissé. Sous la roche de Vergisson, la pente rocailleuse est exposée au midi. De véritables « côtes rôties », comme on dit ici, donnant un vin assez gras, structuré. Le coteau qui descend de la roche de Solutré fait face au nord-ouest. Son vin est plus vif, plus frais.

Au-dessus du lycée viticole de Davayé qui forme les nouvelles générations de viticulteurs, un cirque naturel agit comme un four solaire : un vin riche et fruité. Le piémont fournit un vin fin, à saisir dans sa jeunesse.

En jouant à saute-mouton au-dessus du Pouilly-Fuissé, on aborde ensuite des terres aux teintes rouges, plus nuancées dans leurs aptitudes, donnant un vin assez ferme et s'ouvrant moins tôt, de garde. Presque côte à côte et selon de strictes délimitations, une vigne est classée en Beaujolais-Villages, sa voisine en Saint-Véran. Ce Saint-Véran méridional suit la vallée de l'Arlois, qui définit nettement la coupure géologique entre le Mâconnais calcaire et le Beaujolais granitique. Creusée dans les marnes du lias, cette ligne de partage des vins sépare le blanc et le rouge, le chardonnay et le gamay noir à jus blanc. Il s'agit de Chasselas (92 ha délimités, 170 habitants), Leynes (90 ha, 470 habitants), Saint-Vérand (21 ha, 190 habitants), Chânes (31 ha, 530 habitants), et quelques parcelles sur Solutré-Pouilly (6 ha) ainsi que sur Saint-Amour-Bellevue. Un puzzle.

LE CHOIX D'UN NOM

Non content d'avoir réussi à hisser Saint-Amour en 1946 parmi les crus du Beaujolais, Louis Dailly engage, dès l'année suivante, le combat de l'AOC Saint-Véran. Avec une équipe décidée – Georges Chagny notamment –, il sait plaider son dossier. Mais une appellation n'est jamais décidée à la va-vite. Le décret ne sera signé qu'en 1971, créant la nouvelle appellation communale. Tout justifiait cette promotion d'un vin vendu jusqu'alors comme Mâcon-Villages ou comme Beaujolais blanc : la proximité du Pouilly-Fuissé, la qualité des terroirs et des expositions, un effort de rigueur indiscuté.

Quel nom ? Le combat pour l'appellation étant né à Saint-Vérand, ce village possède une longueur d'avance à l'heure du choix. Chasselas évoque le raisin de table, Chânes fait penser à Chénas en Beaujolais, Prissé

« Les vins blancs de Saint-Vérand sont parmi les meilleurs crus du Mâconnais, et parfois classés avec les Fuissé et Solutré. »

Victor Vermorel et R. Danguy,
Les Vins du Beaujolais, du Mâconnais et Chalonnais (1894).

suggère Fuissé, Davayé paraît un peu rugueux. Même si Saint-Vérand offre peu de vin à l'appellation, on opte pour ce nom qui sonne comme un clairon. Pour des raisons de simplicité, l'AOC ne prend pas de « d » final, ce qui évite la confusion avec Saint-Vérand en Beaujolais.

A l'exception de Georges Dubœuf, qui joue rapidement cette carte, et de quelques négociants du Mâconnais, le négoce boude longtemps le Saint-Véran. La vogue des blancs tombant à pic, il réussit cependant à s'imposer, d'autant qu'il garde un bon potentiel de terrains à planter (590 ha délimités, 480 actuellement en production). En deux décennies, son volume passe de 10 000 à plus de 30 000 hl. Affirmant une véritable personnalité, il offre un excellent rapport qualité-prix. La bouteille dépasse rarement les 40 francs au milieu des années 90.

Relayant le Beaujolais blanc – qui se vendait très bien et qui, du coup, a vu diminuer une bonne part de son volume –, le Saint-Véran n'a pas perdu son temps. Pour une production moyenne annuelle de 4,1 millions de bouteilles, en progression rapide, il bénéficie d'un effet de sympathie assez remarquable. Certains climats sortent donc peu à peu de l'anonymat, notamment Les Terres Noires (plein sud et d'un sol pauvre mais bien pourvu en matières organiques), Les Crais (d'où la légende des terrains crayeux, alors que le vieux mot « crai » signifie terrain calcaire et caillouteux), La Bruyère (qui ne manque pas de caractère), En Crêches, Clos des Juillys, ou encore ce singulier En Pommard, qui fait en blanc la nique à la Côte de Beaune. Si le climat est signalé sur l'étiquette, le degré minimum doit atteindre 12 % en volume (11 % en Saint-Véran). Les replis éventuels sont identiques à ceux des Pouilly-Fuissé, Loché et Vinzelles.

CHARDONNAY SUR TOUTE LA LIGNE

Exclusivement issu du chardonnay, le Saint-Véran est un blanc. De ce grand cépage, il tire ses vertus généreuses et subtiles. L'expansion récente du vignoble explique le nombre assez élevé des vignes encore jeunes. L'appellation ne trouvera sa plénitude que vers 2010, quand les vieilles vignes empliront le paysage. Le succès aidant, les contraintes économiques pesant sur leur activité, les viticulteurs (souvent propriétaires également en Pouilly-Fuissé) ont tendance à mettre très tôt leur vin sur le marché. On parle de « tirage précoce » pour des mises en bouteilles en février suivant la récolte. Cela produit sans doute un vin frais et rond, un peu primeur, mais il a les ailes coupées. A quatre ou cinq ans d'âge, il peut être grand, et il serait fâcheux de l'enfermer dans une sorte de vocation d'immaturité. La moitié du Saint-Véran est commercialisée par les viticulteurs et les coopératives (celle de Prissé notamment).

Sous une robe cristalline, or pâle mais qui tire parfois sur le bouton d'or, le Saint-Véran a beaucoup de nez. Si on l'aime tant, c'est d'abord en raison de ses arômes très variés : le fruit (pêche, poire), l'acacia, le chèvrefeuille, la fougère, sur des notes fréquentes d'amande fraîche ou de noisette beurrée, miellées quelquefois. Le fruit exotique apparaît de temps en temps, de même que les agrumes (écorce d'orange). Ces arômes flattent le nez, mais ils sont ici plutôt atypiques. Sec et minéral (pierre à feu, silex), le Saint-Véran a de la flamme, une ardeur en bouche qui ne se dérobe pas. Le gras et l'acidité s'épaulent bien. Une sensation muscatée s'exprime parfois. Terrine de poisson, feuilleté de saumon, truite à la mâconnaise, huîtres, escargots, grenouilles, andouillettes – ce vin est de bonne compagnie en de nombreuses circonstances, sans oublier le chèvreton et le bouton de culotte, fromages de chèvre mâconnais.

CHASSELAS

Chasselas viendrait de Chasselacus, maître d'un domaine gallo-romain. Comme il y aurait eu un Fussiacus à Fuissé. L'hypothèse d'un certain Chasseleu ou Chasseloup, évoquée par les quatre museaux de loup qui entourent le clocher de l'église ? Légendaire. Célèbre cépage donnant du raisin de table, le Chasselas a-t-il pour origine ce village mâconnais ? On sait qu'il faisait la gloire de la Treille du Roi. Il reste à savoir si Chasselas a fourni la fameuse treille ou bénéficié de ce don royal.

Le pavillon de la Solitude au château de Monceau (Prissé) : Lamartine, propriétaire de 50 ha de vignes, y écrivit son *Histoire des Girondins*.

Chapitre III

L'ART DE VIVRE BOURGUIGNON

Quatre à cinq mille viticulteurs ou domaines, une centaine de maisons de négoce-éleveur, leur environnement produisent sur 1 % à peine du sol bourguignon ce vin qui est tout à la fois un produit de la terre, un objet d'art, un article de consommation, un sujet de passion.

Chaque bouteille est une bouteille à la mer, portée par le vignoble bourguignon tout entier mais qui au jour de la dégustation assumera seule sa défense, responsable de son nom, de son millésime, de ses qualités et vertus. Rares sont les œuvres humaines à exprimer tant d'ambitions. Cette générosité discrète, cette universalité tranquille font partie de l'art de vivre bourguignon. Un chant du monde.

LE CREMANT DE BOURGOGNE

Deux siècles d'effervescence

Lorsque l'enfant paraît, c'est-à-dire le décret instituant l'AOC Crémant de Bourgogne, toute la Bourgogne applaudit à grands cris. Une bataille vient d'être gagnée. Le 17 octobre 1975 marque d'une pierre dorée la consécration d'une effervescence portée à un haut niveau de qualité, juste récompense de patients efforts. Le royaume du vin tranquille pétille, en effet, depuis deux siècles. Quand, entre deux vers, en 1830, Alfred de Musset glisse un verre de Bourgogne mousseux, le poète témoigne déjà du succès de ce vin dans la société parisienne de son temps. Ces bulles sont alors récentes, à peine dix ans d'âge.

NUITS ET RULLY

Nuits et Rully se disputent le berceau de cette innovation. « En 1918, écrit le Nuiton Joseph-Jules Lausseure, au retour d'un long voyage à l'étranger, frappé de l'accroissement progressif et considérable des débouchés, nous prévîmes (ce qui ne manqua pas d'arriver bientôt) l'insuffisance des produits de Champagne en rapport avec la consommation. » Excellent négociant, cet esprit prospectif réalise l'existence d'un marché. Le Bourguignon Paul Masson, émigré en Californie, fera la même analyse en découvrant à San Francisco, à la fin du XIXe siècle, la folie du *sparkling*. Il lancera bientôt son propre « champagne » et sa célèbre marque *Eye of the Partridge*.

J.-J. Lausseure n'entend pas seulement imiter la méthode champenoise. Il a de plus vastes ambitions et, après plusieurs essais, convertit en vin mousseux de belles cuvées rouges de la Côte de Nuits. Chambertin, Clos de Vougeot, Richebourg, Romanée – rien n'est trop beau. Pinot noir ? N'est-ce pas le cépage de la Champagne ? Un million de cols en 1827, bientôt 5 millions : la renommée de ce vin rouge effervescent gagne la capitale, où il devient un produit à la mode. D'autres maisons (Janiard, Labouré-Gontard) s'installent à Nuits, et, dans le même temps, les frères Petiot, négociants à Chalon-sur-Saône, propriétaires à Rully et Mercurey, font venir en 1822 un jeune homme recommandé par le maire d'Avize en Champagne. François-Basile Hubert fait, lui aussi, des essais en Côte chalonnaise et réussit si bien qu'il fonde en 1830 sa propre maison à Rully, champagnisant des vins blancs. Selon un processus classique, ses employés créent à leur tour des maisons. Mais la production de la Maison Hubert est ici plus modeste, atteignant 50 000 bouteilles au milieu du XIXe siècle. Isidore Roze fait de même en Tonnerrois dès 1828.

Le Bourgogne effervescent n'est donc pas un vin né récemment de la publicité sous un nom d'opérette. Il a derrière lui près de deux siècles d'expérience et de renom. De nos jours, son prestige grandit d'ailleurs rapidement.

Durant tout le XIXe siècle, Nuits et Rully excellent dans la production de ces vins, tantôt rouges et tantôt blancs, où entrent de belles cuvées. Certaines marques (Red Cap, Pink Cap, etc.) obtiennent un succès persistant en Grande-Bretagne et aux Etats-Unis. A Chablis, Simonnet-Febvre élabore du Chablis mousseux et conservera une sorte de monopole local de cette spécialité. Si la plupart des producteurs choisissent de se spécialiser ainsi – car, dans le calme d'une cuverie, le vin effervescent ne fait guère bon ménage avec le vin tranquille –, d'autres pratiquent la multiactivité. Quand, en 1943, l'appellation Bourgogne mousseux est créée, les dénominations de cru (grands crus rouges) doivent disparaître des étiquettes. Après quelques années de tolérance, ces noms éclatants (Clos de Vougeot,

« Tandis qu'à ses côtés,
sous le vase d'albâtre,
Où dort dans ses glaçons
le Bourgogne mousseux... »
Alfred de Musset, *Secrètes pensées de Raphaël.*

Le Crémant de Bourgogne est élaboré selon l'exacte et stricte méthode champenoise, dite aujourd'hui traditionnelle.

Chambertin) s'éteignent tout à fait. Hérésie sans doute, mais l'impression de quelques millésimes anciens dégustés dans les années 60 n'était nullement défavorable. Le vin avait perdu un peu de son feu sacré, mais il subsistait sous l'excitation fugace du palais une sorte de dignité grave et sereine, un corps demeuré ample et ce je-ne-sais-quoi qui vous saisit toujours d'émotion en face d'un vin disparu.

Puis la production bourguignonne de vin effervescent se limite à des mousseux sans âme ni caractère, le casse-tête des vins de kermesse et de fête foraine. Une réaction se produit lorsque les Allemands cessent d'acheter des vins de l'Yonne pour leur sekt. Sous la conduite de Bernard Barbier, dynamique maire de Nuits et chef de file national de la profession (Maison Moingeon-Gueneau), les producteurs entreprennent de restaurer la qualité et l'image de leur vin, qui devient le Crémant de Bourgogne.

Une image d'autrefois.
Aujourd'hui, tout est automatisé.

QU'EST-CE QUE LE CREMANT ?

Crémant signifie vin qui « crème », une pression inférieure de moitié environ à celle de la méthode champenoise traditionnelle. Davantage de vinosité et moins de piquant. En réalité, il s'agit aujourd'hui d'un vin de stricte méthode champenoise. Seuls les vins blancs ou rosés peuvent bénéficier de cette AOC. Seuls les raisins vinifiés spécialement (long premier jus) afin de produire du Crémant, figurant comme tels dans les déclarations de récolte, peuvent être ainsi utilisés. Quels cépages ? Pinot noir, gamay noir à jus blanc, chardonnay, aligoté, melon et sacy. Minimum de 30 % de vin de base : pinot noir et chardonnay exclusivement.

Pour que la grume conserve de l'acidité, les vendanges ont lieu avant la maturité totale. Elles sont l'objet de soins très attentifs : les raisins doivent être mis entiers au pressoir après avoir été transportés dans des récipients non étanches. Sans cela, les raisins souffriraient de l'oxydation causée par le jus des raisins écrasés. Il est interdit de recourir à l'emploi de tout pressoir continu, de tout système de foulage, ou de pressurage de la vendange par vis hélicoïdale ou par pressoirs contenant des chaînes. Les jus sont sélectionnés : la « cuvée » (le jus contenant les meilleurs arômes), la « taille » et enfin les vins dits « de rebêche », recueillis à part (ceux-ci sont éliminés).

Ne peuvent être destinés au Crémant que des vins provenant de raisins récoltés à bonne maturité et obtenus dans la limite de 100 l de vin pour 150 kg de vendange. Après fermentation, le vin doit titrer 8,5°. La vendange doit être saine, mûre, pressurée avec sélection des jus et élimination des fins de pressée (la tenue d'un carnet de pressoir est obligatoire). L'INAO teste la cuvée. L'accord pour la prise de mousse dépend de la commission de dégustation, composée de professionnels du Crémant, producteurs de raisins et élaborateurs.

Au vin de base est ajoutée, tout comme en Champagne, la « liqueur de tirage », composée de vin de la cuvée, de sucre et de levures. Cette seconde fermentation dure neuf mois en cave. Puis les bouteilles sont placées sur des pupitres. Elles sont remuées chaque jour de façon à faire descendre le dépôt de levure sur le bouchon. On fait sauter le bouchon, on chasse le dépôt (dégorgement). Enfin,

Cave d'élaboration du Crémant de Bourgogne, à Rully.

l'addition de la liqueur d'expédition donne, selon le dosage, un brut, un sec, un demi-sec, un doux. Les bouteilles sont rebouchées, avec un muselet de fil de fer.

Nouvelle dégustation de l'INAO, qui délivre alors l'appellation Crémant de Bourgogne (certificat d'agrément). Ce vin doit avoir une pression de 4 kg au minimum (0,5 kg pour un vin dit perlant; 2,5 kg pour un vin pétillant; 4,5 kg pour un vin de pleine mousse). L'appellation a beaucoup valorisé le produit, créant toutefois des contraintes. Jadis, on faisait des tirages toute l'année. De nos jours, le travail s'effectue à l'époque des vendanges et selon des normes très rigoureuses. Le « blanc de blancs » est issu de cépages blancs, le « blanc de noirs » de cépages rouges.

AVEC 5,4 MILLIONS DE COLS

En progression constante (4,3 millions de cols en 1990), la production de Crémant de Bourgogne atteint les 5,4 millions de cols en 1995. La Saône-et-Loire (Rully surtout) a produit 1,8 million des 4 millions de cols commercialisés en 1994, suivie de l'Yonne (Bailly surtout, en Auxerrois), avec 1,3 million de cols, et de la Côte-d'Or (Nuits), avec 900 000 cols. La vente s'effectue sur le marché français et, pour 20 %, à l'exportation (Allemagne, Royaume-Uni, Japon). Les producteurs du Crémant de Bourgogne sont environ 120, mais beaucoup de viticulteurs en produisent un peu sans l'élaborer eux-mêmes.

L'AOC Bourgogne mousseux est devenue très marginale. Elle concerne exclusivement des rouges issus de pinot noir, ainsi que de césar et de tressot dans l'Yonne, de gamay noir à jus blanc provenant de l'aire de production des crus du Beaujolais en Saône-et-Loire et dans le Rhône (30 % minimum pour ces cépages), et de gamay noir à jus blanc hors crus du Beaujolais (70 % maximum).

Le Crémant de Bourgogne s'apprécie frappé : la température idéale se situe à 4 °C. A l'apéritif, on choisit un brut nature ou accompagné de crème de cassis (kir royal), de framboise, de mûre. Le brut va toujours avec un plateau de fruits de mer. La soupe d'huîtres, le saumon frais, le sandre à la fondue d'échalotes s'accordent aussi avec ce vin que l'on boit plus souvent au moment du dessert. Le demi-sec est quelque peu passé de mode.

DOUCEURS ET REMONTANTS

Les liqueurs et alcools

Un bon repas ne s'achève pas en Bourgogne sans liqueurs et alcools. Mais commençons plutôt par le commencement, l'apéritif. Ce sera bien sûr un kir accompagné de quelques gougères tièdes et onctueuses.

LE CASSIS

Il y a le cassis, l'aligoté et le chanoine. Fruit du cassissier, une variété de groseillier, le cassis passait jadis pour soigner un peu tout, même les chiens mordus par les vipères. On faisait du sirop de cassis (infusion de feuilles dans du vin), du cassis en roche (poudre de feuilles prises dans du sucre) et une liqueur, le ratafia de cassis, en utilisant les baies fanées sur l'arbrisseau ou tombées à son pied. Les Parisiens raffolaient du ratafia de Neuilly. En 1841, un Dijonnais monté à la capitale flaire un marché considérable. Sitôt rentré à Dijon, il lance ici cette production. Ainsi naît l'industrie du cassis, florissante au bout de quelques années. Les fruits écrasés macèrent dans de l'alcool pendant quatre à six semaines. Puis on soupèse le liquide. C'est le « jus vierge ». Il reçoit, à froid, une dose de sucre. Le tout est ensuite malaxé jusqu'à parfaite dissolution.

Les Hautes-Côtes se mettent à planter des pieds de cassis, surtout après la crise du phylloxéra. Tout le monde fait un peu de cassis, l'instituteur et le curé en ont dans leur jardin. Comme dans le cochon, tout est bon : les feuilles, les bourgeons, l'écorce et les fruits. Les liquoristes se disputent la récolte, et l'on vend le surplus aux Anglais, qui achètent le cassis en fruits frais. Le cassis des Hautes-Côtes (Noir de Bourgogne, Royal de Naples) a beaucoup d'atouts : le vrai goût de la baie, un parfum très profond, un mélange heureux de douceur et de caractère.

La crème de cassis titre 16° au moins. La liqueur de cassis est plus alcoolisée, aux alentours de 20°. Les véritables amateurs préfèrent la crème, estimant avec raison que l'alcool et le sucre ne doivent pas engluer la saveur du fruit, paralyser ses arômes. L'intensité de la couleur – un rouge plus ou moins sombre – indique la richesse du fruit. Tirant sur le violet, c'est un produit jeune. La dominante brune indique un début d'oxydation, mauvais signe. Le cassis ne vieillit pas. S'il pleure le long de la paroi de la bouteille, c'est qu'il est frais et riche en fruit. On doit éviter l'odeur de térébenthine, qui signale l'excès de bourgeons. En revanche, le gras est une qualité. Les nuances framboisées ne sont pas un défaut.

Le cassis est abondamment utilisé en pâtisserie et en confiserie. Il confère une note bourguignonne à certains plats, comme le foie de veau poêlé aux baies de cassis. Mais le cassis est parfois trop onctueux, caressant, presque mièvre. La prunelle se taille plus de succès comme « boisson de dames ». Crème ou liqueur de cassis, elle est féminine, c'est-à-dire bonne à marier. Elle n'a d'ailleurs pas eu à chercher bien loin son âme sœur, car l'aligoté partageait déjà ses jeux. Elle a donc épousé cet ami d'enfance.

LA VERIDIQUE HISTOIRE DU KIR

La crème de cassis et le Bourgogne Aligoté forment un ménage parfait. Ils s'enrichissent mutuellement : puissance et souplesse, ampleur et discrétion. Très sec, l'aligoté équilibre l'aménité extrême du cassis. Il réveille chez sa compagne des ardeurs assoupies et lui révèle une vigueur insoupçonnée. Car, le mariage consommé, le goût du cassis devient soudain plus dur, plus ferme, plus vif. Il a du caractère. Cela s'appelle le vin blanc-cassis ou, plus communément, le « blanc-cass ».

« Même mort, je serais resté debout ! »
Chanoine Félix Kir,
juste après l'attentat dont il fut victime en 1944 et qui le blessa grièvement.

Tout ça est bien beau, votre cassis et votre aligoté étaient faits pour s'entendre. Ils ont eu beaucoup d'enfants... sur les comptoirs des bistrots de Dijon. Et après... Belle gloire, en vérité ! Il fallait juste un Amerigo Vespucci. S'il n'a pas inventé l'Amérique, il lui a donné son nom. Et qui célèbre-t-on chaque jour, Colomb ou Vespucci ?

C'est alors qu'intervient le troisième élément de la formule magique : le chanoine Kir. Il n'a rien inventé. L'origine du vin blanc-cassis est aussi problématique que celle de l'aéroplane ou de l'électricité. La plupart des versions concordent cependant sur un point : l'idée de génie serait due à une erreur, aussitôt confirmée par la pratique. On aurait commandé un vermouth-cassis, et le patron du café aurait pris par mégarde la bouteille d'aligoté. Une version parmi cent autres. C'est celle de l'Académie de Dijon, qui s'est penchée sur le problème.

LA CONFITURE DE VIEUX GARÇON AUX FRUITS ROUGES

INGRÉDIENTS

- 500 g de petites fraises
- 500 g de cerises
- 500 g de groseilles
- 500 g de framboises
- 800 g de sucre en poudre
- eau-de-vie

Ebouillantez un grand bocal de verre, laissez-le sécher. Ebouillantez le bouchon de liège. Préparez soigneusement tous les fruits rouges. Disposez une couche de fraises au fond du bocal, saupoudrez de 200 g de sucre, versez de l'alcool. Procédez de même avec les cerises, les groseilles et les framboises. Versez de l'alcool pour couvrir largement le tout. Fermez bien le bocal et placez-le au frais dans une cave ou une pièce aérée. Attendez trois mois avant de servir.

Un vigneron de Marsannay-la-Côte n'est pourtant pas de cet avis. Deux grands-pères du pays ayant l'habitude de passer leurs soirées en absorbant du « mêlé-casse » ou « cascagne », ou encore « marcassis » (vieux marc et liqueur de cassis, à la limite du moteur à explosion), la femme de l'un d'eux remplaça la gniole par de l'aligoté. « El ont l'gosier breuulé, è n'y sentiront ran... » Ils sentirent et ressentirent. La Fanchette, qui guettait leurs réactions, fut prise d'anxiété. Comment allaient-ils prendre la supercherie ? Elle plaida sa cause : « Aa Mon Dieu, i m'sé trompé. J'ai mis in'beutoille de vin à lè piaice d'lè goutte. » « Fanne, déclara le Batisse en se léchant les moustaches, tu m'é déjà baillé bé du piaisi, ma jaanmoi qu'm'en aujdeuille. Dorénavant i laisseron lè goute po mettre dans l'café, è i boiron d'vin bian d'aivé du cassis ! »

AUCUN NOM PROPRE...

Bourguignonne ou dijonnaise, vigneronne ou cafetière, l'invention du vin blanc-cassis est en tout cas du cru. Quant à sa notoriété, elle est municipale. Depuis 1905 au moins, on sert cet apéritif à l'hôtel de ville de Dijon. On disait parfois « une pucelle ». Chez Henri Racouchot, dans les années 30, à Dijon, l'apéritif est souvent un Chablis-cassis. Elu maire de Dijon en 1945, à l'âge de 69 ans, le chanoine Félix Kir est considéré comme un maire de transition. Il va rester pendant vingt-trois ans, jusqu'à 92 ans, le premier magistrat de la cité !

Le chanoine Kir adore recevoir des visiteurs. Les cuisines ducales ne désemplissent pas. On sert bien évidemment du vin blanc-cassis, et les hôtes de la mairie disent ensuite qu'ils ont bu « un kir ». Les historiens en recueillent les premiers témoignages publics dès 1949. Au courant de tout, Henry Clos Jouve atteste l'usage populaire du mot dès 1950. L'habitude s'est vite prise, puisque le chanoine Kir s'est installé aux fourneaux de Dijon en 1945. De façon spontanée, sensible à cette popularité, le chanoine Kir n'impose nullement l'appellation, ne l'employant jamais lui-même, mais il se réjouit de la voir s'installer dans les esprits. Seule variante autorisée à Dijon, le « kir royal » : le Crémant de Bourgogne remplace alors l'aligoté. Avec du vin rouge, c'est le « Khrouchtchev » ou le « Communard »... Entré dès 1976 dans *Le Petit Larousse*, le kir figure sur les cartes des

Qui n'a pas participé en Bourgogne à la joie des confitures ignorera toute sa vie ce qu'est le bonheur familial.

restaurants presque partout dans le monde, et il appartient à l'idiome international. Sans la moindre publicité, sans la moindre campagne promotionnelle. Depuis plusieurs décennies, aucun nom propre n'est devenu aussi rapidement un nom commun universel. Le baron Bich lui-même a dû faire sauter le « h » de son nom pour imposer le « bic ». Et encore, ce mot, dont l'usage n'est pas planétaire, reste une marque commerciale.

Il est vrai que le chanoine portait un nom d'apéritif. Aucun ordinateur au service du marketing n'aurait probablement trouvé un mot sonnant aussi bien, clair, facile à prononcer et susceptible d'être adopté par la plupart des langues. Il suffit d'ailleurs d'ajouter deux lettres à « élixir » pour obtenir « Félix Kir », sans même changer l'ordre des lettres. Belle anagramme ! Ce qui permet à la publicité de décliner mille slogans : « A tout cœur, à tout kir » ou « Pour le meilleur et pour le kir ».

Ce nom appartient-il à quelqu'un ? Vaste problème, qui occupe les tribunaux depuis quelque vingt ans. Plus adroits que leurs confrères moutardiers, les liquoristes dijonnais ont obtenu – en 1923 de la justice, puis de la loi en 1928 – le droit à l'appellation : le « cassis de Dijon » doit être produit sur le territoire communal de Dijon. Mais cassis n'est pas kir. L'un des liquoristes de la place obtint du chanoine Kir le droit exclusif d'utiliser ce nom comme réclame commerciale. L'apprenant, tous les autres liquoristes vont trouver leur député-maire pour bénéficier du même privilège. En bon politique, le chanoine Kir « donne son nom » à tout le monde. Mais des marques innombrables ont été déposées, et les liquoristes, après avoir fait le ménage chez les autres, se disputent devant les juges le droit exclusif d'honorer ainsi la mémoire du chanoine. Lejay-Lagoute, le premier dépositaire du nom, l'emporte finalement. Mais une sorte de paix civile intervient en 1995 entre les liquoristes dijonnais, inquiets de voir se développer l'image du « cassis de Bourgogne » et désireux de protéger le processus de macération, seul gage de qualité.

L'enjeu est un marché mondial de 18 millions de bouteilles, considérablement vivifié par la vague du kir, qui le porte à bout de bras et dont les producteurs bourguignons représentent de 85 % à 90 %. Le cassis est en pleine forme, alors que beaucoup de liqueurs battent de l'aile. Sa consommation se maintient bien. Gloire en soit rendue à ce digne successeur de Dom Pérignon et du révérend père Gaucher. Il fallait bien un coq gaulois pour défendre l'honneur national à l'heure de l'apéritif. Ce fut le cas pour le kir.

LE CASSIS ET L'EUROPE

En rendant l'arrêt *Cassis de Dijon*, la Cour de justice des Communautés européennes prit en 1976 une décision historique pour l'harmonisation des pratiques économiques. Les Allemands refusaient d'admettre sur leur sol le Cassis de Dijon, l'estimant contraire à leur législation et insuffisamment alcoolisé. Les juges européens balayèrent ces prétentions et décidèrent pour la première fois que tout produit alimentaire conforme à la réglementation d'un pays devait être accepté par tous les autres, sans restriction nationale au sein de l'Union européenne. Grâce au Cassis de Dijon, l'Europe venait d'accomplir un véritable bond en avant !

PRUNELLE ET RATAFIA

Quant au ratafia, apéritif bourguignon par excellence, on le trouve chez tous les vignerons de Bourgogne (le « Riquiqui » ou le « Tafia »), bien qu'il n'ait pas d'existence officielle. Cette infortunée boisson n'entre, en effet, dans aucune catégorie légale. Elle n'est ni un vin ni un apéritif. Fermons donc les yeux pour mieux la déguster... Mélange de marc et de moût de raisin, c'est-à-dire de jus non fermenté, un tiers de marc, deux tiers de moût. On le fabrique partout à l'époque des vendanges. Le ratafia était jadis un mélange plus

A gauche, la groseille ;
à droite, le cassis ou groseillier noir.
Ces deux petits fruits des Hautes-Côtes
illustrent aussi les arômes du vin
de Bourgogne.

Fruits rouges : cerises, fraises,
framboises, groseilles.
Fruits noirs : cassis, mûres, myrtilles.

L'alambic, ou plutôt « e lambic », au début du XXe siècle.

complexe, où entraient des alcools, des fruits, du sucre. On faisait ainsi des ratafias de pêche, d'abricot, de framboise ou de cassis. Peu à peu, ces boissons ont pris le nom de crème ou de liqueur, tandis que le vrai ratafia de Bourgogne (30 000 bouteilles par an) conservait l'esprit du jus de raisin.

Si l'on en croit Paul Jeannin-Naltet, la prunelle de Bourgogne – sirupeuse, jaune ambré, au goût de noyau et d'amande – serait due à un liquoriste chalonnais, Thomas Naltet. Il eut l'ingénieuse idée d'utiliser le fruit du prunellier sauvage pour fabriquer une liqueur. Il ne distilla pas les prunelles, mais il fit infuser leurs noyaux dans de vieux alcools. Ainsi, cette préparation originale charma le goût par un velouté et une finesse que la distillation ne pouvait pas offrir.

Son succès fut immédiat, d'autant que son cruchon de grès de la Dheune permettait de réchauffer le lit après avoir embrasé le cœur : tout pour une bonne nuit. Les enfants de Mercurey récoltaient les prunelles après les premières gelées. Puis on mit à contribution tous les prunelliers de la région avant de solliciter ceux du Jura. Douce, onctueuse et parfumée, la prunelle devint une « liqueur de dames », à un degré d'alcool de 30 % en volume. On en produit moins de 5 000 bouteilles par an à Dijon, Nuits-Saint-Georges et Arcenant dans les Hautes-Côtes. Pour séduire aussi les hommes, un habile liquoriste l'a mariée au cognac (Prugnac). Aussi ancienne que celle du cassis, la crème de framboise est consommée à l'apéritif avec du Crémant de Bourgogne, de même que la crème de mûre. Notez que les petits fruits rouges sont la framboise, la fraise et la groseille ; les petits fruits noirs, le cassis et la mûre.

LA PECHE DE VIGNE

La vigne offre désormais l'aspect d'une armée napoléonienne rangée en ordre de bataille. Il n'y manque pas un bouton de guêtre. Les millions de ceps semblent être au garde-à-vous, et aucune tête ne dépasse aussi loin que porte le regard...

Jusqu'au milieu du XIXe siècle, les arbres fruitiers (cerisiers, pêchers, noyers, pommiers, poiriers) étaient fréquents dans les vignes. Le printemps piquetait le vert uniforme de jolies taches roses et blanches. On savourait la pêche de vigne, d'un rouge violacé, à la taille mignonne et au parfum incomparable, dont on fait une liqueur savoureuse, ou la petite cerise aigre. Sauf dans l'Auxerrois – où les cerisiers, en plantations importantes cette fois, ont souvent remplacé la vigne, pour disparaître peu à peu de nos jours –, ces arbres ont été chassés des vignes par la mécanisation.

MARC ET FINE DE BOURGOGNE

Le marc (la gniole) est le doyen de tous les alcools bourguignons. On le boit dans un verre. Mieux, dans un « petit verre », du style dé à coudre. Mieux encore, dans la tasse où le café a laissé sa chaleur, sur un zeste de sucre mal fondu. C'est un pousse-café. Paul Jeannin-Naltet, expert en la matière, observe justement que le sorbet au marc apparaît moins comme un « trou bourguignon » que comme un agent efficace contre les effluves de l'ail lorsque des escargots viennent d'être servis. Les vignerons bourguignons ne pratiquent plus guère la « trempée au marc », des croûtes de pain trempées dans l'alcool qui nécessitaient un organisme à la Colas Breugnon. En revanche, les cuves de bois sont encore flambées au marc pour éviter le goût de moisissure.

D'une teneur en alcool à 40 % ou 43 % en volume, le marc provient de la distillation de la « genne » – ce que l'on appelle les marcs – retirée du pressoir après le pressurage : peaux de raisins, pépins et rafle, la queue de la grappe, son bois. On l'entrepose pendant quelques semaines, bien à l'abri.

Le passage de l'alambic (le « lambi ») est tout une histoire au village. On se presse autour du serpentin magique, et certains vont même jusqu'à faire cuire un poulet dans les effluves du marc, à 71 % de degré d'alcool en volume, ce qui chavire la tête. Goutte à goutte, l'alcool sort tout blanc de l'alambic. C'est en fût de chêne, pendant cinq à sept ans, qu'il perdra du degré en gagnant de l'arôme, s'assouplira et prendra sa belle couleur ambrée de vieux meuble ciré. Réglementée en 1942 et 1948, cette AOC produit environ 470 000 bouteilles par an. Si les marcs sont distillés exclusivement à partir d'une AOC renommée (grand cru), cette dernière peut également figurer sur l'étiquette (Chambertin, Corton, etc.).

La fine de Bourgogne ne résulte pas de la distillation des marcs, mais du vin : plus exactement, des lies déposées par le vin. Les lies extraites au deuxième soutirage, juste avant le collage et la mise en bouteilles, sont les meilleures. Cette eau-de-vie possède davantage de bouquet. On en produit très peu : quelque 40 000 bouteilles par an. L'AOC est née des décrets de 1946 et 1948. Moins connue que le marc – apparu commercialement au milieu du XIXe siècle –, elle est beaucoup plus ancienne, sans doute médiévale, mais à usage domestique.

Pour le marc comme pour la fine, on se trouve en face du vieux privilège des bouilleurs de cru, serpent de mer des assemblées parlementaires. De quoi s'agit-il ? D'une sorte de conquête républicaine permettant non pas de distiller, mais de bénéficier, pour ses besoins personnels, d'une franchise de droits de régie sur 20 l de marc à 50°. Comme ce privilège n'est plus transmissible, il est en voie d'extinction. La plupart des jeunes viticulteurs considèrent que cette situation les prive d'un droit naturel et s'apparente à un pur déni de justice.

Un grand classique d'autrefois, produit à Gevrey-Chambertin.

L'ART DE GOUTER LE VIN

L'école bourguignonne de dégustation

Si la philosophie s'est épanouie jadis aux jardins de l'Akademia, la dégustation est vraiment devenue un art au Clos de Vougeot. René Engel, Pierre Poupon, Raymond Dumay en ont, subtilement et sans discours, énoncé les lois et précisé le vocabulaire. L'école bourguignonne de dégustation offre à la culture une dimension originale.

Art mineur ? La peinture s'adresse d'abord au regard, la musique à l'oreille. Or, pour déguster, les cinq sens se mobilisent. Le toucher, car on aime tenir son verre en main, son tâte-vin. La vue, pour juger la robe. L'odorat, bien sûr. L'ouïe doit être préservée et pénétrée de silence. Quant au goût... Sur la langue, le vin parle en confidence.

LE MODELE ET SON IMAGE

Le plaisir de la dégustation dépend beaucoup de l'instant, des circonstances, car le vin, s'il y contribue, ne remplace pas le bonheur. Le partage d'un aligoté avec l'être aimé un soir de coup de foudre laissera davantage de souvenirs heureux qu'un Montrachet servi lors d'un ennuyeux repas d'affaires... Dès lors, la critique dite « objective » du vin n'apparaît jamais pleinement convaincante.

Indépendamment du bonheur intime, qui relève d'ailleurs d'une multitude d'autres facteurs (les circonstances, la mémoire, le respect spontané voué à une bouteille portant un nom illustre ou un millésime ancien, etc.), la dégustation consiste à apprécier un vin, à traduire les impressions qu'il procure, à le juger éventuellement. Le dégustateur tente de faire le portrait de son modèle, de lui donner une image. Cet exercice est par conséquent lié à l'histoire du goût, des qualités reconnues du vin, qui a beaucoup évolué d'âge en âge. Il nécessite un langage commun, adapté à chaque époque. En 1728 déjà, l'abbé Claude Arnoux signale que « les vins de Bourgogne [...] se boivent de deux façons, par le nez et par la bouche, ou tout à la fois et séparément. Les bons gourmets, ajoute-t-il, le goûtent par le nez avant que d'en mettre dans leur bouche. » Au milieu du XVIIIe siècle, la Bourgogne possède déjà des critères assez sûrs, fondés sur une terminologie précise. La couleur vermeille succède à la teinte œil de perdrix, si vantée au siècle précédent. On évoluera vers la « haute couleur », tandis qu'en blanc, la nuance « incolorée », la pâleur d'un visage aristocratique est alors la plus prisée. Le bouquet ? Un goût de fruit pénétrant, perçu par le nez. Un bon vin doit exprimer la « franchise », l'absence de tout goût étranger au fruit ; la « légèreté » et la « finesse » ; l'équilibre entre le « moelleux » et le « vineux » pour les rouges. Les blancs doivent être secs, et non liquoreux. Thomas Jefferson maîtrise pleinement ces nuances, distinguant en virtuose *excellent* et *delicious*, *sweet* et *silky*, *strong* et *rough*, *sensible* et *delicate*.

Au XIXe siècle, le bouquet, le corps, la finesse, la vinosité demeurent les références majeures de la dégustation. On dit joliment d'un grand vin qu'« il a de l'amour ». L'expression subsiste à Chablis. La « sève » apparaît : un vin séveux, ayant sa physionomie propre et du « montant », de l'expression. La « rondeur » également, caractère du vin corsé qui s'assouplit avec le temps. Le « velouté » exprime la soie, la délicatesse d'un « vin chat ». La sécheresse est, en rouge, un défaut. Trop vieux, dépouillé, le vin devient « râpé ». La Bourgogne privilégie ce que l'on appelle les « vins fins ». Le mot « robe » n'apparaît qu'à la fin du siècle. Le « bouquet » associe longtemps le nez et la bouche. On insiste alors sur l'« esprit », ou la spirituosité, qui mêle la puissance et son harmonie avec l'alcool. Les tanins, la « dureté » sont déjà bien sentis. La longueur, la persistance ne sont, en revanche, guère évoquées. La « complexité », d'essence assez récente, résume tout.

« Il n'y a pas de grands vins.
Il n'y a que de grandes bouteilles. »
Albert Thibaudet

LE TASTEVINAGE

Incontestablement, le tastevinage conçu par la Confrérie des chevaliers du Tastevin renouvelle et enrichit, dès les années 30, cette école de dégustation. « Celui-là n'est pas bon qui ne cherche à devenir meilleur », affirmait saint Bernard. Les bons pères du Tastevin s'inspirent de cette maxime et imaginent en 1938 le moyen d'améliorer la qualité des vins tout en développant leur marché. La confrérie présente ainsi, à la veille de 1940, une sélection de vins choisis par un jury impartial : l'éphémère « Cuvée du Chevalier ».

Après la guerre, la confrérie renoue avec ce dessein, mais en le modifiant sensiblement. Il ne s'agit plus pour elle de vendre elle-même des bouteilles portant son estampille. Un concours ? Un palmarès ? Mille susceptibilités locales s'y opposent. Ce sera donc un examen de confiance, permettant de désigner dans l'anonymat les vins exprimant parfaitement la sincérité de l'appellation dans son millésime. Il s'y ajoute un élément plus subjectif : choisir les vins que l'on serait heureux d'offrir à ses amis.

Les dégustateurs (viticulteurs, courtiers, négociants, restaurateurs, journalistes, amateurs éclairés et amis étrangers) ne connaissent que le cru et l'année. Pendant deux heures, par tables de six, ils apprécient de quinze à vingt échantillons. C'est oui ou non, mais avec des commentaires et la faculté de renvoyer le vin à l'année suivante. Les vins soumis à ce jury doivent avoir six mois de bouteille. Ils sont analysés avant la dégustation. La confrérie conserve au Clos de Vougeot les bouteilles témoins qui permettront de revenir aux sources si un litige apparaît. Le cas ne s'est d'ailleurs présenté que très rarement. Que se passe-t-il alors ? On fait analyser la bouteille litigieuse et la bouteille témoin. Puis un jury d'honneur règle le différend. Les bouteilles dites « tastevinées » pourront porter l'étiquette ornée de l'emblème de la confrérie. Elles sont numérotées. Chaque année, un « armorial » en publie la liste : plusieurs millions de bouteilles chaque année.

Organisé pour la première fois le 28 juin 1950, avec 133 lots, dont 103 agréés, le tastevinage a d'abord lieu le samedi des Trois Glorieuses de printemps, peu avant Pâques. Jusqu'au début des années 60, il n'y avait qu'une centaine d'échantillons à déguster. Leur nombre s'est accru régulièrement, pour atteindre le millier en 1984. Signe de bonne santé de l'institution : on lui fait confiance, et l'estampille du tastevinage est recherchée. Mais il semble difficile de goûter dans de bonnes conditions plus d'un millier d'échantillons. Une première réforme a d'abord consisté à refuser les Passetoutgrains ainsi que les simples Beaujolais pour n'en retenir que les crus. Puis, à partir de 1986, on a pris l'habitude d'organiser deux tastevinages : au printemps, les rouges de Bourgogne ; en septembre, les blancs de Bourgogne et les crus du Beaujolais. Verdict juste mais sévère, qui met à 12/20 de moyenne la barre à franchir. La moitié des échantillons (souvent un peu moins) sont en général agréés. Depuis 1990, la confrérie édite *L'Echo du Tastevin* deux fois par an, à l'occasion de cet examen de confiance.

UNE RONDEUR... CARREE

Aucune autre manifestation viti-vinicole en Bourgogne n'illustre mieux le tempérament de la province. Autant les chapitres sont gais et animés, autant le tastevinage est recueilli, méditatif. Un échange éloquent de silences, de coups de langue, de réflexions prudentes et d'enthousiasmes raisonnés. Sans phrases inutiles, tout le vocabulaire de la dégustation est invoqué par les jurés, qui déclarent : « Ce vin a une rondeur... carrée. » Ou : « Il est grand, le mystère de la foi ! »

La Confrérie des chevaliers du Tastevin a beaucoup contribué à offrir sa bible à l'école bourguignonne de dégustation. A la fois précise et sûre, colorée, sans excès de lyrisme, elle reste humaine. Pas trop de notes pondérées, ni de règles à calcul. On a tenté d'enfermer naguère la dégustation dans les règles mathématiques (l'échelle de Davis, du nom de l'université américaine), mais on s'est aperçu que le charme d'un vin a quelque chose de profond et de pénétrant, qui échappe à la rigueur scientifique. Il vous plaît, c'est tout. Encore faut-il ne pas se laisser prendre à des effets faciles, juger juste et établir un bon pronostic de son évolution. Tout l'art du Tastevinage est là. Les Britanniques ont leur propre vocabulaire, invoquant par exemple une « texture de lanoline » (lisse) ou un fameux parfum d'encre ignoré ici.

Comme le rappelle Raymond Dumay, il existait, il y a un demi-siècle, deux vocabulaires de dégustation. « Le premier, dit-il, avait été créé par les négociants hollandais et anglais. Il était celui de la raison, aussi sec, précis que son compagnon ordinaire, le fromage de Hollande. Voué à la gougère et à la noix, le second était l'expression spontanée des vignerons, le langage du cœur, mais aussi du terroir, du climat. L'oreille perçoit la différence. Dans le premier cas, un homme parle du vin ; dans le second, on entend le vin lui-même. La gloire du Tastevin aura été de réussir la convergence. Ceux qui buvaient du vin se sont retrouvés à la table de ceux qui l'inventaient. Toutes les grandes créations intellectuelles sont nées du choc de deux courants. L'hôte et l'invité tombaient dans le même piège. Ils s'attendaient à un festin et ils se retrouvaient dans un séminaire. Le vin était devenu un bouillon de culture. »

LA DESCENTE DE CAVE

Le tastevinage a inspiré de nombreuses manifestations analogues : grumage, chanteflûtage, goutillonnage, etc. Elles répondent au besoin de sélectionner des vins inspirant satisfaction et confiance, ainsi qu'à la nécessité d'apprécier le vin selon les mêmes critères, en utilisant le même langage. A cet égard et au-delà du Clos de Vougeot, l'œuvre d'André Vedel, de Max Léglise, dans les années 70 et 80, établit une méthodologie bourguignonne largement exportée.

S'inspirant de ces travaux auxquels il rend hommage, notamment quand il explique la fonction des sens, Emile Peynaud montre que, sur ce point, il existe peu de différences entre Bordeaux et Bourgogne.

Chaque vignoble possède cependant une approche particulière de la dégustation. La structure du vin en bouche, son intensité colorante, les indices de souplesse et de tanins retiennent surtout l'attention des Bordelais. « En Bourgogne, comme l'indique le sommelier Georges Pertuiset, les arômes sont particulièrement à l'honneur en raison de la finesse aromatique de nos cépages. Le volume, la richesse priment également, de même que la fraîcheur, la finesse, l'élégance. La concentration, structure et matière, est l'objet d'un moindre intérêt. »

Rite bourguignon par excellence, la descente de cave obéit aux mêmes règles de sérieux, de discrétion, de silence. Haut lieu de la maison, la cave abrite les trésors du domaine, l'honneur de la famille. Y être accueilli et guidé témoigne d'un double sentiment de confiance et de sympathie. On ne chante ni ne crie. On ne parle même pas. Le mieux est d'écouter, car il s'agit toujours d'une leçon familière de dégustation. Pipette en main, débondant certains de ses fûts, le viticulteur fait découvrir en général les vins en cours d'élevage, dont il verse quelques gouttes dans le tâte-vin ou le verre de ses hôtes. Il commence par les plus jeunes et finit par les plus anciens. Il commence par les appellations les plus modestes et se dirige ensuite vers les crus, par ordre ascendant. C'est bien le diable si, pour couronner le tout, il ne va pas chercher quelques bouteilles de millésimes intéressants. On ne boit pas, recrachant le vin dans un récipient prévu à cet effet ou sur les graviers. S'il reste quelques gouttes dans le tâte-vin ou le verre, on prend soin de les rendre au tonneau. L'homme apprend ainsi à caresser les ailes d'un papillon.

Le tâte-vin est l'outil de travail du dégustateur. Toujours dans sa poche.

COMMENT DEGUSTER ?

On se sert d'un tâte-vin ou d'un verre. Le tâte-vin s'inscrit dans une tradition. Il permet surtout de mirer le vin, d'apprécier sa couleur, sa limpidité, ses reflets, son éclat. Le verre, notamment le verre à dégustation sous des formes de plus en plus élaborées, offre davantage de possibilités. Il ne doit pas « sentir le torchon ».

La vue juge la robe : les nuances d'une teinte jaune, rosée ou rouge sont infinies. La limpidité, la brillance (le feu intérieur) et l'intensité colorante, le caractère plus ou moins soutenu de la couleur complètent cet examen. Vin jeune, vin vieux – ils n'ont pas la même robe, et l'on ne l'apprécie pas de la même manière. En blanc, le juste équilibre est l'or léger. Blanchâtre, insuffisant. Jaunissant, vieillissant ou souffrant d'un défaut. En rouge, la jeunesse s'habille de mille teintes, du rubis rouge au violacé. Les dégustateurs sont perfectionnistes. Ils peuvent noter sur leur fiche « rouge foncé clair »... L'âge l'oriente vers des nuances un peu assombries, mais dont l'éclat grandit. Très ancien ou prématurément passé, le rouge peut glisser sur une couleur lie-de-vin et brunâtre.

Le nez juge le bouquet. Premier coup de nez sur le vin inerte. Deuxième coup de nez après avoir fait tourner deux à trois fois le vin dans le verre. Au contact de l'oxygène de l'air, les arômes évoluent. Troisième coup de nez enfin, pour vérifier si l'on n'a rien oublié. Le nez est plus ou moins intense. Il se définit par ses nuances aromatiques, d'un très large éventail.

La bouche juge le corps et la saveur. Langue et gencives aident à brasser le vin dans le palais pendant quelques secondes. Recraché, le vin demeure présent en bouche selon une persistance, une longueur variable. Les saveurs sont le moelleux, le sec, l'acide pour un blanc ; les mêmes hormis le sec pour un rouge, l'astringence et le tanin. Le corps présente une attaque, un milieu de bouche et une finale, puis d'éventuels prolongements. On apprécie sa structure, sa consistance, sa charpente, sa dureté, sa finesse, son élégance, sa persistance, son équilibre, etc. La texture, le grain ont leur importance.

Le Nez du vin, passionnant livre-objet du Bourguignon Jean Lenoir, permet d'utiles travaux pratiques. Les ouvrages anglo-saxons nous habituent à une autre terminologie. Par exemple, Serena Sutcliffe évoque souvent une « texture de lanoline » pour définir curieusement un vin lisse, sans aspérités. Elle parle d'« arômes d'encre », subtilité anglo-saxonne. Quant au vocabulaire bourguignon, il est indéfiniment riche : tel vin rappelle « le pied de gendarme » ; tel autre vieillarde, s'allonge, tombe dans ses bottes, tourne court ; tel autre encore « fait la queue de paon », bonheur absolu du dégustateur avec la complexité, mot et concept que la littérature anglo-saxonne hésite à traduire... Le langage peut être coloré, mais il ne doit jamais être vulgaire.

A défaut, dégustez avec un verre. Mais sa propreté doit être irréprochable.

LES MOTS DU VIN

COULEUR

LIMPIDITE
Limpide, cristallin, net
Flou, trouble, voilé, louche

BRILLANCE
Brillant, éclairé, éclatant
Mat, terne, plombé

INTENSITE
Soutenue, affirmée
Moyenne, pâle

• BLANC
Or blanc, or pâle, or vert, jaune pâle
Blanc, blanchâtre
Jaune clair, doré, jaune serin, vert doré
Jaunâtre, blanchâtre
Gris jaune, paille, ambré

• ROSE
Œil de perdrix, saumoné
Pâlot, excessif
Orangé, gris

• ROUGE
Rubis, vermillon, brique
Acajou, brunâtre, tuilé
Pourpre, grenat, violacé, griotte
Nébuleux
Cerise noire, sombre

INTENSITE AU NEZ

Bonne, suffisante, puissante
Réservée, modeste, discrète
Ouvert
Fermé
Bouqueté
Eventé

AROMES

• FLORAUX
Acacia, aubépine, camomille, chèvrefeuille, églantine, genêt, géranium, pivoine, rose, rose fanée, réséda, tilleul, verveine, etc.

• VEGETAUX
Asperge, citronnelle, feuille de cassis, foin coupé, fougère, herbe, menthe, sureau, tabac, thé, etc.

• FRUITES (fruits frais)
Petits fruits rouges (cerise, fraise, framboise, groseille) ou noirs (cassis, mûre), fruits exotiques (mangue, ananas, pamplemousse), coing, pomme verte, pomme mûre, prune, pêche, poire, citron, orange, etc.

• FRUITES (fruits secs et confits)
Amande, noisette, figue sèche, noix, raisin sec, noyau, confiture de petits fruits, pruneau cuit, kirsch, etc.

• SOUS-BOIS
Champignon, humus, terre mouillée, sous-bois, feuilles sèches, truffe, etc.

• ANIMAUX
Cuir, fourrure, gibier, musc, terrier, venaison, viande, civette, etc.

• EMPYREUMATIQUES
Amande grillée, brûlé, café, caoutchouc, fumé, moka, pain grillé, torréfié, etc.

• DIVERS
Beurre, croissant chaud, lacté, miel, caramel, réglisse, etc.

• BOISES
Planche de chêne, copeaux, vanille.

• BALSAMIQUES
Cèdre, genévrier, résine de pin, résineux, thym, etc.

• EPICES
Anis, cannelle, clou de girofle, coriandre, laurier, poivre, etc.

• MINERAUX
Minéral, pierre à fusil, silex, etc.

• LONGUEUR ET PERSISTANCE
Longue, très longue, n'en finit pas
Faible, courte, essoufflée

• GOUT
Sec, vif, frais, nerveux
Petit, plat, mou, lourd
Charnu, gras, câlin, chat, soyeux
Rugueux, corpulent, dur
Charpenté, ferme, étoffé, élégant
Raide, chargé, tendu, fluide
Souple, capiteux, généreux, rond
Léger, étriqué, acerbe, rêche
Structuré, corsé, vineux, etc.
Amer, astringent, agressif, etc.

EQUILIBRE

Equilibré, harmonieux
Déséquilibré, maigre, creux
Fondu, racé, etc.
Chétif, pointu, etc.

EN CONCLUSION

Encore jeune, de bonne garde
Trop jeune, à représenter
Queue de paon
Passé, usé, évolué, etc.
Complet, complexe
Dissocié, désossé, etc.

UN DEMI-SIECLE DE MILLESIMES

Chaque année est unique

1945 : Gelées de printemps. Le millésime de la Victoire est éclatant mais rare. Concentration remarquable.

1946 : Vendanges froides et humides. Sauf à Chablis, où il est très réussi, petit vin simple et gentil, vite perdu de vue.

1947 : Rouge : le meilleur millésime depuis 1929. Degré naturel élevé, parfait état sanitaire, un raisin peu abondant et gorgé de sucre. Fermentations capricieuses et longues par temps très chaud. Monument historique en blanc également, puissant et généreux.

1948 : Eté maussade, production importante. Quelques beautés en blanc, aucun souvenir en rouge.

1949 : Blanc : le meilleur millésime depuis 1934, sauf à Chablis où le 47 reste inégalé. Et pourtant… Pauvre fleur, de la pluie. Eté chaud, quelques averses au bon moment. Coulure. Malos interminables. Corps et richesse, un vin glorieux, avec un soupçon de subtilité en moins que le 47 en rouge.

1950 : Pluie, pourriture, quantité énorme. Beaucoup de jus, mais dilué et sans intérêt. Il vieillit mal.

1951 : Printemps froid, gelées, été glacial. Vendanges tardives d'un raisin mal mûri. Médiocre. Point de lendemain.

1952 : Souffle le chaud et le froid. Aucune pluie. Peu de raisin, mais du bon. Dur et revêche, un rouge style 37, très structuré, tannique et fruité. Peu de réussite en blanc, sauf à Chablis.

1953 : Un peu de gel, un peu de coulure. Peu de volume. Vin honnête dans sa jeunesse, mais passé assez vite. Vieillard avant l'âge dans les rouges. Meilleur en blancs.

1954 : Pluie en août, chaleur en septembre, abondance. Rouge tendre, léger, fugace. Blanc précoce et assez réussi à Chablis, médiocre ailleurs.

1955 : Du volume, mais peu de corps. Décevant en rouge, correct et très honorable en blanc.

1956 : Gel terrible en février (jusqu'à – 30 °C). Le reste de l'année n'est guère plus heureux. Millésime oublié.

1957 : Gel de printemps en Chablisien, où la récolte est mince et exécrable. Peu de bons vins, à l'exception de quelques blancs.

1958 : Le millésime de la Ve République n'entre pas dans l'histoire. Une catastrophe. Vendanges pléthoriques pour des vins inconsistants et dilués par les pluies. Pourriture. Le blanc s'en tire un peu mieux que le rouge.

1959 : L'un des millésimes du siècle. En rouge, vin riche et complet, équilibré. Volume très important, dû à un été torride et à de bonnes pluies en septembre. Evolutions variables en blanc.

1960 : Constitution faiblarde. Vin sans grand attrait en raison de pluies incessantes. Grosse récolte et pourriture. Forte chaptalisation. Gelées dévastatrices à Chablis.

1961 : Coulure à la fleur, été sec et chaud. Excellent millésime dans l'ensemble du vignoble, pour un faible volume. Les prix s'embrasent, à la suite du succès des Bordeaux 61.

1962 : Difficile de succéder au 61, porté aux nues par la critique et la presse ! L'ivresse du succès commence. Les prix s'envolent. Vin élégant et d'une finesse parfois éblouissante, en assez grande quantité et qui vieillit bien.

1963 : Toujours l'abondance après un été pluvieux et froid. Eté indien en octobre qui sauve la vendange, prolongée jusqu'aux premiers jours de novembre. Vin maigre et plat, sans avenir.

1964 : Eté chaud, ce qu'il faut de pluie. Le rouge est un vin de garde ayant beaucoup d'alcool naturel dans le sang et d'une opulence confortable. Bonne année également en blanc, malgré un gros orage et des pluies diluviennes sur Chablis qui gâtent la vendange.

1965 : De juin à août, de la pluie chaque jour. Faible degré. Vin très chaptalisé, à rayer des mémoires.

1966 : Perspectives médiocres jusqu'à la fin août, puis soleil radieux. Belle année tant en quantité (les 100 hl/ha sont parfois dépassés à Chablis, et l'affaire fait grand bruit) qu'en qualité. Vin très réussi.

1967 : Gelées. Bel été. La pluie perturbe la vendange, assez pourrie. Rouge léger et sans ambition, blanc un peu plus épanoui.

1968 : Le millésime des « événements » est nul. Pluie, froid et pourriture après des gelées de printemps.

1969 : Malgré des vendanges humides, l'été ensoleillé a favorisé un vin classique et parfois exceptionnel. Un rouge de longue garde, aux épaules solides. Un blanc superbe. Grand millésime.

1970 : Récolte biblique après un été chaud. Cette quantité considérable produit un vin élégant dans sa jeunesse, mais peu profond et bientôt éteint.

1971 : La fleur passe mal. Coulure. Grêle. Millerandage et faible récolte. Année cependant honorable. Le goût de grêle ? Il s'est dissipé. Blanc parfois surmaturé, au « goût de Sauternes ». Beau vin de garde à Chablis.

1972 : La réputation désastreuse du Bordeaux rouge déteint sur un millésime correct en Bourgogne. Fort ensoleillement en septembre. Vendange peu abondante. Le rouge, concentré, se conserve bien. Verdeur et nuances herbacées : un blanc peu séducteur.

1973 : Récolte record. Un rouge parfois charmeur, mais léger comme la plume et s'envolant au premier coup de vent. Un blanc très généralement réussi, intense et durable.

1974 : Tout se présentait bien, quand les averses et le froid contrarient les prévisions. Le rouge est aimable comme une porte de prison, le blanc sans avenir, tant il est acide. Certains domaines ne mettent pas leur vin en bouteilles.

1975 : Pire en rouge que le 74. Ni corps ni âme : vingt-quatre jours de pluie d'affilée en septembre ! De somptueuses réussites en blanc.

1976 : Quand la Chine s'éveillera... Les 76 s'ouvriront-ils un jour ? Le millésime de la grande sécheresse : vendanges précoces, vinifications délicates. Vin estimable mais rude en rouge, très sec en blanc. Chablis s'en tire plutôt bien.

1977 : Eté maussade, une amélioration ensuite, peu de maturité. Forte chaptalisation. Peu convaincant en rouge, passable en blanc.

1978 : Temps détestable depuis le printemps. La fleur souffre. Nul n'aurait parié sur le 78, quand le miracle se produit fin août. Beau fixe. Eté indien. Petite récolte, d'un charme fou et d'une distinction parfaite. Ouvert très tôt, plus glorieux en rouge qu'en blanc, ce millésime d'anthologie défie le temps.

1979 : Violents orages et inondations en Côte de Nuits. Récolte énorme. Peu de corps en rouge. Vin bientôt fatigué. En blanc, du plaisir et du fruit, mais faible garde.

1980 : Une « année jalouse », comme disait René Engel. Petite récolte (grêle, pourriture), mais donnant, surtout en rouge, un vin de toute beauté. Le blanc a moins d'éclat, sauf en Côte de Beaune et en Saône-et-Loire.

1981 : Printemps très chaud, juillet peu clément, août splendide, orages terribles : une année dramatique. Pour qui sonne le glas ? Un rouge pâlot, un blanc plus expressif, mais aucun objectif à long terme.

1982 : Comme en 1973, on parle de l'« année du vigneron » : quantité phénoménale, qualité au-dessus de la moyenne. Printemps divin, été radieux. Le vin manque un peu de concentration, mais il a des qualités.

1983 : Orages, pourriture... On commence à trier sévèrement. Le rouge est coloré, ferme, durable. Degré naturel très élevé en blanc, donnant un vin aussi corpulent qu'un sultan. L'astringence apparaît aussi. Objet de mille polémiques.

1984 : Temps froid, pluies incessantes, manque de maturité, forte chaptalisation. Vin médiocre.

1985 : Plusieurs centaines d'hectares tués par le gel en janvier. Saint Vincent veut se faire pardonner : temps idéal tout l'été. Excellent rouge, blanc d'une complexité moyenne mais au gras savoureux.

1986 : Ni gelée ni coulure, quantité abondante et qualité liée au contrôle du rendement. Vin à l'image du viticulteur et de sa conscience personnelle.

1987 : Grêle, inondations, maturité tardive. Récolte infime chez certains. Millésime plutôt mieux réussi en rouge (couleur et arômes) qu'en blanc. Aucune vertu de garde.

1988 : Une belle série commence après un printemps souriant et un été courtois. Le raisin est très abondant. Efforts de rigueur : le rouge est tannique, plein de caractère et de tonus ; le blanc, un peu moins étincelant. De garde.

1989 : Le chiffre neuf sort souvent gagnant sur le tapis vert de la Bourgogne. Fleur parfaite, ensoleillement merveilleux jusqu'aux vendanges, degré naturel superbe, tout est réuni pour un grand vin. En blanc, millésime du siècle, analogue au 47 à Chablis. En rouge, très grand millésime. Abondance et qualité.

1990 : Pas d'hiver, printemps précoce et humide, été fait de contrastes. Beaucoup de raisin encore. Rouge de très grande classe, parmi les meilleures années du siècle.

1991 : Hiver et printemps en dents de scie. Neige puis grêle. Jolis degrés naturels, beau vin, mais que des pluies intempestives entravent dans ses grandes ambitions : celles de rejoindre les 78 et 90. Rouge tendre et bien ouvert, mais sans la force et la générosité de ces illustres précédents. Le blanc, un peu mou, rond dans le meilleur des cas.

1992 : Ni gel ni grêle. Forte sortie de raisin. Juillet pluvieux, suivi du beau temps. Récolte record, comme dix ans plus tôt. Bon degré d'alcool, faible acidité. Les meilleurs rouges ont du gras et de la charpente. Ils ont été récoltés en Côte de Beaune et en Saône-et-Loire avant la pluie. Les blancs dépendent beaucoup de la sévérité du rendement.

1993 : Printemps clément. Orages nombreux, grêle fréquente, mildiou. Vendanges complexes, sous le soleil et la pluie. Le rouge a peu de couleur mais un bon gras ; en blanc, quelques heureuses réussites de finesse.

1994 : Beau temps, suivi d'orages violents. Eté chaud et sec, du type 76, mais vendanges aussi pluvieuses que l'année précédente. Production record. Vin assez dilué, qui donne des résultats très divers selon les domaines, allant du superbe au très moyen.

1995 : Eté splendide et pluies de septembre, puis retour du soleil. Il a fallu une nouvelle fois « vendanger en vert » pour assurer une bonne récolte. Pourriture plus sensible en blanc qu'en rouge. Structure en général satisfaisante et évolution vers des vins souples de garde moyenne.

LA GASTRONOMIE BOURGUIGNONNE

Au cœur du goût

Les Bourguignons ont-ils, comme le prétendait un auteur ancien, des « boyaux de soie » ? Forgé par Joseph Berchoux, qu'ils revendiquent au sein de leur panthéon, le mot « gastronomie » semble en tout cas avoir été inventé pour eux. Tout l'art et le plaisir de vivre rayonnent ici du verre à l'assiette, entre couteau et fourchette. La noblesse de ses vins, l'excellence des produits de la terre, le génie de ses cordons-bleus offrent à la Bourgogne un moyen d'expression en accord avec son tempérament, ses valeurs de cœur et d'esprit.

Il ne s'agit pas seulement de traditions sans cesse revivifiées, mais aussi d'une culture. D'ailleurs, de Colette à Vincenot, en passant par Roupnel et Romain Rolland, voyez combien tous ces grands écrivains adorent passer à table ! Faisant l'essai de plusieurs définitions de la Bourgogne, Bernard Pivot conclut : « N'est-ce pas plutôt une tentation ? » Dieu ayant exonéré jadis les Bourguignons et leurs hôtes du péché de gourmandise, il faut en profiter.

DES GRANDS DUCS A LA NOUVELLE CUISINE

Cette réputation doit beaucoup à la Flandre. En effet, les grands ducs de Bourgogne règnent sur le goût en Occident. Leurs fabuleux festins qui durent plusieurs jours émerveillent la chrétienté. Les affaires, la diplomatie, la politique se règlent lors de ces banquets où les mets les plus somptueux, corsés des épices les plus rares, honorés des vins de Bourgogne, s'accompagnent d'un permanent spectacle. Des pâtés et des pièces montées jaillissent des oiseaux mythologiques, des armées de nains et de géants, un âne jouant de l'orgue, un dromadaire... Cinq siècles plus tard, ces fêtes de Bruges, de Lille, de Bruxelles restent « bourguignonnes ». De quelqu'un qui sait vivre, on dit encore aux Pays-Bas : « Tu es un Bourguignon ! »

Pendant un demi-millénaire, les moines avaient créé le vin de Bourgogne, mais ne s'étaient guère préoccupés de le mettre à table et en scène. Les quatre Valois bourguignons réparent cette lacune et lui donnent un décor. Où vous reçoit-on aujourd'hui à Dijon ? Aux cuisines ducales où six bœufs entiers pouvaient rôtir à la fois... Que l'on n'imagine cependant pas le Bourguignon comme un estomac posé sur deux jambes. Il apprécie la convivialité et range la conversation parmi les arts de la table.

Généreuse et opulente, cette vitalité culinaire est intelligemment régénérée d'âge en âge. Auteur des premiers livres de cuisine français, l'illustre La Varenne est le cuisinier de la famille du Blé d'Uxelles, au château de Cormatin ; il met ici ses recettes en pratique. Il en naîtra la préparation « à la duxelles », un roux mélangeant champignons, échalotes et beurre.

Bourguignon à l'époque où la Bresse tout entière était bourguignonne, Brillat-Savarin illustre à son tour l'esprit de son temps. Puis viennent les chefs veillant sur leur propre restaurant. Fernand Point naît à Louhans, Alexandre Dumaine à Digoin, les frères Troisgros à Chalon-sur-Saône, comme si la Saône-et-Loire portait une toque blanche. Comment oublier Jean-Nicolas Marguery, originaire de Dijon, et sa célèbre sole, la mère Poulard, venue de la Nièvre au Mont-Saint-Michel pour y faire son omelette. Pillant en Espagne le monastère d'Alcantara, Andoche Junot n'en rapporte pas les reliques, mais le livre de cuisine et sa fabuleuse recette de perdrix.

« La Bourgogne est un paradis de la gastronomie. »
Curnonsky

La gastronomie bourguignonne resplendit de mille feux quand le réveil des années 30 suscite une renaissance de l'art du banquet. Inspirée à Gaston Gérard par la Foire des soie-

On décante assez peu en Bourgogne, sauf si le vin n'a pas été filtré et revendique cet honneur.

ries à Lyon, la Foire gastronomique offre à Dijon sa « table de Lucullus », ses « états généraux » de la gastronomie. Le Tastevin réinvente le dîner-spectacle des grands ducs et devient le sanctuaire de la table bourguignonne : les œufs en meurette, les gentils porcelets du Morvan en gelée, le jambon à la lie de vin, le coq au vin de l'Empereur parviennent jusqu'à nous grâce à ce vivant conservatoire des traditions.

Mais le goût évolue, change. Les préparations en sauce, les repas de huit services cèdent la place à la nouvelle cuisine. Meneau, Lorain, Lameloise, Loiseau – une pléiade de grands chefs prend le relais des anciens, formés à l'école de Dumaine et de Racouchot, des Tournebize et Ducloux... Les recettes sont revisitées, l'art culinaire renouvelé. Il est vrai que les Bourguignons n'ont pas attendu qu'elle devînt une mode pour découvrir la cuisine de terroir, sa sincérité, pour savourer la finesse d'une viande ou d'un poisson.

Sans doute le Bourguignon se sent-il bien dans son assiette lorsque celle-ci est bien remplie. L'émincé de fil de haricot à la purée de gousses d'ail confites le laisse songeur et sur sa faim. Mais il apprécie davantage qu'autrefois la délicatesse du goût, sa précision, au point d'avoir obtenu du Centre national de la recherche scientifique la création à Dijon, en 1995, du Centre européen des sciences du goût.

LE SERVICE DES VINS

Le Crémant de Bourgogne doit être servi entre 6 °C et 8 °C. Trop frappé, il perd son fruit. Les vins blancs et les vins rosés de Bourgogne doivent être bus frais mais pas trop : entre 10 °C et 12 °C s'il s'agit de crus ou de vins de garde. On peut les chercher en cave au dernier moment.

Les vins rouges étaient jadis « chambrés » et servis assez chauds. On les préfère de nos jours plus frais : entre 12 °C et 14 °C pour les vins jeunes, à 16 °C ou 17 °C pour les crus et les vins de garde. On les met en place deux à trois heures avant le repas. Ne posez jamais une bouteille sur le radiateur, ni dans le réfrigérateur (utilisez de préférence le seau à glace).

Décantation en carafe ? Possible et parfois souhaitable, mais également risqué. Seulement pour un vieux et noble vin rouge. Il faut déboucher une bouteille de vin rouge un peu avant le repas – conservez son bouchon, qui intéressera les amateurs. On ne remplit jamais un verre complètement mais aux deux tiers, de façon à permettre l'expression des arômes. Souvenez-vous du bon précepte :

Blanc, puis rouge :
Rien ne bouge.
Rouge, puis blanc :
Tout fout le camp !

LE TOUR DE MARCHE

« Oh ! celui-là, il flaire la meurette », dit-on de quelqu'un arrivant à midi moins le quart avec la ferme intention de se faire inviter à déjeuner, comme s'il avait humé dans la rue la bonne odeur de cette cuisine au vin rouge. On ne se conduit pas ainsi en Bourgogne. Ne débarquez pas à l'improviste chez votre hôte, il en serait navré. Il ne vous dira pas : « Ah ! si vous étiez venu hier... » Mais : « Restez donc jusqu'à demain. »

Il faut en effet laisser ses aises à la maîtresse de maison, lui donner le temps de faire son tour de marché pour trouver les asperges, de Vergigny ou de Ruffey, qui lui inspireront l'entrée, le coco de Chéu (un délicieux haricot rouge), l'oignon d'Auxonne, le pruneau de Vitteaux, la truffe de Bourgogne, à défaut des mythiques navets d'Alligny et de Beaubery, ou des melons sucrés verts de Dijon... Elle se plongera ensuite dans les carnets de recettes reçus naguère de sa mère à l'égal des plus précieux secrets de famille.

Il faut aussi permettre une descente à la cave afin de voir quels vins s'accorderont le mieux à ce menu. Quel cru, quel millésime, quel honneur à vous faire ?

AU MENU

La mise en bouche passe par quelques gougères, ramequins au comté qui doivent légèrement craquer sous la dent puis fondre sous la langue. En entrée, les œufs en meurette sont pochés puis posés sur des croûtons dorés dans une sauce au vin rouge où entrent des lardons. Traditionnel à Pâques, le jambon persillé provient de morceaux d'épaule de jambon cuits, additionnés d'une gelée aromatisée au vin blanc et avec beaucoup de persil haché. Une douzaine d'escargots pressés de sortir de leurs coquilles, une tourte de canard appartiennent également au paysage. N'oubliez pas le pot de moutarde de Dijon, fine et piquante, sur la table.

En matière de poisson, la carpe en meurette, la mousseline ou le filet de brochet, la truite à la mâconnaise ou, mieux encore, une pauchouse. Cette soupe de poissons, matelote au vin blanc, marie l'anguille, la carpe, le brochet, la tanche, la perche, jamais la brème, sur les bords de la Saône et du Doubs. De la viande ? Râble de lièvre à la Piron, côte de porc vigneronne, canard aux baies de cassis, poulet au sang, poulet Gaston-Gérard (du nom d'un ancien maire de Dijon, au comté et au paprika), volaille ou chapon de Bresse, coq au vin, succulent charolais... Le bœuf bourguignon constitue la meilleure façon d'accommoder les bas morceaux. Il mijote trois bonnes heures dans du vin rouge. Quant à la potée, un grand quartier de lard, le chou, puis chaque légume, deux heures de bon bouillon. Gaston Roupnel en fait un moment d'histoire : « Qui n'a pas mangé la potée bourguignonne ne se doute pas un instant de ce que peut être le génie mis en pot. Mais c'est d'abord toute une affaire de bien choisir le pot. » Imaginez les enfants qui écrivaient cette dictée à l'école en suçant leur porte-plume... J'ai eu cette joie.

La Bourgogne est un plateau de fromages. Le lait de chèvre donne le bouton de culotte en Mâconnais, le montrachet, le charolais, le claquebitou ; le lait de vache, le cendré d'Aisy, la boulette de La Pierre-qui-Vire, le soumaintrain, le saint-florentin. Pâte molle à la croûte lavée au marc de Bourgogne, l'époisses convient à merveille aux vins rouges au corps puissant. Les moines de Cîteaux ont perdu leur Clos de Vougeot, mais ils en accompagnent toujours la dégustation en produisant le cîteaux, pâte pressée non cuite à la croûte lavée, destinée à un vin plus souple.

Le dessert rend souvent hommage au cassis (vacherin) ou à la framboise (Poire Belle Dijonnaise).

Les variations apparaissent infinies. Ainsi, l'andouillette de Chablis contribua à la gloire du restaurant Bergerand, tandis que celle de Clamecy bénéficiait du secret de la mère Chapuis. Mâcon possède aussi son andouillette. De très loin, on venait à Meursault pour savourer la fabuleuse terrine de la mère Daugier. De nombreuses spécialités restent attachées à des sites, comme le jambon à la lie de vin (Nuits-Saint-Georges) ou le jambon à la crème, le saupiquet (Montbard, Saulieu).

Le coq au Chambertin

Ce n'est pas une recette très ancienne, comme d'ailleurs toutes les recettes associées à un cru précis. Elle est apparue dans les années 30. En revanche, les préparations au vin sont aussi vieilles que la Bourgogne. Brillat-Savarin conseillait le coq vierge. A défaut de cet oiseau rare, le coq doit être dans la force de l'âge. La vraie recette se fait au sang. Evitez les préparations lourdes et farineuses. Le coq n'aime pas le réchauffé et ne se plaît qu'avec des pommes vapeur. Inutile de sacrifier un Chambertin à la cuisine, un Gevrey ou même un Bourgogne rouge fera l'affaire. Mais le Chambertin servi à table donnera des ailes à ce volatile. D'autres villages (Givry par exemple) rivalisent avec Gevrey sur ce terrain.

Les grands ducs de Bourgogne ont été à l'origine de la tradition gastronomique de la région.

LA CONFRERIE DES CHEVALIERS DU TASTEVIN

Un rayon de soleil dans la nuit des caves

Il existe des centaines de confréries gastronomiques ou vineuses portant robe et chapeau. Encore fallait-il offrir à la France et au monde cette riche idée ! Au début des années 30, le vin ne trouve pas acquéreur. Si l'on est encore capable de grands millésimes (29, 33 et 34), le vignoble a le sentiment de toucher le fond de la cuve. Or l'idée bourguignonne renaît à cette époque, suscitant un dynamisme non seulement culturel, mais aussi capable d'offrir une réponse à la crise économique. Le comte Jules Lafon lance en 1932 la Paulée de Meursault. Le Mâconnais Georges Rozet va bientôt imaginer les Trois Glorieuses. On remet à l'honneur la vente des vins des Hospices de Beaune. Bref, tout le monde a du cœur à l'ouvrage. Rayon de soleil dans la nuit des caves, la Confrérie des chevaliers du Tastevin coïncide en outre avec la vague de fond qui aboutit aux appellations d'origine contrôlée (décret-loi du 30 juillet 1935) : pérennité de la qualité, rigueur dans la production, protection des climats bourguignons, des terroirs. Il s'agit donc d'une œuvre à l'ampleur inédite.

De nos jours, que ferait-on ? On barrerait les routes, on bloquerait le chemin de fer, on monterait à Paris derrière des banderoles. On implorerait une agence de communication, un cabinet de relations publiques de trouver un remède à ces malheurs.

Les gens de Nuits-Saint-Georges sont plus astucieux. Ils se prennent par le bras et, le cerveau cervolant (l'anticipation du *brain storming*), découvrent eux-mêmes la solution. Comme tous les traits de génie, l'idée en est simple. Puisque personne ne veut de nos vins, se disent-ils, invitons nos amis à les boire avec nous ! Ils deviendront ensuite d'excellents propagandistes. Au lieu d'aller au devant des amateurs sur tous les chemins de la planète, ils réalisent soudain que leur paysage, leurs caves, leur joie de vivre constituent leur meilleur atout. Comme l'avait fait jadis Claude Marey tenant table ouverte à Nuits ou Léonce Bocquet invitant sans cesse au Clos de Vougeot, ils entreprennent de donner au vin un visage humain. Et ils ne doutent de rien : « Le monde viendra à nous si nous savons lui en donner envie, cela ensoleillera nos misères... »

En 1933, une petite équipe constitue le syndicat d'initiative de Nuits. Camille Rodier (1890-1963) l'anime aussitôt. Comédien-né, auteur d'ouvrages estimés sur le vin de Bourgogne, il fait équipe avec Georges Faiveley (1887-1968). Ils pensent à une Journée du vin de Nuits la veille de la vente des vins des Hospices de Beaune, aménagent une cave à l'abandon, organisent quelques banquets, renouent avec la tradition de la Saint-Vincent dès 1934. Mais peut-on inviter la terre entière pour partager un banal repas de cochon ? Lever le coude sans élever le sujet ?

A Dijon, les Chanteurs bourguignons avaient déjà conçu un spectacle en forme de Baptême bourguignon, où l'impétrant était convié à « franchir les cercles du vin » avant de recevoir un tâtevin. Voilà le concept, le scénario de l'intronisation. Les deux fondateurs de la confrérie y ajoutent le sel et le poivre, Rabelais et Molière. Confrérie ? S'il en exista autrefois (les Francs-Buveurs bourguignons, les Altérés à Mâcon, les Vide-Flacons à Beaune), il s'agissait de groupes amicaux et locaux, ou encore de confréries vigneronnes de secours mutuel. Le génie du Tastevin est de marier ces diverses traditions en une institution inédite, qui feint d'évoquer le plus ancien passé, alors qu'elle est tout à fait moderne. Le *Pickwik-Club* de Charles Dickens, à la mode bourguignonne. Habile formule chimique ! Bacchus dans un club anglais. Ancien élève de Normale Sup', Georges Rozet trempe sa plume dans du bon vin, pour écrire le cérémonial.

« La France n'a pas d'élément plus liant que la Bourgogne, plus capable de réconcilier le Nord et le Midi. »
Jules Michelet, *Histoire de France*.

LE TASTEVIN DANS SON ECRIN

Le grand jour arrive enfin, le 16 novembre 1934. Pour la première fois, le grand conseil remet le cordon de pourpre et d'or à trente chevaliers venus de loin et bien choisis : journalistes parisiens influents, amis étrangers. Les costumes, le blason sont l'œuvre du dessinateur alsacien Hansi. Coup d'essai et coup de maître, les grands journaux en parlent. Ce sera désormais un succès mondial, un « must » inégalé dans son écrin du château du Clos de Vougeot, acquis en 1944. La plus belle table d'hôtes de France accueille dix-sept fois par an, selon un rite quasi immuable, quelque 550 convives émerveillés, venus de partout pour épouser la nationalité bourguignonne et jurer de la défendre. Ce dîner-spectacle tient l'affiche depuis 1934 avec la même pièce, la même distribution par esprit de famille et tempérament strictement nuiton...

Par Noé, père de la Vigne,
Par Bacchus, dieu du Vin,
Par saint Vincent, patron des vignerons,
Nous vous armons chevalier du Tastevin !

Chefs d'Etat, ministres, ambassadeurs, altesses royales, savants, académiciens, astronautes, comédiens – toutes et tous sont venus ou viendront au Clos de Vougeot recevoir ce coup de cep sur les deux épaules et cette accolade vineuse. Quelque 10 000 membres dans le monde et de nombreuses commanderies en Amérique, en Asie, en Afrique et dans l'hémisphère austral. Une tenue irréprochable, bachique sans doute mais veillant à bannir le moindre excès, toujours culturelle et sachant honorer davantage le mérite que les paillettes de la mode.

L'esprit bourguignon doit beaucoup au Tastevin. « Quand j'arriverai devant le Père éternel, dit Hilaire Belloc, je lui avouerai un péché mortel. Je lui dirai : "Je ne me rappelle ni le lieu ni l'heure, ni même le nom de la fille, mais je sais que c'était du Chambertin." » Il s'agit ici d'humour anglais, savoureux mais pas vraiment bourguignon. On a trop l'amour et le respect des femmes pour les tromper avec l'une de nos bouteilles. Alors que le vin suscite volontiers un humour au fusain, celui du Tastevin se nuance d'aquarelle. Comme ce curé de la Côte qui, ayant fait visiter son presbytère à son évêque, arrive à la cave où s'amoncellent les bouteilles vides. « Que de cadavres ! murmure le prélat. – Rassurez-vous, Monseigneur, lui dit le bon curé. Ils ont tous vu le prêtre avant de mourir ! » Ou ce vieux vigneron qui souhaite qu'on l'enterre avec trois bouteilles dans son cercueil. « Pourquoi donc ? demandent les enfants. – La première, c'est pour saint Pierre. Il faudra bien l'amadouer. La deuxième, pour saint Vincent. On lui doit bien ça. La troisième ? – On ne vous a jamais parlé au catéchisme de la résurrection des corps ? »

La marche d'*Aïda*, l'ouverture à Vougeot.

LES CONFRERIES BOURGUIGNONNES

• CONFRERIE DES TROIS CEPS
Née en 1965, à l'initiative de Michel Esclavy, elle veille sur l'honneur du vignoble auxerrois dans l'Yonne : Saint-Bris, Chitry et Irancy, puis Coulanges, la Côte d'Auxerre et alentour. Ruban bleu et or. Insigne : un tâte-vin. Devise : *Bonum vinum laetificat cor hominum.* Haut lieu : les caves de Bailly, dans d'anciennes carrières de pierre.

• CONFRERIE DES PILIERS CHABLISIENS
Née en 1953, à l'initiative de René Sotty, elle honore le vin de Chablis en s'inspirant de l'architecture romane. Ses membres et dignitaires s'appellent socles, architraves, corniches et socles, etc. Ruban or et vert pâle. Insigne : un tâte-vin. Haut lieu : le cellier du Petit Pontigny à Chablis.

• CONFRERIE DES FOUDRES TONNERROIS
Née en 1994, à l'initiative notamment de François Colin, elle réunit les apôtres des vins du Tonnerrois. Ruban or, vert et violet. Insigne : un tâte-vin.

• CONFRERIE DES GOURMETS DE MARSANNAY-LA-COTE
Née en 1986, elle défend l'AOC de Marsannay et les plaisirs de la table. Ses membres deviennent « gourmets de Marsannay ». Ruban or et bleu. Insigne : une médaille représentant un gourmet au visage épanoui et joyeusement attablé. Haut lieu : la Maison de Marsannay.

• AMBASSADEURS DU ROI CHAMBERTIN
Née en 1991, cette confrérie complète la fête annuelle du Roi Chambertin. Ses membres reçoivent la canne d'ambassadeur de ce monarque, pourvue d'un utile tire-bouchon niché dans le pommeau. Haut lieu : l'Espace Chambertin.

• COMPAGNIE DES VEILLEURS DE NUITS
Née en 1985, elle maintient la tradition des veillées de garde. Elle honore la lanterne et le bon vin. Ses membres deviennent « chevaliers du guet », et ils doivent boire une tassée de marc de Bourgogne. Ruban or et bleu. Insigne : une tasse de porcelaine décorée d'une grappe de

Et les chants des *Cadets de Bourgogne*.

Transformant un acte économique en un geste culturel, le Tastevin va d'ailleurs tout inventer : de même que le tastevinage, la Saint-Vincent tournante si souvent imitée.

LA SAINT-VINCENT TOURNANTE

Grâce à la Saint-Vincent tournante, le printemps éclate en Bourgogne dès la fin janvier. Des dizaines de milliers de fleurs en papier, faites à la veillée durant toute une année. Le jardin le plus extraordinaire du monde : pour la joie d'un samedi et d'un dimanche. Et chaque village qui accueille la fête tous les vingt ou trente ans s'efforce de faire mieux que le précédent, tout en observant depuis le milieu des années 90 un coup d'arrêt à l'escalade du gigantisme.

Tournante ? Martyr de Saragosse au IXe siècle, saint Vincent est le patron des vignerons. Il offre son nom aux sociétés de secours mutuel fondées au siècle dernier, avant la Sécurité sociale, dans la plupart des villages du vignoble. Au demeurant laïques, sinon républicaines et parfois anticléricales, ces associations portent témoignage d'un saint particulièrement tolérant. Le vigneron qui, par accident ou maladie, se trouve dans l'impossibilité de « faire ses vignes » reçoit l'aide de ses confrères. Chaque confrérie possède la statue de son saint patron, accueillie chaque année par une famille différente. Saint Vincent « tourne » donc dans tous les villages, de foyer en foyer. De là à faire « tourner » saint Vincent de village en village dans l'ensemble du vignoble, il n'y a qu'un pas. Belle idée, née du cerveau de la Confrérie des chevaliers du Tastevin en 1938. Cette fête attire aujourd'hui 100 000 personnes, sans avoir perdu son caractère religieux.

« Un temps de Saint-Vincent », dit-on souvent en Bourgogne pour parler d'une journée ensoleillée sous un ciel sulfaté de bleu, air mordant et froid piquant. Il arrive que la fête se déroule sous des nuages grognons, sous des averses de pluie ou sous des tombereaux de neige. Comme le village – candidat volontaire, et les communes se bousculent au portillon – n'accueille la Saint-Vincent tournante que tous les vingt à trente ans, il met les petits verres dans les grands.

raisin. Haut lieu : le caveau du bailliage de Nuits-Saint-Georges.

• COUSINERIE DE BOURGOGNE

Née en 1960, elle rappelle qu'à Savigny-lès-Beaune on a toujours bouteille sur table et cœur sur la main. Ses membres deviennent « cousins » et « cousines » au cours de « cousinages ». Insigne : une écharpe bleu et or portée en baudrier. Devise : « Toujours gentilshommes sont cousins. » Haut lieu : le caveau communal de Savigny.

• COMPAGNONNAGE DES AMBASSADEURS DU VIN

Née en 1990, à l'initiative de Paul Cadiau, cette confrérie complète l'Ambassade du vin, créée en 1984 : une diplomatie universelle du vin, un réseau mondial d'amitié. Ruban : pourpre et bleu, ou moiré. Insigne : le « robin » de bois, petit robinet de fût. Haut lieu : l'ancienne cuverie du chapitre de la collégiale Notre-Dame de Beaune.

• COMPAGNONS DE L'OUILLETTE

Né en 1988, ce compagnonnage se voue à l'ouillette : un petit broc à long bec qui permet de remplir le fût jusqu'à l'œil (le trou de la bonde) lors de son élevage. De couleurs différentes selon les grades. Insigne : une médaille. Devise : « Nous veillons à ce que vins de Bourgogne gardent bonté et loyauté. » Haut lieu : Bligny-lès-Beaune, puis Vignolles.

• SOUVERAIN BAILLIAGE DE POMMARD

Née en 1983, sur une idée de Jean-Philippe Lecat et à l'initiative des viticulteurs du cru, cette confrérie intronise des « baillis de Pommard ». Ruban : rouge, bleu et or. Insigne : une médaille. Haut lieu : le caveau communal de Pommard.

• CONFRERIE DES GRUMEURS DE SANTENAY

Née en 1989 sur d'anciennes racines, cette confrérie intronise des « grumeurs de Santenay ». Son emblème est le « barot », tonnelet que les vignerons emportaient jadis aux vignes. Il figure sur la médaille remise aux nouveaux membres. Elle est bleu et blanc (eau minérale), or (soleil) et rouge (vin). Haut lieu : le château Philippe le Hardi ou la salle des fêtes du village.

DE FREQUENTS MIRACLES

C'est d'ailleurs l'occasion de fréquents miracles, encore que Rome ait renoncé à les recenser. Il faut s'y prendre plus d'un an à l'avance, veiller à d'innombrables préparatifs, réaliser une cuvée. Il faut aussi préparer des fleurs en papier par dizaines de milliers. Des familles « qui ne se causent pas » depuis des générations, pour des affaires de mariage ou d'héritage, se réconcilient tout à coup... Sans même parler des enfants conçus ces nuits-là. Ne dit-on pas d'un beau gars parfois qu'il est un « p'tiot de Saint-Vincent » ou un « p'tiot de vendange » ?

Le samedi, Meursault, Fixin, Chablis, Rully ou Mercurey est décoré de ces fleurs de papier qui font fleurir fin janvier les glycines, les lierres, les bignonnes et les vignes vierges. Des rangs de vignes portent leurs feuilles et leurs grappes de raisins bien mûres. Des panonceaux proclament les charmes du pays. Des mannequins reconstituent les gestes de la vigne et du vin. Toutes les commissions savent ce qu'elles doivent faire, du barrage des rues jusqu'aux bouteilles à donner aux gendarmes.

Fin janvier, c'est la morte-saison des vignes. Les vignerons ont un bout de temps. L'un des rares moments de l'année où leur mobilisation est possible. L'Eglise n'a pas fixé par hasard le calendrier des saints. De bonne heure arrivent les confréries. Car elles demeurent bien vivantes, même si saint Cyr ou saint Marcel font parfois la nique à saint Vincent. On les reçoit dans une cuverie. Elles amènent avec elles, de partout et de Chablis à Givry, « leur saint », sa statuette. Une centaine de délégations s'attablent aussitôt pour le casse-croûte, réputé solide et sérieux. Chaque famille jette un dernier coup d'œil à la présentation de son auvent, de son portail, de ses « magasins » (les dépendances viticoles), car

La Confrérie des Chevaliers du Tastevin.

il s'agit de ne pas faire « ch'ti ». Alors débarquent les invités de la messe. Monseigneur venu de Dijon, le préfet, les parlementaires, les curés des environs – de quoi remplir deux églises, quand on n'en a qu'une. On s'entasse, on resquille, on se presse sous la chaire et dans les allées. Ceux qui n'entrent pas iront assister à l'office, grâce à la vidéo, dans une cuverie voisine. Les dignitaires du Tastevin sont là, naturellement, avec leur statue de saint Vincent. Le rouge et l'or de leurs robes ajoutent encore aux couleurs déjà épanouies du village.

L'office religieux n'est pas ici un rituel de circonstance. L'Eglise bénit cette tradition et lui conserve son caractère sacré. Utile action de grâces : « Rappelez-vous que toute richesse vient du ciel. » Le sermon est toujours un morceau de bravoure, toujours émouvant. Au sortir de la messe, le cortège se forme. Les statues qui se tenaient au chaud à la sacristie durant l'office retrouvent les épaules des vignerons, qui les conduisent en grande pompe, derrière la fanfare, jusqu'à la cuverie ou la salle des fêtes. On sacrifie au culte du discours mais, à la vérité, l'esprit est ailleurs : sur ces têtes de vieilles vigneronnes et de vieux vignerons, graves et émus aux larmes, millésimes d'avant 1914, burinés par le soleil et le travail, qui vont recevoir la « Légion d'honneur » de la Bourgogne. A l'occasion de la Saint-Vincent tournante, la Confrérie des chevaliers du Tastevin honore en effet les doyennes et doyens du pays, leur remet ses insignes de pourpre et d'or. Un geste simple, profond, fait d'affection et de gratitude.

• CONFRERIE DES COMPAGNONS DE SAINT-VINCENT ET DISCIPLES DE LA CHANTEFLUTE DE MERCUREY
Née en 1972, elle a pour emblème la chanteflûte, pipette de cave. La médaille représente saint Vincent. Elle est portée sur un baudrier rouge, accrochée par un nœud papillon vert. Devise : « Aime ce vin, sois bon comme lui. » Haut lieu : le château de Garnerot (Maison de Mercurey).

• CONFRERIE DES CHEVALIERS DU CEP HENRI IV
Née en 1966, à l'initiative de Gustave Rol, elle perpétue l'attachement de Givry au bon roi Henri. L'emblème : un tâte-vin portant l'effigie d'Henri IV. Ruban : bleu et or. Haut lieu : la salle des fêtes.

• CONFRERIE DES VIGNERONS DE SAINT-VINCENT DE MACON
Née en 1950, à l'initiative de Maurice Chervet, et développée à partir de 1960 pour la promotion de l'ensemble du vignoble mâconnais. Ruban : rouge et or, gansé de vert. Insigne : un tâte-vin portant le sceau de la confrérie sur la poucette. Haut lieu : le tinailler du château d'Aine à Azé.

Sitôt la cérémonie terminée, on repart dans deux directions. Celle du château du Clos de Vougeot, où l'on va célébrer le chapitre de la Saint-Vincent, le seul à être organisé en manière de déjeuner. On a toujours sous le bras un ministre, un ambassadeur, un académicien. Quant aux habitants du village et à leurs invités, ils s'engouffrent sous un chapiteau capable d'abriter un bon millier de convives.

LE « REGINGOT »

Quand le village sort de table, en fin d'après-midi, il n'a plus qu'une idée en tête : le bal qui va commencer. Car on a envie de danser, évidemment. Cette nuit-là, on ne se couche pas comme les poules, mais à l'aube généralement. Est-il besoin de préciser que le curé ne voit pas grand monde à sa messe du dimanche ? La grande journée peut alors voir le jour, mais pas avant les douze coups de midi. Des files infinies de voitures prennent d'assaut les chemins de vigne. Les caveaux de dégustation ne désemplissent pas. Le vin y est gratuit et, pour se faire servir, il faut simplement présenter le verre décoré pour la Saint-Vincent. On en vend des dizaines de milliers durant ces deux jours, et ce commerce finance tout. Enfin, la fête est-elle finie, avec ces fleurs en papier papilloté qui laissent peu à peu pencher leurs têtes ? Le croyez-vous vraiment ? On recommence le dimanche suivant en famille, entre amis. C'est le « retour de noces » d'autrefois, le « regingot ».

La Saint-Vincent tournante offre au village qui l'accueille la « paix de Dieu ». Son plus beau symbole est la cuvée de la Saint-Vincent, offerte aux visiteurs du pays, mariant dans la même cuve les raisins apportés par tous les vignerons, ceux du bas et ceux du haut, ceux des grands crus et ceux des appellations plus modestes. Ainsi s'affirment une solidarité conforme à l'esprit d'entraide des confréries, et l'unité bourguignonne renouvelée chaque année mais toujours éblouissante.

La princesse Grace de Monaco et tant d'autres ont reçu le cep bourguignon sur l'épaule.

L'HOMME ET SON VIN

Le caractère bourguignon

Stendhal raconte dans ses *Mémoires d'un touriste* un voyage qu'il fit en Bourgogne en 1837. « Ce soir, à Beaune, écrit-il, j'ai eu l'honneur d'assister à une longue discussion : faut-il vendanger le Clos-Vougeot par bandes transversales et parallèles à la route, ou par bandes verticales allant de la route au sommet du coteau ? On a goûté des vins de 1832 produits d'un de ces systèmes, et des vins de 1834, je crois, donnés par le système opposé. » Observant que chaque année a sa physionomie particulière, ou plutôt des physionomies successives, il conclut avec esprit : « A la fin de la séance, qui a duré plus de deux heures, je commençais réellement à entrevoir les différences de certaines qualités. »

Ne consacrant que quelques journées à cette visite, Stendhal voit tout, comprend tout. En Bourgogne, il suffit de posséder un bon guide. De même, Thomas Jefferson fait-il un voyage éclair en Bourgogne en 1787, et, guidé par l'intelligent tonnelier beaunois Etienne Parent, n'a-t-il aucune peine à percer quelques secrets du labyrinthe. Stendhal note d'ailleurs : « A table, les Bourguignons ne parlent que de leurs vins, de leurs mérites comparatifs, de leurs défauts et de leurs qualités, et l'ennuyeuse politique, si impolie en province, est tout à fait laissée de côté. »

DE VRAIS SUJETS DE DISCUSSION

Les Bourguignons sont ainsi faits, et on ne les changera pas. Ce qui les intéresse, les passionne vraiment quand ils se réunissent, c'est bien le vin. Les 76 s'éveilleront-ils un jour ? Que donnerait une belle parcelle de chardonnay en plein Chambertin ? Un rouge ou un blanc sur le brochet ? Monthélie prend-il un accent aigu ? Bref, une vraie discussion autour de vrais sujets. Revenons à ces vendanges par bandes verticales ou horizontales. Voilà bien matière à réflexion, même quand on reçoit à sa table Stendhal, qui a déjà publié *Le Rouge et le Noir*. A l'époque, la vigne était plantée en foule, sans rang ni palissage. La vendange pouvait donc donner des cuvées différentes selon les climats du clos, privilégiés ou rendus homogènes. Les dégustant et apprenant à en saisir les nuances, ce grand esprit en découvre les subtilités. On promet d'ailleurs de dénicher à son intention une bouteille de Clos de Vougeot datant de Cîteaux, soit vieille de près de cinquante ans, afin qu'il puisse comparer lui-même.

Rien de nouveau sous *le Bourguignon* – ainsi appelait-on jadis le soleil, jovial et rayonnant. Toute l'habileté bourguignonne est de savoir tirer parti ou profit de tout. Cîteaux n'est qu'un marécage, une affreuse solitude, quand les fondateurs du monastère s'appuient sur ce modeste tremplin pour bouleverser la chrétienté. La Côte, un humble gratte-pieds sur l'horizon, sera transformée par la vigne en une marche vers le ciel.

UN FEU INTERIEUR

Entre le vin et la société, il existe un profond choc affectif. Les grandes lignées – comme les Marey-Monge, Liger-Belair, Gaudin de Villaine et Leroy à Vosne-Romanée – illustrent des familles et des empires dont l'aventure dépasse sensiblement l'ordre de la puissance ou celui de la fortune pour relever du romanesque pur. Car ces lignées – dynasties nobles, bourgeoises ou vigneronnes – s'estiment, s'aiment ou se déchirent parfois pour la même passion dévorante, ce feu intérieur qui les brûle pour l'objet le plus immatériel qui soit : le vin, leur vin, le plus grand vin

« J'ai toujours eu confiance en vous pour la qualité. Je m'en remets à vous : la qualité d'abord, le prix ensuite. »

Thomas Jefferson, lettre à Etienne Parent, de Beaune (22 janvier 1789).

possible. Des sentiments excessifs, exacerbés, romantiques ou tragiques habitent ces destins et ces vins, qui deviennent des personnages adorés, convoités, protégés, désirés, vendus, rachetés, portés aux nues ou laissés en déshérence, vivants. Ils font partie du cercle de famille, des repas de famille, des conseils de famille, et non comme des bouteilles sur la table ou des portraits accrochés aux murs, mais comme des « enfants de la maison », selon l'affectueuse expression d'un abbé de Cîteaux accueillant, au XVIIIe siècle, un visiteur anglais.

Ces vignes, on les veut vierges, en monopole. Il ne s'agit pas d'un patrimoine, d'un médaillon transmis de mère en fille, mais de l'honneur tout entier d'un cru, d'une race et de son sang, d'une responsabilité devant l'histoire, d'une œuvre de patience, d'un dévouement sans limites et de l'accomplissement social d'une génération. Car une vigne n'est pas seulement un capital, mais aussi une création esthétique renouvelée de millésime en millésime, de siècle en siècle. Ces grandes lignées sont d'ailleurs plus exemplaires qu'exceptionnelles. D'une destinée peut-être moins brillante, la plupart des domaines de Bourgogne partagent cet attachement viscéral à la vigne, à leur vin, à leur nom, vécu comme un amour passionné et une idée fixe.

Les femmes et la cuverie

On lit sur un mémoire du début du XIXe siècle : « Gardez-vous bien de laisser entrer dans vos pressoirs ni femmes ni filles, et encore moins de permettre qu'elles mettent la main dans les cuves, ni qu'elles en approchent la bouche, parce que si elles sont dans leurs temps critiques, vos cuvées seront tournées et perdues, surtout si la fermentation y est. » Cette croyance restera vivace jusqu'au milieu de XIXe siècle. Chez Thomas-Bassot à Gevrey-Chambertin, par exemple, la cuverie en période de vendanges portait naguère un écriteau : « Interdit aux femmes. »

Les œnologues, et souvent parmi les plus estimables, sont aujourd'hui également des femmes. Il existe des femmes remarquables dans la vigne et le vin, qui pénètrent bien sûr à la cuverie durant les vinifications.

ESCARGOT DANS L'AME

Le caractère bourguignon est modéré, prudent et attentif, discret et réservé. Ayant le sens du commerce, il sait s'adapter à ses clients. Si le Bourguignon fait la fête, c'est surtout pour les autres. Son tempérament le porte plus volontiers à une relation secrète avec son vin dans le silence de sa cave. Il a horreur du bruit et des cris. Escargot dans l'âme, il dédaigne le mauvais goût. Rien ne l'irrite davantage que d'entendre un visiteur faire un jeu de mots sur le Clos de Bèze ou dire vulgairement qu'un vin « a de la cuisse ». Ce n'est pas sa façon d'approcher l'un de ses crus.

La nature, le sol, le climat, l'histoire, les clones ou l'œnologie offrent des explications. Mais la complexité bourguignonne se situe dans l'homme. Ce vin, bien sûr, a ses mauvais jours. Reproche-t-on à Mozart, à Tolstoï une page raturée, le manque d'inspiration, des tracas de santé, des ennuis ménagers ? Il en est ainsi de l'œuvre (le cru) et de ses interprétations annuelles (le millésime, la vinification). Seul l'homme, par son amour de la vie et son respect de la nature, emplit le vin de joie et, d'un geste, libère la bouteille comme un oiseau vers le ciel. Passant un jour en Montrachet à la veille des vendanges, sous les averses d'une pluie douloureuse, j'ai vu Edmond Delagrange qui visitait sa vigne. Il venait voir

Le vin est un art, mais d'abord un travail.
Il faut en Bourgogne l'élever,
et le verbe a deux sens en français.

Laurence Jobard et quelques autres,
Nadine Gublin par exemple, ont imposé
par leurs compétences la place des femmes
dans cet ancien métier d'hommes.

Durant son élevage, on suit le vin chaque jour, pendant un an et demi.

un à un ses raisins qui pourrissaient. Il les caressait des yeux, et un nuage de larmes embuait son vieux regard. Seul dans sa vigne, il parlait aux raisins.
Il existe en réalité deux Bourguignons : celui qui vous accueille chez lui, qui vous honore d'une descente de cave, et celui qui reste ici après votre départ. C'est toujours le même homme. On pense à Charles Viénot, personnage truculent et légendaire, sachant recevoir comme personne, et, dès le lendemain matin à six heures, dans ses vignes ou surveillant ses comptes. Après lui, Bernard Barbier reprend ce flambeau, tôt levé, tard couché.

LE SUJET DONT ON NE PARLAIT PAS A TABLE

Quand un nouveau chevalier du Tastevin est intronisé au Clos de Vougeot, on l'invite solennellement à défendre d'abord le vin de France et ensuite le vin de Bourgogne. Le vin exprime une culture, une ouverture sur les autres. Tout à la fois une curiosité insatiable et la générosité du partage. Autant dire que la Bourgogne se sent bien à Bordeaux. Car, à sa manière et selon son tempérament, elle a conscience de défendre, ici comme ailleurs, l'honneur du vin de France. « Un Bordelais et un Bourguignon sont irréconciliables », écrivait François Mauriac, estimant impossible de comparer l'incomparable. Je peux citer à la barre mes propres souvenirs de jeunesse à Gevrey-Chambertin. Bordeaux était un sujet dont on ne parlait pas à table. On ne lui reprochait rien, mais on ne le connaissait pas vraiment. Les choses, les gens, les temps ont bien changé. Les deux grands vignobles ont appris à s'aimer et à se respecter mutuellement. Au point que l'on peut dire maintenant, comme ce magistrat d'autrefois : « Bourgogne ? Bordeaux ! C'est un différend dont j'aime tant à compulser les pièces que je remets toujours le jugement à huitaine… »
Une coopération n'aurait peut-être pas été concevable il y a cinquante ou même vingt ans. Elle est aujourd'hui tout à fait naturelle. Depuis quelques décennies, l'horizon du vin s'est étendu à la planète tout entière. La vigne croît et se multiplie sur les cinq continents. Le vin devient universel. Dès lors, face à cette révolution culturelle et mondiale, Bourgogne et Bordeaux ne peuvent plus s'ignorer. Leur combat est le même. Leur destin se déroule sur tous les grands chemins de la terre. Le problème n'est plus de savoir qui des deux est à la droite du Seigneur. Il est de savoir comment Bourgogne et Bordeaux garderont durablement et avec éclat leur rang français parmi les meilleurs vins de la planète. Ici et là dans le monde, ces meilleurs vins ont du cœur à l'ouvrage, de l'ambition, l'amour de la qualité.
Pourquoi cet orgueil légitime ne serait-il pas aussi le nôtre ? La Bourgogne se rend de bon cœur à Vinexpo, observant simplement que la fête de la Fleur, organisée à chaque fois dans un château différent, s'est peut-être inspirée un peu de sa Saint-Vincent tournante… Bordeaux et Bourgogne ont ouvert ensemble à Paris, en 1996, une Ecole du vin. Si les liens économiques des deux vignobles ont été peu nombreux et rarement réussis, le climat est à l'harmonie sur des terrains d'estime réciproque. Les interprofessions ont à cet égard joué un rôle particulièrement utile dans la réconciliation des deux vignobles.

LA TRIPE REPUBLICAINE ET L'ANTICLERICALISME

La Côte dans son ensemble ainsi que les Hautes-Côtes ont la tripe républicaine. L'histoire est ici une vis de pressoir. Pendant des siècles, les vignerons ont sué et soupiré sous les moines et les chanoines. Ils ont fêté la Révolution et la République. Plus évolué que les paysans du XIXe siècle, les vignerons ressemblaient un peu aux typographes dans l'industrie. Ils voyaient du monde, parlaient, étaient au courant des idées nouvelles. Ne se connaissant ni seigneur ni château, faisant affaire avec les « vieilles familles » devenues les grandes maisons du négoce-éleveur, ils votaient en général à gauche. Même pour la Saint-Vincent, de tradition récente (XXe siècle), on ne mettait guère les pieds à l'église en pays vigneron. L'anticléricalisme y trouvait de sûrs alliés, comme le général André, ministre de la Guerre lors de l'affaire des Fiches, n'adorant que ses Saint-Georges à Nuits et conseiller général à Gevrey. Nuances cependant… Si le communisme, très vivace naguère dans les Hautes-Côtes, a perdu ses appuis, les blancs et la Côte de Beaune votent fréquemment à droite, tandis que les rouges et la Côte de Nuits ont volontiers le cœur à gauche.

La Saint-Vincent tournante, fête traditionnelle.

LA VIGNE, CETTE ENSORCELEUSE

Il faut veiller sur elle pendant les douze mois...

La vigne d'autrefois ressemblait peu à celle d'aujourd'hui. Plantée « en foule », sans rangs ni palissage, elle portait jusqu'à 20 000-22 000 pieds à l'hectare, souvent 15 000 environ. Les 10 000 pieds actuels, nés du palissage, sont d'ailleurs critiqués par certains qui estiment préférable une densité plus grande et une production moins élevée par pied. L'orientation des pieds dépend de la configuration de la parcelle, de l'ensoleillement, de la ligne de plus grande pente, mais répond aussi à d'autres besoins, comme celui de se protéger de l'érosion. Un gros orage – ils sont fréquents l'été –, et la terre si précieuse, si rare est emportée au bas du coteau...

LE RENOUVELLEMENT DES VIGNES

Le cep de vigne dure autant que la vie d'un homme. Le grand âge a cependant les mêmes effets sur l'un comme sur l'autre. L'âge moyen d'un cep en bonne production tourne autour de 35 ans. Le renouvellement s'effectue par repiquage (quand on remplace un pied mort ou malade) ou par replantation complète. Celle-ci présente l'avantage de laisser reposer le sol durant quelques saisons, avec parfois une plantation intercalée (avoine, sainfoin), et de l'assainir. Le sol est défoncé à une cinquantaine de centimètres de profondeur, désinfecté et parfois fumé. En revanche, et outre l'absence de production, l'inconvénient est de perdre la diversité des pieds, de produire un vin trop homogène. On ne peut pas laisser vieillir éternellement une vigne (dans les années 60, le Clos des Lambrays de Renée Cosson à Morey-Saint-Denis en offrait le triste exemple). On replante donc par petites parcelles au sein d'une même vigne : quelques rangs, puis quelques autres. La Romanée-Conti doit être ainsi replantée à la fin des années 90, au terme d'études très attentives. Dix rangs sont d'abord arrachés pour être ensuite replantés, à partir de pieds mères suivis régulièrement au cœur de la vigne. L'ouvrage complet durera plus de dix ans. En 1947-1948, La Romanée-Conti avait été replantée entièrement avec le concours de greffons prélevés dans la Tâche voisine.

On utilise des greffes non racinées, obtenues par les viticulteurs eux-mêmes ou par des pépiniéristes. Il s'agit soit de greffes d'un an, tirées d'une pépinière, plantées au printemps ; soit de greffes de l'année, préparées en pots de plastique et plantées en juillet ou en août, à l'époque de la pleine végétation. Efficace, cette dernière méthode permet de gagner une année. En effet, la « plante » (la jeune plantation) ne produira qu'au bout de trois à quatre ans (on dit trois à quatre « feuilles »).

FACTEUR ESSENTIEL DE QUALITE : LA TAILLE

La taille constitue un facteur essentiel de qualité. Elle commence dès la chute des feuilles, en automne, et se poursuit jusqu'en mars. Disparue un temps, la prétaille réapparaît actuellement (taille de préparation laissant les sarments principaux destinés à fournir ultérieurement les coursons et baguettes), suivie au début du printemps par une taille de finition. Sinon, tout se fait en une seule opération. Le nombre d'yeux (bourgeons) susceptibles d'être laissés sur chaque pied est réglementé. Ce travail soigneux reste manuel, grâce au sécateur pneumatique. La curieuse brouette formée d'un bidon ouvert sur les côtés recueille les bois, que l'on brûle ensuite sur place. D'où ces fumerolles qui montent partout de la vigne durant l'hiver pour le bonheur des photographes. Le volcan n'est qu'endormi... Jadis, on faisait des fagots avec ces « javelles » pour allumer le feu dans la cheminée.

« Il y a vigne et vigne. »
Robert Laurent, *Les Vignerons de la Côte-d'Or au XIXe siècle.*

Il existe plusieurs systèmes de taille. En Mâconnais, on pratique la « queue » pour le chardonnay (deux longs bois arqués de chaque côté du cep et dont les points sont fixés au fil de fer inférieur du palissage) et la « taille en gobelet » pour le gamay (en éventail, quatre bras portant chacun un courson et deux yeux). Dans l'Yonne, la « taille à traîne » subsiste parfois, modifiée (deux bras de vieux bois, ou de « charpente », portant chacun une branche fructifère de six yeux). Mais les deux systèmes les plus répandus dans l'ensemble du vignoble sont, pour le pinot noir, le chardonnay et l'aligoté, la « taille Guyot » (on ne conserve chaque année que deux branches : la « baguette » coudée à 40 cm environ du sol et taillée à plusieurs yeux qui donneront les branches fructifères, le « courson » taillé à deux yeux d'où naîtront les branches de l'année suivante) et le « cordon de Royat », couché horizontalement sur le fil de fer du bas, comportant quatre coursons à deux yeux.

Dès le XVIIIe siècle, Côte de Nuits et Côte de Beaune s'opposent sur ce point. Alors que la Côte de Beaune laisse la taille pour l'année suivante à l'extrémité du sarment qui a porté le fruit, la Côte de Nuits ne laisse pour la taille de l'année suivante que le sarment inférieur, le plus près du vieux bois. Ainsi expliquait-on certaines différences de qualité et l'aptitude du Nuiton à produire des vins plus fermes et se conservant plus longtemps. La taille Guyot s'est surtout développée au XXe siècle en Côte de Nuits, le Beaunois étant pour sa part fidèle au cordon de Royat. Parmi les questions posées par l'évolution du vignoble figure celle de la taille : ne convient-il pas d'appliquer en Côte de Nuits le cordon de Royat, plus difficile à exécuter mais probablement mieux adapté à la conduite de la vigne future ?

Dictons d'autrefois

La bise nourrit la Bourgogne,
Le vent du Morvan l'affame.
→ **Vertu du vent du nord, orages venant de l'ouest.**

Vin vert, riche Bourgogne.
→ **Le sentiment populaire était favorable à des vendanges précoces.**

Nul ne sait ce que vaudra le vin
Avant du mois de mai la fin.
→ **La taille est faite, et l'on a évité les gelées.**

Courte taille, grande vinée.
→ **Qualité et faible rendement vont de pair.**

Si le lierre perd ses grains,
Les raisins couleront.
→ **L'un des innombrables exemples des observations curieuses faites au fil des siècles par les vignerons.**

Si les pluies des 15 et 24 août continuent,
D'autant la vendange diminue.
→ **L'explication est plus aisée : il s'agit d'un été pourri.**

Dans ta vigne, veux-tu faire du meilleur vin ?
Des feuilles trop nombreuses dégage tes raisins.
→ **Moins sûr aujourd'hui, où l'on sait que la feuille de vigne joue un rôle essentiel comme capteur solaire.**

LA CONDUITE DE LA VIGNE

Depuis la révolution phylloxérique, la vigne est conduite en Bourgogne en forme basse, le rideau de verdure se situant entre 0,30 m et 1,10 m de hauteur, avec un écartement de 1 m de largeur environ entre les rangs. La vigne haute et large est apparue dans les Hautes-Côtes surtout, ainsi qu'en Saône-et-Loire, à l'issue d'un voyage d'étude en Bordelais de viticulteurs de Côte-d'Or. L'INAO a laissé faire, puis a donné son accord en 1982 à cette conduite autorisée pour les appellations Bourgogne Hautes-Côtes de Nuits et Bourgogne Hautes-Côtes de Beaune. Ailleurs, les vignes hautes et larges plantées avant 1980 (Bourgogne) sont tolérées jusqu'à leur arrachage. L'écartement varie entre 1,50 m et 3 m. Semi-haute ou haute, la vigne atteint 2 m. Si l'aération et l'insolation sont meilleures et les travaux mécaniques facilités, toutes les questions ne sont pas résolues (acidité, richesse en sucre). Autre innovation récente : la vigne en lyre. Cette variante de la vigne haute et large est apparue dès les

Dès qu'un gros orage a éclaté, ou que la pourriture se propage, l'hélicoptère intervient.

Au début du XXe siècle, le canon grêlifuge (ici, au-dessus du Clos de Vougeot) apparaissait comme la réponse la plus sûre aux aléas du ciel.

années 60 dans quelques domaines d'Auxey-Duresses. Toutes les vignes hautes ne sont autorisées actuellement que sur l'aire d'AOC Bourgogne Hautes-Côtes, sauf expérimentations (Auxey-Duresses, lycée viticole de Beaune notamment). En 1995, une cinquantaine d'hectares sont plantés ainsi en Côte-d'Or, quelques dizaines en Saône-et-Loire.

LES PIEDS DANS LES MEMES SABOTS

Changeant mais immuable, le vignoble remet chaque année ses pieds dans les mêmes sabots. L'année commence… l'année d'avant. Car on taille en pensant à l'année suivante. En octobre, après les vendanges, on arrache les ceps morts (repiquage) ou, quand on va planter ou replanter, on arrache et défonce : la terre est nettoyée sur 40 cm à 50 cm de profondeur, épierrée en partie, délivrée des vieux ceps et de leurs racines, ameublie. On en profite pour améliorer l'écoulement des eaux, créer des murs de soutènement, etc. En novembre, le « défonçage » se poursuit. On débarrasse le cep de ses sarments inutiles. La prétaille, ou « démontage », supprime la branche à fruits de l'année. Le pied est ainsi prêt pour la taille de printemps, si l'on procède, comme c'est souhaitable, en deux opérations. Brûlage des sarments, ou « sarmentage ». « Buttage également », un labour qui doit être terminé avant les grands froids et peut-être la neige. Quand la pente est forte, quand l'érosion a été sévère, le « remontage » de la terre est une nécessité. On l'effectuait jadis à la hotte tout au long de l'hiver. Décembre, c'est le même travail. Le vigneron est souvent à la cave, où il veille sur les fermentations, sur la naissance de son vin.

Janvier correspond à une période d'accalmie dans les travaux de la vigne et dans le premier élevage du vin. A la fin du mois, la Saint-Vincent, locale ou tournante, ne s'inscrit pas innocemment dans le calendrier. C'est un moment où le vin est fait dans ses grands traits, où la terre se repose. Le viticulteur peut penser à autre chose, et particulièrement à ses clients. On invite des amis, on fait la fête.

La taille a lieu en principe en février. Elle dirige, oriente et améliore la vie de la vigne, son développement, ses fruits. Chaque cep pose un problème particulier. Le bon vigneron se reconnaît à sa taille. Car la vigne est une plante sauvage qui, laissée à elle-même, donnerait le pire plus que le meilleur. Cette ensorceleuse (« cette garce », dit-on en Bourgogne…) voudrait toujours produire plus dès que le soleil s'y prête. Il faut donc la domestiquer, la civiliser et la contraindre à porter

La vigne en lyre

Variante de la vigne haute et large (du type Alsace), la vigne en lyre fait partie des vignes hautes autorisées dans la seule aire d'appellation Bourgogne Hautes-Côtes (Nuits et Beaune) depuis le décret de 1982. L'espacement est de 3 m entre les rangs, de 1 m entre les pieds sur le rang (3 000 plants au minimum par hectare) et la hauteur du palissage de 2 m. Tailles : Guyot double ou cordon de Royat. Une convention avec l'INAO a permis, depuis 1980, l'implantation des parcelles expérimentales à Auxey-Duresses (domaines Latour, Labry, Roy) ainsi qu'au lycée viticole de Beaune. Au milieu des années 90, une cinquantaine d'hectares sont en lyre dans les Haute-Côtes. Des essais ont eu lieu en Saône-et-Loire également, sur pinot noir et aligoté.

Le double palissage ascendant (en forme de V) semble satisfaisant au terme de ces expérimentations et pour certains vignobles : adaptation aux conditions de sol, climat et encépagement, rendement correct, conduite mécanique de la vigne facilitée, coûts moins élevés, avantages divers (absence d'érosion, gel de printemps moins dur, etc.). En vue d'une éventuelle modification du décret de 1982, l'INAO souhaite actuellement des études plus approfondies. Cette approche semble très intéressante. Le nombre de pieds influe naturellement sur le coût d'exploitation. Dès lors que l'on admet une vigne haute et large, tout le problème est d'aboutir aux vins les plus riches et les plus aromatiques. Est-ce la solution ? La lyre a des adeptes, et la dégustation ne lui est en général pas défavorable.

Jules Guyot a donné son nom à l'Institut de la Vigne créé en 1995 à Dijon. Et aussi à la taille Guyot, ici à gauche.

A droite, la vigne en lyre expérimentée à Auxey-Duresses.

peu de fruits. Le bon vigneron connaît chacun de ses ceps, ou du moins tous ceux qui méritent sa vigilance.

En mars vient l'époque de la fin de la taille (« Taille tôt, taille tard, rien ne vaut la taille de mars ») et des engrais (potasse, azote, acide phosphorique). Fumier ? Le fumier de cheval de course, la paille biologique des cracks de Vincennes et de Chantilly, ou bien le guano venu de l'Atlantique, poisson pourri et crottes de mouettes. Des vinasses de betteraves, des algues marines pour certains puristes. On greffe. Le greffon (sarment choisi du cépage à obtenir) est fixé sur un porte-greffe (sarment de vigne américaine résistant au phylloxéra, qui n'a pas disparu), donnant une greffe qui prend dans un milieu assez chaud (sable, sciure de bois) au bout de quelques semaines, en définitive le plant greffé-soudé.

Puis avril : « débuttage » (dégager les ceps de la terre qui les recouvrait depuis le « buttage »), « bouéchage » (enlever les racines qui poussent sur le greffon à la soudure de la greffe), « attachage » ou « couchage » des baguettes (fixer la baguette au fil de fer inférieur pour former un cordon horizontal et ralentir l'élan de la sève), « griffage » (pratiquer un labour superficiel d'entretien), « désherbage ». En mai commencent les traitements contre le mildiou, l'oïdium, les vers de la grappe, les araignées malfaisantes. L'« évasivage », ou « éjetonnage », est l'ébourgeonnage : supprimer à la main les « gourmands », jeunes pousses parasites qui poussent sur le vieux bois et ne portent pas de fruits, de même que les « doubles bourres », les bourgeons secondaires. Le « relevage » consiste à ordonner la végétation, à faire rentrer les pampres dans le rang.

LES INTEGRISTES

Depuis les années 90 surtout, une nouvelle école établit sa religion dans le vignoble. Elle dénonce l'excès de potasse apportée dans les années 50 et 60, provoquant une carence en magnésie, une perte de chlorophylle, l'épuisement de la plante et l'affaiblissement de ses capacités de synthèse. L'acidité chute. Si ces constatations sont largement admises aujourd'hui, la méthode biodynamique est plus discutée. Elle a des ancêtres, comme Germain Poullot de Brochon, qui cultivait un seul hectare de vigne en faisant mousser l'herbe (mourons, pissenlits, soucis) pour récolter 5 hl à peine. Ou Renée Cosson à Morey-Saint-Denis, qui prohibait tout apport chimique dans ses Lambrays légendaires. Eblouie par une rencontre avec Nicolas Joly (la Coulée de Serrant) et émerveillée par l'enseignement du philosophe autrichien Rudolf Steiner (1861-1925), Lalou Bize-Leroy estime que tout est vivant : la plante, le fruit, le vin. Cette méthode proscrit tout traitement chimique, sauf le soufre-fleur contre l'oïdium et le sulfate de cuivre contre le mildiou à faibles doses. Pas de désherbant, de potasse, de pesticide, d'engrais de synthèse. Une sorte d'homéopathie appliquée à la vigne (« Regardez comme elle est gaie ! » dit Lalou) : fumures à partir de composts biologiques, bouses de vaches par exemple ; dilution extrême des apports étrangers (jusqu'à 4 g/ha) ; tisanes de prêle, d'ortie ou de thuya, décoction d'achillée, en observant la lune, en brûlant des papillons dont on répand les cendres... Les résultats sont inégaux, tragiques à l'occasion, quand la pourriture envahit la vigne à la veille des vendanges, mais ils témoignent d'un mouvement profond qui fait évoluer peu à peu les mentalités.

Ce travail se poursuit en juin, où l'on effectue l'« accolage » (fixer les rameaux sur le fil de fer du palissage à l'aide de liens en jonc). Toujours les traitements et les mêmes travaux jusqu'au cœur de l'été. En juillet débute le « rognage », ou « écimage » (tailler l'extrémité des rameaux de la vigne qui, le soleil aidant, jaillissent en hauteur). Août passe et vient septembre, la vendange s'annonce. Il faut la prévoir dès juillet et pratiquer la « vendange verte » en cas d'abondance (couper à l'avance les raisins qui seraient de trop et donneraient des rendements excessifs).

LES CENT JOURS

Formé pendant l'année précédente, le bourgeon principal dort l'hiver et se réveille au printemps, quand au bout des sarments apparaissent des gouttes étincelantes, les « pleurs de la vigne ». Le bourgeon gonfle dans le « coton ». Il s'ouvre, rejette sa « bourre ». C'est la sortie des feuilles, qui s'étalent peu à peu, puis l'apparition de la grappe. On dit la « sortie ». La « feuillaison » se développe souvent assez vite sous l'effet de la chaleur.

A la mi-juin, à bonne température, la « floraison » se produit. « Le lis et la rose de toute la terre », chante Gaston Roupnel. Existe-t-il vraiment une odeur, un parfum de la vigne en fleur ? Un sentiment de bonheur... Les vendanges, dit-on, auront lieu cent jours après la fleur. La « nouaison » voit la formation du grain de raisin. Quand il prend sa couleur, à la mi-août, c'est la « véraison », puis sa « maturation ». L'« aoûtement » correspond à la phase la plus intense de la croissance du raisin (« Août fait le moût »).

La « grande année » répond-elle à des critères objectifs ? Petite quantité, excellente qualité ? Sans doute peut-on penser qu'en rouge une année très chaude, précoce, semble parfaite. Il n'en est rien, car alors le soleil seul durcit, ferme le vin. Il faut un peu de pluie pour parvenir à l'optimum. Mais le ciel décrète rarement l'équation idéale. Une année peut mieux réussir en blanc qu'en rouge et inversement. L'abondance peut conduire à la perfection. Comme elle devient habituelle pour des raisons culturales, le viticulteur découvre un nouveau problème : il faut non seulement prendre la récolte comme elle vient, mais aussi la réduire pour concentrer davantage le jus et rechercher l'excellence. D'où la « vendange verte » (la suppression des grappillons excessifs) le tri sévère à la cuverie (que l'on pratique vraiment depuis les années 80), en introduisant une question inédite : comment se débarrasser de l'excès de production de la plante ? Cette question ne s'était jamais posée. Elle interpelle désormais tous les domaines presque chaque année.

TRAVAUX MECANIQUES ET MANUELS

Les travaux de la vigne sont de nos jours mécaniques et manuels. La première révolution avait eu lieu au début du XXe siècle, quand le cheval était entré, avec la charrue, dans le rang de vigne. La seconde s'est produite dans les années 50 et 60, lorsque le motoculteur puis le tracteur-enjambeur (apparu à Auxey-Duresses dès 1947) ont remplacé les derniers chevaux. Fier sur sa machine comme un empereur romain entrant à Rome pour son triomphe, le viticulteur pratique ainsi le rognage et les traitements. Il s'y ajoute souvent, depuis les années 90, l'hélicoptère quand la grêle, par exemple, rend nécessaire un traitement rapide. Demeurent manuels cependant la taille, l'attachage, l'accolage, l'évasivage – tout ce que la vigne exige de soins personnels et précis.

Les vendanges ont lieu en septembre ou en octobre, d'abord dans le Mâconnais puis, décalées de quelques jours ou semaines, en remontant vers Chablis et selon les cépages. Elles s'achèvent souvent dans les Hautes-Côtes. Les plus précoces, à Gevrey-Chambertin, ont débuté en 1893 le 31 août. Tout juste une fois par siècle. Les plus tardives dans le même village : le 22 octobre 1879. En Auxerrois, les plus précoces depuis deux siècles : le 5 septembre 1822. Les plus tardives : le 30 octobre 1815. La moyenne quasi constante se situe ici entre le 22 septembre et le 15 octobre. La maturation n'a guère changé durant l'histoire. Jadis, les vendangeurs venaient s'engager à la journée. Paysans du Morvan ou de la Bresse, ils trouvaient ainsi quelques ressources. De nos jours, il s'agit d'amis de la famille, de parents, d'étudiants (40 000 environ en Bourgogne, dont la moitié en Côte-d'Or). Les années 80 ont vu apparaître les premières machines à vendanger – celle de Jean Brocard en Chablisien, par exemple, ou celle de Guy Simon dans les Hautes-Côtes –, peu à peu perfectionnées. En 1995, on en compte 220 en Saône-et-Loire, autant dans l'Yonne et 110 en Côte-d'Or. La machine ne fait pas mal son travail, encore qu'elle égrappe de force et ne laisse pas cette faculté de jugement au vinificateur. La question relève plutôt de l'art et la manière... Quand on vend une bouteille un bon prix, quand on récolte le Saint des Saints, ne faut-il pas vendanger « à la main », mention qui figure à l'occasion sur l'étiquette ? Le respect de certaines traditions fait partie du paysage bourguignon. Pas de machine à vendanger dans les crus, par pitié ! Car ce serait aussi la fin des « tue-chien », des « paulées », des goûters et ripailles de fin de vendanges, la mort d'une joie offerte en partage. Une perte d'image irréparable.

Les règles qui régissent les rendements et une productivité accrue ont fait disparaître la seconde vendange. Faculté laissée traditionnellement aux ouvriers du domaine, le grappillage donnait la « boîte », ou le « kroumir », un vin de consommation domestique. Il n'était pas toujours fait de verjus, mais souvent de raisins oubliés par les vendangeurs et par les étourneaux. En 1989, puis en 1990, il y avait dans les vignes de novembre de quoi faire une autre récolte, et ce phénomène s'est développé durant les années 90.

LE BAN DE VENDANGE

Décider de la date de commencement de la cueillette a toujours été un pouvoir passionnément disputé. Car le ban de vendange exprima longtemps l'autorité du plus fort : celui qui attendait la bonne maturité mais qui mobilisait aussi les vendangeurs à son profit. La disparition du ban était réclamée sur de nombreux « cahiers de doléances » à la veille de la Révolution. Double question insoluble, entre l'exigence de qualité, la discipline nécessaire, et la liberté du citoyen...

Le ban actuel résulte d'un décret de 1979 autorisant la chaptalisation des vins produits seulement par des vignes vendangées à partir d'une date fixée par arrêté du préfet du département, après diverses consultations locales. Par exemple, en 1995, les bans successifs s'étagent du 14 septembre (Mâconnais) au 3 octobre (cépage sacy dans l'Yonne) : le 18 septembre pour la Côte chalonnaise ; le 21 septembre pour les chardonnays de la Côte de Beaune, crémants du Châtillonnais et Couchois ; le 25 septembre pour les Bourgognes des Hautes-Côtes de Beaune en Saône-et-Loire et de Joigny ; le 28 septembre pour les Chablis et le Sauvignon de Saint-Bris ; le 29 septembre pour les Bourgognes Hautes-Côtes ; le 30 septembre pour le Bourgogne Irancy.

LES MAUX DE LA VIGNE

La vigne est constamment menacée. Le phylloxéra, toujours présent, a été rendu inoffensif, mais d'autres insectes parasites restent dangereux. Chenilles de deux papillons, le cochylis et l'eudémis, les vers de la grappe sont des dévoreurs. Acariens, les araignées rouges et les araignées jaunes attaquent les feuilles. L'oïdium et le mildiou sont des maladies provoquées par des champignons, comme la pourriture grise, *Botrytis cinerea*, aux effets dévastateurs l'été par temps humide. Un nouveau champignon est apparu ici en 1988, l'eutypiose, qui fait dépérir les souches et dont la nature demeure mal connue.

Combattre toutes ces attaques nécessite une dizaine de traitements durant la période fortement végétative, d'autant qu'il existe une pléiade d'autres ennemis (le black-rot, le coupe-bourgeons, le cigarier, etc.). Des virus s'ajoutent à ces maux, tel le court-noué, qui frappe le cep d'anémie et causa naguère d'importants dégâts dans les blancs. Il ne s'agit plus de traitement, sinon une thérapie de choc : l'arrachage, la désinfection du sol et une replantation saine.

Le gel d'hiver (– 20 °C) peut tuer le cep et appeler une replantation. Cela arrive deux ou trois fois par siècle (1830, 1871, 1940, 1956, 1985). Les gelées de printemps (au-dessous de 5 °C) s'attaquent aux bourgeons, à la nature en éveil. Plus fréquentes (1945, 1967, 1974, 1981 par exemple), elles amenuisent la récolte, sauf reprise de la végétation et seconde vendange constatée quelquefois après une forte grêle (1928). Les accidents de floraison ayant des effets catastrophiques ne dépassent pas la fréquence de trois par siècle. En revanche, la coulure, ou millerandage, apparaît assez fréquemment (les grains ne grossissent pas, mais ce n'est pas forcément mauvais signe, car le jus est concentré). Le viticulteur dispose d'armes modestes contre le froid. En Chablisien, où les gelées de printemps sont souvent menaçantes, après avoir essayé les chaufferettes et différents systèmes destinés à faire monter la température, les viticulteurs ont trouvé une solution efficace : l'aspersion d'eau, qui protège le bourgeon enfermé dans un cocon de glace. A la manière californienne, Georges Mugneret installa naguère à Vosne-Romanée une éolienne destinée à prémunir une vigne basse contre le gel, avec un certain succès, mais il ne fit pas école.

La grêle fusille la vigne à bout portant. Dès la fin du XIXe siècle, on avait tenté de l'éloigner par canons grêlifuges, d'où les petites cabanes que l'on voit encore parfois dans les vignes et où les vignerons se précipitaient pour tirer ces fusées lorsque l'orage grondait. Durant les années 60, on essaya l'avion qui projetait des millions de noyaux d'iodure d'argent sur les nuages plombés. Abandonnée aujourd'hui, cette technique n'a guère démontré son efficacité. Le viticulteur reste donc seul avec ses prières. Toutefois, ces maux divers frappent rarement le vignoble tout entier.

LES RENDEMENTS

Les rendements ont augmenté et pratiquement doublé durant la seconde moitié du XXe siècle. Cela n'a rien d'étonnant, les méthodes de culture et de protection du vignoble s'étant beaucoup améliorées. Les récoltes tirées des archives donnent 5, 10 ou 15 hl/ha, des valeurs qui n'ont *mutatis mutandis* aucune signification aujourd'hui. « Une pièce à l'ouvrée », disait-on jadis en Côte de Nuits, 7 200 bouteilles à l'hectare. Aujourd'hui, dans les crus, la production n'a guère varié. Quantité et qualité font-elles bon ménage ? L'exigence d'une production modérée reste un principe à la fois concret et abstrait. Nul ne conteste qu'une taille sévère, qu'un tri rigoureux, qu'une stricte maîtrise du volume sont de puissants facteurs de qualité. Mais il arrive que la nature perturbe ces lois. Pléthorique, le millésime 1982 demeure remarquable longtemps après. Cette générosité s'est reproduite en 1989 et 1990. La sagesse semble se situer en moyenne autour de 35-40 hl/ha en grand cru rouge, autour de 45-50 hl/ha en premier cru, autour de 55 hl/ha en Villages. Plus productif, le chardonnay atteint aisément son plafond d'une petite cinquantaine d'hectolitres à l'hectare en grand cru, pour monter à 60 hl/ha et parfois au-delà dans des crus, davantage en Villages.

Le système fonctionne désormais ainsi. Il existe un rendement de base pour chaque appellation d'origine contrôlée, celui des bonnes pratiques, éventuellement augmenté en fonction de la récolte après avis d'une commission dite « des cinq » : des sages du terroir, qui visitent les vignes et rendent leur verdict. Puis s'ajoute le plafond limite de classement (PLC), généralement de 20 % en plus. Ce qui donne, par exemple, pour les 1989 : 37 hl/ha pour la famille du Chambertin, plus 20 % de PLC, soit 42 hl/ha. La moindre goutte en trop fait disparaître tout droit à l'appellation pour tout le vin. Naturellement, cette situation ne se produit jamais. Les services de contrôle sont cependant vigilants et sans pitié. Que devient le vin en excédent ? Il comble une cuvée moins pourvue par la nature ou rentre dans les profondeurs du sol. Ou encore contribue-t-il, dans l'anonymat collectif, à une future cuvée de la Saint-Vincent tournante... Et même pour cette pieuse intention, c'est tout juste si le le contrôleur consent à fermer les yeux.

Un problème complexe :
faut-il vendanger à la main
ou utiliser la machine ?

Par principe, on dira : à la main.
Car, quand on fait un produit de luxe,
on y met les formes.

LA VINIFICATION ET L'ELEVAGE

Une Eglise, beaucoup de chapelles

Utilisée depuis de longs siècles et jusqu'aux années 50, la cuverie d'autrefois appartient aujourd'hui au musée. Le pressoir de bois a disparu, remplacé par des appareils offrant des avantages sensibles. Les cuves de bois subsistent quelquefois, mais la plupart des installations disposent d'équipements modernes. Doit-on le regretter ? Certainement pas. La vinification actuelle est beaucoup plus rigoureuse et sûre que celle des temps anciens. D'immenses progrès ont été accomplis, surtout depuis les années 80, où une nouvelle génération s'est interrogée sur ses certitudes et même sur les enseignements reçus.

EGRAPPER OU NON ?

La vinification en blanc est assez homogène dans toute la Bourgogne. En revanche, la vinification en rouge comporte une multitude d'approches. Chacun fait à sa manière. Indépendamment des règles légales, chaque domaine obéit pour l'essentiel à ses propres lois, à sa pratique, et tout cela évolue avec les générations, l'enseignement, le goût, la mode. Egrapper ou érafler, c'est-à-dire supprimer le bois de la grappe avant l'entrée du raisin en cuve rouge ? La Romanée-Conti et le Domaine Leroy n'égrappent pas ou peu. A l'inverse, leur voisin Henri Jayer égrappe constamment toute sa récolte. Auteur probable d'un ouvrage anonyme publié en 1779 à Florence sur les vins de Bourgogne, Dom Denise, ancien cellérier de Cîteaux, fait écho aux usages de la maison mère et de la Côte de Nuits. Selon lui, il faut égrapper les trois quarts de la récolte, le reste soutenant le « chapeau ». Sauf en cas de coulure intense – la proportion de rafle devenant alors excessive par rapport aux baies –, la plupart des auteurs bourguignons du XIXe siècle déconseillent l'égrappage. Il est quelquefois partiel ou varie d'une année sur l'autre. Vers 1900, l'égrappage se développe en Bourgogne, et il devient général au milieu du XXe siècle. A la claie en osier, qui permettait la séparation manuelle de la rafle et du raisin, succède le dur cylindre métallique qui blesse les grains, puis des appareils moins brutaux. Les partisans de l'égrappage estiment que la rafle nuit à la couleur, désacidifie le vin, perturbe le pigeage, produit de mauvais tanins au goût herbacé, diminue la richesse alcoolique en raison de sa teneur en eau. Les vignerons ont en général une religion moyenne, entre l'égrappage total et l'apport de toutes les rafles. Les raisins entiers offrent à la fermentation une complexité naturelle qui doit être préservée, pense-t-on souvent.

Si le foulage relève d'un usage immémorial, dès le XVIIIe siècle, Pézerolle de Monjeu combat cette habitude que Dom Denise recommande chaudement. Au Clos de Vougeot, un coup de pressoir est même donné à la vendange avant sa mise en cuve. Le foulage s'est généralisé depuis, mais il garde des détracteurs. Les techniques de cuvaison sont assez bien connues depuis le XVIIIe siècle. Certains principes sont valables partout, comme l'entretien du matériel vinaire et sa parfaite propreté. « La cuverie doit ressembler à l'hôpital », répétait Vincent Leflaive. La Côte de Nuits tire le vin de la cuve lorsque la première fermentation est pleinement accomplie, alors qu'en Côte de Beaune on le fait un peu plus tôt. Usages... Le problème du décuvage se posera toujours, d'autant que chaque millésime nuance la question. Assez brève au XVIIIe siècle, généralement un peu plus longue en Côte de Nuits qu'en Côte de Beaune, la cuvaison (rouge, bien sûr) dépasse rarement trois à quatre jours. L'évolution du goût en faveur des vins plus tanniques et plus colorés, l'influence du

Respiciamus atque prospiciamus
(« Nous regardons derrière nous et devant nous »).
Devise du lycée viticole de Beaune

négoce et le poids de la clientèle transforment les cuvaisons au XIXe siècle. On tient le moût en cuve pendant deux à trois semaines.

De telles macérations interminables suscitent des polémiques. Le Domaine de Corton-Grancey (Latour) est l'un des rares à rester fidèle de nos jours à des cuvaisons de cinq à six jours, estimant le pinot noir adapté à cette vivacité. L'influence contemporaine de la critique vinicole conduit le viticulteur à valoriser désormais son vin en expliquant sa pratique et ses méthodes. Phénomène nouveau, qui entre pour beaucoup dans l'appréciation finale des vins et l'image du domaine. « Pour faire une bonne vendange, disait-on autrefois, il faut du vert et même un peu de pourri. » Les idées ont fort heureusement évolué. Le raisin doit être conduit rapidement à la cuverie, si possible dans les deux heures qui suivent la récolte, afin d'éviter toute oxydation. De plus en plus souvent, il passe sur un tapis de tri, où l'on élimine justement le vert et le pourri. Il est parfois séché lorsqu'il a plu dans les vignes. Le tri des raisins à l'entrée de la cuverie, assez récent, est pratiqué par tous les bons domaines.

LA TONNELLERIE

Menacée de disparition durant les années 60 (on avait même supprimé le CAP à Beaune !), la tonnellerie bourguignonne a accompli depuis un remarquable rétablissement, exportant une large partie de sa production pour envaisseler les grands vins de la planète. Les meilleurs domaines choisissent eux-mêmes leur bois (chênes de la forêt de Tronçais dans l'Allier par exemple), qui est fendu à la main. Les merrains sèchent trois ans, puis le tonnelier en fait des pièces ou des feuillettes.

EN BLANC

La vinification en blanc obéit à des principes généraux, mais chaque domaine suit sa propre méthode. Foulage à la cuverie, si prudent que l'on en fait parfois l'économie pour garder la vendange intacte, puis pressurage léger sans égrappage. Les rafles (le bois des grappes, absent en cas de vendange mécanique) facilitent en effet le pressurage en apportant au sac (la masse du marc à presser) des éléments durs qui aideront à la manœuvre. Le moût de goutte (foulage) et les moûts de presse (pressurages) sont ensuite réunis avec soin. Additionnés d'anhydride sulfureux, ou SO_2 (sulfitage), les jus s'assemblent dans une cuve. Ils sont décantés afin de séparer la partie claire des bourbes formées par floculation. Aérés, parfois levurés, ces jus vont fermenter en fût, dans un corset de chêne, pendant une à deux semaines. Tout dépend de l'activité des levures, de la température des locaux, du génie du millésime, des habitudes de la maison. La seconde fermentation (malolactique) suit quelquefois de près cette fermentation alcoolique initiale, mais elle peut s'opérer plus tardivement et même après de longs mois (1969, 1972, 1978). « Tant que mes malos ne sont pas faites, je ne dors pas de mes deux yeux », disait un vigneron de Puligny-Montrachet. Si les grands crus ont droit à un traitement de roi, et quelle que soit la compétence des hommes, un accident est toujours possible (certaines difficultés survenues naguère aux Hospices de Beaune, par exemple).

La cave à fermentation doit être bien aérée, car le gaz carbonique s'accumule, et le viticulteur visite ses fûts en tenant une bougie allumée. Si elle s'éteint, vite, demi-tour ! Les années de folle fermentation (1947, 1969), des fûts remplis aux deux tiers débordent. Malgré les progrès de la science, ces phénomènes demeurent mal connus, peu expliqués. La technologie des pressoirs a beaucoup évolué. Fûts de chêne neufs dans une proportion d'un tiers, avec un habile mariage entre les livraisons du tonnelier et les fûts d'un à trois ans d'âge. On en revient toujours au conseil de l'oracle de Delphes : *Ne quid nimis* (« Rien de trop »), car l'excès de brûlé, de grillé, de boisé, de vanille et de noisette donne au chardonnay bourguignon un style

Un métier revenu de loin...

californien. Selon les volumes produits et les appellations, la cuve peut remplacer le fût. Quant aux lies, elles constituent l'une des plus belles « guerres de religion » au pays des grands crus blancs. Les soutirages en cave séparent le vin clair des dépôts, les lies qui s'accumulent au fond des fûts.

Certains élèvent leurs vins sur lies, conservant précieusement ces dépôts aux vertus presque magiques. D'autres ne prennent pas ce risque, car c'en est un. D'autres encore prennent un parti moyen, soutirant la « grosse boue » à la fin de la première fermentation, puis laissent le vin pendant deux ans sur lie fine : le meilleur antioxydant, paraît-il, et il réduit le sulfitage. Beaucoup de caves, surtout en Côte de Beaune, pratiquent encore le « bâtonnage », la remise en suspension des lies dans le vin. Si le vin élevé sur lie n'apparaît pas meilleur de façon significative, il s'enrichit en azote total et en acides aminés restitués par les levures, ce qui facilite les malolactiques. Cela donne un vin peu précoce mais de longue garde.

Le remontage au Domaine de la Romanée-Conti. L'homme nu ne pénètre plus dans la cuve.

EN ROUGE

Contrairement à la vinification en blanc, qui place le jus pressuré immédiatement dans un tonneau, la vinification en rouge met les raisins dans la cuve où s'accomplira la fermentation alcoolique. La durée ? Variable, d'une dizaine de jours à plus de vingt. Assuré de nos jours avec plus d'efficacité qu'autrefois (un drap ou une couverture, des blocs de glace sur le moût qui piaffait d'impatience), le contrôle thermique est déterminant. Foulage, pigeage ne sont plus guère effectués à poids d'hommes nus dans la cuve, sinon pour le besoin d'une photographie. Cette danse rituelle a disparu. Il existe aujourd'hui des procédés moins dangereux (le risque d'asphyxie brutale) et plus aisés, plus hygiéniques aussi, pour faire redescendre le « chapeau » (l'accumulation des matières solides, rafles et peaux de raisin qui remontent peu à peu à la surface) dans la cuve. Le jus est ensuite mis en fûts après un débourbage dans une autre cuve. Le dépôt du fond des cuves est placé sous un pressoir d'où sort le jus de goutte, associé au premier jus de cuve. A partir du deuxième serrage, le jus est en partie incorporé à ce premier jus. En fût, le vin subit sa fermentation malolactique. Capricieuse en diable, la « malo » diminue l'acidité du vin et allège la mise en bouteilles de bien des soucis. Les soutirages en décembre, mars et août dépouillent les vins des lies fines, éliminent l'essentiel du gaz carbonique. Le sulfitage combat l'acidité microbienne. L'ouillage assure le remplissage entier des fûts, car il faut éviter tout contact du vin jeune et de l'air. Fût neuf quand il s'agit de grands crus. Après dix-huit à vingt-quatre mois d'élevage, le vin est capable de tenir bon sur ses deux jambes, de se tenir droit en bouteille. Souvent, quand il y a eu plusieurs cuvées du même cru, on procède à l'assemblage.

« Pour faire un bon rosé, il n'y a pas trente-six solutions, disait à Marsannay-la-Côte André Coillot. Il faut faire macérer le raisin une journée. C'est ce que l'on appelle la saignée. Mais souvent on n'a guère le temps, et il faut serrer tout de suite le raisin. » La saignée donne les meilleurs rosés. La vinification en rosé traite des raisins rouges à jus blanc. Elle est conduite soit comme une vinification en rouge (cuvaison de quelques heures), soit comme une vinification en blanc (dite « en gris »), et le pressurage suffit alors à libérer la couleur qui provient de la pellicule de grumes.

LA CHAPTALISATION

Pratique ancienne, adoptée par les moines de Cîteaux au Clos de Vougeot dès le XVIIIe siècle de façon certaine, la chaptalisation consiste à ajouter du sucre entre le débourbage et la fermentation en blanc ou en rouge. On sait que 17 g de sucre donnent un degré de plus. Certaines années, comme en 1825 ou en 1985, les 15° naturels sont atteints. Les 13-14° ne sont pas rares. L'apport de « soleil de cuve » est alors nul. Mais le rendement du sucre en alcool reste une énigme, et l'on ne peut pas connaître à l'avance le degré futur d'un blanc non chaptalisé. En 1976, on pensait atteindre les 15-16° naturels. En fin de compte, aucun vin ne dépassa 14°. Chaptal donne parfois son nom à un millésime (1965, 1977, 1984), de façon assurément excessive.

En 1979, la mise en place de règles d'enrichissement pour la France entière – et non plus par décision des cours d'appel comme autrefois – suscita plusieurs obligations nouvelles : un ban de vendange, une étude de maturation, la fixation d'un degré maximum par appellation d'origine contrôlée. Pour celui-ci, on a pris en général le degré minimum de l'appellation augmenté de 3°, avec un plafond à 14,5°. La chaptalisation nécessite un doigté particulier et une conscience absolue. Elle peut, en effet, rendre un vin lourd, alcooleux, chaud. Elle accroît le volume du vin. L'Union européenne voudrait réglementer cette question, mais il semble impossible d'accorder sur ce point les vignobles méditerranéens et les vignobles septentrionaux. On s'en tient aux pratiques anciennes et loyales. Il en est d'ailleurs ainsi de nombreux problèmes viti-vinicoles dont l'approche est différente d'un bout à l'autre de l'Europe, et qui ne peuvent guère recevoir une solution identique partout.

L'ŒNOLOGUE, CET INCONNU

Partout sur la planète, l'œnologue apparaît aujourd'hui comme un personnage essentiel sur la scène de ce théâtre. Il négocie avec le destin. Il arrange les amours. Il renoue les fils de l'intrigue. Il a son nom sur l'affiche. Les grands vins de Bordeaux s'appellent Jean Ribéreau-Gayon, Emile Peynaud, Jean-Claude Berrouet, Michel Rolland. Faisant bande à part parmi les grands vignobles, la Bourgogne est la seule à réserver à l'œnologue le trou du souffleur. Sans doute ne pratique-t-on pas ici les assemblages, la sélection d'un premier vin. Mais cette raison permet-elle de comprendre pourquoi la Bourgogne considère l'œnologie comme une science intime et un art domestique ?

Aucun produit de la nature n'est l'objet d'autant d'analyses, de contrôles, de soins attentifs. Obstinée rigueur.

La Bourgogne et son université ont pris leur temps. Caressée en 1890, l'idée d'un institut universitaire des sciences de la vigne et du vin naîtra en… 1990, avec la belle création à Dijon de l'Institut Jules-Guyot. Par ailleurs, la structure économique et foncière de la Bourgogne privilégie l'exploitation familiale. L'œnologue prend tout son ascendant dans une structure capitaliste, celle des grands châteaux de Bordeaux ou des *wineries* californiennes. Un conseiller éminent devient alors nécessaire pour changer le raisin en vin. Or, le Bourgogne entend assumer seul toute la responsabilité du grand œuvre. Formé aujourd'hui dans un lycée viticole, souvent à l'université, le viticulteur bourguignon gère son produit du début à la fin. Si les grands domaines, notamment ceux du négoce-éleveur, disposent tous d'un œnologue attitré (les femmes ont su s'y tailler une belle place : Laurence Jobard chez Drouhin, Nadine Gublin chez Rodet), ailleurs le viticulteur veille à sa vinification comme au sommet de son art. Le recours à l'œnologue relève du travail courant, les analyses notamment.

L'œnologie est devenue une science à part entière à la fin du XIXe siècle. Aux pères fondateurs succède Louis Ferré. Frais émoulu de Maison-Carrée, il règne sans partage sur la vigne et le vin de Bourgogne des années 20 aux années 40. Directeur de la station œnologique de Beaune, il importe d'Algérie un esprit et une méthode qui vont s'appliquer dans beaucoup de cuveries. Cet homme très compétent raisonne dans un contexte de profonde dépression économique, parmi des vignerons souvent peu instruits et selon une optique assez productiviste. Ses idées seront contestées par Max Léglise, qui exerce à sa suite une influence importante dans un sens opposé : le démarrage rapide des cuvaisons, le chauffage à 35 °C, des vins plus vite prêts à boire. Ainsi, les cuvaisons ont eu tendance à s'allonger, puis à se réduire dans les années 70 : le désir de produire des vins plus agréables et plus frais conduit à des cuvaisons à nouveau plus courtes. La presse internationale encourage d'abord cet élan, pour le déplorer bientôt. On revient donc, dans les années 80, à des cuvaisons plus longues… « Extraire ! Extraire ! dit Louis Latour, c'est un mot d'œnologue bordelais. Il ne nous apporte rien. Ici, il faut saisir, capter, prendre au vol les arômes et le goût. »

LA REVOLUTION ACCADIENNE

Le seul œnologue privé à s'être fait un nom en Bourgogne s'appelle Guy Accad. On a parlé de « vins accadiens ». Né à Beyrouth, élève du professeur Branas à Montpellier, il décide de s'installer à Nuits-Saint-Georges en 1976. Il vinifie les 78 aux Hospices de Beaune et se lie avec plusieurs domaines dont il devient le gourou. Le journaliste Michel Bettane voit en lui un magicien du pinot noir.

Jusqu'au milieu des années 90, il est le premier à comprendre quel magistère peut exercer un œnologue-consultant dans le vignoble bourguignon, le premier à signer ses vins. S'entourant de mystère, il dénonce avec raison l'abus de potasse dans les années 50 et 60, la carence en magnésie, la perte de chlorophylle, l'épuisement de la plante et l'affaiblissement de ses facultés de synthèse. Dès lors, l'acidité chute et le vin décline. Sur ce constat, il a raison, et il sait utilement conseiller le viticulteur pour remettre en ordre ses vignes, rééquilibrant les fumures par des apports de magnésie.

Cet effort de compréhension intelligente du sol, d'approche nouvelle de la terre est aussi l'œuvre de l'agronome Claude Bourguignon, qui contribue à revivifier un terroir saturé par la chimie.

L'élevage en fût apporte au vin de Bourgogne des qualités qui lui sont essentielles.

Quant au reste ? Avec raison encore, Guy Accad fait la chasse aux arômes viandards, dégénérés, de terrier, de renard, que l'on croit parfois bourguignons alors qu'ils résultent de vinifications erronées. Comment s'y prend-il ? Ses vins, colorés et aromatiques jusqu'à l'excès, naissent d'une macération préfermentaire à froid et, selon l'enseignement du professeur Nègre à Montpellier, par apport d'une solution sulfureuse. Le SO_2 retarde le départ de la fermentation alcoolique. Antioxydant, antiseptique, c'est un adjuvant miracle. Si son apport en couleur est certain, la macération sulfitique à froid révèle-t-elle les arômes ? Cela reste à démontrer. Quant au taux de 25 g à 30 g d'anhydride sulfureux par hectolitre, au lieu des 5 g à 8 g souhaitables, il s'agit à coup sûr du point faible de la méthode. Les sulfites se retrouvent dans le vin sous forme de sulfates, et l'excès paraît ici évident. La dégustation est spectaculaire, donnant des rouges hypergénéreux mais atypiques, surprenants, dont l'origine devient improbable. L'étoile de Guy Accad a toutefois pâli dix ans après sa fulgurante ascension. Plusieurs œnologues grecs (Athanase Fakorellis, Kiriakos Kinigopoulos) ont, eux aussi, acquis une notoriété fondée sur une psychanalyse du vin et une vinification renouvelée.

On s'accorde néanmoins à reconnaître que Guy Accad a mis le doigt sur quelque chose. L'action du froid pour ralentir, sinon bloquer le départ des fermentations en cuve est connue depuis longtemps. Si l'on sait aussi que des vinifications chaudes et promptes n'offrent pas de bons résultats, que le SO_2 empêche dans le Midi les « coups de feu », il est infiniment plus adroit de réfrigérer la cuve par le « drapeau » (circulation d'eau froide, procédé emprunté aux brasseurs). On y jetait naguère, comme en 1947 (grande année, et pourtant !), des pains de glace... Mais il est sûr que le froid préfermentaire préfigure un apport qualitatif. « Les thermorégulations apparues dans les années 70 m'ont fait accomplir mes plus grands progrès », constate Henri Jayer. Assez opposée aux thèses de Max Léglise, cette idée a fait de nombreux adeptes dans la Côte.

LA MISE EN BOUTEILLES

Qu'elle soit antique ou moderne, taillée à même la roche ou creusée puis soigneusement maçonnée, une bonne cave doit être d'un caractère constant. Ni trop sèche ni trop humide, ni trop chaude ni trop froide, aérée mais pas trop, suffisamment vaste pour loger plus d'une récolte. Parfois d'une seule pièce, elle peut être aussi un labyrinthe où l'on se perd, dans la profondeur du sol, en de multiples et secrets recoins. Un petit caveau protégé par une seconde clé abrite derrière les barreaux d'une grille la réserve du domaine. A la craie sur des morceaux d'ardoise ou sur des étiquettes à l'encre passée, on croit lire 29, 47, 49... De minuscules stalactites font des bosses mouillées sur la paroi. Un fil blanc éclaire la nuit : araignées qui tissent leurs toiles auprès des casiers, au point que les bouteilles se trouvent prises à la longue dans une gangue immatérielle d'écheveaux poussiéreux, dans un cocon de soie moussue. La cave possède une odeur faite de la pierre, du gravier, de la mousse, des lichens, du chêne, du vin. Elle est silence et méditation.

La mise en bouteilles donne le dernier coup de tampon sur le passeport du vin. De préférence à une mécanisation qui assomme le vin et le paralyse pour quelque temps, la mise à la chèvre à deux becs constitue le plus sûr moyen de ne pas bousculer le vin. Les deux becs ne font d'ailleurs rien à l'affaire. Ils permettent simplement d'aller un peu plus vite en besogne.

Chacune de ces bouteilles vivra bientôt sa propre vie : quelques semaines ou cinquante ans...

Dix-huit mois d'élevage sont recommandés pour les crus, mais « il ne faut pas mettre un vieillard en bouteille », estime Jean-Pierre Bruley. Quand les arômes explosent, il faut les piéger dans la bouteille.

Auparavant, le vin a été filtré ou ne l'a pas été. Les matraquages à la plaque d'amiante ont disparu, et l'on a aujourd'hui recours à des procédés plus doux. Il faudrait faire comprendre au consommateur américain ou japonais que le dépôt n'est pas un défaut... Le vin a été collé : à la bentonite, à la caséine (une protéine du lait), ou encore au lait pour les blancs, au blanc d'œuf pour les rouges. Certaines années (1973, 1977) se collent mal. Pourquoi ? Les anciens mettaient en bouteilles leur vin blanc au beau milieu de la lune de Pâques, leur vin rouge par vent du nord.

LES USAGES ET LEUR EVOLUTION

Quand le vin était faiblard, on roulait jadis par temps froid les tonneaux dans la cour. La congélation provoquait l'apparition de glaçons qui, une fois éliminés, permettaient d'enrichir un peu le degré d'alcool. Il y a quelques décennies, on a pratiqué une fois au Domaine de la Romanée-Conti cette congélation, jadis d'usage normal et de nos jours interdite. Faut-il parler des coupages ? Les comptes de la cour de Bourgogne en font état dès le milieu du XVe siècle. Pratiquée assez volontiers jusqu'aux années 50, cette technique visant à remonter des crus pâlots par l'apport de « vins médecins », tantôt bourguignons, tantôt plus lointains (de Châteauneuf-du-Pape à Alicante), a disparu.

J'ai trouvé deux fois dans des archives la mention d'un apport de sirop, ou de liqueur de framboise en cuve effectué au tout début du XIXe siècle. A l'époque, il ne s'agissait pas de commerce, et la notion d'arômes n'avait aucun point commun avec la dégustation d'aujourd'hui. C'était donc une expérience, d'ailleurs curieuse, pour en voir le résultat. Il serait abusif de prétendre que cet usage n'existe plus, de même que l'apport de miel dans les grands blancs tenant lieu de chaptalisation, mais il s'agit de pratiques interdites et, à la vérité, fort rares.

Car on est frappé en Bourgogne par un trait de caractère : la loyauté. La meilleure preuve en est apportée par les dégustations, les concours, les épreuves subies par le vin. Il serait aisé de changer les millésimes et les crus au jour de l'examen. Or, et l'on en porte témoignage, ce comportement heurte profondément la conscience bourguignonne. Même de son vin le plus fluet, le viticulteur se sent responsable, et il accepte le verdict. Il s'y ajoute la responsabilité du producteur ayant le courage de ne pas revendiquer une appellation, considérant la qualité insuffisante. Ainsi pour quelques 1974, pour beaucoup de 1968 auparavant, le Domaine de la Romanée-Conti a su montrer l'exemple (son Montrachet 1992).

LA PROPRIETE

Cultivateurs, artistes et chefs d'entreprise

En Bourgogne, la propriété et le négoce constituent les deux piliers de la vigne et du vin. Leurs rôles respectifs évoluent cependant, au point de rendre difficile la distinction ancienne des deux fonctions complémentaires.

HUIT MILLE VITICULTEURS

Le viticulteur (on ne dit plus guère « vigneron «, sinon poétiquement ou alors pour parler d'un ouvrier vigneron) est un homme multiple. Cultivateur, faisant lui-même ses vinifications, élevant parfois son vin et le vendant souvent à une clientèle privée (les caves particulières), ayant donc le sens commercial et la responsabilité de son produit fini, sachant entretenir son image auprès de la presse spécialisée et de l'opinion publique, il est aussi chef d'entreprise employant du personnel et veillant sur la rentabilité de son exploitation. Tant de fonctions nécessitent une formation complète, acquise aujourd'hui dans les lycées viticoles de Beaune et de Mâcon-Davayé, quelquefois poursuivie à l'Institut Jules-Guyot à Dijon.

La diversité des situations est grande dans la Bourgogne viti-vinicole. Les propriétés de 100 ha, fort rares, sont liées aux vastes ambitions foncières d'une partie du négoce. Moins de 10 % des exploitations ont une superficie supérieure à 10 ha, les plus nombreuses tournant autour de 5 ha. Quand il y a domaine et vente directe, les 10 ha sont un minimum. Apparaissent alors les différences de statut social et d'exploitant-récoltant, les nuances entre départements. La Saône-et-Loire vend directement 30 % de sa production. La petite propriété livrant ses raisins à la coopérative y demeure importante. Dans l'Yonne et surtout en Côte d'Or, cette proportion est respectivement de 35 % et de près de 50 %. Les domaines sont ici plus nombreux et ont des superficies plus étendues. Combien sont-ils ? Les déclarations de récolte présentent peu d'intérêt, car la plupart d'entre elles concernent des propriétaires non exploitants, souvent des parcelles infimes héritées de parents. Le nombre des déclarants diminue constamment : 23 000 en Bourgogne en 1985, moins de 18 000 en 1995. En effet, le métier de viticulteur se spécialise, tandis que par ailleurs la polyculture (sinon celle des petits fruits de Côte-d'Or parfois) disparaît presque entièrement. Elle subsiste en partie dans le Mâconnais. Le nombre des véritables exploitants se situe autour de 8 000, celui des domaines est de l'ordre de 4 000. Il faut compter aussi les viticultrices, car leur rôle dans l'exploitation est tout aussi important.

UNE SOCIETE PERENNE

Cette société est enracinée et fait souche. La greffe humaine y réussit avec bonheur. Un pilote de ligne peut parfaitement atterrir dans les pieds de vigne, tout comme un ancien pâtissier ou un couple « revenant à la nature ». Mais la greffe la plus fréquente vient plutôt des femmes, car épouser un viticulteur ne constitue pas une mésalliance. Les parents souhaitent que, comme autrefois, les mariages réunissent des rangs de vigne. Mais les jeunes s'épousent désormais à leur idée. En revanche, s'il y a apport de vigne de la part de la mariée (cette dot existe encore), le divorce apparaît très complexe... Ce simple exemple montre à quel point la société bourguignonne est pérenne par nature et l'on préfère la naissance d'un garçon.

Elle a perdu une partie de sa grande bour-

Mais si la pratique et la science suffisent au bon exercice d'un métier, elles sont insuffisantes pour aboutir à l'art. Deux vertus doivent s'y ajouter qui ne s'apprennent guère : l'amour et le don.

Pierre Poupon,
Nouvelles Pensées d'un dégustateur

geoisie dès le début du siècle, mais elle la reconstitue forcément sous d'autres formes. Il subsiste d'authentiques bourgeoisies de la vigne, anciennes et attachées à ce patrimoine. Elles s'expriment souvent par le double métier : William Fèvre, ancien élève de l'ENA, a fait une carrière de haut fonctionnaire ; Hubert de Montille, une carrière d'avocat ; Jean Méo, une carrière passant par l'Elysée, l'agence Havas et le Parlement européen. Quant aux bourgeoisies naissantes, ce sont celles qui gravissent, grâce à leur vin et de façon inédite dans l'histoire, les degrés de la considération sociale. Trait bourguignon cependant, elles conservent le plus souvent une convivialité, un mode de vie plus proches de la société traditionnelle que du snobisme international. La Bourgogne viti-vinicole reste rurale, tout en parcourant le monde et roulant en BMW. Elle préfère le rugby au golf. Elle y a du mérite. Le fleuve d'or des années 60 et 70 aurait pu perturber bien des têtes. Force est de constater qu'elles sont restées sereines, et la jeune génération des années 80 et 90 apparaît exemplaire dans sa recherche de qualité.

L'INACCESSIBLE FONCIER

Juste sous les fenêtres du ministère des Finances, à Bercy, se trouve la rue du Chambertin. Le bistrot porte le nom de ce grand cru. Douloureux symbole pour les viticulteurs qui s'estiment victimes de la fiscalité aberrante. Celle-ci les heurte moins par son montant que par sa nature. Il devient difficile de succéder à ses parents. Quant à s'installer, l'exploit paraît impossible, à de rares exceptions près. Le mal n'est d'ailleurs pas nouveau, même s'il eut jadis d'autres causes comme la misère vigneronne et l'exode rural. Désolé par le départ des jeunes qui, faute de pouvoir s'installer au village, vont grossir les villes, en 1912, l'abbé Louis Ponnelle, curé de Brochon, va trouver le maire et plusieurs vignerons. Ensemble, ils fondent une association dont l'article 5 des statuts prévoit : « Tout garçon sans propriété qui se marie et s'établit dans le village recevra en dot 4 ouvrées de vigne. » Certes, cela ne fait que 17 a, mais tout de même... Ne faut-il pas réinventer aujourd'hui l'idée de l'abbé Ponnelle ?

Dans les années 50, il était encore possible de créer un domaine en partant de rien mais en travaillant dur. Les Bryszek, Heresztyn, Serafin de Gevrey-Chambertin ou Morey sont venus de Pologne sans un sou vaillant. A force de travail, en « faisant des oignons », gagnant de l'argent de-ci, de-là et l'économisant, ils ont peu à peu acquis pignon sur vigne et fondé leurs propres domaines. Nouveaux chercheurs d'or expatriés, ils ont trouvé de l'or sans aller jusqu'en Californie. Presque inconcevable aujourd'hui, cette situation illustre les changements qui se sont produits en un demi-siècle. Etrange paradoxe d'ailleurs sur cette terre profondément républicaine : pour devenir viticulteur à son compte, il faut succéder à sa famille ou épouser la fille d'un domaine, ou bien être l'héritier d'une importante fortune et avoir la passion du vin. L'installation matérielle elle-même (maison, cuverie, cave, équipements) coûte au moins 4 millions de francs en 1995. L'investissement global est considérable pour une production liée à de puissants aléas (récolte, marché).

Sans doute convient-il de nuancer cette approche. Le cep de la Côte ne doit pas cacher la forêt des pieds de vigne bourguignons. Le prix de la terre varie beaucoup d'un vignoble à l'autre et au sein du même vignoble. Ces forts écarts sont très anciens. Quand le prince de Conti achète sa Romanée en 1760, il la paie à un prix à l'ouvrée dix fois supérieur à celui des meilleures vignes (Clos de Bèze par exemple) vendues au même moment ! Sous la Révolution, la vente de biens nationaux permet d'intéressantes comparaisons. Là encore, la hiérarchie

Clos de Bèze à Gevrey-Chambertin : né au VIIe siècle !

des crus influe sensiblement sur le montant des enchères. Mais, très grands crus exceptés qui ont toujours vu des « coups de feu » devant notaire, jusqu'aux années 50, selon un usage traditionnel, on disait : une pièce à l'ouvrée (production), une ouvrée pour une pièce (foncier). Un vingt-quatrième d'hectare valait 300 bouteilles de ce vin. Ce rapport constant se trouve bouleversé de nos jours. De 1 à 1, il est parfois de 1 à 20 ou plus, car le prix du vin, soumis aux lois d'un autre marché, n'a pas évolué dans les mêmes proportions.

Les investisseurs institutionnels ont pris goût à la vigne. Ici, le château de Puligny-Montrachet.

L'ouvrée et la propriété sont assez responsables de ces changements. Comme la référence absolue est ici le terroir, dans un cadastre très morcelé où abondent les petites parcelles, chaque domaine souhaite prendre pied dans les crus les plus estimés du village. Il suffit souvent d'acquérir quelques ares pour réaliser l'ambition d'une vie, comme le célèbre achat de 25 a 90 ca en Montrachet par Pierre Ramonet en 1978. Dès lors, le prix compte moins que le bonheur intime, d'autant que, rapporté à l'ouvrée, il devient plus accessible et grimpe allègrement tout en permettant d'accéder au rang de codétenteur de l'appellation. En outre, la compétition apparaît désormais plus vive, car les transactions ne se règlent plus entre soi, mettant en présence des investisseurs forains : négociant désireux d'agrandir son domaine, investisseur étranger, « institutionnels » (organismes financiers, mutuelles, etc.).

Heureux qui comme Bacchus... Les viticulteurs ont trouvé de bonnes fées autour de leur berceau. Le long de la Côte, la vigne vaut en 1995 – après de fortes variations dans les deux sens depuis dix ans, les prix ayant triplé ou quadruplé, puis s'étant assagis – de 300 000 francs l'hectare à 25-50 millions de francs, selon une hiérarchie qui, en cas de gamme complète de l'AOC régionale au grand cru, donnera 3 millions de francs pour un Villages, 8-9 millions pour un premier cru, 15-25 millions pour un grand cru, 25 à 50 millions pour un grand cru mythique. A 2 km de là, un bois ou un champ valent 20 000 francs l'hectare dans la plaine. Sur le plateau, à 500 m à peine, l'hectare vaut 5 000 francs. A quelques kilomètres, l'hectare de Bourgogne Hautes-Côtes vaut 500 000 francs. Il arrive cependant que les fées retournent leur baguette. Cela se produit lors des successions.

Le vini-boom place les viticulteurs dans une situation de plus en plus complexe. Leur capital d'exploitation atteint des sommes considérables, souvent de 50 millions à 200 millions de francs. Les droits de succession représentent en gros le quart de l'évaluation et, même étalés sur cinq ans au maximum, ils obligent le repreneur à se défaire d'une partie du domaine. Une solution consiste à trouver un investisseur *sleeping partner*, car les « institutionnels » n'ont pas de droits de succession à acquitter tous les trente ans. Quant aux partages de famille, c'est le casse-tête. Si le viticulteur ne connaît plus la pauvreté, loin de là, il découvre sa richesse sur son lit de mort. Faute de réinstituer le droit d'aînesse (qui « n'était pas si bête que ça », dit-on dans la Côte), comment le fils qui reste à la vigne peut-il faire admettre à ses frères, sœurs, gendres, belles-sœurs, instituteurs ou postiers qu'ils se contenteront leur vie durant de la maigre rémunération de leur héritage alors qu'en le cédant, ils pourraient en tirer l'équivalent de tous les salaires de leur vie ? A la fin du XXe siècle, on se trouve d'ailleurs à un tournant. Le domaine qui s'est fait un nom est souvent né dans les années 30, à l'époque du grand-père, et il s'est développé avec le fils dans les années 60. Les enfants de la troisième génération arrivent maintenant aux commandes, avec le poids du foncier sur les reins. La plupart des domaines se sont mis en société ou en groupement foncier agricole, accordant des parts à ceux qui quittent la terre. Qu'en sera-t-il dans vingt à trente ans, quand le domaine aura d'innombrables copropriétaires éloignés de la vigne et n'ayant guère connu leur grand-oncle ?

METAYAGE, FERMAGE, TACHE

Pour beaucoup et surtout pour un jeune, le rêve est de trouver des vignes en métayage (vigneronnage en Mâconnais). Fréquent, il est

Créé au XIXe siècle, le Clos des Ruchottes, à Gevrey-Chambertin : le goût de s'entourer de murs, d'entrer dans sa vigne comme chez soi.

du rachat de maisons de négoce, où les Champenois apparaissent les plus actifs (Laurent-Perrier chez Antonin Rodet, Joseph Henriot chez Bouchard Père et Fils). Enfin, l'irruption récente des investisseurs « institutionnels » (Caisse des dépôts et consignations chez Léon Violland, Crédit foncier au Château de Puligny-Montrachet, AXA Millésimes au Clos Arlot de Premeaux, etc.) annonce une tendance nouvelle offrant au viticulteur la vocation de régisseur. Ainsi, au XXIe siècle, la boucle amorcée au XVIIIe siècle serait donc bouclée, le vigneron redevenant ce qu'il avait toujours été dans le passé : un salarié payé pour sa peine. S'il existe des régisseurs d'une compétence élevée et d'une conscience absolue, il paraît évident cependant qu'une telle évolution, si elle se confirme, changerait les conditions socio-économiques qui garantissent la perfection dans le vin. La vigne fixe l'homme, et sa responsabilité personnelle entre pour une grande part dans la qualité durable de son vin. « Pour faire du bon vin, il faut en être proche », dit-on ici.

généralement de deux tiers, un tiers revenant au propriétaire. Depuis les gelées de 1981, le fermage tend à remplacer le métayage, car le propriétaire a l'assurance d'un loyer, alors que le métayage répartit les risques et les chances. Formes et usages varient beaucoup pour ces contrats de Chablis à Pouilly-Fuissé. Rémunéré de façon classique de 2 % à 3 % l'an, le capital viticole ne l'est plus de nos jours qu'à 0,5 % et souvent moins. Certes, le propriétaire connaît la joie de posséder un Vermeer ou un Balthus qui, de plus, se reproduit chaque année. Mais il peut apprécier différemment la rentabilité de son patrimoine.

Du Moyen Age vient tout droit une autre pratique : le travail à la tâche. Le propriétaire confie à un salarié l'entretien annuel de 2 ha à 3 ha de vigne. Pour une rémunération assez faible (quelque 1 000 francs par an et par ouvrée), le vigneron assure cette mission en organisant son travail à sa guise.

Contrairement à une légende contemporaine, les capitaux japonais et américains n'ont nullement pris le contrôle du vignoble bourguignon. S'il en existe çà et là (Takashimaya, Kikkoman, Suntory ou le groupe laitier Snow Brand Milk Products chez Joseph Drouhin pour le Japon ; Kobrand, Hiram Walker, par exemple, pour les Etats-Unis), cette présence demeure marginale dans la propriété. En revanche, les Suisses (Schenk, Amann) et les Allemands (Günther Reh) sont davantage implantés. Il s'y ajoute des prises de contrôle de domaines par le biais

Les Bourguignons sont-ils prophètes ailleurs ? Cela se produit mais, à la vérité, de façon encore exceptionnelle. Maurice Labruyère (Mâcon), Georges Dubœuf (Romanèche-Thorins) et Jean-Claude Boisset (Nuits-Saint-Georges) ont pris pied en Californie. Ce dernier s'est implanté en Champagne et en Beaujolais, Georges Dubœuf a repris la Cave coopérative du Haut-Poitou. William Fèvre (Chablis) plante et investit au Chili, Robert Drouhin (Beaune) en Oregon, le Domaine Laroche (Chablis) et Moillard (Nuits-Saint-Georges) en Languedoc-Roussillon, Philippe Testut (Chablis) en Lirac, Jacques Seysses (Morey-Saint-Denis) et ses amis dans les Côtes de Provence.

Ces mutations introduisent dans le vignoble bourguignon du sang neuf, parfois un autre regard. La capacité d'absorption de la Bourgogne est cependant considérable. Par ailleurs, les Bourguignons ont eu la sagesse de créer un labyrinthe dont ils sont seuls à posséder le fil d'Ariane. De grands groupes mondiaux, comme Seagram, ont tenté de s'implanter ici. Leurs ordinateurs ont été bientôt rebutés par la complexité des références aux nombreux crus, et ils ont plié bagages.

Nono, le vigneron de Gaston Roupnel, ne reconnaîtrait plus ses arrière-petits-enfants. L'un attend ses clients japonais, un autre répond à un journaliste américain, un autre encore part pour Singapour, tandis que son épouse pianote sur l'ordinateur du domaine en gérant sa comptabilité « clients ». Rares sont les sociétés aussi stables, restées paysannes et artisanales, ayant acquis une activité mondiale. Car c'est bien tout le miracle...

LES COOPERATIVES

Le mouvement coopératif est de nature sociale tout autant qu'économique. Il évolue avec le temps. Au début du XXe siècle, il exprime le désir de la petite propriété qui, vendant mal son vin, entend échapper à l'emprise du négoce. Cent ans plus tard, il traduit une force de développement aux perspectives différentes. Les A.O.C. ont en effet perturbé le champ de la coopération. Celle-ci nécessite des cuvées importantes et homogènes. Dans la Côte, la multiplicité des crus interdit pratiquement la mise en commun des raisins. En outre, la vente directe par la propriété valorise à la fois le domaine et son produit. Un jeune sorti du lycée viticole a envie de voler de ses propres ailes. La coopérative ne lui apparaît pas comme un moyen de s'affirmer.

En Côte-d'Or, une coopérative de distillation naît à Meursault en 1905, puis une coopérative viticole à Vosne-Romanée en 1909. Une dizaine sont fondées rapidement, surtout en Côte de Nuits, où les idées socialistes gagnent les esprits. La plupart des villages possèdent leur coopérative entre les deux guerres, sinon deux : une de gauche, l'autre de droite. Certaines jouent un grand rôle, comme celle de Marsannay-la-Côte, qui vinifie en rosé, dès 1929, presque tous les pinots du village avec succès. Alors que la plupart des coopératives déclinent à partir des années 50, les pionniers d'Orches créent les Caves des Hautes-Côtes en 1964. Elles vont contribuer efficacement à la renaissance de ce vignoble, leur outil économique. Les 72 ha de 1972 dépassent les 400 en 1990. Les soixante-trois coopérateurs de 1968 sont le double vingt ans plus tard. Cette coopérative s'offre même le luxe d'absorber ses sœurs de Gevrey-Chambertin et de Pommard en 1989, inscrivant sur son tarif les mots Chambertin, Charmes et Mazis-Chambertin, Epenots et Rugiens. Une gamme de quarante-cinq appellations autour de deux points forts : les AOC des Hautes-Côtes.

Dans l'Yonne, les mêmes difficultés suscitent en 1923 la fondation de La Chablisienne par l'abbé Balitran, curé de choc. Ses débuts sont difficiles. Dès les années 50, elle se relève de la guerre avec des ambitions aujourd'hui parfaitement réalisées. Contrôlant, avec 250 adhérents, quelque 1 200 ha (le tiers du Chablisien), présente dans tous les crus, elle se situe parmi les meilleurs producteurs du vignoble. Des initiatives analogues sont apparues dans l'Auxerrois, notamment pour l'élaboration du Crémant de Bourgogne (SICAVA), ainsi que dans les autres vignobles du département.

En Saône-et-Loire, Henri Boulay est le jeune maire de Saint-Gengoux-de-Scissé. Frappé par les malheurs du vignoble, il se rend dans le Gard et l'Hérault, et il en revient avec la conviction que l'association des producteurs est seule capable de sauver son pays. En 1925, il fonde une coopérative qui réunit 127 adhérents, pour 10 000 hl. Cet exemple est suivi par Chaintré, Prissé, Vinzelles, Charnay-lès-Mâcon, Bissey-sous-Cruchaud, etc. Dix-huit créées en 1930 et cinq autres jusqu'en 1951. Elu député en 1931, président fondateur de la Fédération nationale des caves coopératives, Henri Boulay marque de son influence ce mouvement devenu puissant. La Maison mâconnaise des vins est ainsi une initiative de la Fédération des caves coopératives de Saône-et-Loire. Certaines coopératives (Mâcon, Varennes-lès-Mâcon, Préty) ont disparu depuis. D'autres ont grandi : Buxy par exemple. Plusieurs ont fusionné, notamment Buxy absorbant Saint-Gengoux-le-National en 1970, Viré faisant de même avec Sennecé-lès-Mâcon en 1995, Lugny avec Saint-Gengoux-de-Scissé en 1966, puis Chardonnay en 1994. Avec 1 360 ha de vigne et 240 adhérents, 145 millions de francs de chiffre d'affaires en 1995, la Cave de Lugny occupe le premier rang en Bourgogne et l'une des premières places en France. En Saône-et-Loire, la coopération réunit 3 250 ha et produit 320 000 hl.

Avec une vingtaine de sociétés, quelque 4 000 adhérents, une implantation importante, sauf en Côte de Nuits et en Côte de Beaune, la coopération vinifie l'équivalent de 60 millions de bouteilles, soit le tiers environ de la production bourguignonne.

Les coopératives constituent en Saône-et-Loire un poids économique très important, parfois décisif sur le marché.

LE NEGOCE-ELEVEUR

Sur tous les chemins du monde

Faire du vin est une chose. Du bon vin une autre. Le vendre, une autre encore. Le vendre durablement et toujours davantage, plus difficile que tout. Les grands propriétaires ont toujours commercialisé directement une part au moins de leur récolte. Ou ont retiré leur vin du commerce, lui donnant un prestige exceptionnel car inaccessible. Ainsi de La Romanée-Conti du prince, pendant quelques années. Il n'imaginait pas ce qu'il adviendrait de ce geste souverain deux siècles plus tard mais, sans le savoir, il en préparait le destin. Jusqu'au début du XXe siècle, l'usage développé depuis les années 1750 s'applique pleinement : la propriété cède son vin au négoce qui l'élève et le vend sous son propre nom commercial. Les tâches sont réparties. Le producteur n'est pas le marchand. Les difficultés économiques des premières décennies du XXe siècle, le flair de Frank J. Schoonmaker et de Raymond Baudouin qui découvrent et lancent le « vin de propriétaire » dès les années 30, l'accession de la viticulture à un statut social plus élevé, l'apparition d'une critique internationale soucieuse de nuances – tout conduit à une rapide évolution. Sans doute le viticulteur ne devient-il pas, sauf cas rares, un négociant : il ne vend que les vins de son propre domaine. Mais le négoce-éleveur, pour des raisons multiples (désir de s'affirmer sur certains crus, nécessité d'approvisionnement, contrôle du produit...), devient un acteur très présent sur le terrain de la propriété, en étendant ses domaines. Les cartes anciennes sont donc largement brouillées.

UN CONTROLE JALOUSE

Le contrôle du commerce des vins a toujours été l'objet de vives contestations entre différentes corporations, chacune s'efforçant de l'exercer à son seul profit. L'affaire se régla longtemps au sein des villes et de l'administration municipale. Vigneron, tonnelier, plus souvent courtier, le juré gourmet est chargé, depuis le XVIe siècle, du droit de goûter le vin, d'en reconnaître l'origine sûre, d'en fixer le prix, soumettant toutes les transactions à sa juridiction. Marquant le vin, il en porte la responsabilité. Aucune fonction n'a inspiré davantage de procès. La profession de courtier naîtra cependant de cet arbitrage entre l'offre et la demande, qui privilégie longtemps la demande, et donc le négoce chargé de l'interpréter.

Au XVIIIe siècle, le vigneron vend son vin soit aux commissionnaires, soit aux marchands. Le commissionnaire, qui est local, reçoit une commission réglée par le vendeur, de 2 % à 4 % du prix de vente. Le marchand vient alors de Flandre, de Paris, parfois de la Côte. Nombre de commissionnaires vont bientôt devenir marchands, cessant de jouer ce rôle pour stocker, élever et revendre. Dès les vendanges, quand elles sont heureuses, toutes ces « mouches » s'affairent autour de la propriété. On « marque » : on prend rang parmi les acheteurs, on s'engage à acquérir, laissant quelques arrhes. La première vente officielle fait le cours. Et là, quels problèmes et quelles querelles ! Pour l'armada des acheteurs, l'essentiel est d'obtenir la capitulation publique d'un vendeur à moindre prix. Le village sait aussi faire monter les enchères parmi les marchands et les commissionnaires.

Au XVIIIe siècle encore naissent, à Nuits et à Beaune surtout, les premières maisons du négoce : Champy (1720), Marey (même époque), Lavirotte (1725), Bouchard (1731), Labaume (1734), Poulet (1747), Verry-Chanson (1750), etc. Il s'agit du « roulage », convois de chariots de fûts « montant » en

« On peut tourner pendant des siècles autour d'une bouteille, l'examiner sous tous ses aspects, sous tous les climats. Elle est toujours à vendre. Et plus elle a de chance de se vendre cher, meilleure elle sera. »

Raymond Dumay,
L'Histoire exemplaire du Bourgogne.

Belgique une fois l'an et revenant chargés de tissus et de toiles, sinon d'argent comptant. Bientôt, ce commerce évolue et se modernise. Il se diversifie, s'étendant à l'Angleterre, à l'Allemagne, où les comptes « clients » se multiplient. On vend en tonneaux, mais déjà par paniers de bouteilles. L'explosion du négoce, sa richesse aussi occupent tout le XIXe siècle. L'élan commercial traverse le continent jusqu'en Russie, traverse l'océan jusqu'en Amérique. Les « seigneurs du bouchon », ces messieurs de Beaune et des environs, dominent peu à peu un marché universel, pratiquent l'anglais comme une seconde langue maternelle, imposent leur marque commerciale et leurs usages. Dans cette Bourgogne peu expansive, ils constituent une classe sociale à part et qui ne se mélange guère.

Le vin crée une aristocratie nouvelle, très ambitieuse, confortablement bourgeoise, discrètement catholique et à l'occasion protestante par provocation, dépourvue d'ostentation, plaçant ses vins au plus haut de ses valeurs.

Qu'il soit aujourd'hui beaunois, nuiton, chablisien ou mâconnais, le négoce-éleveur a (ou avait, car choses et gens changent un peu) le même visage, nuancé de quelques particularismes. Grandes familles bourgeoises parcourant le monde, se mariant souvent entre elles, de mœurs respectables, allant plus volontiers à Londres ou à San Francisco qu'à Dijon, où elles sont pratiquement ignorées. Le modernisme n'exclut pas l'amour des traditions et la piété filiale. Les tableaux des ancêtres, les boiseries, les verrières encadrent les ordinateurs et les nouvelles technologies de communication. Cette société est naturellement internationale, ouverte et fermée.

LE COURTIER DE CAMPAGNE

Entre le viticulteur et le négociant-éleveur, l'offre et la demande, le courtier de campagne demeure souvent de nos jours l'intermédiaire obligé. L'expression, quelque peu balzacienne, apparaît désuète et rustique. Il s'agit en réalité d'une fonction commerciale essentielle. Entouré de fioles de 12 cl constituant ses échantillons, le courtier de campagne tient en main une part importante du marché. Il est lui-même fils de courtier, de tonnelier ou de vigneron. Il doit tout connaître des caves et des familles. Fréquent en Mâconnais et en Beaujolais, le commissionnaire peut effectuer des actes de commerce. Le courtier, en revanche (Côte d'Or, Côte chalonnaise surtout), ne peut pas acheter ni revendre le vin en son nom et pour son compte.

Le négociant-éleveur évite ainsi d'engager du personnel à temps plein et trouve avantage à ce partenaire qui fait écran entre lui et son fournisseur. Si le courtier reçoit en général l'offre d'un viticulteur désireux d'écouler tout ou partie de son vin au négoce, il lui arrive aussi de la solliciter quand les affaires sont molles ou lorsqu'une appellation est rare. Flair, discrétion, goût, sens de la négociation, le courtier prélève des échantillons, les propose aux négociants, discute le prix et le mode de paiement. Il faut parfois rajouter une pièce ou deux d'un vin moins réclamé. Infinies discussions... Aucun contrat d'exclusivité. L'acheteur et le vendeur ne feront connaissance qu'au dernier moment, à l'heure de signer. Le courtier obtient alors un courtage, de 2 % (vente de raisins avant vendanges) à 3 % (vente de vin) du prix, réglé par l'acquéreur. Il existe parfois un second courtage, payé par le propriétaire satisfait du prix obtenu.

Mais les méthodes anciennes sont en voie de disparition. Les trois échantillons cachetés, le soutirage accompli par le courtier lui-même (les « étrennes du caviste » rémunèrent désormais ce travail effectué par un employé)... Le courtier est devenu l'agent de firmes de bouchons, bouteilles, capsules. Il lui arrive de jouer au négociant. Mais son action régulatrice est jugée positive par l'interprofession. Il sait trouver le vin et le faire sortir des caves quand il est rare et désiré. Il part en campagne en période de stagnation du marché. Il met du liant dans les relations des partenaires. Bref, il est inutile et pourtant indispensable. Toujours courtisé.

Ils ont le même âge et ils incarnent deux ascensions. Jean-Claude Boisset (à gauche), parti de rien et aujourd'hui maître d'innombrables marques commerciales en Bourgogne.

Louis Latour (à droite), ou plutôt Louis IV Latour, hors du temps, courtois, curieux de tout, Beaunois en un mot, se consacre à la tradition.

Plus d'une bouteille de vin de Bourgogne sur deux est exportée.
Davantage à Singapour que dans l'immense Chine.

LES MAISONS

On dit « les Maisons ». Il existe actuellement en Bourgogne une petite centaine d'entreprises de négoce-éleveur, employant 3 500 personnes et autant de représentants de commerce visitant la clientèle, particulière parfois, principalement les cafés et restaurants. Un important mouvement de concentration s'est produit durant les années 80 et 90, mais selon des approches différentes.

André Boisseaux (Beaune) saisit dès l'après-guerre tout l'intérêt du vin de marque, sans trop se préoccuper des appellations, et il fonde sa prospérité sur Cramoisay, Champelure et Kriter, tout en dominant de sa stature financière la vente des vins des Hospices de Beaune et en équilibrant ainsi son profil. Fabuleusement puissant, il met une touche personnelle à redorer avec succès le blason du Château de Meursault, puis à tenter de façon moins heureuse à construire celui du Château de Marsannay.

Georges Dubœuf (Romanèche-Thorins) montre le même sens commercial avisé, mais sur un autre registre. S'il ne l'invente pas, il impose le Beaujolais Nouveau, joue les AOC des terroirs du Sud, un pied en Mâconnais, l'autre en Beaujolais, envisage sans cesse l'image renouvelée de ses produits. Ce merveilleux vendeur sait habiller ses vins de couleurs gaies et attractives. Il est, lui aussi, un « grand imaginatif ».

Il reste deux catégories de négociants-éleveurs : les maisons anciennes ou relativement anciennes, au nom respecté, qui gardent toute leur indépendance ou une partie significative de leur indépendance (Bichot à Beaune, Laroche à Chablis...) ; les maisons nouvelles qui, nées de rien, se taillent peu à peu leur place au soleil (Ambroise à Premeaux-Prissey ou Dom. Laurent à Nuits-Saint-Georges par exemple).

Jean-Claude Boisset à Nuits-Saint-Georges illustre un cas atypique. Il rachète toutes les maisons sur le déclin ou en situation de succession délicate (Thomas-Bassot, Charles Viénot, Jaffelin, Ponnelle, Ropiteau Frères, Bouchard Aîné, Edouard Delaunay et Fils, Morin Père et Fils, Cellier des Samsons en Beaujolais, etc.). Un génie assurément, car cette démarche originale supprime des concurrents tout en récupérant des marques qui, sur certains marchés, ont une réalité tangible. Il maintient habilement des usages, des pratiques, des familles, selon les besoins d'un négoce complexe.

Certaines maisons sont passées sous le contrôle d'un capital étranger à la région. Elles sont nombreuses durant la période la plus récente, avec une nuance : le labyrinthe bourguignon nécessite un fil d'Ariane bourguignon, et, dans les temps présents, les familles bourguignonnes gardent en partie la maîtrise de leurs opérations, sans en avoir désormais et pour l'avenir la maîtrise absolue.

Il reste enfin le cas des maisons associées ou contrôlées par des groupes financiers (Paribas chez Olivier Leflaive, la Caisse des dépôts et consignations chez Léon Violland, le Crédit foncier au château de Puligny-Montrachet, etc.). Certaines maisons associent le nom du viticulteur à la signature sur l'étiquette (Compagnie des vins d'autrefois). D'autres – plus fréquemment à l'époque

L'ORDINATEUR DANS LA CAVE

Gérer des centaines d'appellations au sein d'une même cave est un casse-tête pour le négociant-éleveur, d'autant qu'il s'y ajoute les millésimes. Aux grands registres tenus autrefois à la plume succèdent de nos jours les listings d'ordinateur. Mécanographie en 1957, informatique en 1968, la maison beaunoise Albert Bichot à été l'une des premières à entrer dans ce monde nouveau. Puis l'informatique a pénétré, dès les années 80, dans la plupart des maisons. Gestion commerciale des stocks et des comptes « clients », comptabilité analytique bien sûr, mais aussi et de plus en plus une aide à la décision relative aux parcelles et aux cuvées.

contemporaine – concluent contrats ou accords particuliers avec des domaines guidés dans leur vinification, achetant parfois en raisins pour assurer également ce contrôle (Cottin Frères-Labouré Roi).

UNE BOUTEILLE SUR DEUX EST EXPORTEE

Une récolte de volume moyen est actuellement en Bourgogne de l'ordre de 1 250 000 hl, soit 165 millions de bouteilles environ. Dans le même temps, le négoce-éleveur bourguignon commercialise 3,75 millions d'hectolitres, soit quelque 500 millions de bouteilles. Il assure non seulement de 60 % à 65 % de la production régionale, mais aussi les débouchés d'une part importante de la production beaujolaise, et il vend des vins sans appellation, dits « de signature ». On trouve même à l'occasion ces marques folkloriques, exploitées ou non, comme « Paul Dupressoir » (Laroche), « Victor Lafeuillette », « Jean Tonneau », « Léon Sarment » ou « Honoré Lavigne » (J.-C. Boisset).

Le marché des vins de Bourgogne a toujours subi des à-coups, résultant en quantité et en qualité de l'offre et de la demande. Ces écarts, parfois d'une année à l'autre, sont identiques au XIXe et au XXe siècle. Mais leurs causes sont de nos jours plus nombreuses et plus variées : outre le millésime, le climat international et le jugement de la critique (le boom des 61), le cours des monnaies et particulièrement du dollar, les stocks à l'étranger et souvent une certaine spéculation par les intermédiaires. Les fortes dents de scie des volumes et des prix cisaillent toute l'histoire économique du vignoble. Les Hospices de Beaune mettent aux enchères 119 pièces en 1860, 317 en 1870, 42 en 1880, 85 en 1890, 544 en 1900. Et 490 en 1974, 267 en 1975... De même, le prix moyen de la pièce y varie-t-il du simple au double. Produit de luxe, le vin de Bourgogne doit s'adapter à des vents changeants. Grand Maître de la Confrérie des chevaliers du Tastevin, Guy Faiveley tente naguère de convaincre ses amis des vertus champenoises du stock régulateur. Il n'est guère écouté, n'est guère entendu. Les crises s'intensifient, provoquant durant les années 80 et 90 un double phénomène : la concentration des maisons (due souvent à des successions familiales complexes) et la pénétration des capitaux « étrangers » à la Bourgogne (créant de nouveaux centres de décision).

La Bourgogne est un pays que l'on peut emporter avec soi et posséder dans son verre. Une bouteille sur deux est exportée. Si la plupart des domaines importants participent à cette expansion mondiale, le négoce-éleveur accomplit souvent le travail de défrichage et de percée, l'ouverture des marchés, l'offensive par gros bataillons. Le développement des exportations suit une progression régulière. Le vin exporté a doublé en volume de 1970 à 1990, tandis qu'il augmentait de 800 % en valeur dans le même temps. Il a marqué sa plus vive progression au début des années 80, dépassant les 2 milliards de francs en 1985, alors qu'il n'atteignait pas les 500 millions de francs dix ans plus tôt. Il s'agit donc d'une spectaculaire réussite économique, dopée par l'envol des blancs et gagnant de nouveaux pays, comme le Japon. Autre phénomène récent, sur le marché français cette fois : la vente par la distribution moderne qui progresse constamment.

L'INTERPROFESSION

Chiens de faïence sur le marbre de Comblanchien de la cheminée bourguignonne, le négoce et la propriété se contemplent depuis toujours d'un regard d'autant plus affectueux qu'il demeure distant. Les esprits ont cependant beaucoup évolué, et ce qui paraissait inconcevable naguère – une interprofession active et relativement acceptée, prenant des initiatives – est devenu peu à peu réalité. Sans doute doit-elle composer avec les particularismes, adopter l'accent mâconnais à Mâcon, beaunois à Beaune, nuiton à Nuits, chablisien à Chablis, respecter le sentiment d'indépendance de chacun au sein de la famille, mais des progrès sont réels.

Le vin de Bourgogne parle-t-il d'une seule voix ? A la traditionnelle conférence de presse de la vente des vins des Hospices de Beaune, événement majeur, ses voix s'expriment de façon diverse, mais côte à côte et sous le même toit. Pour qui connaît la Bourgogne, des années-lumière viennent d'être franchies...

Un marché mondial, des achats et des ventes touchant les maisons, les domaines, et pourtant le silence.

Le silence de la cave où, à Rully (à gauche) comme à Beaune (à droite), chacun s'efforce de produire un vin capable de séduire tous les amateurs.

LA BOUTEILLE, LE BOUCHON, LA CAPSULE ET L'ETIQUETTE

Qu'importe le flacon ?

L'expédition des vins de Bourgogne s'effectuait jusqu'au XVIIIe siècle par fûts, la mise en pots ou en bouteilles étant assurée par le destinataire final. Deux pièces formaient une queue, généralement considérée comme l'unité de commercialisation. Se substituant à la cheville de bois ceinturée de filasse, le bouchon de liège va bientôt permettre la mise en bouteilles rapide et aisée.

Auparavant, et comme le raconte l'historien Jean Richard, quand un tonneau était mis en perce, le propriétaire tenant taverne devait l'écouler assez vite. Il lui fallait vendre à « huis coupé et à pot renversé » : la partie basse de la porte à deux volets de l'estaminet étant fermée, l'acheteur ne pouvait entrer, et le propriétaire ne pouvait donc pas être assimilé à un tavernier. Le contenu d'une mesure était alors versé dans le récipient présenté par le client. Romains et Gaulois connaissaient déjà cette pratique.

Sans doute les trois mousquetaires d'Alexandre Dumas, attablés dans des tavernes, boivent-ils du vin d'Espagne et parfois du Chambertin. Mais l'identité de la bouteille servie repose uniquement sur la confiance du client et la probité du tenancier.

Il en sera d'ailleurs de même en Grande-Bretagne jusqu'à son adhésion à la Communauté européenne, celle-ci achetant alors selon son goût et à la tasse, puis baptisant le vin à sa guise.

NAISSANCE D'UNE SIGNATURE

En 1751 est créée la verrerie d'Epinac (Saône-et-Loire) pour la production des bouteilles de vin. Qu'importe le flacon pourvu qu'on ait l'ivresse ? Le flacon devient, tout au contraire, un des éléments essentiels de la révolution qui se produit alors. La vente à la bouteille établit en effet une réelle garantie d'origine. Elle apparaît à la fin du XVIIIe siècle. Ainsi Etienne Parent à Beaune expédie-t-il à Thomas Jefferson des paniers de plusieurs douzaines de bouteilles dont le destinataire reconnaît le cru et le millésime grâce à des numéros. Cependant, la plupart des expéditions se feront longtemps encore en fûts. Seul le marché russe, apparu au milieu du XVIIIe siècle, n'entend rien au gouvernement des tonneaux et exige des envois par caisses de cinquante à soixante bouteilles.

La verrerie d'Epinac connaissant des difficultés, on se tourne bientôt vers les Vosges ou Sainte-Menehould en Champagne. Au cours du XIXe siècle, la lourde bouteille au cul hardiment retroussé va peu à peu s'industrialiser selon la forme dite « bourgogne » pour une contenance de 75 cl. Elle perd la collerette de verre qui indiquait parfois le lieu d'origine (un cru ou un village), un monogramme ou un motif décoratif (grappe de raisin...). Cet office est maintenant rempli par l'étiquette. C'est la naissance d'une signature, une reconnaissance de paternité.

A chaque vin, son type de bouteille. Alsace ? La ligne haricot vert. Bordeaux ? La taille mannequin. Champagne ? Le corps bien plein pour résister à la force intérieure. Bourgogne ? Les épaules gracieuses et les hanches caressantes. Jusqu'au XXe siècle, la bouteille bourguignonne était en verre épais et sombre, déjà sous cette forme, mais son culot pointait vif. Les verreries industrielles ont quelque peu banalisé la bouteille souvent incolore, plus élégante lorsqu'elle se teinte de

« Il y a trente ans, les trois quarts de la production bourguignonne partaient en vrac. Aujourd'hui, ils partent en bouteilles. Garantie d'origine, mais aussi valorisation sur place du produit, la verrerie, l'imprimerie, le bouchage, le cartonnage, le transport, l'assurance, les services liés. Des milliers d'emplois. »

Jean-François Bazin

vert ou d'une nuance feuille morte, légère, au culot plat ou peu enflé. Quelques domaines (Château de Pommard par exemple) tentent avec bonheur de conserver au flacon une esthétique bourguignonne.

Quant à la contenance, elle variait jadis. Puis elle s'est fixée sur les 75 cl, la pièce de 228 l donnant 300 bouteilles. La demi-bouteille (37,5 cl) et le quart des compagnies aériennes (18,7 cl) complètent cette gamme avec les dinosaures : magnum (deux bouteilles), jéroboam (quatre), réhoboam (six), mathusalem (huit), salmanazar (douze), balthazar (seize) et nabuchodonosor (vingt). En 1995 est apparue timidement une bouteille de 50 cl, sans doute adaptée à la législation sur l'alcoolémie et aux besoins de la restauration.

UNE ESTHETIQUE, UNE PROTECTION

L'étiquette du même vin et du même domaine n'est pas toujours identique ici et là. Ainsi, les Français disent Montrachet, les Américains Le Montrachet. L'étiquette change aussi avec le temps : l'évolution de la ligne graphique et esthétique aux Hospices de Beaune, du Tastevinage, etc. Des contrefaçons peuvent se produire : le Domaine de la Romanée-Conti plagié (les Santa-Lucia Cellars de Californie ont été condamnés pour imitation abusive de l'étiquette) ou divers vins victimes d'étiquettes pirates.

LE RESPECT DE L'ETIQUETTE

Les premières étiquettes sont sans doute des morceaux de papier collés par les amateurs sur leurs propres bouteilles afin de les reconnaître. Il n'en subsiste nulle trace de nos jours. En revanche, au premier tiers du XIXe siècle apparaissent des planches imprimées de noms de crus divers, que l'on découpe selon ses besoins. Fille du négoce, l'étiquette est déjà tout un art en Champagne vers 1840, alors que la Bourgogne suit plus discrètement le mouvement. De 1850 à 1900, l'étiquette bourguignonne informe peu. Seul y figure le nom du cru, parfois accompagné du nom du négociant, très rarement de celui d'un propriétaire. Le millésime, très rare, est ajouté en général à la main.

Tandis que le négoce possède le plus souvent sa propre gamme d'étiquettes, les imprimeurs de la région éditent des fonds d'étiquettes passe-partout, que les viticulteurs utilisent sans grand effort d'originalité. Déjà spécialisée, l'imprimerie Filiber (Nuits-Saint-Georges) naît ainsi en 1893. Les règles applicables aux appellations d'origine contrôlée modifient complètement l'étiquette, qui devra désormais, mais lentement, s'adapter à une rigueur nouvelle. Des mentions comme Grand Montrachet ou Chambertin blanc vont ainsi disparaître.

L'étiquette bénéficie de deux phénomènes successifs : à partir des années 30, le développement de la vente directe par la propriété ; à partir des années 60, la diminution constante des expéditions en vrac, remplacées par la mise en bouteilles dans la région d'origine. Elle est imprimée chaque année à 240 millions d'exemplaires par des maîtres imprimeurs bourguignons travaillant pour la France entière.

Doit-on attribuer au tempérament bourguignon sa forme la plus habituelle, horizontale, les pieds sur terre, souvent pudique, alors que l'étiquette bordelaise, tout en hauteur, se monterait un peu le col ? Le style bourguignon s'est signalé longtemps par le faux vieux : parchemin aux angles enroulés, caractères gothiques, blason de la province. Aujourd'hui rétro, ces étiquettes gardent quelques fidèles en Auxerrois et en Côte chalonnaise. Rigueur et sobriété : c'est le style classique d'aujourd'hui, infiniment moins inventif que le design sophistiqué de l'étiquette contemporaine. Il met en valeur une devise, une signature, un sceau, une allusion historique, une figure légen-

L'étiquette devrait être simple pour rester lisible et intelligible. Hélas ! Des règles nouvelles s'ajoutent sans fin et la rendent trop bavarde. Le code-barres, apparu dans les années 80. Il n'est pas obligatoire, mais il figure souvent sur la contre-étiquette quand la bouteille est destinée à la grande distribution. Inventifs, certains producteurs imaginent d'orner le code-barres d'un motif qui l'humanise. Le vin est le seul produit au monde à avoir eu cette amabilité au regard d'une servitude du temps présent. Depuis le début des années 90, le logo de l'ADELPHE, signale l'adhésion du producteur, à ses frais, à un mode de recyclage écologique du conditionnement du vin. Inscrira-t-on un jour le numérodu clone ? Ce serait plus intéressant…

daire, souvent la demeure du vigneron, un paysage du cru. On s'inspire aussi de nos jours de l'étiquette noire de la seconde moitié du XIXe siècle ou des Arts déco des années 30. En commandant à l'artiste Pierre Albuisson sa série « fleurie », Georges Dubœuf a ouvert une nouvelle voie, qui fait école. Seule l'étiquette du Crémant de Bourgogne occupe une place particulière dans cette galerie : noire ou dorée, elle s'inspire de l'école champenoise.

L'étiquette a deux filles : la collerette, qui indique le millésime, rappelle le nom du domaine, signale une distinction, etc. ; la contre-étiquette, au dos, apportant un complément d'information utile au consommateur. Ne sera-t-elle bientôt plus qu'un souvenir, au désespoir des collectionneurs ? La sérigraphie progresse, et le papier lui-même (autocollant de plus en plus) devient difficile à décoller et à conserver.

LE PORTE-VERTU

Le bouchon est un élément essentiel du conditionnement. Il contribue beaucoup à la qualité du vin, et l'on doit avoir soin de le changer au bout de quarante ans au grand maximum. Les meilleurs bouchons sont en liège espagnol (souvent catalan) ou portugais, parfois italien (sicilien). Les grands domaines choisissent et trient les bouchons. Longs, serrés et ramassés, ils assurent un service infiniment plus délicat que celui de la bouteille. Un bon bouchon de liège a une taille moyenne de 24 x 49 mm. Il doit être souple mais pas mou, peu poreux, et présenter un bout lisse. Il coûte actuellement de 0,50 franc à 3 francs, selon la qualité et le cru embouteillé. C'est aujourd'hui un porte-vertu, qui rend plus difficiles les contrefaçons. En indiquant le nom du domaine, le cru, le millésime, le bouchon garantit l'origine et confirme les informations figurant sur l'étiquette.

La capsule est plus récente. Sa généralisation remonte aux années 60. Elle a deux objectifs : la protection du bouchon et la commodité fiscale. En effet, le vin ne peut circuler que porteur de droits fiscaux. Il faut donc rédiger des papiers. Comme cette opération est lourde, la « capsule congé » exonère la bouteille de ses droits de circulation, payés par le producteur, qui règle ainsi à l'avance et pour l'acheteur la taxe permettant à la bouteille de voyager. Santé publique exige, elle n'est pas en plomb. Le client doit toujours exiger la « capsule congé » lorsqu'il achète en cave. On peut acheter en cave et en toute confiance. Le viticulteur bourguignon ne force pas à l'achat et demeure généralement discret quand il s'agit de passer à l'acte... C'est aussi une tradition bourguignonne. Lever le coude, certes, mais en laissant le bras libre.

La capsule « congé » : le vin peut voyager.

LIRE UNE ETIQUETTE

L'étiquette est aujourd'hui soumise à une multitude de règles contraignantes. Sa forme est généralement rectangulaire, mais il en existe de formes plus originales (carrées, rondes, ovales, en trapèze, etc.). Les mentions obligatoires :

- Le nom du pays d'origine si le vin est exporté : Produce of France, Produit de France, etc.
- La dénomination du vin, suivie immédiatement du nom exact de l'appellation : Chablis Premier Cru Fourchaume — Appellation Chablis Premier Cru contrôlée.
- Le nom, l'adresse, la qualité de l'embouteilleur ou du conditionneur, accompagnés de la mention précisant cette fonction : Mis en bouteille à la propriété par Michel Colbois, propriétaire-récoltant, 69, Grande-Rue, 89530 Chitry-le-Fort, France.
- Le volume nominal de la bouteille : 750 ml.
- Le titre alcoométrique volumique, inscrit par degré ou demi-degré : 12 % vol.

Mentions facultatives : l'année de récolte (si la totalité du vin provient de ce millésime), le lieu de la mise en bouteilles, le nom du cépage (autorisé pour les vins d'AOC régionales si le vin provient exclusivement de ce cépage – ce sujet divise profondément la Bourgogne viti-vinicole), la marque commerciale du négociant-éleveur, des mentions diverses et difficilement contrôlables (dénominations de fantaisie relatives à une cuvée ou à un destinataire, distinction accordée à ce vin précis, et non au domaine ou à la maison en général, etc.).

L'illustration est libre. En tout état de cause, l'étiquette ne doit créer aucune confusion. Le Domaine de la Romanée-Conti a dû affronter d'innombrables manœuvres de ce type : vins appelés Romané, Remany, Romain Conte, Vicomte Bernard de Romanet, etc. Mais que penser de la marque La Renommée, elle-même fort jalouse de sa protection ? Enfin, il n'est pas interdit de se montrer imaginatif. Ainsi la marque Henry de Vézelay, qui occupe la plus grande partie de l'étiquette d'un Bourgogne peut faire croire à une appellation Bourgogne-Vézelay... celle-ci n'existe pas, ou du moins pas encore.

Le bouchon, plus important que la bouteille !

Villages, grands crus, premiers crus et climats

LES APPELLATIONS REGIONALES

Nom	Cépage	Couleur	Nom	Cépage	Couleur
■ BOURGOGNE	pinot noir[1, 2]	rouge	■ BOURGOGNE GRAND ORDINAIRE ou BOURGOGNE ORDINAIRE	chardonnay aligoté	blanc
■ BOURGOGNE	chardonnay	blanc	■ BOURGOGNE GRAND ORDINAIRE CLAIRET (OU ROSÉ) OU BOURGOGNE ORDINAIRE CLAIRET (OU ROSÉ)	pinot noir gamay	rosé
■ BOURGOGNE CLAIRET[3] ou BOURGOGNE ROSÉ	pinot noir	rosé	■ CRÉMANT DE BOURGOGNE[8]	pinot noir et (ou) chardonnay pour 30 % au moins	blanc ou rosé
■ BOURGOGNE ALIGOTÉ	aligoté[4]	blanc	■ BOURGOGNE MOUSSEUX[8, 10]	pinot noir[8], gamay	rouge
■ BOURGOGNE PASSETOUTGRAIN	1/3 min. de pinot noir 2/3 max. de gamay	rouge			
■ BOURGOGNE GRAND ORDINAIRE ou BOURGOGNE ORDINAIRE[6]	pinot noir gamay[7]	rouge			

Les appellations régionales Bourgogne Aligoté Bouzeron, Bourgogne Irancy, Bourgogne Côte Saint-Jacques, Bourgogne Chitry, Bourgogne Coulanges-la-Vineuse, Bourgogne Epineuil, Bourgogne Côtes d'Auxerre, Bourgogne Hautes-Côtes de Nuits, Bourgogne Hautes-Côtes de Beaune, Bourgogne Côte chalonnaise et Mâcon seront présentées dans leur cadre géographique.

1. L'Yonne conserve le droit d'utiliser le césar et le tressot. / **2.** Les dix crus du Beaujolais (gamay) peuvent prendre l'appellation Bourgogne. / **3.** Le mot clairet est aujourd'hui inusité, sauf rares exceptions. / **4.** Chardonnay pour 15 % des plants au maximum jusqu'en 1999. / **5.** Le mot passetoutgrain s'écrit de plusieurs façons. L'orthographe correcte est celle-ci ou passe-tout-grain. / **6.** L'appellation ordinaire n'est pas utilisée. L'appellation grand ordinaire, en déclin (production moyenne actuelle de 1 million de bouteilles par an, surtout en rouge), est utilisée en déclaration directe pour quelques hectolitres de melon de Bourgogne en blanc à Vézelay et pour des vins issus de chardonnay plantés sur l'aire de Bourgogne Aligoté ; en rouge pour des productions de Saône-et-Loire et du Rhône en repli pour quelques marchés et à la suite de dégustations d'agrément. / **7.** L'Yonne conserve le droit d'utiliser le césar et le tressot (rouges), le melon de Bourgogne et le sacy (blancs). / **8.** Effervescent. Le faible degré s'explique par la précocité de la vendange et le caractère du vin de base. / **9.** Rendement porté par exemple à 65 hl en 1990 et 1991. / **10.** Cette appellation a disparu ; elle n'est utilisable depuis 1985 que pour des vins rouges. Quelques marchés infimes subsistent sans doute à partir de Bourgogne rouge. L'Yonne conserve le droit d'utiliser le césar et le tressot. Le Beaujolais peut utiliser le gamay sous certaines conditions.

Appellations	Communes	Surface délimitée ha	a	ca
	CHABLIS			
■ CHABLIS GRAND CRU	Chablis et ses hameaux de Fyé et de Poinchy			
Blanchot		11	65	00
Les Preuses[1]		11	10	00
Bougros		15	85	00
Grenouilles		09	68	00
Valmur		13	20	00
Vaudésir[1]		16	19	00
Les Clos		25	81	00
■ CHABLIS PREMIER CRU (CLASSEMENTS DE 1986 ET 1987)				
Mont de Milieu[2]	Chablis (Fyé)			
Montée de Tonnerre	Chablis (Fyé)			
Fourchaume	La Chapelle-Vautelpeigne, Fontenay, Maligny et Chablis (Poinchy)			
Vaillons	Chablis			
Montmains	Chablis			
Côte de Léchet	Chablis (Milly)			
Beauroy	Beine et Chablis (Poinchy)			
Vau Ligneau	Beine			
Vau de Vey	Beine			
Vaucoupin	Chichée			
Vosgros	Chichée			
Les Fourneaux,	Fleys			
Côte de Vaubarousse	Chablis (Fyé)			
Berdiot	Chablis (Fyé)			
Chaume de Talvat	Courgis			
Côte de Jouan	Courgis			
Les Beauregards	Courgis			
■ CHABLIS	Les communes citées en 1er cru ainsi que Béru, Chemilly-sur-Serein, Collan, Lignorelles, Ligny-le-Châtel, Poilly-sur-Serein, Préhy, Villy et Viviers (le nom du climat peut figurer sur l'étiquette)			
■ PETIT CHABLIS	Beine, Béru, Chablis, Chapelle-Vautelpeigne, Lignorelles, Maligny, Poilly-sur-Serein, Préhy et Villy (le nom du climat peut figurer sur l'étiquette)			

1. La Moutonne : 2,35 ha dans Les Preuses et Vaudésir.
2. Il s'agit des climats principaux. Quelques climats « secondaires » ont cependant acquis une personnalité propre et revendiquent leur nom : L'Homme-mort par exemple, associé au climat Fourchaume. Quant aux orthographes, elles varient beaucoup...

Appellations	Communes	Surface délimitée ha	a	ca	Noms réglementaires	Lieux-dits
			FIXIN ET BROCHON			
■ FIXIN	Fixin	107	40	28		
■ FIXIN 1er CRU	Fixin	19	37	39		
	Brochon	01	62	33		
dont	Fixin	03	35	71	Arvelets	Les Arvelets
	idem	00	17	42	Clos de la Perrière	En Suchot
	idem	04	90	31	*idem*	La Perrière
	Brochon	01	62	33	*idem*	Queue de Hareng
	Fixin	04	78	80	Clos du Chapitre	Le Clos du Chapitre
	idem	01	75	47	Clos Napoléon	Aux Cheusots
	idem	00	07	65	*idem*	Le Village
	idem	00	49	40	Hervelets	Le Meix Bas
	idem	03	35	71[1]	*idem*	Les Arvelets
	idem	03	82	63	*idem*	Les Hervelets

1. Superficie également comptabilisée pour le 1er cru Les Arvelets.

Appellations	Communes	ha	a	ca	Noms réglementaires	Lieux-dits
			GEVREY-CHAMBERTIN			
■ GEVREY-CHAMBERTIN	Brochon	50	59	20		
	Gevrey-Chambertin	309	29	61		
■ GEVREY-CHAMBERTIN 1er CRU	Gevrey-Chambertin	85	52	55		
dont	*idem*	00	52	85	Au Closeau	Au Closeau
	idem	04	57	20	Aux Combottes	Aux Combottes
	idem	02	65	23	Bel Air	Bel Air
	idem	06	67	85	Champeaux	Champeaux
	idem	03	31	77	Champonnet	Champonnet
	idem	02	18	70	Cherbaudes	Cherbaudes
	idem	06	03	03	Clos des Varoilles	Etournelles
	idem				*idem*	Les Véroilles
	idem	00	98	20	Clos du Chapitre	Clos du Chapitre
	idem	01	97	86	Clos Prieur	Clos Prieur-Haut
	idem	06	70	49	Clos Saint-Jacques	Le Clos Saint-Jacques
	idem	04	76	86	Combe au Moine	Combe au Moine
	idem	02	75	94	Craipillot	Craipillot
	idem	01	16	67	En Ergot	En Ergot
	idem	02	03	52	Estournelles-Saint-Jacques	Etournelles
	idem	03	73	35	Fonteny	Fonteny
	idem	00	62	37	Issarts	Plantigone ou Issart
	idem	00	44	90	La Bossière	La Bossière
	idem	02	47	06	La Perrière	La Perrière
	idem	01	06	30	La Romanée	La Romanée
	idem	09	53	03	Lavaut Saint-Jacques	Lavaut
	idem	09	11	90	Les Cazetiers	Les Cazetiers
	idem	03	21	00	Les Corbeaux	Les Corbeaux
	idem	01	81	09	Les Goulots	Les Goulots
	idem	04	00	34	Petite Chapelle	Champitenois ou Petite Chapelle
	idem	00	94	87	Petits Cazetiers	Petits Cazetiers
	idem	02	20	17	Poissenot	Poissenot
■ GRANDS CRUS						
Chambertin	*idem*	28	29	18		
Chambertin-Clos de Bèze	*idem*	15	38	87		
Chapelle-Chambertin	*idem*	05	48	53		
Charmes-Chambertin	*idem*	30	83	24		
Griotte-Chambertin	*idem*	02	69	18		
Latricières-Chambertin	*idem*	07	35	44		
Mazis-Chambertin	*idem*	09	10	34		
Mazoyères-Chambertin[1]	*idem*	30	83	24		
Ruchottes-Chambertin	*idem*	03	30	37		

1. Même aire délimitée que l'AOC Charmes-Chambertin. Mazoyères *stricto sensu* : 18,5 ha.

Appellations	Communes	Surface délimitée ha	a	ca	Noms réglementaires	Lieux-dits

MOREY SAINT-DENIS

Appellations	Communes	ha	a	ca	Noms réglementaires	Lieux-dits
■ MOREY-SAINT-DENIS	Morey-Saint-Denis	80	57	30		
■ MOREY-SAINT-DENIS 1er CRU	Morey-Saint-Denis	27	74	64		
dont	*idem*	01	17	31	Aux Charmes	Aux Charmes
	idem	01	49	47	Aux Cheseaux	Aux Cheseaux
	idem	00	87	03	Clos Baulet	Clos Baulet
	idem	03	15	22	Clos des Ormes	Clos des Ormes
	idem	03	32	63	Clos Sorbè	Clos Sorbè
	idem	01	22	98	Côte Rôtie	Côte Rôtie
	idem	02	59	25	La Bussière	La Bussière
	idem	02	46	59	La Riotte	La Riotte
	idem	00	90	36	Le Village	Le Village
	idem	01	99	23	Les Blanchards	Les Blanchards
	idem	02	61	86	Les Chaffots	Les Chaffots
	idem	02	26	76	Les Charrières	Les Charrières
	idem	01	90	09	Les Chenevery	Les Chenevery
	idem	01	66	51	Les Faconnières	Les Faconnières
	idem	01	19	10	Les Genavrières	Les Genavrières
	idem	00	50	82	Les Gruenchers	Les Gruenchers
	idem	04	21	23	Les Milandes	Les Milandes
	idem	02	57	74	Les Ruchots	Les Ruchots
	idem	02	67	58	Les Sorbès	Les Sorbès
	idem	05	38	89	Monts Luisants	Monts Luisants
■ GRANDS CRUS	*idem*					
Clos de la Roche	*idem*	16	90	27		
Clos Saint-Denis	*idem*	06	62	60		
Clos deTart	*idem*	07	53	28		
Clos des Lambrays	*idem*	08	83	94		
Les Bonnes Mares[1]	*idem*	01	51	55		

1. L'appellation s'étend aussi sur Chambolle-Musigny.

CHAMBOLLE-MUSIGNY

Appellations	Communes	ha	a	ca	Noms réglementaires	Lieux-dits
■ CHAMBOLLE-MUSIGNY	Chambolle-Musigny	109	36	51		
■ CHAMBOLLE-MUSIGNY 1er CRU	*idem*	61	16	72		
dont	*idem*	01	53	86	Aux Beaux Bruns	Aux Beaux Bruns
	idem	00	82	92	Aux Combottes	Aux Combottes
	idem	00	92	60	Aux Echanges	Aux Echanges
	idem	00	47	00	Derrière la Grange	Derrière la Grange
	idem	02	99	56	La Combe d'Orveau	La Combe d'Orveau
	idem	05	40	13	Les Amoureuses	Les Amoureuses
	idem	03	41	61	Les Baudes	Les Baudes
	idem	01	42	84	Les Borniques	Les Borniques
	idem	00	52	56	Les Carrières	Les Carrières
	idem	01	50	31	Les Chabiots	Les Chabiots
	idem	09	31	93	Les Charmes	Les Charmes
	idem	02	96	39	Les Chatelots	Les Chatelots
	idem	00	72	41	Les Combottes	Les Combottes
	idem	03	44	62	Les Cras	Les Cras
	idem	03	62	75	Les Feusselottes	Les Feusselotes
					(ou les Feusselotes)	Les Feusselottes
		00	76	83		Les Grands Murs
	idem	04	38	41	Les Fuées	Les Fuées
	idem	01	33	86	Les Groseilles	Les Groseilles
	idem	02	82	36	Les Gruenchers	Les Gruenchers
	idem	01	73	75	Les Hauts Doix	Les Hauts Doix
	idem	00	91	95	Les Lavrottes	Les Lavrottes
	idem	02	84	79	Les Noirots	Les Noirots

Appellations	Communes	Surface délimitée ha	a	ca	Noms réglementaires	Lieux-dits
	idem	02	56	59	Les Plantes	Les Plantes
	idem	04	89	45	Les Sentiers	Les Sentiers
	idem	05	23	55	Les Véroilles	Les Véroilles
■ GRANDS CRUS						
Les Bonnes Mares	*idem*	13	54	17	Les Bonnes Mares	Les Bonnes Mares
Musigny	*idem*	10	85	55	Musigny	Musigny Les Petits-Musigny
			VOUGEOT			
■ VOUGEOT	Vougeot	03	22	28		
■ VOUGEOT 1er CRU	*idem*	11	67	92		
dont	*idem*	02	15	80	Clos de la Perrière	Les Petits Vougeots
	idem	03	04	95	Le Clos blanc	La Vigne blanche
	idem	02	98	65	Les Crâs	Les Crâs
	idem	03	48	52	Les Petits Vougeots	Les Petits Vougeots
■ GRAND CRU Clos de Vougeot	*idem*	50	59	10		
			FLAGEY-ECHEZEAUX			
■ VOSNE-ROMANÉE ou VOSNE	Flagey-Echézeaux	13	34	00		
■ VOSNE-ROMANÉE 1er CRU ou VOSNE 1er CRU	*idem*	12	35	65		
dont	*idem*	01	78	55	En Orveaux	En Orveaux
		05	44	04	Les Beaux Monts	Les Beaux Monts Bas
		01	57	50	*idem*	Les Beaux Monts Hauts
		02	61	95	Les Rouges	Les Rouges du Dessus
■ GRANDS CRUS						
Echézeaux	*idem*	36	25	83	Echézeaux	
dont	*idem*	03	55	30	*idem*	Les Echézeaux du Dessus
	idem	04	89	50	*idem*	Les Treux
	idem	01	80	25	*idem*	Le Clos Saint-Denis
	idem	03	28	95	*idem*	Les Cruots ou Vignes Blanches
	idem	00	81	33	*idem*	Les Beaux Monts Bas
	idem	02	48	55	*idem*	Les Laochausses
	idem	03	99	55	*idem*	Les Rouges du Bas
	idem	03	58	55	*idem*	Les Champs-Traversins
	idem	05	21	20	*idem*	Les Poulaillères
	idem	05	04	29	*idem*	En Orveaux
	idem	01	12	79	*idem*	Les Quartiers de Nuits
Grands Echézeaux	*idem*	09	13	11	Grands Echézeaux	
			VOSNE-ROMANEE			
■ VOSNE-ROMANÉE	Vosne-Romanée	91	68	58		
■ VOSNE-ROMANÉE 1er CRU	Vosne-Romanée	46	76	00		
dont	*idem*	01	07	64	Au-dessus des Malconsorts	Au-dessus des Malconsorts
	idem	03	76	74	Aux Brûlées	Aux Brûlées
	idem					La Combe Brûlée
	idem	05	85	83	Aux Malconsorts	Aux Malconsorts
	idem	01	54	00	Aux Raignots	Aux Raignots
	idem	02	12	45	Clos des Réas	Clos des Réas
	idem	01	01	27	Cros Parentoux	Cros Parentoux
	idem	00	59	87	La Croix Rameau	La Croix Rameau
	idem	02	35	50	Les Beaux Monts	Les Beaux Monts
	idem					Les Hauts Beaux Monts
	idem	06	90	31	Les Chaumes	Les Chaumes
	idem	01	06	39	Les Gaudichots	Les Gaudichots

Appellations	Communes	Surface délimitée ha	a	ca	Noms réglementaires	Lieux-dits
	idem	03	66	61	Les Petits Monts	Les Petits Monts
	idem	13	07	60	Les Suchots	Les Suchots
■ GRANDS CRUS						
La Romanée Saint-Vivant	*idem*	09	43	74		
La Romanée-Conti	*idem*	01	80	50		
La Romanée	*idem*	00	84	52		
La Tâche	*idem*	01	43	45	La Tâche	La Tâche
idem		04	62	95	*idem*	Les Gaudichots ou La Tâche
Le Richebourg	*idem*	05	05	16	Le Richebourg	Les Richebourgs
idem	*idem*	02	98	27	*idem*	Les Véroilles ou Richebourgs
La Grande Rue	*idem*	01	65	25		

NUITS-SAINT-GEORGES

Appellations	Communes	ha	a	ca	Noms réglementaires	Lieux-dits
■ NUITS-SAINT-GEORGES	Nuits-Saint-Georges	169	23	08		
ou NUITS	Premeaux-Prissey	11	79	38		
■ NUITS-SAINT-GEORGES	Nuits-Saint-Georges	100	53	28		
1er CRU ou NUITS 1er CRU	Premeaux-Prissey	46	79	96		
dont	Nuits-Saint-Georges	01	88	69	Aux Argillas	Aux Argillas
	idem	06	30	18	Aux Boudots	Aux Boudots
	idem	04	24	33	Aux Bousselots	Aux Bousselots
	idem	05	85	85	Aux Chaignots	Aux Chaignots
	idem	00	73	57	Aux Champs Perdrix	Aux Champs Perdrix
	idem	02	99	93	Aux Cras	Aux Cras
	idem	04	89	11	Aux Murgers	Aux Murgers
	Premeaux-Prissey	03	49	73	Aux Perdrix	Aux Perdrix
	Nuits-Saint-Georges				Aux Thorey	Aux Thorey
	idem	03	84	55	Aux Vignerondes	Aux Vignerondes
	idem	02	53	23	Chaînes Carteaux	Chaînes Carteaux
	idem	02	88	71	Château Gris	Les Crots
	Premeaux-Prissey	05	44	60	Clos Arlot	Clos Arlot
	idem	09	55	00	Clos de la Maréchale	Clos de la Maréchale
	idem	04	22	27	Clos des Argillières	Les Argillières
	idem	05	13	22	Clos des Corvées	Aux Corvées
	idem	01	48	28	Clos des Corvées Pagets	Aux Corvées
	idem	07	11	17	Clos des Forêts Saint-Georges	Les Forêts
	idem	02	21	26	Clos des Grandes Vignes	Les Grandes Vignes
	Nuits-Saint-Georges	03	59	93	Clos des Porrets-Saint-Georges	Les Poirets
	Premeaux-Prissey	00	92	79	Clos Saint-Marc	Aux Corvées
	Nuits-Saint-Georges	00	29	87	En la Perrière Noblot	En la Perrière Noblot
	idem	01	96	91	La Richemone	La Richemone
	Premeaux-Prissey	00	21	90	Les Argillières	Les Argillières
	Nuits-Saint-Georges	03	80	63	Les Cailles	Les Cailles
	idem	02	80	90	Les Chabeufs	Les Chabeufs
	idem	01	16	72	Les Crots	Les Crots
	idem	08	54	56	Les Damodes	Les Damodes
	Premeaux-Prissey	02	45	20	Les Didiers	Les Didiers
	Nuits-Saint-Georges	00	20	60	Les Hauts Pruliers	Les Hauts Pruliers
	idem	03	34	88	Les Perrières	Les Perrières
	idem	03	55	08	Les Porrets-Saint-Georges	Les Poirets
	idem	02	13	50	Les Poulettes	Les Poulettes
	idem	01	34	98	Les Procès	Les Procès
	idem	00	56	76	Les Pruliers	Les Procès
	idem	07	11	73	*idem*	Les Pruliers
	idem	07	52	12	Les Saint-Georges	Les Saint-Georges
	Premeaux-Prissey	04	54	54	Les Terres Blanches	Les Terres Blanches
	Nuits-Saint-Georges	00	86	79	Les Vallerots	Les Vallerots
	idem	06	20	99	Les Vaucrains	Les Vaucrains
	idem	02	18	95	Roncière	Roncière
	idem	02	12	71	Rue de Chaux	Rue de Chaux

Appellations	Communes	Surface délimitée ha	a	ca	Noms réglementaires	Lieux-dits
	LADOIX-SERRIGNY, ALOXE-CORTON ET PERNAND-VERGELESSES					
■ ALOXE-CORTON	Aloxe-Corton	89	71	34		
■ ALOXE-CORTON 1er CRU	Aloxe Corton	29	12	51		
	Ladoix-Serrigny	18	46	10		
dont	Ladoix-Serrigny	00	59	24	Clos des Maréchaudes	La Maréchaude
	Aloxe-Corton	00	82	02	*idem*	Les Maréchaudes
	idem	01	90	42	Clos du Chapitre	Les Meix
	Ladoix-Serrigny	02	51	54	La Coutière	La Coutière
	idem	01	03	83	La Maréchaude	La Maréchaude
	idem	01	72	99	La Toppe au Vert	La Toppe au Vert
	Aloxe-Corton	04	63	12	Les Chaillots	Les Chaillots
	idem	05	56	97	Les Fournières	Les Fournières
	idem	02	55	90	Les Guérets	Les Guérets
	idem	01	26	09	Les Maréchaudes	Les Maréchaudes
	Ladoix-Serrigny	00	94	25	Les Moutottes	Les Moutottes
	Aloxe-Corton	01	59	97	Les Paulands	Les Paulands
	Ladoix-Serrigny	01	64	25	Les Petites Lolières	Les Petites Lolières
	Aloxe-Corton	06	58	99	Les Valozières	Les Valozières
	idem	04	19	03	Les Vercots	Les Vercots
■ LADOIX	Ladoix-Serrigny	120	65	45		
Côte de Beaune	*idem*	*idem*				
■ LADOIX 1er CRU	Ladoix-Serrigny	14	38	06		
dont	*idem*	00	92	80	Basses Mourottes	Basses Mourottes
	idem	01	78	45	Bois Roussot	Bois Roussot
	idem	00	54	56	Hautes Mourottes	Hautes Mourottes
	idem	07	14	04	La Corvée	La Corvée
	idem	01	63	82	La Micaude	La Micaude
	idem	01	58	40	Le Clou d'Orge	Le Clou d'Orge
	idem	00	75	99	Les Joyeuses	Les Joyeuses
■ PERNAND-VERGELESSES	Pernand-Vergelesses	137	63	57		
Côte de Beaune	*idem*	*idem*				
■ PERNAND-VERGELESSES 1er CRU	*idem*	56	51	09		
dont	*idem*	03	44	29	Creux de la Net	Creux de la Net
	idem	14	38	04	En Caradeux	En Caradeux
	idem	09	40	65	Ile des Vergelesses	Ile des Hautes-Vergelesses
	idem	11	22	52	Les Fichots	Les Fichots
	idem	18	05	59	Vergelesses	Les Basses Vergelesses
■ GRANDS CRUS						
Charlemagne	Aloxe-Corton	45	68	14		
	Pernand-Vergelesses[1]	17	25	89		
Corton (rouge ou blanc)	Aloxe-Corton	71	93	61		
	Ladoix-Serrigny	16	37	21		
Corton (rouge)	Aloxe-Corton	48	57	06		
	Pernand-Vergelesses	17	25	89		
	Ladoix-Serrigny	06	05	39		
dont[2]	Ladoix-Serrigny	00	94	81	Basses Mourottes	
	Aloxe-Corton	02	16	43	Clos des Meix	
	Ladoix-Serrigny	01	92	92	Hautes Mourottes	
	idem	00	10	80	La Toppe au Vert	
	Aloxe-Corton	02	46	22	La Vigne au Saint	
	idem	10	72	70	Le Clos du Roi	
	idem	11	67	27	Le Corton[3]	
	idem	00	55	00	Le Meix Lallemand (Clos des Meix)	
	Ladoix-Serrigny	11	59	48	Le Rognet et Corton	
	Aloxe-Corton	17	41	81	Les Bressandes	
	Ladoix-Serrigny	00	50	53	Les Carrières	
	Aloxe-Corton	06	64	78	Les Chaumes	
	idem	01	69	17	Les Combes	
	idem	01	10	53	Les Fiètres	
	Ladoix-Serrigny	03	04	40	Les Grandes Lolières	

Appellations	Communes	Surface délimitée ha	a	ca	Noms réglementaires	Lieux-dits
	Aloxe-Corton	02	31	69	Les Grèves	
	idem	07	23	75	Les Languettes	
	idem	04	45	97	Les Maréchaudes	
	Ladoix-Serrigny	00	84	59	Les Moutottes	
	Aloxe-Corton	01	05	13	Les Paulands	
	idem	09	55	17	Les Perrières	
	idem	09	82	40	Les Pougets	
	idem	14	35	39	Les Renardes	
	Ladoix-Serrigny	03	45	17	Les Vergennes	
Corton-Charlemagne (blanc)	Aloxe-Corton	48	57	06		
	Pernand-Vergelesses	17	25	89		
	Ladoix-Serrigny	06	05	39		

1. Même aire délimitée que Corton et Corton-Charlemagne. Exclusivement en blanc.
2. En rouge exclusivement. Sur les communes d'Aloxe-Corton et de Ladoix-Serrigny, noms de climats pouvant être ajoutés à l'AOC Corton.
3. Ou Clos des Cortons Faiveley.

SAVIGNY-LES-BEAUNE ET CHOREY-LES-BEAUNE

Appellations	Communes	ha	a	ca	Noms réglementaires	Lieux-dits
■ SAVIGNY-LES-BEAUNE	Savigny-lès-Beaune	233	91	11		
ou SAVIGNY COTE DE BEAUNE	*idem*	*idem*				
■ SAVIGNY-LES-BEAUNE 1er CRU	Savigny-lès-Beaune	141	30	77		
ou SAVIGNY 1er CRU						
dont	*idem*	09	92	40	Aux Clous	Aux Clous
	idem	06	42	24	Aux Fourneaux	Aux Fourneaux
	idem	06	14	90	Aux Gravains	Aux Gravains
	idem	14	08	32	Aux Guettes	Aux Guettes
	idem	12	33	71	Aux Serpentières	Aux Serpentières
	idem	01	68	00	Basses Vergelesses	Basses Vergelesses
	idem	01	81	38	Bataillière	Aux Vergelesses
	idem	01	47	64	Champ Chevrey	Aux Fourneaux
	idem	07	89	01	La Dominode	Les Jarrons
	idem	02	07	20	Les Charnières	Les Charnières
	idem	04	44	07	Les Haut Jarrons	Haut Jarrons
	idem	05	33	74	Les Hauts Marconnets	Les Hauts Marconnets
	idem	01	46	40	Les Jarrons	Les Jarrons
	idem	17	66	34	Les Lavières	Les Lavières
	idem	02	99	45	Les Marconnets	Les Bas Marconnets
	idem	09	48	65	Les Narbantons	Les Narbantons
	idem	16	16	85	Les Peuillets	Les Peuillets
	idem	02	83	17	Les Rouvrettes	Les Rouvrettes
	idem	03	09	64	Les Talmettes	Les Talmettes
	idem	15	37	67	Les Vergelesses	Aux Vergelesses
	idem	00	71	15	Petits Godeaux	Petits Godeaux
	idem	00	59	95	Redrescul	Redrescul
■ CHOREY-LES-BEAUNE	Chorey-lès-Beaune	154	40	87		
Côte de Beaune	*idem*	*idem*				

BEAUNE

Appellations	Communes	ha	a	ca	Noms réglementaires	Lieux-dits
■ BEAUNE	Beaune	333	33	15		
■ BEAUNE 1er CRU	Beaune	143	00	74		
dont	*idem*	02	64	70	A l'Ecu	A l'Ecu
	idem	07	70	00	Aux Coucherias	Aux Coucherias
	idem	05	01	61	Aux Cras	Aux Cras
	idem	04	88	43	Belissand	Belissand
	idem	00	35	58	Blanches Fleurs	Blanches Fleurs
	idem	16	25	06	Champs Pimont	Champs Pimont
	idem	00	10	95	*idem*	Les Longes
	idem	01	86	23	Clos de la Féguine	Aux Coucherias

Appellations	Communes	Surface délimitée ha	a	ca	Noms réglementaires	Lieux-dits
	idem	03	36	50	Clos de la Mousse	Le Clos de la Mousse
	idem	02	37	03	Clos de l'Ecu	A l'Ecu
	idem	03	71	67	Clos des Avaux	Champs Pimont
	idem				*idem*	Les Avaux
	idem	01	26	23	Clos des Ursules	Les Vignes Franches
	idem	08	41	29	Clos du Roi	Clos du Roi
	idem	01	97	69	Clos Saint-Landry	Clos Landry
	idem	04	34	89	En Genêt	En Genêt
	idem	02	02	20	En l'Orme	En l'Orme
	idem	02	40	58	La Mignotte	La Mignotte
	idem	06	31	67	Le Bas des Teurons	Le Bas des Teurons
	idem	25	13	37	Le Clos des Mouches	Les Boucherotes
	idem	00	05	10	*idem*	Le Clos des Mouches
	idem	18	63	65	Les Aigrots	Les Aigrots
	idem	11	92	23	Les Avaux	Les Avaux
	idem	08	59	36	Les Boucherotes	Les Boucherotes
	idem	16	97	05	Les Bressandes	Les Bressandes
	idem	26	14	74	Les Cent Vignes	Les Cent Vignes
	idem	05	03	79	Les Chouacheux	Les Chouacheux
	idem	00	27	05	Les Epenotes	Les Beaux Fougets
	idem	08	05	91	*idem*	Les Epenotes
	idem				Les Fèves	A l'Ecu
	idem	04	40	42	*idem*	Les Fèves
	idem	31	30	84	Les Grèves	Les Grèves
	idem	09	39	11	Les Marconnets	Les Marconnets
	idem	08	28	20	Les Montrevenots	Les Montrevenots
	idem	03	20	01	Les Perrières	Les Perrières
	idem	04	78	14	Les Reversés	Les Reversés
	idem				Les Sceaux	Les Sceaux
	idem	01	23	25	Les Seurey	Les Seurey
	idem	08	58	22	Les Sizies	Les Sizies
	idem	21	04	04	Les Teurons	Les Teurons
	idem	06	41	79	Les Toussaints	Les Toussaints
	idem	08	93	52	Les Tuvilains	Les Tuvilains
	idem	08	50	51	Les Vignes Franches	Les Vignes Franches
	idem	03	75	69	Montée Rouge	Montée Rouge
	idem	05	16	34	Pertuisots	Pertuisots
	idem	03	26	92	Sur les Grèves	Sur les Grèves
	idem	00	35	25	Sur les Grèves-Clos Sainte-Anne	Sur les Grèves
			POMMARD			
■ POMMARD	Pommard	211	62	76		
■ POMMARD 1er CRU	Pommard	125	19	38		
dont	*idem*	04	17	60	Clos Blanc	Clos Blanc
	idem	03	74	50	Clos de la Commaraine	Clos de la Commaraine
	idem	02	11	11	Clos de Verger	Clos de Verger
	idem	00	60	93	Clos des Epeneaux	Les Grands Epenots
	idem	04	62	15	*idem*	Les Petits Epenots
	idem	00	27	59	Derrière Saint-Jean	Derrière Saint-Jean
	idem	03	99	32	En Largillière	En Largillière
	idem	02	78	32	La Chanière	La Chanière
	idem	02	52	74	La Platière	La Platière
	idem	02	30	57	La Refène	La Refène
	idem	02	82	88	Le Clos Micot	Le Clos Micot
	idem	00	15	34	Le Village	Le Village
	idem	08	45	77	Les Arvelets	Les Arvelets
	idem	03	54	12	Les Bertins	Les Bertins
	idem	01	84	83	Les Boucherottes	Les Boucherottes
	idem	04	43	37	Les Chanlins-Bas	Les Chanlins-Bas

Appellations	Communes	Surface délimitée ha	a	ca	Noms réglementaires	Lieux-dits
	idem	02	86	70	Les Chaponnières	Les Chaponnières
	idem	09	64	98	Les Charmots	Les Charmots
	idem	02	78	82	Les Combes Dessus	Les Combes Dessus
	idem	01	27	76	Les Croix Noires	Les Croix Noires
	idem	05	12	92	Les Fremiers	Les Fremiers
	idem	10	14	78	Les Grands Epenots	Les Grands Epenots
	idem	03	23	69	Les Jarolières	Les Jarolières
	idem	15	14	28	Les Petits Epenots	Les Petits Epenots
	idem	05	91	18	Les Pézerolles	Les Pézerolles
	idem	04	12	74	Les Poutures	Les Poutures
	idem	05	83	30	Les Rugiens-Bas	Les Rugiens-Bas
	idem	06	83	25	Les Rugiens-Hauts	Les Rugiens-Hauts
	idem	03	83	84	Les Saussilles	Les Saussilles
			VOLNAY			
■ VOLNAY	Volnay	93	30	29		
■ VOLNAY 1er CRU	*idem*	114	89	29		
dont	*idem*	01	46	13	Carelles	Carelles Dessous
	idem	03	73	15	Carelle sous la Chapelle	Carelle sous la Chapelle
	idem	11	19	34	Champans	En Champans
	idem	02	85	98	Chanlin	Chanlin
	idem	01	31	60	Clos de la Barre	La Barre
	idem	01	95	32	Clos de la Bousse d'Or	Bousse d'Or
	idem	00	18	50	*idem*	Le Village
	idem				Clos de la Cave des Ducs	*idem*
	idem	00	57	00	Clos de la Chapelle	*idem*
	idem	00	52	92	Clos de la Rougeotte	*idem*
	idem	01	10	55	Clos de l'Audignac	*idem*
	idem	15	40	85	Clos des Chênes	Clos des Chênes
	idem	02	40	99	Clos des Ducs	Clos des Ducs
	idem	00	57	60	Clos du Château des Ducs	Le Village
	idem	00	68	07	Clos du Verseuil	En Verseuil
	idem	06	35	35	En Chevret	En Chevret
	idem	04	32	60	En l'Ormeau	En l'Ormeau
	idem	05	87	64	Frémiets	Frémiets
	idem	01	52	37	Frémiets-Clos de la Rougeotte	*idem*
	idem	00	54	25	La Gigotte	La Gigotte
	idem	00	21	55	Lassolle	Lassolle
	idem	01	90	00	Le Ronceret	Le Ronceret
	idem	03	45	62	Le Village	Le Village
	idem	03	34	23	Les Angles	Les Angles
	idem	01	70	19	Les Aussy	Les Aussy
	idem	05	63	14	Les Brouillards	Les Brouillards
	idem	09	07	86	Les Caillerets	Cailleret Dessus
	idem	02	86	75	*idem*	En Cailleret
	idem	02	39	24	Les Caillerets - Clos des 60 Ouvrées	Cailleret Dessus
	idem	00	24	11	Les Grands Champs	Les Grands Champs
	idem	02	07	15	Les Lurets	Les Lurets
	idem	03	97	99	Les Mitans	Les Mitans
	idem	04	07	97	Pitures Dessus	Pitures Dessus
	idem	01	22	83	Pointes d'Angles	Pointes d'Angles
	idem	02	93	79	Robardelle	Robardelle
	idem	07	16	98	Taille Pieds	Taille Pieds
■ VOLNAY SANTENOTS	Meursault	29	07	31	Santenots	
	idem	10	45	01	*idem*	Les Ptures
	idem	02	92	03	*idem*	Les Santenots Blancs
	idem	07	64	29	*idem*	Les Santenots Dessous
	idem	08	00	54	*idem*	Les Santenots du Milieu
	idem	00	05	44	*idem*	Les Vignes Blanches

Appellations	Communes	Surface délimitée ha	a	ca	Noms réglementaires	Lieux-dits
		MONTHELIE, AUXEY-DURESSES, SAINT-AUBIN ET SAINT-ROMAIN				
■ AUXEY-DURESSES	Auxey-Duresses	137	86	98		
Côte de Beaune	*idem*	*idem*				
■ AUXEY-DURESSES 1er CRU	*idem*	31	76	13		
dont	*idem*	02	39	03	Bas des Duresses	Bas des Duresses
	idem	08	37	40	Climat du Val	Climat du Val
	idem	00	92	72	Clos du Val	Climat du Val
	idem	00	23	90	La Chapelle	Les Bréterins
	idem	01	04	25	*idem*	Reugne
	idem	01	68	75	Les Bréterins	Les Bréterins
	idem	07	91	83	Les Duresses	Les Duresses
	idem	03	17	52	Les Ecussaux	Les Ecussaux
	idem	04	03	14	Les Grands Champs	Les Grands Champs
	idem	01	97	59	Reugne	Reugne
■ MONTHELIE	Monthélie	108	72	01		
Côte de Beaune	*idem*	*idem*				
■ MONTHELIE 1er CRU	*idem*	31	18	24		
dont	*idem*	01	49	80	La Taupine	La Taupine
	idem	00	56	50	Le Cas Rougeot	Le Cas Rougeot
	idem	00	48	57	Le Château Gaillard	Le Château Gaillard
	idem	01	80	15	Le Clos Gauthey	Le Clos Gauthey
	idem	02	27	75	Le Meix Bataille	Le Meix Bataille
	idem	00	22	40	Le Village (Monthélie)	Le Village (Monthélie)
	idem	08	11	22	Les Champs Fulliots	Les Champs Fulliots
	idem	06	72	34	Les Duresses	Les Duresses
	idem	00	74	50	Les Riottes	Les Riottes
	idem	02	72	00	Les Vignes Rondes	Les Vignes Rondes
	idem	06	03	01	Sur la Velle	Sur la Velle
■ SAINT-AUBIN	Saint-Aubin	80	15	81		
Côte de Beaune	*idem*	*idem*				
■ SAINT-AUBIN 1er CRU	*idem*	156	46	09		
dont	*idem*	03	43	73	Bas de Vermarain à l'Est	Bas de Vermarain à l'Est
	idem	03	96	43	Derrière chez Edouard	Derrière chez Edouard
	idem	01	94	06	Derrière la Tour	Derrière la Tour
	idem	02	17	90	En Créot	En Créot
	idem	21	94	39	En Remilly	En Remilly
	idem	07	78	09	*idem*	Les Cortons
	idem	07	15	25	La Chatenière	La Chatenière
	idem	01	29	43	*idem*	Le Bas de Gamay à l'Est
	idem	00	40	80	Le Charmois	En Vollon à l'Est
	idem	00	60	37	Le Puits	Le Puits
	idem	05	47	50	Les Castets	Les Castets
	idem	03	43	14	Les Champlots	En Montceau
	idem	07	48	74	*idem*	Les Champlots
	idem	14	67	97	Les Combes	Le Charmois
	idem	07	81	69	*idem*	Les Combes au Sud
	idem	02	39	14	*idem*	Pitangeret
	idem	04	34	31	Les Frionnes	Es Champs
	idem	02	99	52	*idem*	Les Frionnes
	idem	05	24	06	*idem*	Les Perrières
	idem	16	08	19	Les Murgers des Dents de Chien	Les Murgers des Dents de Chien
	idem	02	24	31	Sur Gamay	Sous Roche Dumay
	idem	12	69	59	*idem*	Sur Gamay
	idem	01	29	57	Sur le Sentier du Clou	Echaille
	idem	04	01	42	*idem*	En la Ranché
	idem	03	97	68	*idem*	Les Travers de Marinots
	idem	01	80	02	*idem*	Marinot
	idem	02	12	73	*idem*	Sur le Sentier du Clou
	idem	04	80	62	*idem*	Vignes Moingeon

Appellations	Communes	Surface délimitée ha	a	ca	Noms réglementaires	Lieux-dits
	idem	02	85	44	Village	Village
■ SAINT-ROMAIN	Saint-Romain	135	00	06		
Côte de Beaune	*idem*	*idem*				
			MEURSAULT			
■ MEURSAULT	Meursault	304	94	12		
Côte de Beaune	*idem*	*idem*				
■ MEURSAULT 1er CRU	*idem*	131	87	67		
dont	*idem*	16	83	82	Charmes	Les Charmes Dessous
	idem	14	27	97	*idem*	Les Charmes Dessus
	idem	00	94	52	Clos des Perrières	Les Perrières Dessous
	idem	00	30	11	Genevrières	Chaumes des Perrières
	idem	00	13	00	*idem*	Les Chaumes de Narvaux
	idem	05	39	70	*idem*	Les Genevrières Dessous
	idem	10	65	13	*idem*	Les Genevrières Dessus
	idem	04	34	49	Le Porusot	Le Porusot
	idem	04	41	16	Les Bouchères	Les Bouchères
	idem	01	03	19	Les Caillerets	Les Caillerets
	idem	03	55	04	Les Cras	Les Cras
	idem	05	32	60	Les Gouttes d'Or	Les Gouttes d'Or
	idem	10	45	01	Les Plures	Les Plures
	idem	02	92	03	Les Santenots Blancs	Les Santenots Blancs
	idem	08	00	54	Les Santenots du Milieu	Les Santenots du Milieu
	idem	00	79	90	Perrières	Aux Perrières
	idem	08	64	98	*idem*	Les Perrières Dessous
	idem	03	31	39	*idem*	Les Perrières Dessus
	idem	05	29	96	Porusot	Le Porusot Dessus
	idem	01	79	33	*idem*	Les Porusots Dessous
	idem	05	04	55	La Jeunellotte	La Jeunellotte
	idem	11	14	72	La Pièce sous le Bois	La Pièce sous le Bois
	idem	02	21	09	Sous Blagny	Sous Blagny
	idem	05	03	44	Sous le Dos d'Ane	Sous le Dos d'Ane
■ MEURSAULT BLAGNY	*idem*					
■ MEURSAULT 1er CRU BLAGNY						
■ BLAGNY	Meursault	01	76	81		
Côte de Beaune	Puligny-Montrachet	07	96	13		
	idem	*idem*				
■ BLAGNY	Meursault	23	46	58		
1er CRU	Puligny-Montrachet	20	94	39		
dont	*idem*	04	27	68	Hameau de Blagny	Hameau de Blagny
	idem	09	86	88	La Garenne ou Sur la Garenne	La Garenne ou Sur la Garenne
	Meursault	05	04	55	La Jeunellotte	La Jeunellotte
	idem	11	17	50	La Pièce sous le Bois	La Pièce sous le Bois
	idem	02	21	09	Sous Blagny	Sous Blagny
	idem	05	03	44	Sous le Dos d'Ane	Sous le Dos d'Ane
	Puligny-Montrachet	06	79	83	Sous le Puits	Sous le Puits
			CHASSAGNE-MONTRACHET ET PULIGNY-MONTRACHET			
■ CHASSAGNE-MONTRACHET	Chassagne-Montrachet	172	75	61		
	Remigny (Saône-et-Loire)	06	75	55		
Côte de Beaune	*idem*		*idem*			
■ CHASSAGNE-MONTRACHET	Chassagne-Montrachet	158	79	29		
1er CRU dont	*idem*	04	57	35	Abbaye de Morgeot	La Chapelle
	idem	03	98	22	*idem*	Morgeot
	idem	01	17	15	Blanchot Dessus	Blanchot Dessus
	idem	04	78	28	Bois de Chassagne	Bois de Chassagne
	idem	03	60	43	*idem*	Les Baudines

Appellations	Communes	Surface délimitée ha	a	ca	Noms réglementaires	Lieux-dits
	idem	05	19	30	*idem*	Les Embazées
	idem	01	14	47	Cailleret	Chassagne
	idem	00	65	33	*idem*	Les Combards
	idem	03	76	45	*idem*	Vigne Derrière
	idem	02	02	21	Clos Saint-Jean	Chassagne du Clos Saint-Jean
	idem	05	07	80	*idem*	Clos Saint-Jean
	idem	01	60	93	*idem*	Les Murées
	idem	05	45	07	*idem*	Les Rebichets
	idem	00	63	76	Dent de Chien	Dent de Chien
	idem	05	11	31	En Cailleret	En Cailleret
	idem	01	56	42	En Remilly	En Remilly
	idem	02	10	54	La Boudriotte	Champs Jendreau
	idem	00	61	48	*idem*	La Roquemaure
	idem	02	69	19	*idem*	Les Chaumes
	idem	07	16	34	*idem*	Les Fairendes
	idem	00	81	55	*idem*	Les Petites Fairendes
	idem	02	27	99	La Grande Montagne	En Virondot
	idem	03	35	50	*idem*	La Romanée
	idem	02	13	26	*idem*	Les Grandes Ruchottes
	idem	02	89	74	La Maltroie	Chassagne
	idem	02	30	22	*idem*	Ez Crets
	idem	04	00	18	*idem*	La Maltroie
	idem	02	40	87	*idem*	Les Places
	idem	01	98	58	Les Brussonnes	Clos Chareau
	idem	02	97	48	*idem*	Clos Pitois
	idem	02	38	86	*idem*	Francemont
	idem	00	96	20	*idem*	La Cardeuse
	idem	01	73	22	*idem*	La Grande Borne
	idem	02	83	74	*idem*	Les Boirettes
	idem	04	62	06	Les Champs Gain	Les Champs Gain
	idem	08	19	97	Les Chaumées	Les Chenevottes
	idem	01	05	94	*idem*	Les Commes
	idem	05	18	96	Les Chenevottes	Les Macherelles
	idem	02	44	83	Les Macherelles	Les Pasquelles
	idem	05	21	02	*idem*	Les Vergers
	idem	01	75	37	*idem*	Petingeret
	idem	02	10	54	Les Vergers	Champs Jendreau
	idem	01	98	58	*idem*	Clos Chareau
	idem	02	97	48	*idem*	Clos Pitois
	idem	02	35	72	*idem*	Ez Crottes
	idem	02	38	86	*idem*	Francemont
	idem	02	17	78	*idem*	Guerchère
	idem	02	23	20	*idem*	La Boudriotte
	idem	00	96	20	*idem*	La Cardeuse
	idem	04	57	35	*idem*	La Chapelle
	idem	01	73	22	*idem*	La Grande Borne
	idem	00	61	48	*idem*	La Roquemaure
	idem	02	83	74	*idem*	Les Boirettes
	idem	02	87	81	*idem*	Les Brussonnes
	idem	02	69	19	*idem*	Les Chaumes
	idem	07	16	34	*idem*	Les Fairendes
	idem	03	92	82	*idem*	Les Grands Clos
	idem	05	09	49	*idem*	Les Petits Clos
	idem	00	81	55	*idem*	Les Petites Fairandes
	idem	00	31	15	*idem*	Morgeot
	idem	02	11	64	*idem*	Tête du Clos
	idem	02	23	72	*idem*	Vigne Blanche
	idem	00	49	50	Tonton Marcel	La Grande Montagne
	idem	01	32	43	Vide-Bourse	Vide-Bourse
■ PULIGNY-MONTRACHET	Puligny-Montrachet	114	22	17		
Côte de Beaune	*idem*	*idem*				

Appellations	Communes	Surface délimitée ha	a	ca	Noms réglementaires	Lieux-dits
■ PULIGNY-MONTRACHET	*idem*	03	25	66	Champ Canet	Champ Canet
1er CRU dont	*idem*	00	80	11	*idem*	La Jaquelotte ou Champ Canet
	idem	10	69	77	Champ Gain	Champ Gain
	idem	05	58	55	Clavaillon	Clavaillon
	idem	01	53	23	Clos de la Garenne	Clos de la Garenne ou Champ Canet
	idem	03	91	98	Clos de la Mouchère	Les Perrières dit les Referts
	idem	02	48	22	La Truffière	La Truffière
	idem	03	33	02	Le Cailleret	Le Cailleret
	idem	04	16	10	Les Chalumaux	Les Chalumaux
	idem	01	63	20	*idem*	Sous le Courthil dit les Chalumaux
	idem	06	76	14	Les Combettes	Les Combettes
	idem	00	60	21	Les Demoiselles	Le Cailleret
	idem	01	96	63	Les Folatières	Au Chaniot dit les Folatières
	idem	00	54	20	*idem*	En la Richardé dit les Folatières
	idem	13	63	91	*idem*	Ez Folatières
	idem	01	49	02	*idem*	Peux Bois dit les Folatières
	idem	04	48	84	Les Perrières	Les Perrières dit les Referts
	idem	01	63	03	Les Pucelles	Clos des Meix dit les Pucelles
	idem	05	13	31	*idem*	Les Pucelles
	idem	05	52	47	Les Referts	Les Referts
■ GRANDS CRUS						
Montrachet	Chassagne-Montrachet	03	98	73		
	Puligny-Montrachet	04	01	07		
Bâtard-Montrachet	Chassagne-Montrachet	05	84	42		
	Puligny-Montrachet	06	02	21		
Chevalier-Montrachet	Puligny-Montrachet	07	58	89		
Criots-Bâtard-Montrachet	Chassagne-Montrachet	01	57	21		
Bienvenues-Bâtard-Montrachet	Puligny-Montrachet	03	68	60		
			SANTENAY			
■ SANTENAY	Santenay	254	58	58		
	Remigny (Saône-et-Loire)	12	64	85		
Côte de Beaune	*idem*		*idem*			
■ SANTENAY 1er CRU	Santenay	139	77	99		
dont	*idem*	17	86	47	Beauregard	Beauregard
	idem	00	05	00		Comme Dessus
	idem	15	48	89	Beaurepaire	Beaurepaire
	idem	05	31	85	Clos de Tavannes	Clos de Tavannes
	idem	00	54	83	Clos des Mouches	Beauregard
	idem	01	02	75	*idem*	Clos des Mouches
	idem	01	20	60	*idem*	Clos Faubard
	idem	03	93	08	Clos Faubard	Clos Faubard
	idem	06	06	34	Clos Rousseau	Les Fourneaux
	idem	08	14	65	*idem*	Petit Clos Rousseau
	idem	07	87	17	Grand Clos Rousseau	Grand Clos Rousseau
	idem	00	05	62	*idem*	Le Chainey
	idem	21	61	11	La Comme	La Comme
	idem	13	58	08	La Maladière	La Maladière
	idem	05	31	85	Les Gravières	Clos de Tavannes[1]
	idem	00	45	56	*idem*	La Comme
	idem	23	39	59	*idem*	Les Gravières
	idem	05	31	85	Les Gravières-Clos de Tavannes	Clos de Tavannes[1]
	idem	11	46	80	Passetemps	Passetemps

1. Surface de 05 ha 31 a 85 ca également comptabilisée pour le 1er cru Clos des Tavannes.

Appellations	Communes	Surface délimitée ha	a	ca	Noms réglementaires	Lieux-dits
	MARANGES ET COUCHOIS					
■ MARANGES	Cheilly-lès-Maranges	122	41	31		
	Dezize-lès-Maranges	69	38	51		
	Sampigny-lès-Maranges	43	82	72		
■ MARANGES 1er CRU	Cheilly-lès-Maranges	42	00	00		
	Dezize-lès-Maranges	44	00	00		
	Sampigny-lès-Maranges	21	00	00		
	Cheilly-lès-Maranges	03	00	00	Clos de la Boutière	La Boutière
	Dezize-lès-Maranges	01	00	00	Clos de la Fussière	Marange
	Cheilly-lès-Maranges					
	Dezize-lès-Maranges	26	00	00	La Fussière	En Marange
						Marange
	Sampigny-lès-Maranges	15	00	00	Le Clos des Loyères	Le Clos
	idem					Les Loyères
	idem	14	00	00	Le Clos des Rois	Le Clos des Rois
	idem					Les Loyères
	Dezize-lès-Maranges	02	00	00	La Croix aux Moines	Marange
	Cheilly-lès-Maranges	10	00	00	Les Clos Roussots	Aux Rouères
	idem					Les Clos Roussots
	idem					Les Plantes des Maranges
	Sampigny-lès-Maranges	10	00	00		Maranges
	RULLY					
■ RULLY	Rully	450	00	00		
	Chagny	35	30	00		
■ RULLY 1er CRU	Rully	110	00	00		
	Chagny	13	00	00		
dont	Rully	00	70	00	Agneux	Agneux
	idem	00	40	00	Champs Cloux	Les Champs Cloux
	idem	03	40	00	Chapitre	Chapitre
	Chagny	05	00	00	Clos du Chaigne (à Jean de France)	La Montagne de la Folie
	idem	08	00	00	Clos Saint-Jacques	La Folie
	Rully	11	50	00	Cloux	Cloux
	idem	06	60	00	Grésigny	Grésigny
	idem	02	50	00	La Bressande	La Bressande
	idem	03	20	00	La Fosse	La Fosse
					idem	Rue du Bourgneuf
	idem	08	20	00	La Pucelle	La Crée
	idem	06	30	00	La Renarde	Les Champs Cloux
	idem	06	00	00	Le Meix Cadot	Le Meix Cadot et la Bergerie
	idem	01	00	00	Le Meix Cadot	Le Meix Cadot
	idem	01	20	00	*idem*	Varot
	idem	00	80	00	Les Pierres	Vignes des Pierres
	idem	00	80	00	*idem*	Chêne
	idem	03	90	00	Margotés	Margotée
	idem	07	80	00	Marissou	Marissou
	idem	01	80	00	Molesme	Agneux
	idem	03	50	00	*idem*	Moulène
	idem	08	30	00	Montpalais	Sous Montpalais
	idem	05	00	00	Pillot	Piot
	idem	01	00	00	Préaux	Préau
	idem	12	50	00	Rabourcé	Rabourcé
	idem	05	30	00	Raclot	Raclot
	idem	07	20	00	Vauvry	Vauvery

Appellations	Communes	Surface délimitée ha	a	ca	Noms réglementaires	Lieux-dits
			MERCUREY			
■ MERCUREY	Mercurey	739	00	00		
	Saint-Martin-sous-Montaigu	107	60	00		
■ MERCUREY	Mercurey	126	700	00		
1er CRU	Saint-Martin-sous-Montaigu	15	70	00		
dont	Saint-Martin-sous-Montaigu	02	50	00	Clos de Paradis	La Boudaillerie
	idem	03	70	00	*idem*	Le Paradis
	Mercurey	05	20	00	Clos des Barraults	Le Clos des Barraults
	idem	03	20	00	Clos des Grands Voyens	Clos des Grands Voyens
	idem					Jamproye
	Saint-Martin-sous-Montaigu	09	80	00	Clos des Montaigus	Les Montaigus
	Mercurey	05	90	00	Clos des Myglands	Clos Miglan
	idem	07	50	00	Clos Marcilly	Le Marcilly
	idem	00	30	00	Clos Tonnerre	Clos Tonnère
	idem	02	50	00	Clos Voyens	Clos Voyens
	idem	03	50	00	Grand Clos Fortoul	Grand Clos Fortoul
	idem	00	40	00	Griffères	Vigne de Maillonge
	idem	03	00	00	La Bondue	En Sazenay
	idem	04	00	00	*idem*	La Bondue
	idem	06	90	00	La Cailloute	La Cailloute
	Saint-Martin-sous-Montaigu	02	50	00	La Chassière	La Chassière
	Mercurey	01	20	00	Le Levrière	La Levrière
	idem	00	50	00	La Mission	La Mission
	idem	05	00	00	Le Clos du Roy	Le Clos du Roi
	idem	21	00	00	Le Clos l'Evêque	Le Clos l'Evêque
	idem	02	00	00	Les Byots	Les Byots
	idem	12	00	00	Les Champs Martin	Les Champs Martin
	idem	06	60	00	Les Combins	Les Combins
	idem	04	50	00	Les Crêts	Les Crêts
	idem	09	50	00	Les Croichots	Les Champs Michaux
	idem				*idem*	Les Croichots
	Saint-Martin-sous-Montaigu	03	30	00	Les Fourneaux	Les Fourneaux
	idem	00	80	00	Les Montaigus	A la Serve
	idem	00	60	00	*idem*	A la Verrière
	idem	09	80	00	*idem*	Les Montaigus
	Mercurey	04	20	00	Les Naugues	Les Naugues
	Saint-Martin-sous-Montaigu	02	50	00	Les Ruelles	En Ruelle
	Mercurey	01	50	00	Les Vasées	Les Vasées
	idem	09	30	00	Les Velley	Les Chavances
					idem	Les Vallées
	idem	07	00	00	Sazenay	En Sazenay
			GIVRY			
■ GIVRY	Givry	319	00	00		
	Jambles	15	00	00		
	Dracy-le-Fort	06	00	00		
■ GIVRY 1er CRU	Givry	77	55	00		
	Dracy-le-Fort	06	00	00		
dont	Dracy-le-Fort	06	00	00	Clos Jus	Le Clos Jus
	Givry	11	70	00	Cellier aux Moines	Cellier aux Moines
	idem	04	80	00	Clos Charlé	Le Charlé
	idem	02	30	00	Clos de la Barraude	La Barraude
	idem	02	15	00	Clos du Cras Long	Crémillons
	idem	01	10	00	Clos du Vernoy	Le Vernoy
	idem	02	00	00	Clos Marceaux	Les Grandes Vignes
	idem	05	70	00	Clos Marole	Grand Marole
	idem	05	70	00	Clos Saint-Paul	Les Bois Chevaux
	idem	03	20	00	Clos Saint-Pierre	Les Bois Chevaux

Appellations	Communes	Surface délimitée ha	a	ca	Noms réglementaires	Lieux-dits
	idem	08	00	00	Clos Salomon	Clos Salomon
	idem	11	40	00	Les Bois Chevaux	Les Bois Chevaux
	idem	05	50	00	Les Grands Prétans	Les Grands Prétans
	idem	03	10	00	Les Grandes Vignes	Les Grandes Vignes
	idem	02	60	00	Petit Marole	Petit Marole
	idem	08	30	00	Servoisine	Servoisine
		MONTAGNY				
■ MONTAGNY	Buxy	95	00	00		
	Jully-lès-Buxy	50	00	00		
	Montagny-lès-Buxy	182	00	00		
	Saint-Vallerin	110	00	00		
■ MONTAGNY 1er CRU	Buxy	76	50	00		
	Jully-lès-Buxy	31	60	00		
	Montagny-lès-Buxy	149	30	00		
	Saint-Vallerin	18	90	00		
dont	Montagny-lès-Buxy	01	50	00	Champs Toizeau	Champs Toizeau
	Jully-lès-Buxy	07	20	00	Chazelle	Chazelle
	Buxy	03	70	00	Cornevent	Cornevent
	Montagny-lès-Buxy	05	30	00	Creux de Beaux Champs	Creux de Beaux Champs
	Buxy	04	20	00	La Condemine du Vieux Château	La Condemine du Vieux Château
	idem	06	80	00	La Grande Pièce	La Grande Pièce
	Saint-Vallerin	02	70	00	La Moullière	La Moullière
	Buxy	05	70	00	Le Clos Chaudron	Le Clos Chaudron
	Montagny-lès-Buxy	06	30	00	Le Cloux	Le Cloux
	Buxy	03	10	00	Le Clouzot	Le Clouzot
	Montagny-lès-Buxy	05	50	00	L'Epaule	L'Epaule
	Buxy	02	70	00	Le Vieux Château	Le Vieux Château
	idem	08	60	00	Les Bassets	Les Bassets
	Montagny-lès-Buxy	12	00	00	Les Beaux Champs	Les Beaux Champs
	Buxy	09	70	00	Les Bonneveaux	Les Bonneveaux
	Montagny-lès-Buxy	01	40	00	Les Bordes	Les Bordes
	idem	06	30	00	Les Bouchots	Les Bouchots
	idem	11	20	00	Les Burnins	Les Burnins
	Jully-lès-Buxy	12	40	00	Les Chaniots	Les Chaniots
	Montagny-lès-Buxy	12	50	00	Les Charmelottes	Les Charmelottes
	idem	02	60	00	Les Coères	La Tillonne
	Jully-lès-Buxy	12	00	00	*idem*	Les Coères
	Montagny-lès-Buxy	11	50	00	*idem*	Les Coères
	Saint-Vallerin	10	30	00	*idem*	Les Coères
	Montagny-lès-Buxy	02	40	00	Les Combes	Les Combes
	Buxy	01	60	00	Les Coudrettes	Les Coudrettes
	Saint-Vallerin	02	70	00	Les Craboulettes	Les Craboulettes
	Montagny-lès-Buxy	02	10	00	Les Garchères	Les Garchères
	idem	03	00	00	Les Gouresses	Les Gouresses
	idem	05	10	00	Les Jardins	Les Jardins
	idem	06	40	00	Les Las	Les Las
	idem	03	60	00	Les Macles	Les Macles
	idem	05	20	00	Les Maroques	Les Maroques
	idem	01	30	00		Vignes Dessous
	idem	00	80	00	Les Paquiers	Les Paquiers
	Saint-Vallerin	01	90	00	*idem*	Les Paquiers
	Montagny-lès-Buxy	00	40	00	Les Perrières	Les Marais
	Buxy	03	20	00	Les Pidances	Les Pidances
	Montagny-lès-Buxy	06	00	00	Les Platières	Les Platières
	Saint-Vallerin	01	30	00	Les Ressess	Collonge
	Montagny-lès-Buxy	01	80	00	*idem*	Les Resses
	idem	02	70	00	Les Treuffères	Les Treuffères
	idem	03	30	00	Les Vignes Derrière	Les Vignes Derrière

Appellations	Communes	Surface délimitée ha	a	ca	Noms réglementaires	Lieux-dits
	Buxy	01	60	00	Les Vignes des Prés	Les Vignes des Prés
	idem	11	60	00	Les Vignes Longues	Les Vignes Longues
	idem	02	00	00	Mont Laurent	Mont Laurent
	Montagny-lès-Buxy	12	30	00	Montcuchot	Mont Cuchot
	idem	02	10	00	Montorge	Les Paquiers
	idem	02	10	00	*idem*	Montorge
	idem	03	90	00	Saint-Morille	Saint-Morille
	idem	01	50	00	Saint-Ytages	Saint-Ytages
	idem	00	80	00	Sous les Feilles	Sous les Feilles
	idem	05	80	00	Vigne du Soleil	Vigne du Soleil
	idem	01	70	00	Vignes Couland	Vignes Couland
	idem	05	50	00	Vignes-Saint-Pierre	Vignes-Saint-Pierre
	idem	07	20	00	Vignes-sur-le-Cloux	Vignes-sur-le-Cloux

Bibliographie

OUVRAGES GENERAUX

• DION Roger – *Histoire de la vigne et du vin en France des origines au XIXe siècle*, Flammarion, Paris, 1959.
• DUMAY Raymond – *La Mort du vin*, Stock, Paris, 1976.
• *Guide Hachette des vins de France*, Hachette, Paris (édition annuelle).
• LACHIVER Marcel – *Vins, vignes et vignerons – histoire du vignoble français*, Fayard, Paris, 1988.
• MAZENOT René – *Le Tastevin à travers les âges*, Editions des Quatre Seigneurs, Grenoble, 1973 et 1977.
• PERTUISET Georges – *La Dégustation du vin*, Quintette, Paris, 1995.
• POMEROL Charles (coll.) – *Terroirs et vins de France*, Total Paris et BRGM, Orléans, 1984.
• POUPON Pierre – *Plaisirs de la dégustation*, PUF, Paris, 1973.

VINS DE BOURGOGNE

• ABRIC Loïc – *Le Vin de Bourgogne au XIXe siècle*, Editions de l'Armançon, Précy-sous-Thil, 1993.
• BLANCHET Suzanne – *Les Vins de Bourgogne*, Jema, Meilhan-sur-Garonne, 1985.
• CHAPUIS Louis et Claude – *Vigneron en Bourgogne*, Robert Laffont, Paris, 1980.
• COURTEPEE abbé Claude et BEGUILLET Edme – *Description historique et topographique du duché de Bourgogne, Dijon, 1775-1788*, Horvath, Roanne, 1986.
• DUMAY Raymond (sous la direction de) – *Le Vin de Bourgogne*, Montalba, Paris, 1976.
• DUYKER Hubert – Grands Vins de Bourgogne, Nathan, Paris, 1980.
• FAITH Nicholas – *Voyage en Bourgogne*, Caisse des dépôts et consignations, Paris, 1991.
• GRIVOT Françoise – *Le Commerce des vins de Bourgogne*, Sabri, Paris, 1964.
• HANSON Anthony – *Burgundy*, nouvelle édition, 1995.
• JACQUEMONT Guy (sous la direction de) – *Le Grand Livre de Bourgogne*, Chêne, Paris, 1987.
• JULLIEN André – *Topographie de tous les vignobles connus*, de Lacroix et Baudry, Paris, 1832 ; plusieurs éditions jusqu'en 1848 ; Champion-Slatkine, Paris et Genève, 1985.
• KRAMER Matt – *Making Sense of Burgundy*, William Morrow and Co., New York, 1990.
• PARKER Robert – *Les Vins de Bourgogne et du Beaujolais*, Solar, Paris, 1993.
• PITIOT Sylvain et SERVANT Jean-Charles – *Les Vins de Bourgogne*, PUF, Paris, 1992 et éditions suivantes.
• POUPON Pierre – *Vignes et Jours, Confrérie des Chevaliers du Tastevin*, Nuits-Saint-Georges, 1963.
• RAT Pierre (sous la direction de) – *Guide géologique régional Bourgogne-Morvan*, Masson et Cie, Paris, 1972.
• RENOY Georges – *Les Mémoires du Bourgogne*, BAV, Bruxelles, Paris et Genève, 1985.
• ROUPNEL Gaston – *La Bourgogne, types et coutumes*, Horizons de France, Paris, 1936.
• ROZET Georges – *La Bourgogne tastevin en main*, Horizons de France, Paris, 1949.
• SUTCLIFFE Serena – *Guide des vins de Bourgogne*, Flammarion, Paris, 1987.
• YOXALL Harry-W. – *The Wines of Burgundy*, Stein and Day, New York, 1978.

VINS DE LA COTE-D'OR

• ABRIC Loïc – *Le Vin de l'Auxois*, Editions de l'Armançon, Précy-sous-Thil, 1988.
• ARNOUX abbé Claude – *Dissertation sur la situation de la Bourgogne, sur les vins qu'elle produit...*, Londres, 1728, et Daniel Morcrette, Luzarches, 1978.
• BAZIN Jean-François – *Le Vin de Bourgogne, ou l'ivresse du succès*, Les Dépêches, Dijon et Comité interprofessionnel des vins de Bourgogne, décembre 1971.
• BAZIN Jean-François – *Le Vignoble des Hautes Côtes de Nuits et de Beaune – histoire d'une renaissance*, Les Cahiers de Vergy, L'Etang-Vergy, 1973.
• BAZIN Jean-François – Le Clos de Vougeot, Montrachet, Chambertin, La Romanée-Conti, *Le Grand Bernard des Vins de France*, Jacques Legrand, Paris puis Bassillac, respectivement 1987, 1988, 1991, 1994.
• CHAPUIS Claude – Corton, *Le Grand Bernard des Vins de France*, Jacques Legrand, Paris, 1989.
• DANGUY R. et AUBERTIN Charles – *Les Grands Vins de Bourgogne – La Côte-d'Or*, Armand, Dijon, 1892, et Lafittte Reprints, Marseille, 1978.
• DURAND E. et GUICHERD J. – *La Culture de la vigne en Côte-d'Or*, Dijon, 1905.
GADILLE Rolande – *Le Vignoble de la Côte bourguignonne*, Les Belles Lettres, Paris, 1967.
• LANDRIEU-LUSSIGNY Marie-Hélène – *Le Vignoble bourguignon, ses lieux-dits*, Marseille, 1983.
• LAURENT Robert – *Les Vignerons de la Côte-d'Or au XIXe siècle*, Les Belles Lettres, Paris, 1958.
• LAVALLE Dr Jules – *Histoire et statistique des grands vins de la Côte-d'Or*, Dusacq, Paris, 1855, et Fondation Geisweiler, Nuits-Saint-Georges, 1972.
• LEON-GAUTHIER Pierre – *Les Clos de Bourgogne*, La Renaissance, Beaune, 1931.
• MORELOT Dr Denis – *Statistique de la vigne dans le département de la Côte-d'Or*, Dijon-Paris, 1831.
• OLNEY Richard – *Romanée-Conti*, Flammarion, Paris, 1991.
• PITIOT Sylvain et POUPON Pierre – *Atlas des grands vignobles de Bourgogne*, Jacques Legrand, Paris, 1985.
• RODIER Camille – *Le Vin de Bourgogne*, Damidot, Dijon, 1920 et éditions ultérieures ; Lafitte Reprints Marseille et Damidot, Dijon, 1981.
• RODIER Camille – *Le Clos de Vougeot*, L. Venot, Dijon, 1931, et Laffitte Reprints, Marseille, 1980.
• SADRIN Paul et Anny – Meursault, *Le Grand Bernard des Vins de France*, Jacques Legrand, Bassillac, 1994.

VINS DE L'YONNE

• *Courrier 89*, édité par le département de l'Yonne, juillet 1976.
• DORE Catherine – *Les Vins de l'Yonne*, Quintette, Paris, 1995.
• FEVRE William – *Les Vrais Chablis et les autres*, Alsatia, Colmar, 1978.
• GEORGE Rosemary – *The Wines of Chablis and the Yonne*, Sotheby Publications, Londres, 1984.
• GILBANK Jack – Le Vignoble de Basse-Bourgogne (de 1800 à nos jours), *Géographie 89*, nos 30 et 31, Centre départemental de documentation pédagogique, Auxerre, 1995.
• GINESTET Bernard – Chablis, *Le Grand Bernard des Vins de France*, Jacques Legrand et Nathan, Paris, 1986.
• PIC Albert – *Le Vignoble de Chablis*, Paris, 1935.

VINS DE SAÔNE-ET-LOIRE

• GOUJON Pierre – *Le Vignoble de Saône-et-Loire au XIXe siècle*, Lyon, 1973.
• GOUJON Pierre – *La Cave et le Grenier*, Lyon, Presses universitaires de Lyon et Editions du CNRS, 1989.
• VERMOREL Victor et DANGUY R. – *Les Vins du Beaujolais, du Mâconnais et Chalonnais*, Armand, Dijon, 1894, et Lafitte-Reprints, Marseille, 1982.

Crédits photographiques

Agence intercommunale d'urbanisme-District de l'agglomération dijonnaise : p. 185. – **Bibliothèque municipale de Dijon :** p. 29 à droite. – **Christian Chesnais :** pp. 26 droite, 30-Musée du vin de Beaune, 136, 137, 223 droite, 228 droite. – **Jean-Pierre Coquéau :** pp. 24, 26 gauche, 31, 39, 58, 60-Musée des Beaux Arts de Dijon, 67, 89, 98, 100-NASA-D.R., 102, 110, 180, 184 gauche, 186, 196, 206 droite, 210 droite, 224. – **Michel Ferchaud :** pp. 29 gauche, 193. – **Patrice Fournier :** pp. 27, 42. – **Domaine Leflaive :** p. 141. – **Sarah Matthews :** pp. 203, 214, 216. – **A. Parinet :** p. 223 gauche. – **Ville de Paris, musée du Petit-Palais, collection Dutuit-Flammarion-Giraudon :** p. 195. – **Explorer :** D. Clément (p. 184 droite), Patrice Thomas (pp. 191, 204). – **Scope :** Jean-Luc Barde (pp. 6-7, 11, 18, 25, 33, 68, 90, 97, 99 gauche, 115, 117 droite, 121, 148, 149, 150, 151, 152, 153, 154, 157, 158, 159, 160, 161 haut, 162, 163, 164, 165, 166, 167, 168, 169, 171, 172, 173, 174, 181, 205, 212, 218, 225 gauche, 229), Isabelle Eshraghi (p. 23 droite), Frédéric Hadengue (p. 206 gauche), Jacques Guillard (gardes, pp. 8, 9, 10, 12, 13 bas, 14, 16, 17, 23 gauche, 34, 35, 37, 38, 40-41, 43 gauche, 45, 49, 50, 51, 53, 55, 56, 57 gauche, 61, 62, 63, 64, 65, 72, 73, 74, 77, 78, 80, 81, 82, 84, 85, 86, 92, 93, 94, 95, 99 droite, 103, 106, 107, 108, 109, 113, 114, 116, 117 gauche, 119, 122, 124, 126, 127, 128, 131, 132, 133, 134, 139, 140, 142, 143, 144, 146, 147, 161 bas, 176-177, 179, 187, 189, 194, 201, 202, 207, 211, 213, 215, 219, 220, 225 droite, 226, 228 gauche), Michel Guillard (pp. 15, 19, 21, 22), Pierre Guy (p. 182), Francis Jalain (p. 183), Jacques Marthelot (p. 43 droite), Pascal Oury (p. 13 haut). – **Roger-Viollet :** p. 91. – **D.R. :** pp. 28, 32, 44, 57 droite, 65 gauche, 71, 104, 178, 197, 199, 200, 210 gauche, 217, 221, 222.

Achevé d'imprimer en Italie par Rotolito Lombarda
N° d'édition : 34 374
Dépôt légal : n° 8408-11-1996
ISBN 2-01-2361609 23.51.6160.8/01